Moralisierung des Kapitalismus

Stefan Berger • Alexandra Przyrembel
Hrsg.

Moralisierung des Kapitalismus

Akteure und Akteurinnen, Diskurse und Praktiken von Kapitalismus und Anti-Kapitalismus in der Moderne

Springer VS

Hrsg.
Stefan Berger
Institut für soziale Bewegungen
Ruhr-Universität Bochum
Bochum, Deutschland

Alexandra Przyrembel
Lehrgebiet Geschichte der
Europäischen Moderne
FernUniversität in Hagen
Hagen, Deutschland

ISBN 978-3-031-51269-8 ISBN 978-3-031-51270-4 (eBook)
https://doi.org/10.1007/978-3-031-51270-4

Die Deutsche Nationalbibliothek verzeichnet diese Publikation in der Deutschen Nationalbibliografie; detaillierte bibliografische Daten sind im Internet über https://portal.dnb.de abrufbar.

Übersetzung der englischen Ausgabe: „Moralizing Capitalism" von Stefan Berger und Alexandra Przyrembel, © The Editor(s) (if applicable) and The Author(s) 2019. Veröffentlicht durch Springer International Publishing. Alle Rechte vorbehalten.

Dieses Buch ist eine Übersetzung des Originals in Englisch „Moralizing Capitalism" von Stefan Berger und Alexandra Przyrembel, publiziert durch Springer Nature Switzerland AG im Jahr 2019. Die Übersetzung erfolgte mit Hilfe von künstlicher Intelligenz (maschinelle Übersetzung). Eine anschließende Überarbeitung im Satzbetrieb erfolgte vor allem in inhaltlicher Hinsicht, so dass sich das Buch stilistisch anders lesen wird als eine herkömmliche Übersetzung. Springer Nature arbeitet kontinuierlich an der Weiterentwicklung von Werkzeugen für die Produktion von Büchern und an den damit verbundenen Technologien zur Unterstützung der Autoren.

Planung/Lektorat: Frank Schindler
Springer VS ist ein Imprint der eingetragenen Gesellschaft Springer Nature Switzerland AG und ist ein Teil von Springer Nature.
Die Anschrift der Gesellschaft ist: Gewerbestrasse 11, 6330 Cham, Switzerland

Vorwort der Herausgeber der Reihe

Überall auf der Welt sind soziale Bewegungen zu legitimen, wenn auch umstrittenen Akteuren in der lokalen, nationalen und globalen Politik und Zivilgesellschaft geworden, doch wissen wir immer noch relativ wenig über ihre längere Geschichte und ihre Entwicklungslinien. Unsere Reihe reagiert auf das, was man als einen jüngsten Boom in der Geschichte der sozialen Bewegungen bezeichnen kann. Wir können eine Entwicklung von der Krise der Arbeitergeschichte in den 1980er-Jahren bis zum Boom der Forschung über soziale Bewegungen in den 2000er-Jahren beobachten. Die Zunahme des historischen Interesses an der Entwicklung der Zivilgesellschaft und der Rolle starker Zivilgesellschaften sowie von Nichtregierungsorganisationen bei der Stabilisierung demokratisch verfasster Gemeinwesen hat das Interesse an sozialen Bewegungen als konstituierendem Element von Zivilgesellschaften verstärkt.

In verschiedenen Teilen der Welt haben soziale Bewegungen nach wie vor einen starken Einfluss auf die aktuelle Politik. In Lateinamerika ist es den Gewerkschaften, den Arbeiterparteien und verschiedenen linken Organisationen der Zivilgesellschaft gelungen, linke Regierungen zu unterstützen. In Europa haben Friedensbewegungen, ökologische Bewegungen und Bündnisse, die sich gegen Armut, Rassendiskriminierung und Diskriminierung aufgrund des Geschlechts und der sexuellen Ausrichtung einsetzen, jahrzehntelang wichtige politische Akzente setzen können. In anderen Teilen der Welt, darunter Afrika, Indien und Südostasien, haben soziale Bewegungen eine wichtige Rolle bei verschiedenen Formen der

Gemeinschaftsbildung und Gemeinschaftspolitik gespielt. Die aktuelle politische Relevanz sozialer Bewegungen hat zweifellos zu einem wachsenden historischen Interesse an diesem Thema beigetragen.

Zeitgenössische Historiker beginnen nicht nur, diese relativ jungen politischen Entwicklungen zu historisieren, sondern sie versuchen auch, sie mit einer längeren Geschichte sozialer Bewegungen in Verbindung zu bringen, einschließlich traditioneller Arbeitsorganisationen wie Arbeiterparteien und Gewerkschaften. In der longue durée erkennen wir an, dass soziale Bewegungen keineswegs ein junges und nicht einmal ein ausschließlich modernes Phänomen sind, auch wenn wir uns bewusst sind, dass der Beginn der Moderne, der von Europa und Nordamerika aus in der ganzen Welt ab dem 18.

Im 19. und 20. Jahrhundert führte die Dominanz der Nationalgeschichte über alle anderen Formen der Geschichtsschreibung zu einer umfassenden Nationalisierung der Geschichtswissenschaften. Soziale Bewegungen wurden daher traditionell im Rahmen des Nationalstaates untersucht. Erst in den letzten beiden Jahrzehnten haben Historikerinnen und Historiker begonnen, die Gültigkeit eines solchen methodischen Nationalismus in Frage zu stellen und die Entwicklung sozialer Bewegungen in vergleichender, verbindender und transnationaler Perspektive zu erforschen und dabei Prozesse der Übertragung, Rezeption und Anpassung zu berücksichtigen. Unsere Buchreihe schließt zwar Arbeiten, die nach wie vor im nationalen Rahmen durchgeführt werden, nicht aus (denn angesichts der historischen Bedeutung des Nationalstaates in der Geschichte gibt es natürlich einen Platz für solche Studien), doch hofft sie, vergleichende und transnationale Geschichten über soziale Bewegungen zu fördern.

Gleichzeitig mit der Erforschung der Geschichte dieser Bewegungen durch die Historiker haben eine Reihe von Gesellschaftstheoretikern, von Jürgen Habermas bis Pierre Bourdieu und von Slavoj Žižek bis Alain Badiou sowie Ernesto Laclau und Chantal Mouffe bis Miguel Abensour, um nur einige zu nennen, versucht, einen philosophisch-theoretischen Rahmen zu schaffen, in dem die Entwicklung sozialer Bewegungen eingeordnet und kontextualisiert werden kann. Die Geschichtswissenschaft ist wohl die empirischste aller Sozial- und Humanwissenschaften, aber die Historiker müssen weiter erforschen, inwieweit diese Gesellschaftstheorien hilfreich sein können, um die empirische Arbeit des Historikers bei der Erschließung der historischen Entwicklung sozialer Bewegungen zu leiten und zu gestalten. Die vorliegende Reihe möchte daher auch einen Beitrag zum laufenden Dialog zwischen Sozialtheorie und der Geschichte der sozialen Bewegungen leisten.

Mit dieser Reihe soll innovative historische Forschung zur Geschichte der sozialen Bewegungen in der Neuzeit seit etwa 1750 gefördert werden. Wir bringen konzeptionell fundierte Studien zusammen, die Arbeiterbewegungen, neue soziale Bewegungen und andere Formen des Protests von der frühen Neuzeit bis zur Gegenwart analysieren. Mit dieser Reihe wollen wir im Kontext der historiographischen Entwicklungen seit den 1970er-Jahren das Gespräch zwischen Historikern einerseits und Soziologen, Anthropologen und Politikwissenschaftlern andererseits neu beleben.

Im Gegensatz zu den meisten Konzepten und Theorien, die von Sozialwissenschaftlern entwickelt wurden, sehen wir soziale Bewegungen nicht a priori als direkt mit Prozessen des sozialen und kulturellen Wandels verbunden an und halten daher nicht an einer Sichtweise fest, die zwischen alten (Arbeiter-) und neuen (bürgerlichen) sozialen Bewegungen unterscheidet. Stattdessen wollen wir den Begriff „soziale Bewegung" als heuristisches Instrument etablieren, das es Historikern des 19. und 20. Jahrhunderts ermöglicht, soziale und politische Proteste in neuen Kontexten zu untersuchen. Unser Ziel ist es, die Vorstellungen von sozialem und politischem Aktivismus zu historisieren, um unterschiedliche Vorstellungen von politischem und sozialem Protest auf der Linken und der Rechten aufzuzeigen.

Daher verstehen wir „soziale Bewegungen" im weitesten Sinne, d. h. wir beziehen soziale Formationen ein, die zwischen formellen Organisationen und reinen Protestveranstaltungen liegen. Wir beziehen aber auch Prozesse des sozialen und kulturellen Wandels im Allgemeinen in unser Verständnis von sozialen Bewegungen ein: Dies geht zurück auf das Verständnis von „sozialer Bewegung" als Prozess des sozialen und kulturellen Wandels im Allgemeinen im 19. Wir bieten auch Studien eine Heimat, die systematisch die politischen, sozialen, wirtschaftlichen und kulturellen Bedingungen untersuchen, unter denen soziale Bewegungen entstehen können. Wir sind besonders an transnationalen und globalen Perspektiven auf die Geschichte sozialer Bewegungen interessiert sowie an Studien, die sich kritisch und kreativ mit politischen, sozialen und soziologischen Theorien auseinandersetzen, um historisch fundierte Argumente über soziale Bewegungen zu liefern. Kurz gesagt, diese Reihe will innovative historische Arbeiten über soziale Bewegungen anbieten und gleichzeitig dazu beitragen, das Konzept der „sozialen Bewegung" zu historisieren. Sie hofft auch, das Gespräch zwischen Historikern und historischen Soziologen bei der Analyse dessen, was Charles Tilly die „Dynamik des Streits" genannt hat, neu zu beleben.

A European Youth Revolt stellt die Frage, ob sich die vielfältigen städtischen Protestbewegungen der 1980er-Jahre unter dem Etikett einer Jugendrevolte zusammenfassen lassen. Der von Andresen und Steen herausgegebene Band hebt die Internationalität dieser Netzwerke sozialer Bewegungen in den 1980er-Jahren hervor und versucht, eine Reihe von Merkmalen zu identifizieren, die eine Reihe von sehr unterschiedlichen Bewegungen vereinten, die dennoch oft, auch von zeitgenössischen Beobachtern, als zusammengehörig und als eine Bewegung angesehen wurden. So zeichneten sich diese sozialen Bewegungen häufig durch eine Betonung der Subjektivität („das Persönliche ist das Politische") und den Wunsch aus, in lokalen Kontexten zu handeln. Die Bewegungen lehnten formelle Politik und politische Parteien ab und versuchten, eigene autonome politische Räume zu schaffen. Bestimmte Bewegungen innerhalb der Bewegung, insbesondere die Hausbesetzungsbewegung, erlangten eine herausragende Stellung und wurden mitunter zum öffentlichen Gesicht der Bewegung, die jedoch immer weiter gefasst war als die Hausbesetzungen. Insgesamt unterstreicht der Band die europaweiten Auswirkungen dieser Protestbewegungen, die sogar hinter dem Eisernen Vorhang Widerhall fanden.

Die unterschiedlichen Beiträge in diesem Band eint das Bestreben, aufzuzeigen, wie Ideen und Praktiken nationale Grenzen überschreiten und wie in den 1980er-Jahren transnationale Protestnetzwerke entstanden sind. Der Band verbindet die Bereiche Kultur und Politik und wirft ein Schlaglicht auf die Protestpolitik, die oft stark mit der Jugendpolitik verflochten war und häufig die Merkmale einer neuen Jugendbewegung trug. Europa, Jugend, Revolte und die 1980er-Jahre sind die vier Säulen dieses Buches, die ein wissenschaftliches Gebäude tragen, das verlockend frisch ist und die Vitalität der transdisziplinären Forschung zwischen Sozialwissenschaft und Zeitgeschichte demonstriert. Es ist ein Gebäude mit vielen Räumen, von denen viele ganz unterschiedlich gestaltet sind. Die Phänomene, die alle in diesem Haus Platz finden, sind manchmal wenig einheitlich, und der Überblick über die vielen Bewohner ist manchmal recht kaleidoskopisch. Dennoch ist es den Herausgebern gelungen, einen Band zusammenzustellen, der eine innere Geschlossenheit aufweist und den sozialen und politischen Protest der 1980er-Jahre als gemeinsame Wurzeln, Strategien und Selbstverständnisse vor Augen führt.

Moralisierung des Kapitalismus: Agenten, Diskurse und Praktiken von Kapitalismus und Antikapitalismus in der Moderne führt Fragen der

Moral in das boomende Feld der Kapitalismusgeschichte ein. In vielen Studien erscheint der Kapitalismus immer noch vorwiegend als Wirtschaftssystem, das vor allem mit dem Instrumentarium des Wirtschaftshistorikers anhand ökonomischer Maßstäbe analysiert werden muss. Im Rahmen der politischen Ökonomie wurden auch die politischen Prozesse, die die wirtschaftlichen Entscheidungen beeinflussen, sehr detailliert analysiert. Die in diesem Band versammelten Beiträge analysieren den Kapitalismus jedoch durch die Brille der Kultur- und Geistesgeschichte und fragen nach moralischen Werten und deren Einfluss auf die Entwicklung des Kapitalismus und seiner Kritiker. Die Artikel befassen sich vor allem mit Ideen und kulturellen Praktiken und deren Einfluss auf wirtschaftliche, soziale und politische Prozesse. Das Wirken verschiedener Akteure, die den Kapitalismus entweder ablehnten oder verteidigten, wird in den Mittelpunkt gerückt.

Die Herausgeber haben das Buch in drei Teile gegliedert. Im ersten Teil des Buches werden Aspekte der politischen Ökonomie und die Auswirkungen von Fragen der Moral auf diesen Bereich untersucht. Hier stoßen wir auf Vorstellungen von einer gerechten Besteuerung, auf Ideen zur Verbindung kapitalistischer Praxis mit humanistischen Bestrebungen und auf Überlegungen, wie multinationale Unternehmen zu moralisch verantwortlichen Bürgern werden können. Der zweite Teil des Bandes untersucht die Ethik der Kapitalisten, insbesondere derjenigen, die an der Börse arbeiten, und der Kaufleute, die mit dem Konkurs konfrontiert sind. Zudem wird ein Blick geworfen auf die Wechselbeziehung zwischen ‚Reichtumskonzeptionen‘ und antisemitischen Stereotypen. Schließlich wirft das Buch im dritten Teil auch einen eingehenden Blick auf soziale Bewegungen und ihre Problematisierung kapitalistischer Praktiken. Hier standen Fragen der Moral im Vordergrund. So stoßen wir auf die katholische Kritik an der wirtschaftlichen Gerechtigkeit in den USA, auf Vorstellungen von „schändlicher Geschäftemacherei“, die den antikapitalistischen Bewegungen zugrunde lagen, auf Versuche, gerechtere Handelssysteme zu erreichen, und auf sich wandelnde Moralvorstellungen im Zusammenhang mit den Boomjahren des Kapitalismus nach dem Zweiten Weltkrieg. Insgesamt bietet dieser Band verlockende Einblicke in eine Geschichte des Kapitalismus, die das Instrumentarium der neuen Kulturgeschichte ernst nimmt, die auch die traditionellen Formen der Geschichtsschreibung, einschließlich der Wirtschafts-, Sozial- und Politikgeschichte, zunehmend beeinflusst hat. In diesem Sinne leistet der Band einen Beitrag zu einer neu konzipierten Geschichte des Kapitalismus, die von einem Verständnis des Kapitalismus als eines kulturellen Systems ausgeht, das sich wie eine Krake in alle Lebensbereiche ausbreitet und nicht allein auf die Wirtschaft reduziert werden kann.

Bochum, Deutschland — Stefan Berger
Stirling, UK — Holger Nehring

Danksagung

Die Geschichte des Kapitalismus boomt. Das spiegelte sich auch in den Reaktionen auf unseren Call for Papers wider. Im März 2016 organisierten wir die Konferenz „Moralizing Capitalism: Agenten, Diskurse und Praktiken des Kapitalismus und seiner Gegner in der Moderne". Unser Ziel war es, wirtschaftshistorische Perspektiven mit kulturellen Fragen zu verknüpfen. Insbesondere wollten wir untersuchen, inwieweit Moral in der Kritik und Rechtfertigung des Kapitalismus eine Rolle spielt. Im Laufe der drei Tage wurde eine Vielzahl unterschiedlicher Themen diskutiert: von der Geschichte der Sklaverei, einem der klassischen Themen der Kapitalismusgeschichte, über theoretische Ansätze bis hin zu Fallstudien zur Abfallentsorgung oder den Arbeitsbeziehungen in Indien. Wir danken allen Teilnehmerinnen und Teilnehmern der Konferenz für den regen Austausch auf der Konferenz. Besonderer Dank gilt Prof. Dr. Jürgen Kocka (Berlin), der mit seinen einleitenden Worten zur Geschichte des Kapitalismus zentrale Impulse gesetzt hat. Unseren Autorinnen und Autoren danken wir für die Geduld, die sie in mehreren Überarbeitungsrunden im Anschluss an die Tagung aufgebracht haben, um zu einem hoffentlich kohärenten Band zu gelangen.

Unser Dank gilt auch unseren wissenschaftlichen Mitarbeitern Stefan Braun, Alexander Dufft und Claudia Scheel, die uns bei der Organisation der Konferenz unterstützt haben. Ein besonderer Dank geht auch an das Team des Studienzentrums Berlin (FernUniversität in Hagen), wo die Tagung stattfand. Die FernUniversität in Hagen hat die Tagung auch finanziell unterstützt. Alles in allem waren die drei Tage in Berlin sowohl intellektuell anregend als auch unterhaltsam.

Viele Kollegen waren an der Entstehung dieses Buches beteiligt. Unser besonderer Dank gilt Dr. David Kelly (Western Sydney University, Australien), der das Manuskript mit viel Geduld und Feingefühl Korrektur gelesen hat. Claudia Scheel, Alessandra Exter und Joannina Nölke haben uns bei der Fertigstellung des Manuskripts sehr unterstützt. Bei Palgrave waren Molly Beck, Oliver Dyer und Maeve Sinnott wie immer vorbildliche Lektoren.

Nicht zuletzt danken wir der Thyssen Stiftung für die großzügige finanzielle Unterstützung der Konferenz „Moralisierung des Kapitalismus" und für das Lektorat des vorliegenden Bandes. Ohne diese großzügige Unterstützung wäre es nicht möglich gewesen, gemeinsam über die frappierende Wechselbeziehung zwischen Kapitalismus und Moral vom 19. bis zum 20. Jahrhundert nachzudenken.

Inhaltsverzeichnis

Hinweise zu den Mitwirkenden

Stefan Berger ist Professor für Sozialgeschichte und Direktor des Instituts für soziale Bewegungen an der Ruhr-Universität Bochum. Er ist außerdem geschäftsführender Vorsitzender der Stiftung Geschichte des Ruhrgebiets und Honorarprofessor an der Cardiff University in Großbritannien. Er hat zahlreiche Publikationen zur Geschichte der Deindustrialisierung, zum industriellen Erbe, zu Erinnerungsstudien, zur Geschichte der Geschichtsschreibung, zum Nationalismus und zur Geschichte der Arbeiterbewegung veröffentlicht. Seine jüngsten Veröffentlichungen sind eine gemeinsam mit Steven High herausgegebene Sonderausgabe zur Deindustrialisierung in der nordamerikanischen Zeitschrift Labor 19:1 (2019) sowie eine Sonderausgabe zur deutschen Arbeitergeschichte in der britischen Zeitschrift German History 32:2 (2019).

Christian Olaf Christiansen ist außerordentlicher Professor an der Universität Aarhus, Institut für Kultur und Gesellschaft. Christiansen ist ein Intellektuellenhistoriker, der sich mit dem wirtschaftlichen und politischen Denken des zwanzigsten Jahrhunderts in einem amerikanischen und globalen Kontext beschäftigt. Derzeit arbeitet er an einer vergleichenden geistesgeschichtlichen Studie zu zwei Ansätzen zur Verringerung der weltweiten Armut während der Nachkriegsglobalisierung: sozioökonomische Menschenrechte und markt- bzw. unternehmensbasierte Ideen zur Armutsbekämpfung. Seit 2019 leitet er das Projekt „An Intellectual History of Global Inequality, 1960–2015“, welches die Beziehung zwischen geografischem Standort und der intellektuellen Geschichte der Ungleichheit untersucht. Zu seinen Veröffentlichungen gehören *Progressive Busi-*

ness: An Intellectual History of the Role of Business in Society (Oxford University Press, 2015) und *Global Inequality: New Historical Perspectives* (Palgrave, 2019). Im Jahr 2015 wurde Christian mit dem Sapere Aude: „DFF Young Research Talent“-Stipendium des Danish Council for Independent Research ausgezeichnet, und 2018 erhielt er den Sapere Aude: DFF Research Leader durch den Unabhängigen Forschungsfonds Dänemark.

Giulia D'Alessio promovierte in Zeitgeschichte an der Universität Rom La Sapienza mit einer Dissertation über den *Heiligen Stuhl und die Vereinigten Staaten während des Pontifikats von Pius XI: Die katholische Soziallehre, die Große Depression und der New Deal.* Sie war Gastforscherin an der Geschichtsabteilung der Georgetown University (Washington, DC), Postdoktorandin der Banca d'Italia bei FSCIRE (Fondazione per le Scienze Religiose Giovanni XXIII, Bologna), Lehrbeauftragte (Zeitgeschichte) an der Universität Rom la Sapienza und arbeitete als Buchrezensentin mit „La Civiltà Cattolica“ zusammen. Zu ihren Hauptforschungsinteressen gehören die Beziehungen zwischen den USA und dem Vatikan, die katholische Soziallehre und das amerikanische katholische Sozialdenken. Sie hat Artikel und Buchkapitel zu diesen Themen veröffentlicht. Unter anderem: ‚Stati Uniti, Chiesa cattolica e questione sociale‘, in *Diplomazia senza eserciti,* hrsg. von Emma Fattorini, Rom, Carocci, 2013; „Il dialogo fra Stati Uniti e Santa Sede negli anni Trenta. Tre figure di mediazione Cicognani, Pacelli, Spellman“, in Pettinaroli Laura (Hrsg.), *Le gouvernement pontifical sous Pie XI. Pratiques romaines et gestion de l'universel,* Rom, Ecole française de Rome, 2013; ‚United States and Vatican 1936–1939: from Eugenio Pacelli's visit to the U.S. to Myron Taylor's Mission to the Holy See‘, in C. R. Gallagher, D. I. Kertzer, A. Melloni (Hrsg.), *Pius XI and the Americas: Proceedings of the Brown University Conference,* LIT Verlag, Berlin, Münster-Wien-Zürich-London 2012; *Dialogo e rapporti diplomatici fra Stati Uniti e Santa Sede dagli anni Trenta alla seconda guerra mondiale,* „L'Osservatore Romano“, S. 4–5, 15 Januar 2011; *Santa Sede, Stati Uniti e cattolicesimo americano negli anni di Pio XI* in A. Guasco, R. Perin (Hrsg.), *Pius XI Keywords,* LIT Verlag, Berlin/Münster/Wien/Zürich/London 2010.

Wim de Jong ist Postdoktorand an der Open Universiteit Nederland. Er hat über die Geschichte der Demokratie und der staatsbürgerlichen Erziehung in den Niederlanden, die Geschichte der Bildungsfreiheit, die Geschichte der Wahlkultur und die Rolle der sozialwissenschaftlichen Experten in der demokratischen Politik veröffentlicht. Zu seinen jüngeren Veröffentlichungen gehören „Partizipationsunterlassung, Antipolitik und Apathie als Repertoires der Demokratie: die Niederlande im europäischen Kontext (1945–1990)", in: Theo Jung (Hrsg.), Zwischen Handeln und Nicht-Handeln. Unterlassungspraktiken in der europäischen Moderne (Frankfurt/New York: Campus 2019) S. 64–100, eine Arbeit zu Apathie und Antipolitik in den Nachkriegsniederlanden, und „Mapping the Demos: The Scientisation of the Political, Electoral Research and Dutch Political Parties, c. 1900–1980", *Contemporary European History* (2017) Nr. 1, S. 111–138, gemeinsam mit Harm Kaal.

Jürgen Finger ist Sozialhistoriker und Spezialist für die Geschichte der Moderne in Deutschland und Frankreich. Er ist Leiter der Abteilung für Zeitgeschichte am Deutschen Historischen Institut in Paris und publizierte zur Geschichte des Nationalsozialismus, zu Nachkriegsprozessen, zur Wirtschaftsgeschichte, zur Geschichte der sozialen Normen und zur französischen Sozialgeschichte. Zu seinen jüngeren Veröffentlichungen gehören Artikel über die Lebenswelten der Reichen in Nazi-Deutschland (in: Gajek/Kurr/Seegers, *Reichtum in Deutschland,* Wallstein Verlag, 2019, 77–97) und zu spekulativen Praktiken von John und Jane Doe auf dem grauen Finanzmarkt der Belle Époque in Paris (Archiv für Sozialgeschichte 56 (2019), S. 139–168).

Boris Gehlen ist Leiter der Abteilung Unternehmensgeschichte, stellvertretender geschäftsführender Dirketor des Historischen Instituts sowie Studiendekan für die Fächer Geschichte, Geschichte der Naturwissenschaften und Technik, Kunstgeschichte und Philosophie an der Universität Stuttgart. Seine Forschungsschwerpunkte sind Finanz- und Wirtschaftsgeschichte. Seine jüngeren Veröffentlichungen beziehen sich auf Unternehmensrecht und Unternehmenskontrolle in Westdeutschland nach 1945 (Wirtschaftsgeschichte, online veröffentlicht (http://dx.doi.org/10.1080/00076791.2017.1319939). Zudem ist ein Beitrag über Regulierung und Zulassungspraxis an der Berliner Börse erschienen (*Jahrbuch für Wirtschaftsgeschichte* 2018/1).

Elsbeth Heaman ist Professorin für Geschichte an der McGill University in Montreal. Sie ist Autorin mehrerer Bücher über den kanadischen Staat, das Steuerwesen und Ausstellungen. Derzeit arbeitet sie an einem neuen Projekt über Zivilisation, Geschichte und konservative Politik in Kanada.

Sibylle Marti ist als Stipendiatin am Historischen Institut der Universität Bern tätig. In ihrer Dissertation beschäftigte sie sich mit der Geschichte der Strahlenforschung und des Strahlenschutzes in der Schweiz im Kalten Krieg. Sie ist Mitherausgeberin eines Bandes über das Imaginäre des Kalten Krieges. Ihr vom Schweizerischen Nationalfonds (SNF) finanziertes Postdoc-Forschungsprojekt untersucht die Geschichte der informellen Arbeit im zwanzigsten Jahrhundert.

Benjamin Möckel ist Leiter der Gerda-Henkel-Forschungsgruppe „Die Zeit der Demokratie. Zeitstrukturen und temporale Diskurse in der parlamentarischen Praxis in Deutschland und Frankreich nach 1945" und Vertretungsprofessor für Europäische Zeitgeschichte an der Georg-August-Universität Göttingen. Er hat über die Geschichte der Generationen sowie über die Nachkriegserinnerung in Ost- und Westdeutschland, Konsumgeschichte und Populärkultur im Nachkriegseuropa publiziert. Zu seinen jüngsten Veröffentlichungen gehören „Die Erfindung des moralischen Konsumenten: Globale Produkte und politischer Protest in Großbritannien und der Bundesrepublik", „Ökonomie und Moral im langen 20. Jahrhundert. Eine Anthologie" gemeinsam mit Jürgen Finger, „The Material Culture of Human Rights. Consumer Products, Boycotts, and the Transformation of Human Rights Activism in the 1970s and 1980s, in: *International Journal for History, Culture and Modernity* 6 (2018) 1, S. 76–104, und „Humanitarianism on Stage: Live Aid und die Ursprünge der humanitären Popmusik, in: *Joachim Häberlen/Mark Keck-Szajbel/Kate Mahoney* (Hrsg.), *The Politics of Authenticity. Countercultures and Radical Movements Across the Iron Curtain, 1968–1989* (Berghahn, 2019).

Nikos Potamianos ist wissenschaftlicher Mitarbeiter am Institut für Mittelmeerstudien – Stiftung für Forschung und Technologie – Hellas in Rethymno, Griechenland. Er ist Mitglied des wissenschaftlichen Beirats der Zeitschrift *Ta Istorika*. Er hat zahlreiche Publikationen über die zeitgenössische soziale und politische Geschichte Griechenlands veröffentlicht, wobei er sich auf die Geschichte der Arbeiterschaft, die untere Mittelschicht der Ladenbesitzer und Handwerker, Populismus und Radikalismus konzentriert. Sein neues Buch handelt von der Sozialgeschichte des Athener Karnevals zwischen 1800 und

1940 (Cretan University Press). Derzeit arbeitet er an dem Konzept der moralischen Ökonomie und ihrem Potenzial für die historische Forschung.

Alexandra Przyrembel ist Professorin für Neuere Europäische Geschichte und Leiterin des Lehrgebiets Geschichte der Europäischen Moderne an der FernUniversität in Hagen. Sie hat zur Geschichte des Antisemitismus, zur Geschichte der Sexualität, zur Geschichte der Emotionen, zur Geschichte des Wissens und zuletzt zur Geschichte der Erinnerungsforschung publiziert. Aktuell beschäftigt sie sich mit der Geschichte des Reichtums und des Vermögens im Kontext von Globalgeschichte und Kapitalismus und publizierte zu diesem Thema in der Zeitschrift für Geschichtswissenschaft (*Doing Wealth* und der neue Superreichtumg um 1900. Wissen, Medien, soziale Praxis, in: Zeitschrift für Geschichtswissenschaft 72 (2024), Heft 7/8). Ferner ist unter anderem ein Buchkapitel über Emotionen und Nationalsozialismus und ein Sammelband über Orte der Erinnerung erschienen (Emotions and National Socialism, in: *A Companion to Nazi Germany,* New York (2018); Erinnerungsorte im Bild, Bielefeld 2019).

Abkürzungen

A3WH	Aktion Dritte Welt Handel
AFL-CIO	Amerikanischer Gewerkschaftsbund und Kongress der Industriegewerkschaften
AG3WL	Arbeitsgemeinschaft Dritte Welt Läden
ASWSP	Archiv für Sozialwissenschaft und Sozialpolitik
CDU	Christlich Demokratische Union Deutschlands
CIA	Zentrale Intelligenz Agentur
CSR	Soziale Verantwortung der Unternehmen
ECA	Verwaltung für wirtschaftliche Zusammenarbeit
ECOSOC	Wirtschafts- und Sozialrat der Vereinten Nationen
EEC	Europäische Wirtschaftsgemeinschaft
EPA	Europäische Agentur für Produktivität
EU	Europäische Union
FAE	Fonds für Erwachsenenbildung
FDR	Franklin Delano Roosevelt
G77	Gruppe von 77
DDR	Deutsche Demokratische Republik
GEP	Gruppe bedeutender Persönlichkeiten
GEPA	Gesellschaft zur Förderung der Partnerschaft mit der Dritten Welt mbh
NCWC	Nationaler Katholischer Wohlfahrtsrat
NGO	Nichtstaatliche Organisation
NIEO	Neue internationale Wirtschaftsordnung
NYSE	New York Stock Exchange
OPEC	Organisation der erdölexportierenden Länder
PE	Protestantisches Ethos

RN	*Rerum Novarum*
SPD	Sozialdemokratische Partei Deutschlands
UNCTAD	Konferenz der Vereinten Nationen über Handel und Entwicklung
UNESCO	Organisation der Vereinten Nationen für Erziehung, Wissenschaft und Kultur
US(A)	Vereinigte Staaten (von Amerika)
UDSSR	Union der Sozialistischen Sowjetrepubliken

Tabellenverzeichnis

KAPITEL 1

Einleitung: ‚Moralizing Capitalism'. Akteurinnen und Akteure, Diskurse und Praktiken des Kapitalismus und Antikapitalismus in der Moderne

Stefan Berger und Alexandra Przyrembel

Moralizing Capitalism? Konzept und Idee

Der Sammelband *Moralisierung des Kapitalismus* greift das aktuelle Forschungsinteresse an der Geschichte des Kapitalismus auf und wählt dabei eine sehr spezifische Perspektive: Er interessiert sich für die Beziehung zwischen Moral und Kapitalismus. Doch was eigentlich sind moralische Empfindungen und wie haben sie sich im Laufe der Zeit verändert? Was ist

S. Berger (✉)
Institut für soziale Bewegungen, Ruhr-Universität Bochum,
Bochum, Deutschland
E-Mail: Stefan.Berger@ruhr-uni-bochum.de

A. Przyrembel
Lehrgebiet Geschichte der Europäischen Moderne, FernUniversität in Hagen,
Hagen, Deutschland
E-Mail: alexandra.przyrembel@fernuni-hagen.de

S. Berger, A. Przyrembel (Hrsg.), *Moralisierung des Kapitalismus*,
https://doi.org/10.1007/978-3-031-51270-4_1

unter „kapitalistischer Moral“ zu verstehen und welche Rolle spiel(t)en moralische Überzeugungen für die Durchsetzung und Konsolidierung des Kapitalismus? Inwieweit etablierten soziale Bewegungen, die sich gegen den Kapitalismus wandten, eine eigenständige „moralische Ökonomie“? Und welcher moralischer Argumente bedienten sich Unternehmer und Unternehmerinnen, um ihre Entscheidungen, von denen einige den sozialen Frieden hätten gefährden können, „moralisch“ zu legitimieren?

Während die Geschichte des Kapitalismus floriert,[1] wurden die Zusammenhänge zwischen „Moral“ und Kapitalismus bisher kaum untersucht. 1971 entwarf E. P. Thompson das Konzept der „moralischen Ökonomie“, um die moralischen Werte sozialer Gruppen zu fassen, die sich gegen die Industrialisierung auflehnten. In seinem Aufsatz *The Moral Economy of the English Crowd in the Eighteenth Century* wies er die Annahme der Wirtschaftshistorikerinnen und Wirtschaftshistoriker zurück, dass Hungeraufstände im 18. Jahrhundert allein durch Entbehrungen verursacht wurden. Stattdessen betonte Thompson, solche Revolten beruhten auf einem „consistent traditional view of social norms and obligations, of the proper economic functions of several parties within the community, which, taken together, can be said to constitute the moral economy of the poor“.[2] Wie der Autor in einem späteren, als Replik auf Kritiken konzipierten Aufsatz ironisch anmerkt, habe der Begriff der moralischen Ökonomie „long forgotten its paternity“.[3] Thompson spielt darauf an, dass das Konzept der „moralischen Ökonomie“ seinen Weg vom 18. Jahrhundert bis in die moderne Geschichte fand, um unterschiedliche historische Phänomene zu erklären. Seit der Veröffentlichung von Thompsons Aufsatz griffen Historikerinnen und Historiker mit unterschiedlichen Forschungsinteressen sein Konzept auf. William G. Reddy beispielsweise versteht moralische Ökonomie als „set of values and moral standards that were violated by technical and commercial change“.[4] In jüngster Zeit wandten Anthropologen wie Didier Fassin das Konzept der „Moral“ und des „moralischen Empfindens“ auf verschiedene Bereiche an, die Brennpunkte der Gegenwart darstellen, wie z. B. die

[1] So z. B. Sven Beckert, *Empire of Cotton: A New History of Global Capitalism* (London: Allen Lane, 2014); Jürgen Kocka und Marcel van der Linden, Hrsg., *Capitalism: The Reemergence of a Historical Concept* (London: Bloomsbury Academic, 2016).

[2] E. P. Thompson, ‚The Moral Economy of the English Crowd in the Eighteenth Century‘, in: *Past & Present* 50 (1971), S. 76–136, hier: S. 79.

[3] E. P. Thompson, *Customs in Common* (New York: The New Press, 1991), S. 351.

[4] William M. Reddy, *The Rise of Market Culture: The Textile Trade and French Society, 1750–1900* (Cambridge: Cambridge University Press, 1984), S. 331; für einen kritischen Kommentar siehe Thompson, *Customs*, S. 340f.; Lorraine Daston, ‚Moral Economy of Science‘, in: *Osiris: Constructing Knowledge in the History of Science* 10 (1995), S. 2–24.

Migrationspolitik, die humanitäre Hilfe oder den modernen Strafvollzug. Indem Fassin die moralische Ökonomie als die Erzeugung moralischer Gefühle, Emotionen und Werte, Normen und Verpflichtungen fasst und auch deren Auswirkungen auf die sozialen Beziehungen berücksichtigt,[5] arbeitet er heraus, wie Moral die soziale Ordnung formt.

Der Begriff der Moral selbst, aber auch moralische Werte wie beispielsweise Gerechtigkeit, Anständigkeit oder Ehre veränderten sich in der Geschichte der Moderne. So ist etwa der Gedanke, Moral als Konzept zur Erklärung der sozialen Ordnung zu verwenden, eng mit der Geschichte anthropologischen Wissens verbunden, insbesondere mit den Schriften Émile Durkheims.[6] Ebenso entstanden im Laufe des 19. Jahrhunderts soziale Bewegungen, die Moral bzw. moralische Werte ins Zentrum ihrer Aktivitäten stellten. Diese sozialen Bewegungen – Vereine und auch Parteien – agierten sowohl auf lokaler als auch auf transnationaler Ebene in Europa.[7] In ihrem *Kommunistischen Manifest* (1848) polemisierten Karl Marx und Friedrich Engels gegen die Aktivitäten, die „Oekonomisten, Philantropen, Humanitäre, Verbesserer der Lage der arbeitenden Klassen, Wohlthätigkeits-Organisirer, Abschaffer der Thierquälerei, Mäßigkeits-Vereinsstifter, Winkelreformer der buntscheckigsten Art" vorgeblich förderten.[8] Viele dieser Vereinigungen führten einen „Kulturkampf" mit dem Ziel, einen Werteverfall zu verhindern. Andere, wie die Anti-Sklaverei-Bewegung, die für die Geschichte des Kapitalismus im 19. Jahrhundert von zentraler Bedeutung ist, setzten sich für die Universalisierung der Menschenrechte ein.[9] Diese sozialen Bewegungen führten moralische Kategorien in die öffentliche Debatte ein und befeuerten die Diskussion

[5] Didier Fassin, ‚Les économies morales revisitée', in: *Annales HSS* 64 (2009), S. 1237–1266, hier: S. 1257; siehe auch Didier Fassin, ‚Introduction: Toward a Critical Moral Anthropology', in: *A Companion to Moral Anthropology*, hrsg. v. Didier Fassin (Hoboken, NJ: Wiley-Blackwell 2012), S. 1–15.

[6] Émile Durkheim, *The Division of Labour in Society* (New York: The Free Press, 1984).

[7] Zur transnationalen Dimension dieser sozialen Bewegungen wie etwa der Antisklaverei-Bewegung oder auch dem Roten Kreuz siehe bereits Francis S. L. Lyons, *Internationalism in Europe, 1815–1914* (Leyden: AW Sythoff, 1963).

[8] Karl Marx und Friedrich Engels, *Manifest der Kommunistischen Partei* (London, 1848), S. 20.

[9] Jessica Pliley, Robert Kramm und Harald Fischer-Tiné, Hrsg., *Global Anti-Vice Activism, 1890–1950: Fighting Drinks, Drugs, and 'Immorality'* (Cambridge: Cambridge University Press, 2016). Für einen Überblick siehe auch Alexandra Przyrembel, ‚From Cultural Wars to the Crisis of Humanity: Moral Movements in the Modern Age', in: *The History of Social Movements in Global Perspective: A Survey*, hrsg. v. Stefan Berger und Holger Nehring (London: Palgrave Macmillan, 2017), S. 355–383 (Palgrave Studies in the History of Social Movements); Eric Williams, *Capitalism and Slavery*, 6. Aufl. (London: Andre Deutsch, 1983 [1944]).

in verschiedenen gesellschaftlichen Kontexten. Von diesem Phänomen ausgehend werden wir in diesem Band untersuchen, wie Kapitalismuskritik mit moralischen Argumenten verknüpft und von moralischen sozialen Bewegungen aufgegriffen wurde.

Bereits 2001 wiesen der Sozialwissenschaftler Luc Boltanski und die Wirtschaftswissenschaftlerin Éve Chiapello darauf hin, dass die Kapitalismuskritik ein zentrales, möglicherweise konstitutives Element des Kapitalismus ist. In ihrem Buch *Le nouvel esprit de capitalisme* (2001) argumentieren sie, antikapitalistische Bewegungen legitimierten in Wirklichkeit die Wirtschaftsordnung, die sie zu untergraben versuchen.[10] In der Tat begleitete die Kapitalismuskritik die erfolgreiche Etablierung des Kapitalismus seit dem 19. Jahrhundert. Seitdem der französische Sozialist Louis Blanc (1811–1882) im Jahr 1850 den Begriff „Kapitalismus" prägte, etablierte sich ebenso die publizistische Kapitalismuskritik und etablierte so eine gängige kulturelle Praxis, wie Jürgen Kocka unterstrich.[11]

In dem vorliegenden Buch wollen wir diese Ideen aufgreifen. Wir argumentieren, dass die Kapitalismuskritik des 19. und 20. Jahrhunderts durch eine Reihe moralischer Werte strukturiert war, die einem ständigen Aushandlungsprozess unterlag. Die Interpretation des Kapitalismus kann gesehen werden als „Promothean event for it at once marked the acme of humanity's command over nature as well as the deluge which then ensued".[12] Wenn dies zutrifft, dann bewegt sich eine moralisch legitimierte oder gerahmte Kapitalismuskritik zwischen zwei Polen: Einerseits entzündet sie sich am Erfolg des Kapitalismus, auch wenn sie dem Kapitalismus als Wirtschaftssystem nicht schadet. Andererseits entzündet sie sich an seinen Krisenerfahrungen. Diese Verflechtung zwischen Kapitalismus als Wirtschaftsform und moralischen Werten hat eine lange Geschichte und ist bis in die jüngere Zeitgeschichte zu beobachten. So ist es kein Zufall, dass der Kapitalismus und seine Geschichte seit der globalen Finanz- und

[10] Luc Boltanski und Ève Chiapello, *The New Spirit of Capitalism* (London: Verso, 2007 [auf Französisch 2001]).

[11] Louis Blanc, *Organisation du Travail*, 9. Aufl. (Paris: Au Bureau du Nouveau Monde, 1850). In früheren Ausgaben des Buches findet sich der Begriff Kapitalismus nicht; siehe Jürgen Kocka, ‚Schöpferische Zerstörung: Joseph Schumpeter über Kapitalismus', in: *Mittelweg 36. Zeitschrift des Hamburger Institus für Sozailforschung* 26 (2017), Nr. 6, S. 45–54. Für eine umfassende Einführung siehe Jürgen Kocka, *Capitalism. A Short History* (Princeton: Princeton University Press, 2016).

[12] Michael Zamkin und Gary J. Konrblith, ‚Introduction: An American Revolutionary Tradition', in: *Capitalism Takes Command: The Social Transformation of Nineteenth-Century America*, hrsg. v. Michael Zakim und Gary J. Kornblith (Chicago: University of Chicago Press, 2012), S. 1–12, hier: S. 3.

Wirtschaftskrise von 2007 wieder verschärft in den Blick genommen und entlang moralischer Werte verhandelt werden.

Eine neue Geschichte des Kapitalismus?

Mit der Finanzkrise im Jahr 2007 wuchs die Anzahl der historischen Darstellungen über die Geschichte des Kapitalismus sprunghaft an. Die Krise löste erneut ein kritisches Interesse an einem Wirtschaftssystem aus, das um 1990 den Kalten Krieg gewonnen hatte, während seine „real existierende" Alternative, der Staatssozialismus, in der Sowjetunion und Osteuropa zusammengebrochen war. Den Triumphalismus des kapitalistischen Westens nach dem Ende des Kalten Krieges repräsentierte in signifkanter Weise Francis Fukuyamas 1992 erschienener Bestseller *The End of History and the Last Man*.[13] In den 1990er-Jahren schienen die Rivalitäten zwischen den beiden Wirtschaftssystemen beigelegt – das Interesse an der Geschichte des Kapitalismus war gering, bestenfalls kam gelegentlich die Frage auf, wie mit dem Kapitalismus umzugehen sei.[14] Als sich dies änderte, musste die neue Geschichtsschreibung des Kapitalismus mit eineinhalb Jahrhunderten Kapitalismusforschung in Verbindung gebracht werden.[15]

Das wiedererwachte (geschichts-)wissenschaftliche Interesse am Kapitalismus wurde zum Teil von neuen Untergangsszenarien begleitet, in denen die Krise als Anfang vom Ende des Kapitalismus gedeutet wurde.[16] Eine solche zukunftsorientierte Geschichtsschreibung folgte einer langen Tradition der Kapitalismuskritik. Historisch gesehen ging diese Kritik in zwei Richtungen: Einerseits wurde eine grundlegende Kritik geäußert, die auf eine Umgestaltung des Kapitalismus abzielte. Ihre Vertreterinnen und Vertreter neigten dazu, die ausbeuterischen und ent-

[13] Francis Fukuyama, *Das Ende der Geschichte und der letzte Mensch* (Hamburg: Hoffmann und Campe, 2022).

[14] Will Hutton und Antony Giddens, Hrsg., *On the Edge: Living with Global Capitalism* (London: Vintage, 2001).

[15] Zu den Rezensionen, die sich mit der jüngsten Publikationsflut auf diesem Gebiet befassen, gehören Friedrich Lenger, ‚Die neue Kapitalismusgeschichte: Ein Forschungsbericht als Einleitung', in: *Archiv für Sozialgeschichte* 56 (2016), S. 3–37; Jürgen Kocka und Marcel van der Linden, Hrsg., *Kapitalismus: The Reemergence of a Historical Concept* (London: Bloomsbury Academic, 2016).

[16] Siehe z. B. Immanuel Wallerstein, Randall Collins, Michael Mann, Georgi Derluguian und Craig Calhoun, *Does Capitalism Have a Future?* (Oxford: Oxford University Press, 2013); Elmar Altvater, *Das Ende des Kapitalismus, wie wir ihn kennen: Eine radikale Kapitalismuskritik* (Münster: Westfälisches Dampfboot, 2018); Wolfgang Streeck, ‚Wie wird der Kapitalismus enden?', in: *Blätter für deutsche und internationale Politik* 60 (3/2015), S. 99–111.

fremdenden Merkmale kapitalistischer Systeme zu betonen. Andererseits wurden reformorientierte Kritiken laut, die darauf abzielten, den Kapitalismus zu bessern und zu optimieren.[17] Mehrfach wandelte sich der Kapitalismus unter dem Einfluss verschiedener Formen der Kritik – seine Fähigkeit, als Reaktion Form und Inhalt zu verändern, gehört zu seinen bemerkenswertesten Eigenschaften. Diese Wandelbarkeit führte aber auch zu einer Vielzahl von Zweideutigkeiten, die es notorisch komplizieren, das Phänomen zu definieren.[18] In diesem Zusammenhang waren zweifellos das Privateigentum, der Markt und der Wettbewerb von entscheidender Bedeutung. Ebenso bildeten die dezentralisierte Entscheidungsfindung über wirtschaftliche Prozesse, die Kapitalakkumulation und die Bedeutung von Investitionen wesentliche Bestandteile des Kapitalismus. Zudem wird der Kapitalismus in erster Linie als ein sich fortwährend wandelnder Prozess verstanden, wodurch es umso schwieriger wird, eine allgemein akzeptierte Definition zu finden.

Ein weiteres Merkmal des neuen Interesses von Historikern und Historikerinnen an der Geschichte des Kapitalismus besteht darin, dass der Kapitalismus nicht mehr nur für die Wirtschaftsgeschichte von Interesse ist. Auch Teildisziplinen der Geschichtswissenschaft wie die Politik-, Sozial-, Kultur- und Wissens- oder Wissenschaftsgeschichte leisteten einen wichtigen Beitrag zu den Debatten über die Geschichte des Kapitalismus – nahm dieser doch auf die wirtschaftliche, aber auch auf die soziale, kulturelle und politische Sphäre Einfluss.[19] Der Konsum und der „fiskalisch-militärische Staat“ wurden zudem als zentrale Faktoren für die Geschichte des Kapitalismus erkannt.[20] Der Kapitalismus ist somit wohl

[17] Werner Plumpe, ‚Debatten über die Gestaltbarkeit des Kapitalismus, 1900–1933‘, in: *Kapitalismus und Zivilgesellschaft, Forschungsjournal Soziale Bewegungen* 29 (3/2016), hrsg. v. Frank Adloff und Jürgen Kocka, S. 164–181.

[18] Peter A. Hall und David Soskice, *Varieties of Capitalism: The Institutional Foundations of Comparative Advantage* (Oxford: Oxford University Press, 2001).

[19] Nancy Fraser, ‚Behind Marx's Hidden Abode: For an Expanded Conception of Capitalism‘, in: *New Left Review* 86 (2014), S. 55–72; Hartmut Berghoff und Jakob Vogel, Hrsg., *Wirtschaftsgeschichte als Kulturgeschichte: Dimensionen eines Perspektivenwechsels* (Frankfurt: Campus, 2004).

[20] Peer Vries, *State, Economy and the Great Divergence: Great Britain and China, 1680s–1850s* (London: Bloomsbury, 2015); Jan de Vries, *The Industrious Revolution: Consumer Behaviour and the Household Economy, 1650 to the Present* (Cambridge: Cambridge University Press, 2008); und Christof Dejung, *Die Fäden des globalen Marktes: Eine Sozial- und Kulturgeschichte des Welthandels am Beispiel der Handelsfirma Gebrüder Volkart 1851–1999* (Köln: Böhlau, 2013).

die wichtigste Ordnungsstruktur moderner Gesellschaften, nicht nur im Bereich der Wirtschaft, sondern auch in kulturellen, sozialen und politischen Zusammenhängen. Es ist daher notwendig, die Akteurinnen und Akteure des Kapitalismus, die Diskurse über den Kapitalismus und die Wissensproduktion im und durch den Kapitalismus zu untersuchen, um ein besseres Verständnis dafür zu entwickeln, wie der Kapitalismus als ein „essentially contested concept" über die Jahrhunderte hinweg wirkte.[21] Laut Jens Beckert sollte der Kapitalismus sinnvollerweise als ein „Erwartungssystem" verstanden werden, das in der modernen Geschichte für einige Menschen immer wieder erfolgreich Möglichkeiten einer besseren Zukunft eröffnete, während es für andere Menschen die Voraussetzungen für das eigene Scheitern schuf.[22] Eine Historisierung des Kapitalismus wird daher auch seine Zukunftsorientierung einbeziehen müssen.[23]

Darüber hinaus ging das erneute Interesse an der Geschichte des Kapitalismus mit der zunehmenden Popularität der Globalgeschichte einher. So wird die Entwicklung des Kapitalismus zunehmend in seiner globalen Perspektive diskutiert. Auch wenn der Kapitalismus in Europa entstand und Europa bis zu einem gewissen Grad als der Kontinent des Kapitalismus angesehen werden kann, so expandierte er doch und wurde zu einem globalen Phänomen, das sinnvollerweise nur in seinen globalen Zusammenhängen betrachtet werden kann.[24] Maßgebliche Studien zur Geschichte des Kapitalismus im 19. Jahrhundert haben die Bedeutung des Sklavenhandels hervorgehoben.[25] Exportmärkte, Handel und die Möglichkeit, billige Rohstoffe zu importieren, trugen entscheidend zum komparativen Vorteil Großbritanniens gegenüber den Niederlanden bei, der schließlich dazu führte, dass Großbritannien zur ersten „Werkstatt der Welt" wurde. Krieg und Gewalt waren entscheidende Mittel zur Durch-

[21] Zu „essentially contested concepts" siehe W. B. Gallie, ‚Essentially Contested Concepts', in: *Proceedings of the Aristotelian Society* 56 (1955–1956), S. 167–198.

[22] Jens Beckert, ‚Capitalism as a System of Expectations: Toward a Sociological Microfoundation of Political Economy', in: *Politics & Society* 41, (3/2013), S. 323–350; Jens Beckert, *Imagined Futures: Fictional Expectations and Capitalist Dynamics* (Cambridge, MA: Harvard University Press, 2016).

[23] Thomas Welskopp, ‚Zukunft bewirtschaften: Überlegungen zu einer praxistheoretisch informierten Historisierung des Kapitalismus', in: *Praktiken des Kapitalismus, Sonderheft des Mittelweg* 36, (1/2017), hrsg. v. Sören Brandes und Malte Zierenberg, S. 81–97.

[24] Peter Kramper, ‚Warum Europa? Konturen einer globalgeschichtlichen Forschungskontroverse', in: *Neue Politische Literatur* 54 (2009), S. 9–46.

[25] Joseph E. Inikori, *Africans and the Industrial Revolution in England: A Study in International Trade and Economic Development* (Cambridge: Cambridge University Press, 2009).

setzung des globalen Kapitalismus.[26] Innerhalb der Kapitalismusforschung stellt die Analyse von Warenketten einen eigenen Forschungsbereich dar, der sich auf die Auswirkungen des Handels auf den Kapitalismus konzentriert.[27]

Während die Forschungsliteratur zum Kapitalismus in den letzten zehn Jahren ein nahezu exponentielles Wachstum verzeichnete und der Kapitalismus zunehmend in seinen globalen Verästelungen diskutiert wird, wurde der Art und Weise vergleichsweise wenig Aufmerksamkeit geschenkt, in der Kritik, aber auch Rechtfertigungen des Kapitalismus mit Fragen der Moral in Verbindung gebracht wurden. Der vorliegende Band will einen Beitrag dazu leisten, diese Forschungslücke zu schließen, indem er nach den moralischen Deutungen des Kapitalismus fragt, wie sie von Apologeten, aber auch von Kritikern des Kapitalismus im Laufe des 19. und 20. Jahrhunderts vorgebracht wurden.[28] Seit der „Erfolgsgeschichte" des Kapitalismus äußerten Intellektuelle und soziale Bewegungen starke Skepsis gegenüber einem Wirtschaftssystem, das noch im 18. Jahrhundert von zahlreichen Denkern der Aufklärung legitimiert wurde. Die Kritik konzentrierte sich auf die Entstehung eines enormem Reichtums und tiefster Armut, auf die Profitorientierung der so genannten Kapitalisten. Diese Argumente erlebten vom 18. Jahrhundert bis hin zur Globalisierungskritik im 21. Jahrhundert eine Renaissancen. Im Folgenden möchten wir einen Überblick über die Geschichte des modernen Kapitalismus im Hinblick auf moralische Kritiken und Rechtfertigungen geben, während wir im Anschluss einige der Argumentationsstränge des vorliegenden Bandes herausarbeiten.

Geschichte des Kapitalismus und Fragen der Moral

Der umfassendste und einflussreichste Kapitalismuskritiker des 19. Jahrhunderts war Karl Marx. Aufbauend auf die grundlegenden Werke britischer Ökonomen wie Adam Smith und David Ricardo sowie auf französischen Historikern wie Jules Michelet und François Guizot entwarf er seine Philosophie des historischen Materialismus. Marx bestand stets auf der

[26] Sven Beckert, *Empire of Cotton: A Global History* (New York: Vintage Books, 2014).

[27] Kenneth Pomeranz und Steven Topik, *The World That Trade Created: Society, Culture, and the World Economy, 1400 to the Present*, 4, Aufl., (London/New York: Routledge, 2017).

[28] Der Band knüpft somit an Untersuchungen von Stefan Berger und Alexandra Przyrembel an, siehe ‚Moral, Kapitalismus und soziale Bewegungen: Kulturhistorische Annäherungen an einen alten Gegenstand', in: *Historische Anthropologie* 24 (1/2016), S. 88–107.

Wissenschaftlichkeit seiner Theorien und hatte nur Verachtung für das übrig, was er als bloße moralische Kapitalismuskritik bezeichnete, die er mit den Frühsozialisten in Verbindung brachte.[29] Und in der Tat hatten dessen Vertreter wie Wilhelm Weitling, Charles Fourier und Robert Owen eine tiefgreifende moralische Kritik am Kapitalismus formuliert. Ihre Anklagen, so unterschiedlich sie auch waren, hatten gemeinsam, dass sie auf die Vermeidung einer – vorgeblich aus der kapitalistischen Produktionsweise resultierenden – Amoralisierung der Bevölkerung abzielten.[30] Und doch finden wir auch in den Werken von Karl Marx starke moralische Untertöne. So argumentierte Marx, die kapitalistischen Produktionsformen entfremdeten den Menschen von seinem natürlichen Zustand als soziales Wesen. Als „entfremdete Arbeit" stelle jede Form von Arbeit im Kapitalismus zwangsläufig Zwangsarbeit dar. Marx zufolge wird der Mensch durch solche Formen der Arbeit entwürdigt und in der Entfaltung seines vollen Potenzials behindert.[31] Den Kern von Marx' Kapitalismuskritik bildet dessen Argument, ein anderes Wirtschaftssystem sei die Bedingung einer menschlicheren Gesellschaftsform. Natürlich war Marx auch ein scharfer Kritiker der bürgerlichen Moral, die er als eine Form der die Interessen der herrschenden Klassen vertretenden Ideologie verstand. Dies hinderte ihn jedoch nicht daran, eine höhere Moral zu befürworten, die auf die Befreiung der Menschheit durch das Proletariat abzielte.[32] Simon Clarke zufolge vertraten Marx' Schriften zur politischen Ökonomie eine „powerful moral dimension", da sie Vorstellungen von moralischen menschlichen Qualitäten aufrechterhalten, die durch den Kapitalismus angeblich verdorben wurden.[33]

[29] Gareth Stedman Jones, *Karl Marx: Greatness and Illusion* (Cambridge, MA, Harvard University Press, 2016).

[30] Keith Taylor, *The Political Ideas of the Utopian Socialists* (London: Routledge 1982); Lothar Knatz und Hans-Arthur Marsiske, Hrsg., *Wilhelm Weitling: ein deutscher Arbeiterkommunist* (Hamburg: Ergebnisse Verlag, 1989).

[31] Severin Müller, *Phänomenologie und philosophische Theorie der Arbeit, Bd. 1: Lebenswelt, Natur, Sinnlichkeit* (Freiburg i. Br.: Verlag Karl Alber, 1992), insbesondere Teil 3, S. 337–493.

[32] Wolfgang Fritz Haug, ‚Marx, Ethik und die ideologische Formbestimmtheit von Moral', online abrufbar unter: http://www.wolfgangfritzhaug.inkrit.de/online-texte.htm (Zugriff am 14.05.2025); außerdem Rodney G. Pfeffer, *Marxism, Morality and Social Justice* (Princeton: Princeton University Press, 1990); Philip J. Kain, *Marx and Ethics* (Oxford: Oxford University Press, 1989).

[33] Simon Clarke, *Marx, Marginalism and Modern Sociology: From Adam Smith to Max Weber*, 2. Aufl. (Basingstoke: Macmillan, 1991), S. 59.

Viele derjenigen, die sich nach Marx mit der Geschichte des Kapitalismus befassten, beriefen sich auf ihn, kritisierten oder modifizierten ihn. Der Marxismus wurde zu einem mächtigen Gedankengebäude mit sehr unterschiedlichen Ausprägungen. Friedrich Engels, selbst Sohn eines wohlhabenden Industriellen aus Barmen (heute Wuppertal), war moralisch empört über die Beobachtungen, die er in den Fabriken und Arbeitervierteln Manchesters machte. Sein Werk *Die Lage der arbeitenden Klasse in England* war nicht nur eine präzise Beschreibung der Verelendung und Ausbeutung der Arbeitenden durch das Fabriksystem, sondern auch eine moralische Anklage und ein Aufruf zur Revolution.[34] Was mit dem Sozialismus entstehen würde, so Engels, wäre eine wahrhaft menschliche Moral.[35] Engels' Theorie der modernen Gesellschaft war geprägt durch eine ebenso ästhetische wie moralische Abscheu vor der Welt des Kommerzes und dessen Folgen.[36]

Neben Engels war Karl Kautsky, der die wichtige Rolle der Moral für die Stärkung des Widerstands gegen die herrschenden Klassen unterstrich, einer der wichtigsten Interpreten von Marx im späten 19. und frühen 20. Jahrhundert. Für Kautsky gab es keine absolute und universelle Moral, sie stand vielmehr in einem (Wechsel)verhältnis zu bestimmten Kulturen, Zivilisationen und Zeiten. Im Klassenkampf jedoch entwickelten, so Kautsky, „die aufsteigenden Klassen ein sittliches Ideal, das immer kühner wird, je mehr diese Klassen an Kraft gewinnen (…), so daß mit der Kühnheit des neuen sittlichen Ideals auch die Begeisterung dafür wächst".[37] Sein Mitstreiter, der Sozialist Franz Mehring unterschied zwischen „bürgerlicher Moral" und „proletarischer Moral", Fragen der Ethik waren für ihn ebenso wie für viele marxistische Sozialistinnen und Sozialisten von entscheidender Bedeutung.[38] Dies gilt auch für Lenin und die Bol-

[34] Friedrich Engels, *Die Lage der arbeitenden Klasse in England*, erstmals 1845 auf Deutsch und 1887 auf Englisch (*Condition of the Working Class in England*) veröffentlicht. Siehe auch Steven Marcus, *Engels, Manchester and the Working Class* (London/New York: Routledge, 2017).

[35] Vgl. Eugene Kamenka, *The Ethical Foundations of Marxism* (London: Routledge, 1962), S. 2; Alexandra Przyrembel, *Verbote und Geheimnisse. Das Tabu und die Genese der europäischen Moderne* (Frankfurt/New York: Campus, 2011), S. 181–194.

[36] Alfred G. Meyer, ‚Engels as a Sociologist', in: John H. Kautsky, Hrsg., *Karl Kautsky and the Social Science of Classical Marxism*, (Leiden: Brill, 1989), S. 8.

[37] Karl Kautsky, *Ethik und materialistische Geschichtsauffassung* (Stuttgart: Verlag J.H.W. Dietz Nachf., 1910), S. 135.

[38] Till Schelz-Brandenburg, Hrsg., *Eduard Bernsteins Briefwechsel mit Karl Kautsky (1891–1895)* (Frankfurt: Campus, 2011), S. 192.

schewiki. Für Lenin war eine sich auf den Klassenkampf gründende kommunistische Moral die Voraussetzung für jede höhere Entwicklung der Menschheit.[39] Fragen der Moral und Ethik waren für Eduard Bernsteins revisionistische Modifikationen von Marx noch wichtiger. Beeinflusst von der neokantianischen Philosophie versuchte Bernstein zusammen mit anderen Revisionisten in der Sozialdemokratischen Partei Deutschlands, moralische Imperative zu entwickeln, auf denen der Sozialismus und die sozialistische Zukunftsgesellschaft beruhen sollten.[40] Für Rosa Luxemburg, eine der schärfsten Kritikerinnen Bernsteins, musste sich jede Form von Moral auf eine Analyse der materiellen Wirklichkeit stützen, aber auch diesbezügliches Engagement war die Voraussetzung für ein tiefgreifendes Verständnis dieser Wirklichkeit.[41] Antonio Gramsci baute später auf diesen Ideen auf, indem er Moral mit dem historischen Materialismus verknüpfte. Für ihn war der Marxismus eine „moralische Wissenschaft", da er mit den wissenschaftlichen Erkenntnissen übereinstimmte und von dem Willen getragen wurde, für die Bedingungen zu kämpfen, die die unmoralische Gegenwart überwinden würden.[42]

Im Verlauf des 20. Jahrhunderts beruhte die Anziehungskraft des Kommunismus in der Sowjetunion nach 1917 sowie in Osteuropa und verschiedenen Teilen der Dritten Welt nach 1945 weitgehend auf der moralischen Verurteilung des Kapitalismus und auf der Aufrechterhaltung einer kommunistischen Moral, die – verstanden als eine höhere Form der Moral – die Emanzipation aller arbeitenden Menschen auf der ganzen Welt untermauerte.[43] Der Kommunismus als Ideologie war für die Befreiungsbewegungen der Dritten Welt deshalb so attraktiv, weil er eine starke moralische Sprache zu sprechen versprach, indem er Imperialismus und Kapitalismus moralisch verurteilte und für die Zukunft eine moralischere, d. h. sozial gerechtere Gesellschaft in Aussicht stellte. Die Ver-

[39] Nicholas Churchich, *Marxism and Morality: A Critical Examination of Marxist Ethics* (Cambridge: James Clarke & Co., 1994), S. 38.

[40] Matthias Neumann, *Der deutsche Idealismus im Spiegel seiner Historiker: Genese und Protagonisten* (Würzburg: Königshausen und Neumann, 2008), S. 229.

[41] Andrea Nye, *Philosophia: The Thought of Rosa Luxemburg, Simone Weil and Hannah Arendt* (London/New York: Routledge, 1994), S. 51f.

[42] Marco Fonseca, *Gramsci's Critique of Civil Society: Towards a New Concept of Hegemony* (London/New York: Routledge, 2016), S. 57.

[43] Zur „kommunistischen Moral" und ihren Auswirkungen auf Chruschtschows Sowjetunion siehe Deborah A. Field, *Private Life and Communist Morality in Khrushchev's Russia* (New York: Peter Lang, 2007).

schmelzung des Kommunismus mit der Dritten Welt gab dem Kommunismus in zahlreichen Entwicklungsländern während der 1960er- und 1970er-Jahre neuen Auftrieb.[44] Ironischerweise konnten die Ideale der kommunistischen Moral historische Aktuerinnen und Akteure in der Dritten Welt zu einer Zeit ansprechen, in der der Antikommunismus im Westen bereits den moralischen Bankrott der kommunistischen Regime in der Sowjetunion und in Osteuropa anprangerte. Die Volksaufstände gegen den Kommunismus in Ost-Berlin 1953, in Budapest 1956 und in Prag 1968, an denen in großer Zahl Mitglieder der Arbeiterklasse beteiligt waren, konnten nur durch sowjetische Militärgewalt niedergeschlagen werden. So wurde die Kluft zwischen der kommunistischen Rhetorik und der kommunistischen Realität immer deutlicher sichtbar, was die Kritik an einer heuchlerischen und doppelzüngigen Ideologie nach sich zog, die nicht den Interessen der Arbeiterklasse, sondern einer bürokratischen, mittels einer Diktatur regierenden Nomenklatura diente.[45]

Während es Kommunistinnen und Kommunisten in den Ländern des „real existierenden Sozialismus" immer schwerer fiel, eine überzeugende moralische Sprache zu sprechen, war dies bei den westlichen, sich zunehmend von den sowjetischen und osteuropäischen Versionen des Sozialismus distanzierenden Marxistinnen und Marxisten nicht unbedingt der Fall. Hier zeigt sich eine marxistische Tradition der Kapitalismuskritik, die mit weitaus größerer moralischer Kraft argumentierte als die marxistische Tradition im Kommunismus. Bereits in der Zwischenkriegszeit hatten Austromarxisten wie Otto Bauer argumentiert, dass ethische Belange für die politische Stärkung des Sozialismus von entscheidender Bedeutung seien. Ein kantischer moralischer Imperativ, so Bauer, würde angesichts der großen Skepsis gegenüber sozialistischen Lösungen die Unterstützung für den antikapitalistischen Widerstand mobilisieren.[46] Für Georg Lukacs war das oberste Ziel der kommunistischen Moral die Freiheit – die Freiheit des Einzelnen vor Unterdrückung und Entfremdung.[47] Der marxistische His-

[44] Silvio Pons, *The Global Revolution: A History of International Communism, 1917–1991* (Oxford: Oxford University Press, 2014), S. 255ff.

[45] Luc van Dongen, Stéphanie Roulin, und Giles Scott-Smith, Hrsg., *Transnational Anti-communism and the Cold War: Agents, Activities and Networks* (Basingstoke: Palgrave Macmillan, 2014).

[46] Paul Blackledge, *Marxism and Ethics: Freedom, Desire, and Revolution* (Albany: SUNY Press, 2012), S. 113.

[47] Michael Löwy, *Georg Lucacs: From Romanticism to Bolshevism* (London: New Left Books, 1979), S. 165.

toriker Richard Tawney klagte in seinem Werk *Religion and the Rise of Capitalism* den Kapitalismus moralisch als ein zynisch ungerechtes System an, das – unter dem Deckmantel des Christentums entstanden – letztlich aber mit wahren christlichen Werten unvereinbar sei.[48] In den 1970er-Jahren verwies E. P. Thompson auf die Wichtigkeit des moralischen Empfindens der Arbeiterschaft dafür, was richtig und was falsch ist. Dieses Empfinden erwachse aus deren Lebenserfahrung und führe zu moralischen Forderungen nach einem gerechteren wirtschaftlichen, sozialen und politischen System.[49] Dieser Begriff der „moralischen Ökonomie“ hat Generationen von marxistischen und nicht-marxistischen Historikerinnen und Historikern gleichermaßen inspiriert.[50] In jüngster Zeit entdeckte Ute Frevert das Konzept für ihre Forschungsgruppe zur Geschichte der Emotionen wieder.[51]

Die Neue Linke, zu der auch Thompson gehörte, interessierte sich nicht allein für die Auswirkungen moralischer Urteile auf die historische Kritik am Kapitalismus. Sie verfolgte auch eine vehemente Politik der moralischen Verurteilung, wenn es sich um Imperialismus und imperialistische Kriege handelte, sei es in Algerien oder Vietnam. Und ihre moralische Empörung war ebenso groß, als es um innenpolitische Kämpfe ging: um die Befreiung der Frau, um die Gleichberechtigung der Rassen oder um die Rechte der Homosexuellen.[52] Perry Anderson, ein Hauptgegner Thompsons in der Frage der Rezeption des strukturalistischen Marxismus der Althusserianer, beharrte dennoch darauf, dass sozialistische Politik moralische Vorstellungskraft erfordere.[53] Und kommen wir von der Neuen Linken zu dem Denker, der vielleicht zum wichtigsten Bezugspunkt für all jene geworden ist, die eine Rückkehr zu einer Form des gezähmten Kapitalismus anstreben: Karl Polanyi – seine Vorstellung von einem „eingebetteten“ Kapitalismus basiert auf einem ethisch-moralischen Verständ-

[48] Richard Tawney, *Religion and the Rise of Capitalism* (New York: Harcourt, Brace and Co., 1926).

[49] E. P. Thompson, ‚The Moral Economy of the English Crowd in the Eighteenth Century‘, in: *Past and Present* 50 (1971), S. 76–136.

[50] Katarina Friberg und Norbert Götz, Hrsg., Sonderausgabe ‚Moral Economy: New Perspectives‘, in: *Journal of Global Ethics* 11 (2/2015).

[51] Ute Frevert, *The Moral Economy of Trust: Modern Trajectories* (London: Deutsches Historisches Institut, 2013).

[52] Van Gosse, *Rethinking the New Left: An Interpretative History* (New York: Palgrave Macmillan, 2005).

[53] Paul Blackledge, *Perry Anderson, Marxism and the New Left* (London: Merlin Press, 2004), S. 101.

nis der Welt, das davon ausgeht, dass der Mensch mit anderen Menschen Verantwortung für das Wohlergehen der Menschheit übernimmt.[54]

Es existiert also eine bemerkenswerte Tradition, mit Marx moralisch über den Kapitalismus zu denken und den Kapitalismus von einem moralischen Standpunkt aus zu kritisieren. Doch der Verweis auf Polanyi, einen lebenslangen Kritiker des Marxismus und Sozialismus, deutet auch auf eine mindestens ebenso starke Tradition des moralischen Denkens über den Kapitalismus in einer nicht-marxistischen – und oft antimarxistischen – Tradition hin. Einer der wichtigsten und profundesten Marx-Gegner war Max Weber. Webers Vorstellung von der protestantischen Ethik als Motor der kapitalistischen Entwicklung findet auch heute noch Widerhall in der Literatur zum Kapitalismus.[55] Ein weiterer wichtiger Denker des Kapitalismus war Werner Sombart, der zumindest um die Jahrhundertwende an die Vereinbarkeit von Kapitalismus und Sozialismus glaubte.[56] Wie Weber und andere nicht-marxistische Interpreten des Kapitalismus sah Sombart das kapitalistische Wirtschaftssystem eng mit der Entstehung der Moderne verbunden. Diese Kritiker der Aspekte dieser Moderne kritisierten auch Aspekte des Kapitalismus; doch im Großen und Ganzen verteidigten sie ihn als das effizienteste und stärkste Wirtschaftssystem. Die langfristige Widerstandsfähigkeit des Kapitalismus, seine Fähigkeit, sich selbst zu korrigieren und den Kurs als Reaktion auf Kritik zu ändern, wurde weithin als eine seiner größten Stärken gesehen. Modernisierungstheorien, wie die von Talcott Parsons, setzen den Kapitalismus mit Entwicklung und Rationalität gleich.[57] Die Verteidigung des Kapitalismus ist jedoch nicht nur eine Reaktion auf Marx, sondern ist bereits vor Marx zu beobachten. So war beispielsweise Adam Smith der vielleicht bekannteste aufklärerische Denker, der den Kapitalismus verteidigte. Für Smith repräsentierte der Kapitalismus das System, das seine Vorstellung vom natürlichen Drang der Menschen zum Handel auf schon immer bestehenden Märkten am besten widerspiegelte. Smith hielt den Kapitalismus nicht nur für die effizienteste, sondern auch für die humanste Art der Organisation der Wirtschaft; er

[54] Gregory Baum, *Karl Polanyi: On Ethics and Economics* (Montreal: McGill Queen's University Press, 1996), S. 23.

[55] Siehe z. B. David Landes, *The Wealth and Poverty of Nations: Why Some Are so Rich and Some So Poor* (New York: Abacus, 1998); Joyce Appleby, *The Relentless Revolution: A History of Capitalism* (New York: W. W. Norton, 2010).

[56] Friedrich Lenger, *Werner Sombart 1863–1941. Eine Biographie* (München: C.H. Beck, 2012).

[57] Uta Gerhardt, *Talcott Parsons: An Intellectual Biography* (Cambridge: Cambridge University Press, 2002).

war für Smith also ein moralisches, der menschlichen Natur entsprechendes System.[58] Albert Hirschmann argumentierte, den Befürwortern des Kapitalismus im 18. Jahrhundert hätte der Eigennutz dem amoralischen System der zerstörerischen Leidenschaften, das er zu ersetzen versuchte, als moralisch weit überlegen gegolten.[59] Joseph Schumpeter war der festen Überzeugung, dass der Kapitalismus im 19. Jahrhundert von moralischen Werten durchdrungen war, in den 1930er-Jahren jedoch, so seine Analyse, habe der Kapitalismus jegliche moralische Überzeugungen verloren.[60] In seinem 1943 in London veröffentlichten Buch *Capitalism, Socialism and Democracy* schrieb er dem Kapitalismus die Entstehung der modernen internationalen Moral zu. Die historischen Errungenschaften des Kapitalismus preisend, feierte er in diesem Buch die vom Kapitalismus ausgelöste „schöpferische Zerstörung", die letztlich aber auch der Grund für seinen Untergang sein würde. Damit reihte sich Schumpeter in den Chor derer ein, die den Untergang des Kapitalismus vorhersag(t)en.[61]

Insgesamt war die nicht-marxistische Gesellschaftstheorie geradezu besessen davon, den Kapitalismus moralisch akzeptabel erscheinen zu lassen, ihm eine moralische Grundlage zu verleihen. Während zahlreiche marxistische Kapitalismuskritikerinnen und -kritiker versuchten, den Kapitalismus zu transformieren, bemühte sich die nicht-marxistische Kritik oftmals, den Kapitalismus zu reformieren und ihn mit christlichen, sozialliberalen und sozialdemokratischen Vorstellungen von einem Kapitalismus mit menschlichem Antlitz in Einklang zu bringen. Die christliche Idee, den Kapitalismus mit der christlichen Soziallehre in Übereinstimmung zu bringen, ist tief im 19. Jahrhundert verwurzelt, wurde aber kurz nach dem Ende des Kalten Krieges, im Jahr 1991, mit der Enzyklika *Centesimus Annus* erneut bekräftigt, in der es heißt: „(…) alienation (…) is a reality in Western societies (…) This happens in consumerism (…) Alienation is also found in work, when it is organised so as to ensure maximum returns and profit with no concern, whether the worker, through his own labour,

[58] Spencer J. Pack, *Capitalism as a Moral System: Adam Smith's Critique of the Free Market Economy* (London: Edward Elgar, 1991).

[59] Albert O. Hirschmann, *The Passions and the Interests: Political Arguments for Capitalism Before Its Triumph* (Princeton: Princeton University Press, 2013).

[60] Joseph A. Schumpeter, *The Economics and Sociology of Capitalism* (Princeton: Princeton University Press, 1991), S. 370.

[61] Joseph A. Schumpeter, *Capitalism, Socialism and Democracy* (London: Routledge, 1943).

grows or diminishes as a person".[62] Vor allem in Großbritannien blieb im 19. und 20. Jahrhundert eine Variante des liberalen Humanismus und des ethischen Liberalismus sowohl innerhalb als auch außerhalb der Liberalen Partei stark. Sie versuchte, das Anliegen der sozialen Gleichheit mit dem klassischen liberalen Anliegen der Freiheit zu verbinden.[63] Eine der wirkmächtigsten Ideen, die im Zusammenhang mit der moralischen Besserung des Kapitalismus aufkam, war die sozialdemokratische Idee der Kontrolle der Märkte durch den Staat.[64] Nach dem Zweiten Weltkrieg, zumindest von den 1950er- bis zu den 1970er-Jahren, sah es für eine kurze Zeit so aus, als könne die sozialdemokratische Idee erfolgreich – und damit der Kapitalismus für alle nutzbringend – sein.[65]

Trotz der existenten starken Verbindung zwischen Kapitalismus und Moral – die sowohl in den Rechtfertigungen des Kapitalismus als auch in der Kapitalismuskritik beobachtet werden kann – besteht bis heute bestenfalls ein oberflächliches Interesse an der Erforschung dieses Konnexes. Innerhalb des kommunitaristischen Denkens wurde die Frage von Moral und Kapitalismus zumindest erwogen. So konfrontierte uns Amitai Etzioni am Ende eines Jahrzehnts, das oft als Höhepunkt einer neoliberalen Ökonomie der Gier gilt, mit der Vision einer neuen, von moralischen Erwägungen geleiteten Wirtschaft.[66] In jüngerer Zeit hat allerdings auch die neue Kapitalismuskritik das Interesse an der Verbindung zwischen Kapitalismus und Moral wiederbelebt. Axel Honneth erinnerte daran, dass in Marx' Schriften das moralisch Böse mit der Struktur und dem Wesen des Kapitalismus verwoben ist.[67] Artur M. Melzer und Steven J. Kautz gaben einen Sammelband heraus, der – bewusst die Frage stellend: *Are Markets Moral?* – eine weitreichende Untersuchung dieses Themas von der Aufklärung bis zur Gegenwart bietet, wobei sowohl Rechtfertigungen *des* als auch Kritik

[62] http://w2.vatican.va/content/john-paul-ii/en/encyclicals/documents/hf_jp-ii_enc_01051991_centesimus-annus.html (Zugriff am 14.05.2025).

[63] Michael Freeden, *Liberalism Divided: A Study in British Political Thought, 1914–1939* (Oxford: Oxford University Press, 1986), insbesondere Kap. 7, S. 223–292.

[64] Gosta Esping-Andersen, *Politics Against Markets: The Social Democratic Road to Power* (Princeton: Princeton University Press, 2017 (ursprünglich veröffentlicht 1985)).

[65] Adam Przeworski, *Capitalism and Social Democracy* (Cambridge: Cambridge University Press, 1986).

[66] Amitai Etzioni, *The Moral Dimension: Toward a New Economics* (New York: Free Press, 1990).

[67] Axel Honneth, ‚Die Moral im „Kapital": Versuch einer Korrektur der Marxschen Ökonomiekritik', in: *Nach Marx: Philosophie, Kritik, Praxis*, hrsg. v. Rahel Jaeggi und Daniel Loick (Frankfurt: Suhrkamp, 2013), S. 350ff.

am Kapitalismus berücksichtigt werden.[68] Der vorliegende Band soll dazu beitragen, dieses Interesse stärker in die Öffentlichkeit zu tragen und weitere Wissenschaftlerinnen und Wissenschaftler ermutigen, das Verhältnis von Moral und Kapitalismus näher zu erforschen.

Moralizing Capitalism: Anliegen und Aufbau des Buches

Die Kapitel dieses Buches umspannen einen Zeitraum von mehr als 150 Jahren. Sie decken den Zeitraum von der Entwicklung der modernen Wirtschaftstheorie im frühen 19. Jahrhundert bis in die 1970er-Jahre ab, als die Vereinten Nationen das *Centre on Transnational Corporations* gründeten – *ein* bewusster Versuch, einen neuen moralischen Verhaltenskodex für multinationale Unternehmen zu vereinbaren. So finden sich im Folgenden Analysen intellektueller Debatten über den „Geist des Kapitalismus" um 1900 ebenso wie Diskussionen innerhalb des US-amerikanischen Katholizismus über wirtschaftliche Gerechtigkeit nach dem Ersten Weltkrieg oder politisch und moralisch korrekten Konsum während des Booms in den wohlhabenden 1970er-Jahren. Die Aufsätze sind in drei thematische Abschnitte gegliedert, die jene Wechselbeziehungen zwischen Moral und Kapitalismus *erstens* im Bereich des Politischen, *zweitens* im Wertesystem der Wirtschaftsakteurinnen und -akteure und *drittens* im Kontext antikapitalistischer Protestkulturen beleuchten, und untersuchen, wie diese den Industriekapitalismismus seit seiner Entstehung im 19. Jahrhundert prägten.

Mit Blick auf den ersten thematischen Abschnitt „Kapitalismus und das Politische" können wir mit der Feststellung beginnen, dass sich die Verbindung zwischen Kapitalismus und dem Politischen besonders deutlich dann zeigt, wenn Staaten oder supranationale Organisationen als politische, den Kapitalismus ordnende oder regulierende Akteure auftreten. Die Kapitel des zweiten thematischen Abschnitts befassen sich mit politischen Versuchen, den Kapitalismus zu regulieren, um ihn mit moralischen Werten in Einklang zu bringen. Elsbeth Heaman analysiert beispielsweise am Beispiel Kanadas die Debatten über eine „gerechte" Steuerpolitik am Übergang zum 20. Jahrhundert. Sie zeigt auf, wie die Steuerpolitik der kanadischen Regierung auf moralischen Werten beruhte. Wim de

[68] Arthur M. Melzer und Steven J. Kautz, Hrsg., *Are Markets Moral?* (Philadelphia: University of Pennsylvania Press, 2018).

Jong und Christian Olaf Christiansen behandeln die Wirtschaftsgeschichte nach 1945.[69] De Jong befasst sich in seinem Kapitel mit dem Wiederaufbau nach dem Zweiten Weltkrieg und konzentriert sich dabei auf Westdeutschland. Nach 1945 war den Eliten in Wirtschaft und Politik bewusst, dass der Wiederaufbau in Europa mit dem Versuch einhergehen musste, die Interessen der Unternehmen und der Arbeiterbewegung aufeinander abzustimmen. Daraus resultierte eine Politik, die darauf abzielte, den Kapitalismus zu „humanisieren". De Jong weist darauf hin, dass amerikanische philanthropische Organisationen wie die *Ford Foundation* in den ersten Jahren des Kalten Krieges die Durchsetzung eines solchen Kapitalismus förderten. Die in Verbindung mit der pro-kapitalistischen Philanthropie stehende Politik wurde von moralischen Überlegungen geleitet, wie der Kapitalismus humaner gestaltet werden könnte.

In den 1970er-Jahren nahm die wirtschaftliche Globalisierung an Fahrt auf; gleichzeitig erlebte das Jahrzehnt einen Anstieg des Menschenrechtsaktivismus. Christiansen zeigt in seinem Kapitel, dass internationale Organisationen die Menschenrechte ins Zentrum ihrer Kritik an den Praktiken transnationaler Unternehmen rückten. Das neu gegründete *United Nations Centre on Transnational Corporations* bemühte sich um die Ausarbeitung eines neuen Verhaltenskodex für multinationale Unternehmen, an der sowohl Akteurinnen und Akteure aus dem globalen Süden als auch aus der „entwickelten" Welt beteiligt waren. Sein Scheitern zeigt, dass die Versuche, multinationale Unternehmen durch die Anwendung moralischer Werte zu zähmen, begrenzt waren.

Die Wertesysteme von Wirtschaftsakteuren stehen im Mittelpunkt des zweiten Abschnitts „Moral, Unternehmer und die Wissensgeschichte des Antisemitismus". Debatten über die Verantwortung von Handels- und Industriekapitalisten für die Einhaltung bestimmter moralischer Standards in ihrem wirtschaftlichen Handeln haben eine lange, Jahrhunderte zurückreichende Tradition.[70] Boris Gehlen und Jürgen Finger gehen dieser Frage im vorliegenden Band anhand von zwei Fallstudien aus dem 19. Jahrhundert nach. Die erste Studie befasst sich mit der Börse als Ort der Spekulation, während das zweite Beispiel den Bankrott als moralisches Versagen des einzelnen Unternehmers in den Mittelpunkt stellt. In

[69] Tony Judt, *Postwar: A History of Europe Since 1945* (New York: Penguin, 2006).

[70] Zur Geschichte der Frühen Neuzeit siehe Natalie Zemon Davis, ‚Religion and Capitalism Once Again? Jewish Merchant Culture in the Seventeenth Century', in: *Representations* 59 (1997), S. 56–84.

beiden Fällen wird die Rolle der Wirtschaftswissenschaften bei der Entwicklung von Moralvorstellungen, die auf wirtschaftliche Transaktionen angewandt wurden, herausgearbeitet. Bereits vor dem Ersten Weltkrieg wurden die Börsen wiederholt für die Verursachung von Krisen verantwortlich gemacht. Börsenmakler wurden zuweilen als „niederes Gesindel", „Schmarotzer" oder „soziale Auswüchse" bezeichnet. Dieser Ruf entsprach nicht ihrem Selbstbild als ehrbare Geschäftsleute. In seinem Kapitel zeigt Gehlen am Beispiel der New Yorker Börse (NYSE), dass das Konzept der Ehre von Börsenmaklern zu einem funktionalen Instrument für die Organisation der Märkte an den Börsen wurde. Finger legt in seinem Beitrag dar, dass der Konkurs in Frankreich um 1848 sowohl ein wirtschaftliches als auch ein moralisches Problem darstellte. Obwohl Konkurse selten waren und daher ein Randphänomen der Wirtschaftstätigkeit darstellten, sind sie geeignet, die Beziehung zwischen individuellem Versagen oder Fehlverhalten und öffentlichem Interesse zu untersuchen. Sozialisten wie Charles Fourier (1772–1837) interpretierten den Bankrott als das „Laster" der Kaufleute. Moralische Argumente über Unternehmer und so genannte Kapitalisten wurden häufig in einer stark abwertenden Sprache formuliert.

Die Wechselbeziehung zwischen Macht und Moral spiegelte sich auch in der Erzeugung und Transformation ökonomischen Wissens im 19. und 20. Jahrhundert wider.[71] Um 1900 widmete sich Werner Sombart dem Verständnis des „Geistes des Kapitalismus". Alexandra Przyrembel fragt in ihrem Beitrag, auf welche Weise Sombarts Kapitalismuskonzept moralisch aufgeladen war. Dabei wird deutlich, wie sich antijüdisches Gedankengut bei Werner Sombart niederschlug: Seine Schrift *Die Juden und das Wirtschaftsleben* knüpft an tradierte Vorstellungen von einer spezifisch „jüdischen" Form des Wirtschaftens und einer angeblichen jüdischen „Eignung" für den Kapitalismus an. Dieses Kapitel konzentriert sich also auf die Produktion und Zirkulation von ökonomischem Wissen und zeigt, dass das Wissen über den Kapitalismus eng mit dem Politischen und bei Sombart ebenso mit antisemitischen Stereotypen verwoben ist.

Die Kritik an der Moral von Unternehmern und kapitalistischen Institutionen bildete die Grundlage für die Herausbildung antikapitalistischer

[71] Mary Poovey, *A History of the Modern Fact: Problems of Knowledge in the Sciences of Wealth and Society* (Chicago: University of Chicago Press, 1998); Daniel Speich Chassé, ‚Was zählt der Preis? Dogmengeschichte und Wissensgeschichte der Ökonomie', in: *Berichte zur Wissenschaftsgeschichte* 37 (2/2014), S. 132–147.

sozialer Bewegungen, die im dritten thematischen Abschnitt „Soziale Bewegungen und moralische Bedenken“ im Mittelpunkt stehen. Im Laufe des 19. und 20. Jahrhunderts nahm der Antikapitalismus verschiedene Formen an. Neben Interventionen in Form von Briefen und Zeitungsartikeln von Kirchen oder dem kritischen Journalismus sowie öffentlichen und expliziten Formen des Protests wurden vor allem soziale Bewegungen zum Mittelpunkt einer fortwährenden Kapitalismuskritik. Die Kapitel dieses Abschnitts befassen sich mit zentralen Themen, die eine moralisierende Kapitalismuskritik verdichten: Profit und soziale Ungleichheit, Arbeitsregime und die Geschichte des Konsums. Kirchen und religiöse Vereinigungen standen oft an der Spitze der entschiedenen Kritiker eines angeblich unmenschlichen und amoralischen Kapitalismus. Die christliche Soziallehre kam zuweilen einem regelrechten Angriff auf den Kapitalismus gleich.[72] Giulia d'Alessio analysiert in ihrem Kapitel, wie die katholische Kirche in den USA während der Großen Depression häufig eine interventionistische und kritische Haltung gegenüber dem amerikanischen Wirtschaftssystem und den „Fehlern und Verzerrungen“ des Kapitalismus einnahm. Im Zuge dieser Wirtschaftskrise argumentierten Vertreter der katholischen Kirche, nur ein staatliches Eingreifen könne die Harmonie zwischen Kapital und Arbeit garantieren.

Nikos Potamianos untersucht in seinem Kapitel den Diskurs gegen die „schändliche Geschäftemacherei“, der sich im Griechenland des frühen 20. Jahrhunderts entwickelte. Diese Kritik, die von Arbeiterinnen und Arbeitern, Angestellten, Angehörigen des Bürgertums und bürgerlichen Politikern gleichermaßen geäußert wurde, beruhte auf der Vorstellung einer wechselseitigen Beziehung zwischen der Redewendung vom Profitstreben und dem Aufstieg des staatlichen Dirigismus. Auch moralische Fragen standen im Mittelpunkt dieser Kritik, in der die (Un-)Moral des kommerziellen Profits gegen eine produktivistische Arbeitsethik ausgespielt wurde. Weitere Spuren einer solchen Kritik finden sich in der Bundesrepublik Deutschland in den 1970er-Jahren. Sibylle Marti argumentiert in ihrem Kapitel, dass „Arbeit“ und „Arbeitsregime“ in moralischen Begriffen und Kategorien verhandelt wurden. Insbesondere der Wertewandel der Arbeit und die zunehmende Prekarisierung der Beschäftigung wurden häufig als Beispiele für eine angebliche Unmoral des Kapitalismus diskutiert.

[72] Vincent D. Rougeau, *Christians in the American Empire: Faith and Citizenship in the New World Order* (New York: Oxford University Press, 2008).

In ihrem Buch *Irresistible Empire* zeigt Victoria de Grazia, wie die Vereinigten Staaten im 20. Jahrhundert zu einem „great imperium with the outlook of a great emporium"[73] wurden. Vor allem der Massenkonsum führte zur wirtschaftlichen Dominanz der Vereinigten Staaten.[74] Der Massenkonsum rief aber auch Widerstand hervor. Intellektuelle wie Jürgen Habermas kritisierten die „commodification of emotional life during the ‚economic miracle'".[75] Benjamin Möckel zeigt in seinem Kapitel, dass der moderne Konsum ab den 1960er-Jahren zu einem Schlüsselthema wurde, durch das eine moralische und emotionale Kritik am Kapitalismus mit kollektiv geteilten emotionalen Regimen und Praktiken des Alltagslebens verbunden wurde. Der aufkommende Fair-Trade-Markt der 1970er- und 1980er-Jahre ist ein lehrreiches Beispiel für alltägliche Implikationen und die Dialektik einer Konsumkritik. Die Moralisierung des Kapitalismus im Zusammenhang mit dem fairen Handel vollzieht sich auf zwei Ebenen: Einerseits wird das Produkt selbst zum Symbol einer die Kritik an bestehenden Formen des Kapitalismus repräsentierenden Gegenkultur. Andererseits müssen sich „fair" gehandelte Produkte auf kapitalistischen Märkten behaupten. Vor diesem Hintergrund experimentiert der faire Handel mit humaneren Formen des Kapitalismus, die eine angemessene Bezahlung der Lohnarbeit garantieren.

Alle drei thematischen Perspektiven bedürfen weiterer Forschung. Im Folgenden werden wir einige Ideen skizzieren, wie die Verflechtung von Moral und Kapitalismus weiter erforscht werden könnte. Zusätzlich zu den drei oben skizzierten Themen, d. h. der Bereich des Politischen, der Wissensgeschichte unter besonderer Berücksichtigung der Ethikvorstellungen wirtschaftlicher Akteurinnen und Akteure und der antikapitalistischen Protestkultur, wäre es von entscheidender Bedeutung, ein viertes Thema in den Blick zu nehmen, nämlich die Öffentlichkeit.

[73] Victoria de Grazia, *Irresistible Empire: America's Advance through Twentieth-Century Europe* (Cambridge, MA: Belknap Press of Harvard University Press, 2005), S. 3.

[74] Lizabeth Cohen, *A Consumers' Republic: The Politics of Mass Consumption in Postwar America*, 1. Aufl. (New York: Alfred A. Knopf; vertrieben von Random House, 2003); Heinz-Gerhard Haupt und Claudius Torp, Hrsg., *Die Konsumgesellschaft in Deutschland 1890–1990: Ein Handbuch* (Frankfurt: Campus, 2009).

[75] Siehe Jan-Werner Müller, *Another Country: German Intellectuals, Unification and National Identity* (New Haven: Yale University Press, 2000), S. 39.

Moralizing Capitalism: *Ein Forschungsprogramm*

Die Krisenerfahrungen im Zuge der Finanzturbulenzen von 2008 haben zu kritischen Interventionen von Vertreterinnen und Vertretern der Sozial- und Geschichtswissenschaften geführt: David Graebers *Debt* (2011), Thomas Pikettys *Das Kapital im 21. Jahrhundert* (2014) und schließlich Adam Toozes *Crashed: How a Decade of Financial Crises Changed the World* (2018) analysieren die Krisenerfahrungen und beleuchten das Ringen um Antworten. Zugleich zeigen sie, dass die öffentliche Kontroverse über die Folgen des Kapitalismus auf das Interesse des Buchmarktes trifft.[76] Im 19. und 20. Jahrhundert waren Kapitalismuskritik und Krisenerfahrungen eng miteinander verwoben. Das Konzept *Moralizing Capitalism* bietet einen produktiven Ausgangspunkt für die Erörterung der symbiotischen Beziehung zwischen Kapitalismuskritikerinnen und -kritikern und ihren Gegnerinnen und Gegnern, die mindestens fünf unterschiedliche Teilbereiche der Geschichtsschreibung betrifft:

Erstens ist die Diskussion des Kapitalismus im Hinblick auf seine Moral ein wichtiger Aspekt der Wissensgeschichte, die seit einigen Jahren an Bedeutung gewinnt.[77] Weitere Forschungsfelder einer verschränkten Geschichte von Moral und Wissen berühren zum einen die Statistik, zum anderen den Konsum. Die Entwicklung und Professionalisierung der Statistik war ein wichtiger Bestandteil der Wissensgeschichte des Kapitalismus. Im frühen 19. Jahrhundert waren diese eng mit Erhebungen zur städtischen Topographie (wie beispielsweise zu Manchester oder London) verflochten und spiegelten die Dynamiken sozialer Ungleichheit[78] Mit der Institutionalisierung numerischer Verfahren in den Wirtschaftswissenschaften durch auf lokaler und nationaler Ebene tätige statistische Ämter traten Experten in Erscheinung, die Reichtum und Armut zunehmend mit Hilfe von Zahlen kategorisierten. Insbesondere die Erfindung des

[76] Thomas Piketty, *Das Kapital im 21. Jahrhundert* (München: Verlag C.H. Beck, 2014); David Graeber, *Debt: The First 5,000 Years* (Brooklyn, NY: Melville House, 2012); Adam J. Tooze, *Crashed: How a Decade of Financial Crises Changed the World* (New York: Viking, 2018).

[77] Vgl. etwa die Aktivitäten des Zentrums für Wissensgeschichte in Zürich, https://www.zgw.ethz.ch/en/home.html (Zugriff am 14.05.2025), das sich auch mit Fragen des ökonomischen Wissens befasst; Christof Dejung, Monika Dommann und Daniel S. Chassé, Hrsg., *Auf der Suche nach der Ökonomie: Historische Annäherungen* (Tübingen: Mohr Siebeck, 2014).

[78] Eileen Janes Yeo, *The Contest for Social Science: Relations and Representations of Gender and Class* (London: Rivers Oram Press, 1996), siehe auch Kap. 2 in diesem Band.

Bruttosozialprodukts stellte einen neuen Maßstab für die Verknüpfung von Ungleichheit und politischem Handeln im globalen Maßstab dar.[79] So definierten Entwicklungshelferinnen und -helfer im Folgenden ebenso die sozialen Verhältnisse im „Globalen Süden" entlang hierarchischer Kategorien wie „oben" und „unten" auf der Grundlage statistischen Wissens.[80]

Werner Sombart interpretierte eine bestimmte Form des Konsums – den Genuss von Luxusgütern – als eine der zentralen Triebkräfte des Kapitalismus.[81] Während des 18. Jahrhunderts waren Staatsmänner und Intellektuelle von einer „shifting divide between need and desire, necessities and luxuries"[82] beherrscht. In Bezug auf die moralische Ablehnung von Luxus befürwortete die aufkommende akademische Disziplin der politischen Ökonomie zunehmend durchlässige Konzepte. Adam Smith, John Stuart Mill und David Hume propagierten in ihren Schriften in zunehmendem Maß eine „Demoralisierung" des Luxus, die die Menschen zu neuen Formen des (wirtschaftlichen) Fortschritts führen könne. Dahingegen verurteilte der Soziologie Thorstein Veblen im frühen 20. Jahrhundert den „conspicuous consumption" als soziale Praxis einer Elite.[83] Die Debatten über Luxus vom 18. bis zum 20. Jahrhundert zeigen jedoch, dass sich die Grenzen zwischen dem Notwendigen und dem Überflüssigen als politisch und moralisch umstritten erwiesen haben.[84]

[79] Daniel Speich Chassé, *Die Erfindung des Bruttosozialprodukts. Globale Ungleichheit in der Wissensgeschichte der Ökonomie* (Göttingen: Vandenhoeck & Ruprecht, 2013), S. 21 (Kritische Studien zur Geschichtswissenschaft, 212).

[80] David C. Engerman, *The Price of Aid: The Economic Cold War in India* (Cambridge, MA und London: Harvard University Press, 2018).

[81] Werner Sombart, *Luxus und Kapitalismus* (München/Leipzig: Duncker & Humblot, 1922).

[82] Maxine Berg und Elizabeth Eger, ‚The Rise and Fall of the Luxury Debates', in: Dies., Hrsg., *Luxury in the Eighteenth Century: Debates, Desires and Delectable Goods*, erstmals als Taschenbuch erschienen (Basingstoke: Palgrave Macmillan, 2007), S. 7–27.

[83] Zur Geschichte des Wissens über Luxus vgl. Dominik Schrage, ‚Vom Luxuskonsum zum Standardpaket: Der Überfluss und seine Zähmung als Thema der Soziologie' in: *Luxus: Die Ambivalenz des Überflüssigen in der Moderne*, hrsg. v. Christine Weder und Maximilian Bergengruen, 1. Aufl. (Göttingen: Wallstein Verlag, 2012), S. 58–72; Thorstein Veblen, *The Theory of the Leisure Class: An Economic Study of Institutions* (New York: Macmillan, 1912). Einen Überblick bietet John Sekora, *Luxury: The Concept in Western Thought, Eden to Smolett* (Baltimore: John Hopkins University Press, 1977).

[84] Ute Tellmann, ‚Figuren des Überflüssigen und die politisch-moralischen Grenzziehungen in der Ökonomie: luxuriöse Dinge, Menschenmassen und Parasiten', in: *Luxus: Die Ambivalenz des Überflüssigen in der Moderne*, hrsg. v. Christine Weder und Maximilian Bergengruen, 1. Aufl. (Göttingen: Wallstein Verlag, 2012), S. 73–90, hier: S. 73.

Zweitens haben sich verschiedene politische Kulturen mit moralischer Kritik am Kapitalismus auseinandergesetzt. So wurde der Kapitalismus von demokratischen politischen Kulturen häufig für die Verhinderung demokratisch-transparenter Strukturen und für die gegenteilige Förderung geheimer und konspirativer, Demokratien untergrabender und bedrohender Beeinflussung von Macht verantwortlich gemacht.[85] Die institutionellen Strukturen des Kapitalismus, so argumentieren seine Kritikerinnen und Kritiker, sind mit demokratischen Normen und Werten unvereinbar. Sie vertreten seit langem die Meinung, der Kapitalismus sei nur in Zeiten allgemeinen Wirtschaftswachstums und politischer Stabilität mit der Demokratie vereinbar. Werde es schwierig, griffen Kapitalismus und kapitalistische Interessen auf autoritäre politische Lösungen zurück.[86] Doch kritisiert wird nicht nur die fehlende Bindung des Kapitalismus an die liberale Demokratie, sondern auch seine Fähigkeit, innerhalb liberaler Demokratien politische Entscheidungsprozesse im Interesse des Kapitals auf unzulässige Weise zu beeinflussen. In eher autoritären und diktatorischen politischen Kulturen werden die Interessen des Kapitals häufig als untrennbar verbunden mit denen der politischen Machthabenden angesehen. Für einige Kritikerinnen und Kritiker stellte der „real existierende Sozialismus" in der UdSSR nach 1917 und in ganz Osteuropa nach 1945 nur eine Form des Staatskapitalismus dar, in dem eine korrupte Parteinomenklatura eine Form des Staatskapitalismus in ihrem eigenen Interesse organisierte.[87]

Drittens wandte sich eine moralisch fundierte Kapitalismuskritik direkt an seine Hauptakteurinnen und -akteure, die allerdings meist – wie Banker und Börsenspekulanten – männlich waren. Die Personalisierung der moralischen Kritik war immens wichtig, um eine starke emotionale Reaktion auf einen Kapitalismus hervorzurufen, der dazu neigt, sein Scheitern an seiner Tendenz zu messen, enorme soziale Ungleichheiten zu erzeugen, den sozialen Zusammenhalt zu gefährden und wenige zum Nachteil vieler

[85] Stefan Berger und Dimitrij Owetschkin, Hrsg., *Contested Transparency Between Promise and Peril* (Basingstoke: Palgrave, 2019).

[86] Linke Faschismustheorien haben diese angebliche Verbindung zwischen dem Faschismus und den Interessen des Kapitals oft aufrechterhalten. Siehe Sebastian Voigt, ‚Fascism, Capitalism and Democracy', in: *Journal of Contemporary European History* (2020).

[87] Stephen A. Resnick und Richard D. Wolff, *Class Theory and History: Capitalism and Communism in the USSR* (London: Routledge, 2002), insbesondere Teil 2 über „Staatskapitalismus".

zu bereichern.[88] Korruptionsskandale lösten regelmäßig Debatten über das ethische Verhalten von betrieblichen Führungskräften aus.[89] Die Unmoral einzelner Vertreterinnen und Vertreter des Kapitalismus wurde nicht so sehr als Ergebnis individuellen Versagens gesehen, sondern als Folge struktureller, mit dem Charakter des Kapitalismus zusammenhängender Mängel.

Viertens hing die Mobilisierung antikapitalistischer Protestkulturen entscheidend von dieser moralischen Kritik am individuellen und systemischen Versagen ab. Die Arbeiterbewegungen des 19. Jahrhunderts gediehen durch die Skandalisierung von Formen von Luxus und Reichtum, die in deutlichem Kontrast zur Armut und Entbehrung der Industriearbeiterinnen und -arbeiter standen. Die Gewerkschaften forderten für ihre Mitglieder einen größeren Anteil an der Ausbeute des Profitstrebens. Erzeuger- und Verbrauchergenossenschaften versuchten, Produktionsketten ohne „parasitäre" Zwischenhändler zu organisieren, die wiederum als amoralische Vertreter eines Kapitalismus galten, der unproduktive Arbeit zum Nachteil der Erzeugenden und der Verbraucherinnen und Verbraucher belohne. Die politischen Parteien der Arbeiterklasse versuchten, die Demokratie durch die Ausweitung des Wahlrechts unabhängig von Besitz und Bildung zu erweitern.[90] Unabhängig davon, ob die Politik der Arbeiterklasse eine Reform oder die Abschaffung des Kapitalismus anstrebte, ging es immer darum, Vorstellungen von einer moralischeren Politik als derjenigen zu entwicklen, die als im Dienst des Kapitalismus stehend galt. Im Laufe des 20. Jahrhunderts verband eine ganze Reihe sozialer Bewegungen, von der Umweltbewegung über die Frauenbewegung bis hin zur Friedensbewegung, um nur einige der bekanntesten zu nennen, ihre emanzipatorischen Ziele mit einer ausdrücklichen moralischen Kritik am Kapitalismus.[91] War nicht die kapitalistische Gier für die allmähliche Zerstörung des Planeten verantwortlich? Wurden Frauen nicht durch eine geschlechtsspezifische Logik männerdominierter kapitalistischer Systeme, die den Frauen die reproduktive Sphäre zuwies, eingeschränkt? War

[88] Für das Deutschland nach 1945 siehe Hans-Ulrich Wehler, *Die neue Umverteilung. Soziale Ungleichheit in Deutschland* (München: Beck'sche Reihe, 2013).

[89] Jens Ivo Engels, *Krumme Touren in der Wirtschaft. Zur Geschichte ethischen Fehlverhaltens und seiner Bekämpfung* (Köln/Wien: Böhlau, 2015).

[90] Geoff Eley, *Forging Democracy: The History of the Left in Europe, 1850–2000* (Oxford: Oxford University Press, 2002).

[91] Donatella della Porta und Mario Diani, Hrsg., *The Oxford Handbook of Social Movements* (Oxford: Oxford University Press, 2018).

nicht der militärisch-industrielle Komplex für viele der Kriege verantwortlich, die die Geschichte des Kapitalismus begleiteten? Und war der Kapitalismus selbst nicht im Kontext eines Kriegskapitalismus entstanden, der die Armeen der imperialen Staaten dazu mobilisierte, die Welt unter den mächtigsten kapitalistischen Nationen aufzuteilen? Antikapitalistische Protestkulturen forderten den Kapitalismus immer wieder durch ihre moralische Kritik heraus und führten zu Versuchen der die kapitalistischen Strukturen Verteidigenden, den Kapitalismus in einer Weise anzupassen, die diesen Kritiken Rechnung trug.[92]

Schließlich waren diese antikapitalistischen Protestkulturen *fünftens* darauf angewiesen, sich einen öffentlichen Raum zu erobern, in dem sie agieren konnten. Wie bereits angedeutet, handelt es sich hierbei um ein wichtiges Forschungsfeld, das in diesem Band nicht systematisch untersucht wird, wenngleich es in einigen Kapiteln implizit berührt wird. Debatten über soziale Ungleichheit oder ungerechte Arbeitsbedingungen wurden zum Gegenstand der Berichterstattung der Massenmedien, wie Alexandra Przyrembel und Sibylle Marti in ihren Beiträgen untersuchen.[93] In den 1960er-Jahren – zu einer Zeit, als der Klassenkonflikt in der Öffentlichkeit prominent diskutiert wurde – berichteten politische Zeitschriften oder auch die Boulevardpresse ausführlich über Wohlhabende.[94] Künftige Forschungen werden noch weitaus eingehender untersuchen müssen, inwieweit gesellschaftliche Vorstellungen von „den Reichen" Vermögende als amoralische Profitierende des Kapitalismus konstruierten. Ebenso kann nach den Gewinnern und Verlierern des Kapitalismus und ihrer Darstellung in der Presse, die häufig mit widersprüchlichen Emotionen wie Gier, Neid, aber auch Vertrauen in die Seriosität von Unternehmerinnen und Unternehmern verwoben war, gefragt werden.[95] Gerade die Geschichte der Emotionen eignet sich für eine produktive Auseinandersetzung mit einer moralischen Geschichte des Kapitalismus.[96] Auch

[92] Donatella della Porta, *Social Movements in Times of Austerity: Bringing Capitalism Back into Protest Analysis* (Cambridge: Polity Press, 2015).

[93] Siehe Kap. 2 und 8.

[94] Peter Brügge, ‚Die Reichen in Deutschland', in: *Der Spiegel*, 1966. Diese Serie bestand aus fünf Teilen.

[95] Eva M. Gajek und Christoph Lorke, Hrsg., *Soziale Ungleichheit im Visier. Wahrnehmung und Deutung von Armut und Reichtum seit 1945* (Frankfurt: Campus, 2016).

[96] Nicole Eustace; Eugenia Lean; Julia Livingston; Jan Plamper; Willam M. Reddy; Barbara H. Rosenwein, ‚AHR Conversation: The Historical Study of Emotions', in: *American Historical Review* 117 (5/2012), S. 1487–1531.

in der künstlerischen und kulturellen Auseinandersetzung mit dem Kapitalismus in Literatur, Film und Theater spielte die moralische Empörung eine wichtige Rolle.[97] Insgesamt sollte deutlich geworden sein, dass der vorliegende Band lediglich an der Oberfläche der thematisierten moralischen Kapitalismuskritik kratzt, die in der Zukunft eine bedeutend umfassendere Aufmerksamkeit verdient.

Die vorliegende Übersetzung der englischen Ausgabe wurde elektronisch erstellt. Die Einleitung sowie die Kapitel wurden von Stefan Berger, Alexandra Przyrembel sowie den Autoren und Autorinnen überarbeitet. Die Herausgeberin, der Herausgeber danken den Autorinnen und Autoren für eine kritische Überprüfung der Übersetzung und die Überarbeitung der Texte. Wir danken ebenso Claudia Scheel (Hagen) für die Unterstützung bei der Redaktion.

Stefan Berger und Alexandra Przyrembel im Mai 2025.

[97] Siehe den Artikel von Melena Ryzik, ‚A Bare Market Lasts One Morning‘, in: *New York Times*, 1. August 2011, https://www.nytimes.com/2011/08/02/arts/design/zefrey-throwells-ocularpation-wall-street.html (Zugriff am 14.05.2025); siehe auch die Ausstellung ‚Constructing the World. Kunst und Wirtschaft 1919–1939 und 2008–2018‘, Kunsthalle Mannheim, 10. Dezember 2018 bis 2. März 2019.

TEIL I

Kapitalismus und das Politische

KAPITEL 2

„Wir wollen nur zahlen, was fair ist": Kapital, Moral und Steuern in Kanada, 1867–1917

Elsbeth Heaman

Der Kapitalismus ist immer mit dem Staat verflochten, weil er in nationalstaatlichen Rahmen geregelt wird, auch wenn er sich globalisiert. Verbraucher und Produzenten, Käufer und Verkäufer bringen unweigerlich moralische Entscheidungen in ihr marktorientiertes Verhalten ein, aber der regulierende und besteuernde Staat als Zentrum der bewussten Entscheidungsfindung bleibt der offensichtlichste Hebel zur Disziplinierung des Kapitals. Keinem Land fällt es leicht, eine konsensfähige und wirksame Steuerpolitik zu formulieren. Die Menschen sind sich nicht einig darüber, was eine gerechte Besteuerung ist, und Vermögen kann die Überlegungen verzerren. Er kann massenhaft Propaganda verbreiten, Kritiker zum Schweigen bringen und Gesetzgeber kaufen. Jede Nation hat ihre eigene Geschichte von Staat, Kapital und Besteuerung, und jede ist eine tocquevillianische Fallstudie über die Verbindung von politischem Willen, staat-

E. Heaman (✉)
Fachbereich Geschichte und Altertumswissenschaften, McGill University, Montreal, Kanada
E-Mail: elsbeth.heaman@mcgill.ca

S. Berger, A. Przyrembel (Hrsg.), *Moralisierung des Kapitalismus*,
https://doi.org/10.1007/978-3-031-51270-4_2

licher Kapazität und Vorstellungen von Fairness. Im Folgenden stelle ich die kanadische Steuerpolitik in der Zeit von 1867 bis 1917 als Fallstudie für die De- und Remoralisierung des Kapitals dar.

Ich stütze mich dabei auf neue Arbeiten zur „Steuersoziologie" und Steuergeschichte, die in Kanada nur langsam Verbreitung gefunden haben.[1] Steuerrevolten spielen in vielen nationalen Geschichtsbüchern eine wichtige Rolle, insbesondere in den drei Nationen, die die kanadische Geschichte am meisten geprägt haben: Großbritannien, Frankreich und die Vereinigten Staaten. Historiker stellen die erbitterten Kämpfe um Reichtum, Armut und Steuerrecht in den Mittelpunkt dieser nationalen Geschichten. Im Vergleich dazu haben sich die meisten Schriften über die kanadische Geschichte auf Auseinandersetzungen über Identität konzentriert und nicht auf den Umgang mit Reichtum und Armut. Diese Fokussierung auf Identität hat zu Exzeptionalismus geführt und die kanadische Geschichtsschreibung tendenziell von internationalen Strömungen isoliert. Er hat auch zu der Annahme verleitet, dass es in Kanada keine ernsthaften progressiven Reformbewegungen gab. Aber auch in Kanada gab es eine fortschrittliche Reformära und -bewegung, die eng mit dem amerikanischen Progressivismus verwandt und sogar in ihn integriert war.[2] Wenn wir die neue Steuersoziologie auf die Untersuchung Kanadas anwenden, sehen wir eine Bevölkerung, die sich in bemerkenswerter Weise an den internationalen Debatten über die Disziplinierung des Kapitals beteiligt und dabei sogar die Aufmerksamkeit der Welt auf sich gezogen hat.

[1] Siehe Isaac William Martin, Ajay K. Mehrotra und Monica Prasad, Hrsg., *The New Fiscal Sociology: Taxation in Comparative and Historical Perspective* (Cambridge: Cambridge University Press, 2009); außerdem Arbeiten der Steuerhistoriker Sven Steinmo, Margaret Levi, Avner Offer, Frank Trentmann, Robin Einhorn, Romain Huret, Robert D. Johnston, Nicolas Barreye, Michael Kwass, Nicolas Delalande und andere, die weiter unten genannt werden. Vollständige Referenzen sind in E. A. Heaman, *Tax, Order, and Good Government: A New Political History of Canada, 1867–1917* (Montreal: McGill-Queen's University Press, 2017).

[2] Z. B. Bruce Smardon, *Asleep at the Switch: The Political Economy of Federal Research and Development Policy Since 1960* (Montreal: McGill-Queen's University Press, 2014), 17. Wichtige amerikanische Studien schenken der kanadischen Beteiligung nur nominelle Aufmerksamkeit, darunter Daniel T. Rodgers, *Transatlantic Crossings: Social Politics in a Progressive Age* (Cambridge, MA: Harvard University Press, 1998); Thomas C. Leonard, *Illiberal Reformers: Race, Eugenics, and American Economics in the Progressive Era* (Princeton: Princeton University Press, 2016), der die Vereinigten Staaten als „uniquely … the land of antitrust" beschreibt (46). Kanada verabschiedete 1889, ein Jahr vor den Vereinigten Staaten, ein Kartellgesetz. Zur kontinentalen Integration, siehe Damien-Claude Bélanger, *Prejudice and Pride: Canadian Intellectuals Confront the United States, 1891–1945* (Toronto: University of Toronto Press, 2011).

Inmitten heftiger Debatten über das liberale Kernproblem – wie kann der Staat das Kapital lenken, wenn aktives Regieren als Kontrolle des Kapitals verstanden wird – nutzten die kanadischen Progressiven die komplexe Bedeutung des Begriffs „value“ (Wert), um zwischen moralischen und wirtschaftlichen Ideen zu vermitteln; in diesem Prozess proklamierten sie Eigentum als Staatsbesitz.

Kanada konstituierte sich 1867 als Föderation neu, weil es ein neues Steuerabkommen brauchte; das alte fiel kulturellen und steuerlichen Antipathien zum Opfer. In jenem Jahr erreichte die liberale politische Ökonomie ihren Höhepunkt, und die Gestaltung Kanadas spiegelte das liberale Misstrauen gegenüber den regulierenden und besteuernden Befugnissen des Staates wider. Der Gesetzgeber wollte Kapitalismus und Moral in unterschiedliche Zuständigkeitsbereiche lenken, um die nationale Wirtschaftspolitik von den Fesseln einer fehlgeleiteten Moral zu befreien. Auf Bundesebene sollte allein der Wohlstand das Maß für gute Regierungsführung sein, während die sozialen, kulturellen und religiösen Elemente der Identität in die Zuständigkeit der Provinzen fallen sollten. Im nächsten halben Jahrhundert entwickelte sich Kanada zu einer plutokratischen Macht, die sich in einer stark regressiven Steuerpolitik niederschlug. Ein Wirtschaftswissenschaftler aus Ontario, Oscar Skelton, argumentierte 1912, dass „es heute wahrscheinlich kein zivilisiertes Land gibt, in dem der Reiche einen geringeren Anteil an der Besteuerung zahlt als in Kanada“.[3] Selbst das zaristische Russland wirke im Vergleich dazu fortschrittlich.[4] Doch 1917, fast genau ein halbes Jahrhundert nach der Konföderation, fand die liberale Wirtschaftslehre ihre Entsprechung in einem Einkommenssteuergesetz, das moralische und soziale Erwägungen wieder in die nationale politische Arena zurückbrachte. Das Regieren würde von nun an das Regieren von Vermögen *und* Armut sein; auch das Vermögen müsse sich einer höheren moralischen Bewertung unterwerfen als sich selbst. Ich werde diesen Prozess der De- und Remoralisierung des Kapitals skizzieren, von seinen tiefgreifenden verfassungsrechtlichen Ursachen im Jahr 1867 bis zu seinen bitter polarisierenden Folgen im Jahr 1917.

[3] *Queen's Quarterly* 20 (Juli 1912): 112–113; Barry Ferguson, *Remaking Liberalism: The Intellectual Legacy of Adam Shortt, O.D. Skelton, W.C. Clark and W.A. Mackintosh, 1890–1925* (Montreal: McGill-Queen's University Press, 1993), 169; J. Harvey Perry, *Taxes, Tariffs and Subsidies: A History of Canadian Fiscal Development* (Toronto: University of Toronto Press, 1955), 2 Bände.

[4] Yanni Kotsonis, *States of Obligation: Taxes and Citizenship in the Russian Empire and Early Soviet Republic* (Toronto: University of Toronto Press, 2014), 208.

Demoralisierendes Kapital

Kanada benötigte in den 1860er-Jahren eine neue Verfassung, weil es durch kulturelle und steuerliche Ressentiments gelähmt war. Kanada, das nacheinander unter indigener, französischer und britischer Kontrolle stand, hatte eine vielfältige Bevölkerung und pluralistische Institutionen. Nach 1760 mussten die Gouverneure das britische Erbe – nämlich die Zustimmung durch Wahlen und zur Besteuerung – mit ihrem tiefsitzenden Misstrauen gegenüber den mehrheitlich katholischen, französischsprachigen Untertanen in Einklang bringen. Sie richteten 1791 in Ober- und Niederkanada (dem heutigen Ontario und Québec) gesetzgebende Versammlungen ein, doch die Beziehungen brachen im frühen 19. Jahrhundert ab. Lokale Steuern zur Finanzierung von Gefängnissen in Niederkanada führten zu einer Polarisierung der Wählerschaft, da die frankokanadischen Farmer, die bescheidene Verbraucher waren, Verbrauchssteuern forderten, während die englischen Kanadier Grundsteuern bevorzugten. Erschwerend kam hinzu, dass sich alle Häfen in Niederkanada befanden, dessen Gesetzgeber es nicht eilig hatten, die Zolleinnahmen nach Oberkanada zu transferieren. Und als französisch-kanadische Politiker in den 1820er-Jahren versuchten, die Macht der Geldbörse zu nutzen, um eine unverantwortliche Exekutive zu disziplinieren, wurden sie als rückständige, abergläubische, verarmte Steuerhinterzieher angeprangert. „Sie zahlen keine Steuern, vielleicht aus demselben Grund, aus dem man einem Hielandman nicht das Hinterteil abnehmen kann (that you can't tak the breeks off a Hielandman)", erklärte der umkämpfte Generalgouverneur Lord Dalhousie in den 1820er-Jahren. Der herausragende nationalistische Historiker aus Toronto, Donald Creighton, schrieb seinen ersten Artikel über diesen Finanzkonflikt und sah darin keinen unbedeutenden Streit, sondern einen Zusammenstoß der Kulturen: „Dem Kampf lag ein Unterschied im sozialen Erbe zugrunde, der ebenso grundlegend war wie die Unterschiede in der Rasse, der Sprache oder dem Glauben". Es stand „eine herrschende Klasse, deren tiefste Instinkte auf Verbesserung, Expansion und Wohlstand gerichtet waren", gegen „die mürrische, träge Opposition von Männern, die die Ziele, Bestrebungen und Gewohnheiten ihrer Vorväter unhinterfragt akzeptierten".[5]

[5] Donald Creighton, „The Struggle for Financial Control in Lower Canada, 1818–1831", *Canadian Historical Review* 12, no. 2 (1931): 120–144.

Die Polarisierung wurde in den 1830er-Jahren immer heftiger, was in den 1840er-Jahren zu einer Verfassungsreform führte, als die beiden kanadischen Staaten eine gemeinsame Legislative mit gemeinsamen Einnahmen erhielten. Doch in den 1860er-Jahren machte die gegenseitige Antipathie die Steuerverfassung erneut unbrauchbar. Jede Seite war davon überzeugt, dass sie die andere Seite ungerechtfertigt subventionierte. Die angehenden Québecer waren der Meinung, dass die Ausgaben unverhältnismäßig stark in Richtung der westlichen Grenze gingen, während die angehenden Ontarianer der Meinung waren, dass die Ausgaben für die östlichen Staatsdienste bestimmt waren, die eigentlich auf lokaler Ebene hätten erhoben werden müssen. An der Westgrenze erreichte der Unmut einen fiebrigen Höhepunkt. Die Zeitung Toronto *Globe*, die vom einheimischen George Brown herausgegeben wurde und eine große Leserschaft hatte, behauptete, dass „die Oberkanadier 75 % aller Steuern zahlen“. Da seine Daten schwach waren (die Regierung hielt ihre Bürokratie klein und parteiisch), war seine Rhetorik besonders hasserfüllt. Aber die Frankokanadier stimmten als politischer Block ab und konnten, zusammen mit einer vetternwirtschaftlichen Tory-Minderheit aus Oberkanada, den politischen Prozess kontrollieren. Doch je mehr sich Brown über die Finanztransfers beschwerte, die eine „östliche“ und „katholische“ Vorherrschaft widerspiegelten, desto mehr musste die Regierungsallianz von John A. Macdonald und George-Étienne Cartier ausgeben, um sich selbst zu stützen, und desto mehr Steuerzahler verprellten sie. Die Reformer konnten sie nicht überzeugend verdrängen, aber sie konnten die Atmosphäre vergiften und Geldstimmen blockieren, was Kanada unregierbar machte. Sympathisierende Zeitungen bis nach Halifax wiederholten Browns Klage wie ein Evangelium: „Die halb zivilisierten Menschen an den sterilen Ufern des Saguenay – die zitternden Hausbesetzer oben am Temiscouata-See – hatten mehr politische Macht als die wohlhabenden und angesehenen Bauern und Händler an den Ufern des Huron- oder Eriesees. Letztere zahlten die Steuern, erstere kontrollierten sie“.[6]

„Rep by pop“ oder die Vertretung durch die Bevölkerung war bekanntlich Browns Lösung, aber was er wirklich wollte, war „rep by prop“ oder die Vertretung durch den Besitz (property). In Großbritannien, das jeder Verfassungsreform zustimmen musste, gab es keine Vertretung nach Ein-

[6] P.B. Waite, *The Life and Times of Confederation 1864–1867: Politics, Newspapers and the Union of British North America* (Toronto: University of Toronto Press, 1962), 41; J.M.S. Careless, *Brown of the Globe, Statesman of Confederation 1860–1880* (Toronto: Dundurn, 1996).

wohnerzahl, sondern eine Beschränkung der Macht auf die reicheren Besitzenden. Brown wollte eine Verfassungsänderung, um den Steuerzahlern in Ontario entweder Autonomie oder Überlegenheit zu verschaffen, und nicht ihre derzeitige steuerliche und politische Unfreiheit. Aber wie sollte man eine bessere Steuerregelung erreichen, wenn die Frankokanadier ein Vetorecht in der Legislative hatten? „Welcher Finanzminister", fragte Brown 1863 traurig, „würde eine direkte Besteuerung vorschlagen, solange Niederkanada seine derzeitige Kontrolle über die Angelegenheiten der Provinz beibehält? Er würde nicht eine Woche im Amt bleiben, nachdem er eine solche Torheit begangen hat". Das amerikanische Beispiel getrennter Staats- und Bundeseinnahmen, wobei der eine direkt und der andere indirekt besteuerte, war Browns Ideal, aber er wusste, dass die Niederkanadier die Macht über den Geldbeutel niemals aufgeben würden. Und während die Kanadier sich mit fiskalischen Querelen lähmten, bahnte sich die expandierende amerikanische Wirtschaft ihren Weg über den Kontinent.

Die Finanzreform, die wir *confederation* nennen, löste das Problem. Die Konföderation schuf zwei Regierungsebenen: eine föderale, die den nationalen Wohlstand anstrebte, und eine provinzielle, die den regionalen Wohlstand anstrebte, sich dabei aber mit der Identitätspolitik auseinandersetzen musste, indem sie die Schulen, Kirchen, Heime und ähnliche Einrichtungen verwaltete. Englisch-Kanadier konnten ihren Reichtum nur armutsfest machen, indem sie ihn kulturell absicherten. Sie mussten klientelistische religiöse, ethnische oder regionale politische Bosse davon abhalten, Identitätsansprüche in Steuerraubzüge umzusetzen. Sie mussten sowohl die Kultur als auch die Finanztransfers aus der Verfassung streichen. Der Constitutional Act von 1867 führte zwar nicht zu einer hermetischen Trennung, brachte Kanada aber auf den Weg zur Trennung. Die Kolonien, die zu Provinzen wurden, würden alle ihre Haupteinnahmequelle, den Zoll, verlieren, sodass sie Subventionen des Bundes erhalten müssten. Nach sehr angespannten verfassungsrechtlichen Verhandlungen im Jahr 1864 einigten sich die Gesetzgeber von Neubraunschweig, Neuschottland und den kanadischen Provinzen darauf, der Konföderation auf der Grundlage einer Finanzierungsformel von 80 Cents pro Kopf beizutreten. Der Betrag sollte auf diesem Niveau bleiben, sodass eine Provinz, die ihre Bevölkerung verdoppelte, nur 40 Cent pro Kopf erhalten würde. Die Subventionen des Bundes würden in expandierenden Regionen unbedeutend werden, die entweder ihren Staat verkleinern oder auf direkte Steuern zurückgreifen müssten. Die erbärmliche Höhe der Subventionen rief sofort eine Anti-Konföderationsbewegung in den Seeprovinzen ins Leben, aber dennoch wurde das Abkommen geschlossen, wobei in den folgenden Jahren nur geringfügige Zugeständnisse folgten. Brown jubelte über die getroffene Vereinbarung: „Ist das nicht wunderbar? Die französisch-kanadische Vorherrschaft ist völlig ausgelöscht“.[7]

Reichtum und Moral hatten unterschiedliche Zuständigkeiten. Wo die Moral trennt, eint der Reichtum, so dachte man. Wenn die fröstelnden *habitants* Québecs darauf bestanden, dem freien Spiel des Wirtschaftsliberalismus kulturelle Hindernisse in den Weg zu legen, konnten sie zwar ihre eigene Provinz hindern, sollten aber auf Bundesebene kaum Verbündete finden. Von den anderen britischen Kolonien Nordamerikas, die von protestantischen, anglophonen Mehrheiten regiert wurden, erwartete man, dass sie Wohlstand der Kultur vorziehen würden. Die westlichen Prärien waren von Ureinwohnern und Métis bevölkert, deren Kultur weder fortschrittlich noch liberal erschien, aber man ging davon aus, dass die Einwanderung dieses Problem auf lange Sicht lösen würde. Auf nationaler Ebene und auf lange Sicht betrachtet, konnte sich die kanadische Regierung auf die transkontinentale wirtschaftliche Entwicklung konzentrieren. Die Regierung musste natürlich das Eigentum schützen und die Rechtsstaatlichkeit aufrechterhalten, um das Vertrauen in Investitionen und Verträge zu stärken, aber ihr allgemeiner Auftrag bestand nicht so sehr darin, zwischen wirtschaftlichen und nichtwirtschaftlichen Interessen zu vermitteln, sondern sich für die wirtschaftlichen Interessen einzusetzen. (Eine wichtige Ausnahme war die 1885 auf Bundesebene erhobene Kopfsteuer für Chinesen in Höhe von 50 Dollar, die später auf 500 Dollar angehoben wurde, um die Einwanderung aus China zu bremsen – ein Zugeständnis an die öffentliche Meinung in British Columbia, wo die wirtschaftlichen Missstände stark ethnitisiert waren).

Macdonald machte dieses Mandat in seinen Verhandlungen mit dem verärgerten Neuschottland kurz nach der Konföderation deutlich, als der erste Bundestarif die zentral-kanadischen Geschäftsinteressen zu sehr privilegierte. Die Befürworter der Konföderation wurden gedemütigt, die Gegner der Konföderation erhielten Recht, und die Stimmung in der Bevölkerung war sehr schlecht. Politiker, Kaufleute und sogar der katholische Bischof von Nova Scotia überschwemmten den Briefkasten von John A. Macdonald, inzwischen Premierminister, mit Warnungen, dass der Zolltarif die Region systematisch verarmen und Unruhen, ja sogar Gewalt

[7] Christopher Moore, *Three Weeks in Quebec: The Meeting that Made Canada* (Toronto: Allen Lane, 2015), 221.

schüren würde. Macdonalds Antwort war unhöflich. Die Armut sei kein politisches Problem und auch nicht sein Problem: „Die Aufhebung des Zolls, wenn sie in der Macht der Regierung läge, was nicht der Fall ist, hätte keinen nennenswerten Nutzen für diese mittellosen Menschen. In der Zwischenzeit müssen Sie bedenken, dass wir eine bestimmte Politik im Hinblick auf unsere Beziehungen zu den Vereinigten Staaten verfolgen, und diese Politik darf nicht durch eine zufällige Armut in einem Teil des Dominions beeinträchtigt werden. Wenn die private oder kommunale Wohltätigkeit nicht ausreicht, wäre es die Pflicht der lokalen Gesetzgeber, sich um diese armen Menschen zu kümmern, und es wäre viel besser für das Zentralparlament, eine solche Hilfe zu ergänzen, als ihre Politik zu ändern".[8] Hier war das Kapital in der Tat demoralisiert. Die Armut hatte keine Ansprüche an den Staat oder die Wirtschaftspolitik, denn das ungehinderte Streben nach Vermögen war der beste Weg zum nationalen Wohlstand. Die neue kanadische Verfassung war so konzipiert, dass sie wie das englische New Poor Law von 1834 funktionierte. Die Armut, die sich als ethnische, regionale und religiöse Solidarität verkleidete, hatte vor 1867 reale politische Macht ausgeübt, aber theoretisch würde sie dies nicht mehr tun. Als sich die politischen Spannungen verschärften, seine regionalen Verbündeten und sogar Westminster (auf Bitten der Neuschotten) auf ein Entgegenkommen drängten, änderte Macdonald tatsächlich den Zolltarif und verbesserte die Subventionen. Dabei durchbrach er die fiskalische Zwangsjacke von Brown. Steuerliche Abfindungen sollten der Goldstandard der kanadischen Politik bleiben. In Ontario wetterten die Reformer vergeblich, während Politiker aus allen anderen Regionen zu Macdonalds liberal-konservativer Großzeltpartei strömten.

Protektionismus erhöhte die Gewinne. Im spätviktorianischen Kanada bedeutete das Nachgeben gegenüber Geschäftsinteressen ein Nachgeben gegenüber dem Protektionismus. Die Hersteller bestanden darauf, dass ausländisches Kapital den kanadischen Wohlstand bedrohte, und gaben Macdonald damit ein Mandat diesen zu schützen. Persönlich neigte er zu den Prinzipien des Freihandels, aber nachdem seine Partei und die Wirtschaft des Landes Mitte der 1870er-Jahre einen Rückschlag erlitten hatten,

[8] Library and Archives Canada, Macdonald fonds, letterbook, vol. 11, 333–334, Macdonald to McCully, 2 January 1868; siehe Phillip Buckner, „CHR Dialogue: The Maritimes and Confederation: A Reassessment", *Canadian Historical Review* 71, no. 1 (1990): 1–45; auch Andrew Smith, „Toryism, Classical Liberalism, and Capitalism: The Politics of Taxation and the Struggle for Canadian Confederation", *Canadian Historical Review* 89, Nr. 1 (März 2008): 1–25.

machte sich Macdonald durch eine entschiedene Hinwendung zum wirtschaftlichen Schutz wieder beliebt. Die kanadischen Hersteller, die von den amerikanischen Märkten ausgeschlossen waren und von den Amerikanern, die ihre Überschüsse in Kanada zu Dumpingpreisen absetzten, unter Druck gesetzt wurden, forderten und erhielten 1879 von Macdonald einen neuen, regressiven Schutzzoll. (Es war ein düsteres Geheimnis in der kanadischen Politik, dass die billigeren Waren, die in Kanada leicht hergestellt werden konnten, am höchsten besteuert wurden.) Im Zuge dieses Prozesses entstanden transnationale Unternehmen, Konzerne und Verbände, die sowohl die wirtschaftliche als auch die politische Macht der führenden Geschäftsleute stärkten, von denen viele ihre Geschäftsinteressen direkt ins Parlament einbrachten. Eine ständige Flut von Propaganda verkündete den Erfolg des Zolls. Plakate zeigten Landwirte und Arbeiter, die gemeinsam mit der „widerstandslosen Macht einer großen Armee zum Sieg marschierten“ oder Macdonald auf ihren Schultern trugen, während die Liberalen gezeigt wurden, wie sie Miss Kanada an einen lüsternen Uncle Sam verhökerten oder den Landwirten ihr hart verdientes Geld aus den Händen rissen.[9] Die Kanadier waren stolz auf ihr loyalistisches Erbe und neigten dazu, die Amerikaner als immer schon unmoralisch zu betrachten, ganz gleich, ob sie sich gewaltsam gegen die Briten auflehnten, Schwarze gewaltsam versklavten und indigene Völker enteigneten (Kanada tat beides, wenn auch in geringerem Umfang) oder die Welt korrumpierten, indem sie das schnelle Geld machten. In Kanada war Anti-Amerikanismus ebenso wie Wohlstand eine praktische Demonstration von Urteilsvermögen und Tugendhaftigkeit. Aber Macdonald hatte auch ein gutes Gespür für die Allgemeinheit und gewann die Loyalität vieler Arbeiter, indem er darauf bestand, dass der Zolltarif Arbeitsplätze schaffe. Es gab auch Zugeständnisse an regionale Interessen, einschließlich Prämien und Schutz für Eisen und Stahl in den Seeprovinzen (Maritimes), die Wachstumsraten sicherten, die mit denen in Zentralkanada vergleichbar waren.

Macdonald starb 1891 im Amt, doch seine Nachfolger setzten seine Politik fort. Es stand zu viel Vermögen und Macht auf dem Spiel, um anders zu handeln. Die rivalisierenden Liberalen beschwerten sich darüber, dass der nationale Zolltarif nicht nur eine Importsteuer, sondern auch eine

[9] *The Canadian Manufacturers Association* (1890), 11; J. J. B. Forster, *A Conjunction of Interests: Business, Politics, and Tariffs, 1825–1879* (Toronto: University of Toronto Press, 1986); und R. T. Naylor, *The History of Canadian Business, 1867–1914* (Montreal: McGill-Queen's University Press, 2006; Nachdruck).

ganze Reihe von korrupten Steuertransfers bedeutete. Ein Kritiker der liberalen Opposition bemerkte 1891: „Es gibt zwei Arten der Besteuerung – die Art der Besteuerung, die in die Staatskasse fließt, und die Besteuerung, die in die Taschen der Kombinate und derjenigen fließt, in deren Namen die nationale Politik größtenteils geschaffen worden ist".[10] Es gab auch einen dritten Steuertransfer. Da die Regierung über derartige Befugnisse zum Schutz oder zur Vernichtung einer Branche oder eines Unternehmens verfügte, war sie ständig der Lobbyarbeit und Bestechung ausgesetzt, die eher in die Partei- als in die Staatskasse flossen. Die Spenden von Großunternehmen wie der Canadian Pacific Railway konnten sich auf über eine Million Dollar belaufen. Unter diesen Bedingungen, so der Wirtschaftshistoriker Michael Bliss, müssen Wahlen nahezu bedeutungslos gewesen sein. In einem Leitartikel des *Globe* von 1894 heißt es: „Oberflächlich betrachtet ist die Frage, vor der die Zivilisation heute steht, eine Frage der Besteuerung; im Grunde ist es eine Frage der Gerechtigkeit zwischen Menschen. Unsere „Noblesse" des neunzehnten Jahrhunderts will nicht besteuert werden. Sie haben mit ihrem Versuch, sich dauerhaft von der Besteuerung zu befreien, großen Erfolg."[11]

Kurzum: Kanada hatte eine der klientilistischsten Regierungen der Welt, die offen vom und für das Kapital geführt wurde. Selbst die Liberalen mussten sich dem nationalen Paradigma beugen: Sir Wilfrid Laurier führte sie 1896 zum Wahlsieg, indem er den Reformern eine Zollreform und den Geschäftsleuten ein gewisses Maß an Zollstabilität versprach. Letzteres setzte sich durch, und die kanadischen Zölle blieben festgefahrener und lukrativer denn je. Amerikanische Muckraker staunten über die unverschämte, nackte Hegemonie des Reichtums in Kanada.[12] Wie lässt sich das Kapital unter solchen Bedingungen moralisieren?

Remoralisierung des Kapitals: Lokale Anfänge

Wie in anderen Ländern gab es auch im Kanada der fortschrittlichen Ära eine Vielzahl fortschrittlicher Reformer, die dem ungezügelten Kapitalismus Einhalt gebieten wollten, doch hatten sie auf Bundesebene so gut wie keinen politischen Einfluss. Prohibitionisten, Suffragisten, Social Gospel-

[10] Kanadischer *Hansard*, 22. Juli 1891, S. 2294.

[11] Michael Bliss, *Right Honourable Men: The Descent of Canadian Politics from Macdonald to Mulroney* (Toronto: HarperCollins, 1994), 22–29; Toronto *Globe*, 3. Februar 1894.

[12] Gustavus Myers, *History of Canadian Wealth* (Chicago: Charles H. Kerr, 1914).

lers, Sozialisten, Knights of Labor, Grangers, Single Taxers, Bellamyite Nationalists und alle möglichen anderen grenzüberschreitenden nordamerikanischen Reformbewegungen wucherten und konzentrierten ihre Bemühungen auf provinzielle und lokale Reformen. Der ungezügelte Vetternkapitalismus war auf Provinzebene sogar noch weiterverbreitet als auf Bundesebene, wenngleich der Schwerpunkt auf den natürlichen Ressourcen lag – den boomenden Sektoren Zellstoff und Papier, Bergbau und Wasserkraft. Damit blieben nur noch die Kommunalverwaltungen übrig, und genau dort nahm der Kapitalismus in Kanada konkrete Form an.

Die Reformer erzielten ihre größten politischen Erfolge auf kommunaler Ebene. In finanzieller Hinsicht war die entscheidende Variable die breite Unterstützung für eine einheitliche Grundsteuer. Die einheitliche Steuer wurde 1879 in dem Buch *Progress and Poverty* des amerikanischen Radikalen Henry George befürwortet, der eine ungewöhnlich absolute Unterscheidung zwischen öffentlich und privat traf. Arbeit war privat und die Regierung hatte kein Recht, sie zu besteuern. Zwangsarbeit war Sklaverei und damit auch die Besteuerung von Lohn. Grund und Boden hingegen gehörten allen Völker der Erde, und der Staat sollte seinen Wert durch konfiskatorische Steuern wieder in öffentliches Eigentum überführen. Der Wert von Grund und Boden, so argumentierte George, steige mit dem Wachstum der Gesellschaft, aber die Grundbesitzer eigneten sich diesen Wertzuwachs an. Wertvolles städtisches Eigentum sollte auf diesen „unverdienten Zuwachs“ besteuert werden, bis hin zur Verstaatlichung. Georges Theorie wurde als „single tax (einzige Steuer)“ bekannt, weil er alle anderen Steuern mit der Begründung ablehnte, dass sie ungerechterweise Industrie und Armut besteuerten. *Progress and Poverty* verkaufte sich millionenfach; John Dewey schätzte, dass es „eine größere Verbreitung fand als fast alle anderen Bücher über politische Ökonomie zusammen“.[13]

Liberale und Ökonomen waren sowohl über Georges Diagnose als auch über sein Rezept, den unverdienten Reichtum und die konfiskatorische Besteuerung entsetzt. Kein Reichtum sei unverdient, und kein Eigentum dürfe jemals konfisziert werden. Sogar Landspekulanten hätten zur Entwicklung des Westens beigetragen, argumentierten sie und

[13] Allan Mills, „Single Tax, Socialism and the Independent Labour Party of Manitoba: The Political Ideas of F. J. Dixon and S. J. Farmer“, *Labour/Le Travail* 5 (1980): 33–56; Ramsay Cook, *The Regenerators: Social Criticism in Late Victorian English Canada* (Toronto: University of Toronto Press, 1985); und Gregory J. Levine, „The Single Tax in Montreal and Toronto, 1880–1920: Successes, Failures and the Transformation of an Idea“, *American Journal of Economics and Sociology* 52, no. 4 (Oktober 1993): 417–432.

verwiesen auf unbebautes, kollektiv gehaltenes „indianisches“ Land.[14] Doch Georges Vortragsreisen durch Kanada zogen 1881 und 1889 viele Zuhörer an; in Toronto waren auch führende Politiker und Intellektuelle anwesend, und die Begeisterung in der Bevölkerung wuchs. Die kommunalpolitischen Rahmenbedingungen wurden jedoch auf Provinzebene festgelegt. Die Regierung von Ontario lehnte die Reform der Einheitssteuer 1889 energisch als revolutionäre Beschlagnahmung ab und tat dies auch weiterhin, als die Einheitssteuerbewegung in ganz Ontario und Westkanada an Stärke und Breite gewann. (In Québec und den östlicheren Provinzen, wo die Bodenwerte langsamer stiegen, war die Bewegung weit weniger erfolgreich).

Was als „kanadisches Experiment“ bekannt wurde, begeisterte und entsetzte die internationale Öffentlichkeit, als die Gemeinden im Westen Kanadas begannen, die Steuern auf den Bodenwert zu erhöhen und Steuern auf Gebäude zu senken. Die großen Unternehmen in dieser Region – Bergbau- und Eisenbahngesellschaften sowie die Hudson's Bay Company – besaßen in der Regel große Grundstücke und wehrten sich gegen die Zahlung von Gemeindesteuern. Im März 1911, als Albertas Klage gegen die Canadian Pacific Railway wegen Zahlungsrückständen in Millionenhöhe vor Gericht scheiterte, erläuterte eine populäre Landwirtschaftszeitschrift, der *Grain Growers' Guide*, wie hart die Entscheidung kleine Gemeinden treffen würde. Sie müssten die Siedler „bis zum Äußersten besteuern, um eine Schule zu erhalten, und dann müssen sie möglicherweise dafür sorgen, dass die Schule nur ein paar Monate im Jahr geöffnet ist“. Viele konnten sich überhaupt keine Schule leisten.[15] Die Einheitssteuer war kein Allheilmittel, aber sie hatte in solchen Regionen einen gewissen politischen Nutzen, um den sich Radikale und sogar Liberale scharen konnten. Dies war ein wichtiger Kampf gegen die Interessen der Großgrundbesitzer, die nach Ansicht politischer Theoretiker dazu neigen, „autoritäre Gegner der Demokratie“ zu sein.[16] Die Westler wussten auch, dass die Einheitssteuer mit dem verhassten Schutzzoll unvereinbar war. Jedes Votum für einen Einheitssteuer-Bürgermeister verstärkte die Anti-Tarif-Plattformen. Es ist kein Wunder, dass die Provinzregierungen im Westen Kanadas die Einheitssteuergesetzgebung voll und ganz begrüßten

[14] Toronto *Daily Mail*, 13. Juni 1887; Toronto *Globe*, 13. April 1911.

[15] *Grain Grower's Guide*, 25. Mai 1910 und 11. März 1911.

[16] Francis Fukuyama, *Political Order and Political Decay: From the Industrial Revolution to the Globalization of Democracy* (New York: Farrar, Straus and Giroux, 2015), 407.

oder dass viele Stadtverwaltungen in den Jahren vor dem Ersten Weltkrieg Einheitssteuersatzungen verabschiedeten, die Gebäude von der Steuer befreiten und Grundstückswerte besteuerten. Es ist nicht verwunderlich, dass Ontario als geschützter Industriestandort sich hartnäckig gegen eine permissive Einheitssteuergesetzgebung wehrte – ungeachtet des Referendums in Toronto im Jahr 1912, das mit 25.773 zu 6440 Stimmen eine Einheitssteuer forderte, und ungeachtet aller anderen Petitionen, die von 325 Gemeinden und 200 Gewerkschaften kamen, ganz zu schweigen von den 168 redaktionellen Befürwortungen durch die Zeitungen Ontarios. Das Einzige, was die Provinzregierung von Ontario den Reformern der Einheitssteuer jemals zugestand, waren Grundsteuerbefreiungen für die Armen.

Aber die Einheitssteuer hatte für die Steuerreformer in Ontario einen anderen Nutzen. Dort lag die Stärke des Großkapitals weniger in materiellen Gütern wie Grund und Boden, sondern vielmehr in immateriellen Gütern, vor allem in Finanzkapital. Die Finanzialisierung der industriellen Wirtschaft erfasste die Vereinigten Staaten und Kanada in großem Umfang. In der ersten Welle wurden in den 1880er-Jahren preisbestimmende Kombinate entwickelt, die eine Gesetzgebung gegen Kombinate nach sich zogen (1889 in Kanada, 1890 in den Vereinigten Staaten); die zweite Welle erfolgte in Form von Unternehmenszusammenschlüssen und Trusts. Trusts waren große Unternehmensholdings, die ganze Sektoren in einer Firma zusammenfassen konnten. Der amerikanische Historiker James Livingston stellt fest, dass „1891/1892 ein Industrieunternehmen mit einer Kapitalisierung von mehr als 10 Mio. Dollar noch äußerst selten war. Im Jahr 1902 hingegen hatten fast hundert Industrieunternehmen diese Größe erreicht“.[17] Kanadische Historiker bezeugen in den 1890er- und 1900er-Jahren eine ähnliche „deutliche Zunahme“ der Unternehmenskonsolidierungen. Trusts waren schwer zu besteuern und immaterielles Kapital war besonders schwer zu besteuern. Die frühen Steuergesetze der Provinzen orientierten sich an den frühen amerikanischen Steuergesetzen und konzentrierten sich auf materielle Güter wie Grundstücke, die relativ leicht zu erkennen, zu bewerten und zu besteuern waren. Immaterielles Eigentum – komplizierte Kreditinstrumente, die ursprünglich zur Finanzierung von Staatsschulden entwickelt, um die Jahrhundertmitte auf Eisenbahngesellschaften ausgedehnt und nun auf die gesamte industrielle Wirtschaft übertragen wurden – war vergleichsweise unsichtbar. Man

[17] James Livingston, *Origins of the Federal Reserve System: Money, Class, and Corporate Capitalism, 1890–1913* (Ithaca: Cornell University Press, 1986), 56, 50.

konnte das Finanzkapital nicht besteuern ohne Aktien und Anleihen zu besteuern. Aber Anleihen wurden als Schulden eingestuft, die von der Besteuerung ausgenommen waren, während Aktien zu schnell den Besitzer wechselten, um erfasst zu werden. Außerdem hatten die Regierungen, insbesondere die Kommunalverwaltungen, kaum Zugriff auf die Listen der Aktionäre. Toronto räumte dies 1876 reumütig ein, nachdem es der Toronto Street Railway gelungen war, die kommunalen Steuern auf ihre Grunddienstbarkeiten aufzuheben. Das Berufungsgericht von Ontario war zu dem Schluss gekommen, dass solche Versorgungsunternehmen doppelt besteuert wurden und nur auf ihren Gesellschaftsanteil besteuert werden sollten. Die städtischen Prüfer berichteten jedoch, dass eine solche Besteuerung „nahezu unwirksam" sei.[18] Zwei Welten, die eine materiell und die andere ein dynamisches Gewebe aus Geld, Krediten und Ansehen, machten die Steuerprüfer ratlos – nicht nur, weil die Beziehung zwischen den beiden Welten so komplex und unbeständig war, sondern auch, weil sie die eine nicht besteuern konnten, ohne die andere zu befreien, und nicht beide besteuern konnten, ohne eine Doppelbesteuerung vorzunehmen. So oder so gelang es ihnen nicht, alle Güter „gleich" zu besteuern, wie es die Gesetzgebung überall verlangte.

Kurzum: je mehr sich der Wohlstand finanzierte, desto mehr befreite er sich von der Besteuerung. In den 1870er-Jahren entdeckten die Steuerprüfer, dass eine Gemeinde, je wohlhabender sie war, umso weniger Steuern auf diesen Wohlstand zu entrichten hatte. Während die Steuern auf Immobilien mit dem Anstieg der Grundstückspreise stiegen, sanken die Steuern auf „allgemeines Eigentum" drastisch, was von einer weit verbreiteten Steuerhinterziehung zeugte. New York war Vorreiter, seine Steuerprüfer zeichneten diesen Prozess auf, und andere Gerichtsbarkeiten schlossen sich der Erstellung von Vergleichstabellen an, die diesen Trend bestätigten. Die Finanzialisierung der industriellen Wirtschaft in den 1890er- und 1900er-Jahren verstärkte den Trend zur Steuerbefreiung, mit Ausnahme des Grundbesitzes, massiv. Das Finanzkapital veränderte die Bedeutung des Eigentums und höhlte in diesem Prozess die Steuergesetze aus. Steuerreformer und kommunale Steuerbeamte konnten diesen Kampf nicht gewinnen, ohne ihre eigenen Mechanismen zur Neudefinition von Eigentum und Wert zu entwickeln. Henry George gab ihnen das nötige Werkzeug dafür, indem er die moralische Ökonomie des Volkes in die Definition von Kapital hineinschrieb.

[18] City of Toronto Archives, *Minutes of Proceedings of the Council of the Corporation of the City of Toronto for the Year 1876* (Toronto: City of Toronto, 1877), Report #208.

Der kanadische Kapitalismus hatte mit der lokalen Besteuerung von Eigentum ein trojanisches Pferd: Handel und Gewerbe fielen in den Zuständigkeitsbereich des Bundes, das Eigentum jedoch in die Zuständigkeit der Provinzen. Das Judicial Committee of the Privy Council, die letzte Berufungsinstanz, bestätigte diese Entscheidung immer wieder, trotz der Versuche Macdonalds, das Veto des Bundes zu nutzen, um die „verbrieften Eigentumsrechte“ zu einer Angelegenheit des Bundes zu machen. Eigentum war von Natur aus ein moralisches Konstrukt, denn es beruhte auf dem Konzept des Wertes. „Wert“ war ein zweischneidiges Schwert, das in zwei Richtungen wies. Er bedeutete den monetären Wert einer Sache – wie bei den „Bodenwerten“ – und er bedeutete auch Moral – wie bei den „traditionellen Werten“. Man konnte kein Eigentum haben, ohne dass ihm eine Wertvorstellung innewohnte, und dieser Wert war unabdingbar sozial. Der Wert eines Grundstücks *war* einfach das, was die Menschen dafür zu zahlen bereit waren, und zwar nach einer ganzen Reihe eklektischer Überlegungen. Die Steuerprüfer mussten diese sich verändernden Werte in statistische Formen des Wissens umwandeln, die klar genug waren, um einer gerichtlichen Überprüfung standzuhalten. Damit standen sie im Mittelpunkt politischer Auseinandersetzungen über den Wert, da Unternehmensjuristen, Steuerradikale und liberale politische Ökonomen alle versuchten, ihre eigenen Definitionen des Wertes durchzusetzen.

Der „Wert“ stand bereits im Mittelpunkt der politischen und steuerlichen Auseinandersetzungen um Trusts. Die Finanzialisierung nützte den Finanziers nichts, wenn sie nicht auch in der Lage waren, Werte zu schaffen und zu kontrollieren. Lokale Regierungen in den Vereinigten Staaten, beginnend in New Jersey in den frühen 1890er-Jahren, wetteiferten darum, Unternehmenskapital anzuziehen, indem sie die regulatorischen Vorschriften lockerten. Eine dieser Lockerungen war die Erlaubnis, dass Unternehmen weitere besitzen könnten; eine andere war die Insiderbewertung von Aktien. Solche Neuerungen führten zu einer Prämie für „stock watering“ (die Bewässerung von Aktien). Die Bewässerer – die Insider des Unternehmens – gaben Anleihen und Vorzugsaktien aus, die durch materielle Vermögenswerte und tatsächliche Ertragskraft gesichert waren, aber sie gaben auch große Mengen an Stammaktien aus, die eher spekulative „immaterielle Vermögenswerte und erwartete Erträge“ darstellten. Die Vorzugsaktien mit ihren regelmäßigen Dividenden wurden an die Allgemeinheit verkauft, während die Stammaktien, die die tatsächliche Kontrolle und spekulative Gewinne darstellten, in den Händen von Finanzinsidern blieben. Die komplexe Mischung aus materiellen und immateriellen Vermögenswerten machte den Wert abhängig von Reputation, vorhergesagter Leistung und tausend anderen komplexen und subtilen Eigenschaften, die sich der Kenntnis uninformierter Investoren und Steuerprüfer entzogen.[19] Die Verwässerung der Aktien und die Finanzialisierung gingen Hand in Hand, da die Insider Millionen von fiktiven Dollars bastelten, um so weitere Millionen von uninformierten Anlegern anzuziehen. Die Finanziers bestanden auf ihrem Recht, Aktien zu überhöhten Preisen zu verkaufen, die die Prognosen von Experten über den künftigen Wert widerspiegelten, während sie sich gleichzeitig gegen jede Form der Besteuerung dieses überhöhten Wertes wehrten.

Unternehmen wehrten sich gegen kommunale Veranlagungen mit komplizierten Argumenten, die prosaische Steuergesetze ins Absurde führten. Wenn ein Steuerprüfer materielles Eigentum verfolgte, bestanden die Unternehmensanwälte darauf, dass der Wert immateriell sei und umgekehrt. Wenn die Steuerprüfer Reichtum als lokal identifizierten, bestanden die Anwälte darauf, dass er über das Lokale hinausginge, und umgekehrt. Vor allem, wenn die Gutachter den Marktwert ermittelten, bewiesen die Anwälte, dass Märkte eine Fiktion waren. Die beiden berüchtigtsten Urteile dieser Art aus den Jahren 1897 und 1898 führten zu einer verhängnisvollen Niederlage der Bewertungsvorschriften. Als Toronto 1897 versuchte, die Unternehmensgewinne der Consumers' Gas Company zu besteuern, ließen die Gerichte die Veranlagung zwar grundsätzlich zu (und hoben damit das Urteil von 1876 auf), bestanden aber darauf, dass die Veranlagung auf der Grundlage der einzelnen Stadtteile erfolgen müsse. Ein solcher Wert auf Bezirksebene konnte nicht festgestellt werden. Und als Hamilton versuchte, die Drähte der Bell Telephone Company zu besteuern, wurde in der berüchtigten „Alteisen-Entscheidung" von 1898 festgestellt, dass diese Drähte nur nach ihrem physischen Wiederverkaufswert, also als Alteisen, und nicht auf der Grundlage eines angeblichen Wertes für das Unternehmen bewertet werden konnten. Während ein Hausbesitzer nach dem Wiederverkaufswert seines Hauses besteuert werden konnte, wollten Bell und ähnliche Unternehmen nach dem Wiederverkaufswert der Ziegel und des Mörtels in ihren Gebäuden besteuert werden. Als konzessioniertes Versorgungsunternehmen hatte Bell einen besonderen rechtlichen Status, der den Verkauf dieser Leitungen auf dem freien Markt verhinderte. Die rechtliche Befugnis zur

[19] Lawrence E. Mitchell, *The Speculation Economy: How Finance Triumphed over Industry* (San Francisco: Berrett Koehler, 2007); Jonathan J. Baskin und Paul Miranti Jr., *A History of Corporate Finance* (Cambridge: Cambridge University Press, 1997), 150–156.

Nutzung von Versorgungseigentum unterlag einer politischen Aufsicht, die nach Ansicht von Bell jeden Versuch, vom Marktwert auszugehen, zunichte machte. Die Unternehmensjuristen gingen in ihrer Argumentation noch einen Schritt weiter: Versorgungsunternehmen (so erklärten sie einer Untersuchungskommission) müssten besonders vor konfiskatorischen Steuern geschützt werden, da sie im Gegensatz zu Industrieunternehmen nicht verlagert werden könnten und in gefährlicher Weise „den Launen lokaler Aufwiegler und sehr oft den Launen der Gemeinderäte selbst“ ausgesetzt seien.[20] Je größer die öffentliche Aufregung, desto geringer der Wert des Eigentums. In diesem Sinne kontrollierte die Gesellschaft den Wert ihres Eigentums, aber je mehr diese Tatsache bekannt war, diskutiert und berechnet wurde, desto mehr wurde dieser Wert beeinträchtigt.

Aber konnte man die öffentliche Meinung wirklich monetarisieren, ohne zuzugeben, dass die breite Öffentlichkeit ein Interesse daran hatte? Hatte der Wert nicht etwas wesentlich Demokratisches an sich? Dieser Punkt wurde von zwei sehr unterschiedlichen ökonomischen Denkschulen vertreten: den Theoretikern des Grenznutzens und den unorthodoxen Vertretern der Individualbesteuerung. Der Columbia-Ökonom John Bates Clark berief sich auf Henry Georges Beobachtung, dass die Nachfrage der Bevölkerung den Wert bestimmte, und wandte sie auf andere Arten von Artefakten an, die im Gegensatz zu Land potenziell unbegrenzt sind. Für Clark bestimmte die Verbrauchernachfrage den Wert, nicht der Arbeitseinsatz oder die Quellen. Er betrachtete die Nachfrage als autonom und individuell, aber für seinen Kollegen und gelegentlichen Mitarbeiter an der Columbia University, E.R.A. Seligman, war sie ein soziales Konstrukt: „Der Wert in der Gesellschaft hängt nicht nur davon ab, dass jedes Individuum die relative Dringlichkeit seiner eigenen verschiedenen Bedürfnisse misst, sondern auch davon, dass es diese bewusst oder unbewusst mit denen seiner Nachbarn vergleicht. Ich will vielleicht keine Lokomotive, aber wenn mein Nachbar sie will, dann hat sie einen indirekten oder sozialen Nutzen für mich.“[21] Individuelle Entscheidungen spiegeln also sowohl individuelle Bedürfnisse als auch eine bestimmende öffentliche Meinung wider. Seligman war Steuerexperte und begründete seine Überlegungen mit der Art

[20] *Report of the Ontario Assessment Commission, being the Interim or First Report and Record of Proceedings* (Toronto: L. K. Cameron, 1901), 415; siehe auch Christopher Armstrong und H. V. Nelles, „Private Property in Peril: Ontario Businessmen and the Federal System, 1898–1911“, *Business History Review* 47, Nr. 2 (1973): 158–176.

[21] Rosanne Currarino, *The Labor Question in America: Economic Democracy in the Gilded Age* (Urbana: University of Illinois Press, 2011), 80.

und Weise, in der Immobilien bewertet wurden. Als fortschrittlicher Wirtschaftswissenschaftler, der sich zwischen hoher Theorie und banaler Steuerpraxis bewegte, hatte Seligman mit Hilfe der von ihm herausgegebenen Zeitschriften, den geleiteten Organisationen und den betreuten Doktoranden einen enormen Einfluss. Er hat mehr als jeder andere zur Professionalisierung der öffentlichen Finanzen in den Vereinigten Staaten beigetragen, und sein Einfluss war in Kanada kaum weniger spürbar. In jeder Steuerdebatte wurde auf seine umfangreichen Schriften verwiesen, und er war ein regelmäßiger Korrespondent kanadischer Ökonomen sowie ein unverblümter Kritiker des westkanadischen Einheitssteuerexperiments. Seligmans oberstes Prinzip war die „Zahlungsfähigkeit". Er widmete sein Leben der Ablehnung von Kapitalsteuern und der Einführung von gestaffelten Einkommenssteuern. Seligman war der Sohn eines wohlhabenden Bankiers und sah in den Trusts einen stabilisierenden antidemokratischen Einfluss. Er war daher ein unverbesserlicher Feind der Einheitssteuer, ein wahrer Javert im Vergleich zu Georges Jean Valjean. Kein seriöser und professioneller Ökonom, so betonte er, könne sich den Grundsätzen der Einheitssteuer anschließen.[22]

Für die radikalen Georgeianer hingegen könnte man die Trusts und die Banken zu Fall bringen, wenn man das Finanzkapital auf der Grundlage seiner sozialen Beiträge, seines öffentlichen Wertes, besteuern würde. Finanzkapital mag aufgrund der komplizierten Instrumente der Fremdfinanzierung, die es so unbeständig und unsichtbar machen, schwer zu besteuern sein. Aber die Logik hinter der Monetarisierung, der Schuldenfinanzierung, bestand darin, den Wert zu verdinglichen und ihn auf einer abstrakten und objektiven Ebene austauschbar zu machen, damit er auf dem Markt frei getauscht werden kann. Letztlich messen alle Schulden den gesellschaftlichen Wert.[23] Das setzte sie willkürlichen, konfiskatorischen Steuern auf die unverdienten Zuwächse aus. In einer Welt, in der alle Werte irreduzibel sozial sind, bedeutete die Durchsetzung einer allgemeinen Vermögenssteuer die Frage an die Öffentlichkeit: „Wie viel ist Ihnen dieses Geschäft, diese Fabrik, diese Bank wert? Kein Unternehmen hätte dieses Gespräch begrüßen können; jedes Unternehmen musste seine eigenen Leistungen höher einschätzen als die der Öffentlichkeit. Eigentum, das von einer unzuverlässigen demokratischen Öffentlichkeit so

[22] A. J. Mehrotra, *Making the Modern American Fiscal State: Law, Politics, and the Rise of Progressive Taxation, 1877–1929* (Cambridge: Cambridge University Press, 2014).

[23] David Graeber, *Debt: The First Five Thousand Years* (New York: Melville House, 2011).

leicht neu bewertet werden konnte, konnte nicht die Rolle des politischen und wirtschaftlichen Ballasts spielen, die Edmund Burke ihm ein Jahrhundert zuvor zugewiesen hatte.

Dabei handelte es sich nicht um geheimnisvolle, spezialisierte Debatten, sondern um hitzige öffentliche Auseinandersetzungen vor vollem Haus. Der Aufstand gegen die Körperschaftssteuer in den späten 1890er-Jahren stürzte die Kommunen in Ontario in eine plötzliche Finanzkrise: Torontos Steuersatz schoss von 17½ auf 19½ Mille pro Dollar in die Höhe. Die Eisenbahnen zahlten in Ontario ein Zehntel dessen, was sie in den amerikanischen Bundesstaaten zahlten. Empörte Steuerzahler-Verbände setzten sich für Reformen ein, und die Bürgermeisterkandidaten verwiesen ausdrücklich auf die Zehntausende von Einnahmen, die durch die Schrott-Entscheidung verloren gingen, als sie die ungerechte Doppelmoral anprangerten: „Es ist völlig falsch, dass Privatpersonen gezwungen werden, für den Schutz, die Möglichkeiten und andere Vorteile zu zahlen, die die Stadt wohlhabenden Unternehmen bietet, die weitreichende Privilegien genießen und große Gewinne erzielen.“[24] Im Jahr 1900 reagierte die Provinz mit einer umfassenden Ontario-Bewertungskommission, die umfangreiche Anhörungen abhielt, die ein großes Publikum anzogen und über die die Zeitungen berichteten. Die Anwälte der Unternehmen verteidigten die Schlupflöcher und betonten, dass ihre Klienten nur das zahlen wollten, was „fair“ sei; die Steuerprüfer verteidigten ihre Fähigkeit, sowohl strenge als auch faire Kriterien für die Besteuerung zu formulieren, wenn die Politiker und Richter sie nur ließen; und die Populisten forderten eine konfiskatorische Besteuerung der sozialen Leistungen. Eine wirksame Verstaatlichung würde, wie Alan C. Thompson, der einzige Steuerfachmann, bemerkte, „die Angelegenheit ganz wesentlich vereinfachen“.[25]

Im Kanada der progressiven Ära demontierten Unternehmensjuristen kommunale Steuergesetze, als sie die Richter davon überzeugten, dass die Steuergesetze fiktive und gefährliche Eingriffe in das Kapital darstellten. Steuerreformer begannen diese Gesetze entsprechend dem neuen politischen Verständnis von Wert neu zu gestalten. Sie erkannten, dass die demokratische Kontrolle der Grundsteuer Insider-Bewertungen und Steuerbefreiungen für Unternehmen eindämmen konnte. Progressive Ökonomen, die davor gewarnt hatten, dass jede Form der Kapitalbesteuerung eine

[24] Toronto *Daily Mail and Empire*, 25. Dezember 1900.

[25] *Report of the Ontario Assessment Commission*, 150, 422, und *passim*.

ernsthafte Bedrohung für den Kapitalismus darstellte, sahen nun, wie sich ihre Argumente gegen sie zu wenden begann und die Öffentlichkeit die Kapitalbesteuerung als eine praktikable Option in fortschrittlichen und florierenden Städten erkannte. Liberale Ökonomen wie Skelton und Adam Shortt an der Queen's University und James Mavor an der University of Toronto setzten sich mit aller Kraft für das Seligman'sche Projekt der Verlagerung der Besteuerung auf das Einkommen ein. Erleichterte Gesetzgeber in Ontario griffen zur Einkommensteuer, um die Krise der Jahrhundertwende zu lösen und die Forderungen nach einer Kapitalbesteuerung abzuwehren. Doch die Debatte war noch lange nicht zu Ende.

Auf kommunaler und sogar auf Provinzebene begannen die progressiven Steuerreformen Erfolg zu haben. In einigen Regionen wurde die Einkommensteuer eingeführt, in anderen ging der Trend zur Kapitalbesteuerung. Überall aber gestalteten soziale Basisbewegungen die Steuerpolitik im Sinne einer populären moralischen Ökonomie um, die eine „gerechte Besteuerung" forderte und die Kriterien der Fairness neu definierte. Prominente Liberale aus der Mitte des viktorianischen Zeitalters wie Goldwin Smith und John Stuart Mill waren der Ansicht, dass eine gestaffelte Einkommenssteuer zwar prinzipiell am gerechtesten, aber pragmatisch unmöglich zu verwirklichen sei, da sie inquisitorische staatliche Befugnisse erfordere und einen Klassenkampf provoziere.[26] Die Steuerreformer forderten und setzten neue empirische Kriterien für die Besteuerung und neue staatliche Befugnisse zur Messung des Wohlstands ein. Vor allem aber schrieben sie Reichtum *und* Armut in die Besteuerung ein. Sie zerstörten die mittelviktorianischen Argumente für formale, rechtliche Gleichheit bei der Besteuerung und sprengten die tendenziösen liberalen Unterscheidungen zwischen privat und öffentlich. Sie forderten nicht nur eine steuerliche Umverteilung zwischen den Besitzenden und den Besitzlosen, sondern machten auch die bestehenden Definitionen von Eigentum unbrauchbar. Die Steuerreformer zwangen die Liberalen zu der Einsicht, dass rechtliche Definitionen von Eigentum, die keine moralischen und sozialen Erwägungen berücksichtigen, keine Grundlage für Steuerregelungen sein können. Es muss einen Sinn für das öffentliche Interesse ergeben, und die sozialen Beziehungen müssen in dieses öffentliche Interesse eingeschrieben sein.

[26] Martin Daunton, *Trusting Leviathan: The Politics of Taxation in Britain, 1799–1914* (Cambridge: Cambridge University Press, 2007).

Die Remoralisierung des Kapitals: Der Nationalstaat

Die Kommunalverwaltungen boten einen guten Rahmen für die Debatte über die ersten Grundsätze der Besteuerung. Ihre Umsetzung lief jedoch schnell auf einen nach wie vor außerordentlich reaktionslosen und regressiven Bundesstaat aus. Während die lokalen Gerichtsbarkeiten von den Steuerreformbewegungen an der Basis umgestaltet wurden, ging die Bundesregierung ihren üblichen Geschäften nach, förderte den Wohlstand und hielt sich von den wirtschaftlichen Kämpfen der einfachen Menschen weitgehend fern. Sie war auf einen Walzer mit dem Großkapital, ihrem einzigen Tanzpartner, verfesselt. Auch wenn radikale Reformprinzipien ihre ersten Erfolge auf lokaler Ebene erzielten, würden sie sich niemals mit lokalen Maßnahmen allein zufrieden geben. Jede bedeutende lokale Steuerreform hatte Auswirkungen auf die Bundessteuer.

Abschließend möchte ich noch einige Worte darüber verlieren, wie die Remoralisierung des Kapitals von der lokalen auf die föderale Ebene übergesprungen ist. 1910 stand der liberale Premierminister Wilfrid Laurier ebenso wie der amerikanische Präsident Howard Taft unter ernsthaftem Druck, den peinlich lukrativen Zolltarif zu reformieren. Als die Preise in die Höhe schnellten, stiegen auch die Verbrauchssteuern. Die organisierte Landwirtschaft und die Arbeiterschaft forderten überall Steuererleichterungen und freieren Handel. Als Laurier zu einer Vortragsreise in den Westen aufbrach, wurde er von Freihändlern angepöbelt, die ihm nach Hause folgten und eine massive „Belagerung von Ottawa“ veranstalteten, an der Tausende teilnahmen. Zu Beginn des Jahres 1911 wurde ein Abkommen geschlossen, in dem sich die beiden Länder auf Gegenseitigkeit bei Naturgütern einigten. Die Konservativen, die anfangs über das Abkommen bestürzt waren, sprachen sich schnell dagegen aus, da sie von Geschäftsleuten aus Toronto in die Enge getrieben wurden. Tory-Chef Robert Borden, ein wohlhabender Unternehmensanwalt, gewann die „Reziprozitätswahl“ von 1911 mit dem Argument, dass es besser sei, von kanadischen Tycoons regiert zu werden als von amerikanischen. Bankiers und Industrielle schlossen sich ihm an, um dann darauf zu bestehen, dass sie eine unpolitische, sachkundige und geschäftsmäßige Herrschaft anbieten würden, und sie überschwemmten das Land mit Propaganda und Bestechungsgeldern. Ein Eisenbahnbaron aus Toronto stellte angeblich einen Blankoscheck aus, der schließlich für 2.000.000 Dollar eingelöst wurde.[27] Der

[27] Patrice Dutil und David MacKenzie, *Canada 1911: The Decisive Election That Shaped the Country* (Toronto: Dundurn, 2011), 120–121.

einflussreichste Geschäftsmann der Kampagne war Thomas White, ein Finanzier aus Toronto, der sich ursprünglich durch seine Arbeit im Veranlagungsbüro von Toronto ein Jurastudium finanziert hatte. White war ein so umwerfend effektiver Steuerprüfer (der Versuch, die Gewinne von Unternehmen an ihrem Hauptsitz zu besteuern, war seine Idee gewesen), dass er kurz nach seinem Abschluss im Jahr 1900 eingeladen wurde, Manager des National Trust zu werden. Ein Jahrzehnt später setzte er sich so überzeugend für das Unternehmenskapital ein, dass Borden ihn nach der Wahl als Finanzminister einsetzte. White und Borden waren zwei von „sieben angeblichen Millionären" im Kabinett, wie die entsetzte liberale Presse schrieb, und weitere standen in den Startlöchern. Bis 1911 gab das Großkapital den Politikern Marschbefehle; 1911 begann es, das Land direkt zu regieren. Herrschaft der Plutokraten: Was konnte da schon schiefgehen?

Die Dinge liefen sehr schnell schief. Die Regierung Borden verpflichtete sich zu unrentablen transkontinentalen Eisenbahnprojekten (an denen die Minister direkt interessiert waren), wodurch die Schulden und Zinszahlungen in die Höhe schossen. Die Regierungen der unteren Ebenen gerieten in eine noch schlimmere Lage und versanken in ihrer Verschuldung: Die Länder mit nur einer Steuer waren besonders stark betroffen. Die Lebenshaltungskosten stiegen in dieser Zeit unaufhaltsam, und der Ausbruch des Krieges im August 1914 trieb sie noch weiter in die Höhe. Er verschärfte auch die ethnischen Spannungen. Es war ein populärer Krieg, der in ganz Kanada mit beispiellosem Patriotismus begrüßt wurde, in Französisch-Kanada jedoch nicht so begeistert angenommen wurde. Französisch-Kanadier meldeten sich in geringeren Zahlen als Englisch-Kanadier. Sie waren Kriegsverweigerer, behaupteten die Nativisten, so wie sie schon immer Steuerverweigerer gewesen waren. Viele nationalistische Politiker hatten ihre politische Karriere auf dieser Brownschen Klage aufgebaut, darunter Clifford Sifton, der ruchlose Architekt einer Schulsteuerkrise in Manitoba in den 1890er-Jahren, der katholische Schulen als Feinde eines gemeinsamen nationalen Lebens anprangerte. Sifton wechselte 1911 in die Regierung von Borden und leitete dessen Wahlkampf, und 1917 setzte er seine böswilligen Bemühungen fort.

Von 1916 bis 1917 stiegen die Kriegsanforderungen an Kanada unaufhaltsam. Die furchtbare Schlacht an der Somme im Jahr 1916 forderte mehr als zwanzigtausend kanadische Opfer. In jenem Jahr führte White in seinem Haushalt eine Steuer auf „überschüssige" Kriegsgewinne ein. Da die Steuer jedoch mit den Preisen und Gewinnen stieg, wirkte sie sich inflationär aus, ebenso wie die Tatsache, dass die Kriegsanstrengungen nach wie vor fast vollständig durch Kredite und nicht durch Steuern finanziert wurden. Die Arbeiter waren empört, da die steigenden Preise das Notwendige in Luxus verwandelten. Die Angestellten, einschließlich der Universitätsprofessoren, waren ebenfalls stark betroffen. Die Hersteller waren nicht weniger empört: Wie die Steuerreformer konnten sie nicht verstehen, warum die Produktion besteuert wurde, nicht aber das Finanzkapital oder das persönliche Einkommen. Während andere alliierte Länder den Reichtum mit über 50 % stark besteuerten, schützte Thomas White ihn weiterhin. Selbst die Vereinigten Staaten erhöhten nach ihrem Kriegseintritt im April 1917 sofort ihre Steuersätze auf 67 %, um die Last der Kriegsfinanzierung auf die Besteuerung und nicht auf Kredite zu verlagern.[28] Im selben Monat gingen die Kanadier aus der Schlacht von Vimy Ridge siegreich hervor, was sofort zu einem wichtigen Symbol des Nationalstolzes wurde. Doch als White einige Wochen später seinen Haushalt vorstellte, blieben Einkommen und Kapital erstaunlicherweise unbesteuert. White fürchtete in einzigartiger Weise die Gefahren, die eine „gerechte" Besteuerung für das Finanzkapital in einem Land darstellen musste, in dem die Logik der Einfachbesteuerung nur allzu sehr verbreitet war. Das Industriekapital, dessen Wert mehr oder weniger durch Arbeit „verdient" wurde, konnte sich selbst schützen, aber das Finanzkapital war, wenn es nicht von der Steuer befreit wurde, zu anfällig für eine konfiskatorische Besteuerung seiner sozialen Leistungen. White opferte alles andere dem Schutz des Finanzkapitals. Sogar sein ehemaliger Arbeitgeber bei National Trust, Joseph Flavelle, der jetzt das Imperial Munitions Board leitete, bedauerte diese Entscheidung als schädlich für die Kriegsanstrengungen.[29] Liberale und Linke gerieten in einen Anfall von Empörung. Landwirte und Arbeiter waren bereits in hohem Maße organisiert; sie begannen, neue politische Parteien zu gründen, um ihre Forderungen direkter ins Parlament zu tragen.

Im Mai kehrte Borden von einem Truppenbesuch zurück und kündigte an, dass er die Wehrpflicht unterstützen würde. Zwei Dinge folgten sofort. Erstens: Es musste eine Wahl stattfinden: Laurier würde weder eine weitere Aussetzung der gesetzlichen Höchstgrenzen zulassen, noch würde er Bordens Einladung zum Beitritt zu einer Unionsregierung annehmen.

[28] Kenneth Scheve und David Stasavage, *Taxing the Rich: A History of Fiscal Fairness in the United States and Europe* (Princeton: Princeton University Press, 2016).

[29] Queen's University Archives, Flavelle fonds, 2237–46, Flavelle an White, 21. April und undatierter April 1917.

Zweitens: Es musste eine gestaffelte Einkommenssteuer geben, um sicherzustellen, dass, selbst wenn Laurier mit seiner politischen Basis in Québec die Einladung nicht anzunehmen wagte, fortschrittliche liberale Politiker, deren Basis außerhalb von Québec lag, es nicht wagten, sie abzulehnen. Sie mussten sich für die Wehrpflicht und die politische Union mit Borden einsetzen, aber sie verlangten eine progressive Einkommenssteuer als Preis. Im Juni wurde die Einkommenssteuer zur offiziellen Politik; im September wurde sie von Bordens Gewerkschaftsregierung eingeführt.[30] Und als im Dezember 1917 Wahlen angesetzt wurden, waren Einkommenssteuer und Wehrpflicht die Hauptthemen.

Aber auch wenn das Einkommenssteuergesetz genügte, um fortschrittliche Politiker zu überzeugen, hatte es die breite Bevölkerung nicht überzeugt. Landwirte und Arbeiter, Sozialisten und Liberale aus ganz Kanada – einschließlich Québec, wo der Kapitalismus als erstes mit der Industrialisierung und Finanzialisierung begonnen hatte – verstanden, dass das Gesetz sowohl zum Schutz als auch zur Besteuerung von Reichtum gedacht war. Einerseits waren die Steuersätze viel niedriger als in anderen alliierten Ländern, andererseits war das in eine neue Victory Bonds-Kampagne investierte Vermögen von der Steuer befreit. Das Finanzkapital, insbesondere das Finanzkapital aus Toronto, investierte Millionen in die Victory Bonds und würde noch viele Jahre lang praktisch steuerfrei bleiben. Während die neuen Einkommenssteuern einige fortschrittliche Reformer zufriedenstellten, forderten andere eine viel umfassendere Besteuerung. Während White darauf bestand, dass nur das Einkommen besteuert werden sollte, nicht aber das „angehäufte Vermögen", forderten die Steuerreformer lautstark beides. Tatsächlich vermischten sich gemäßigte und radikale Forderungen so sehr, dass White und Borden sahen, dass die liberale Agitation zu subversiven, antikapitalistischen Zwecken eingesetzt wurde. In Winnipeg forderten sowohl die liberale *Free Press* als auch die sozialistische *Voice* eine Vermögensabgabe, doch hatten sie sehr unterschiedliche Vorstellungen davon: Letztere forderte konfiskatorische Steuern auf „Bargeld und liquide Wertpapiere".

Im Spätherbst 1917 forderten die Menschen in ganz Kanada eine Besteuerung des Reichtums um seiner selbst willen als Akt wirtschaftlicher

[30] Siehe Shirley Tillotson, *Give and Take: The Citizen Taxpayer and the Rise of Canadian Democracy* (Vancouver: UBC Press, 2017); David Tough, *The Terrific Engine: Income Taxation and the Modernization of the Canadian Political Imaginary* (Vancouver: UBC Press, 2018).

Gerechtigkeit und nicht als pragmatische Anpassung an den Wohlstand. Sie bestanden darauf, dass es keine gerechte Besteuerung sei, wenn sie nicht „weh tut“. Borden und White hatten zu lange ausgeharrt und zu wenig angeboten. Da Laurier immer noch die Liberale Partei anführte, war Québec natürlich strikt dagegen, aber Lauriers Fokus auf Profitstreben und regressive Besteuerung zog Steuerreformer und Radikale in anderen Ländern an, die sich um die Liberale Partei scharten. Selbst die Festung Ontario wandte sich gegen die Tories. Ende November überzeugten Sifton, White und andere Borden davon, dass er Gefahr lief, die Wahl zu verlieren. Eine Folge davon war das Angebot, die Söhne von Farmern von der Wehrpflicht zu befreien; eine andere war ein bösartiger Angriff auf Frankokanadier als rückständige, egoistische Verweigerer des Kriegsdienstes und der Kriegsfinanzierung. Die Finanziers verstanden, dass das Kapital in einer ethnisch polarisierten Nation viel sicherer war. Es folgte die heftigste rassistische Kampagne, die die kanadische Geschichte je gesehen hat. Jack Granatstein und J. M. Hitsman argumentieren, dass die Khaki-Wahl „absichtlich aus rassistischen Gründen durchgeführt wurde“ und „in hohem Maße von Firmenspenden aus Toronto und Montreal abhängig“ war.[31] Dieselben Finanziers aus Toronto, ehemalige Kollegen von White beim National Trust, die den Vorsitz der Torontoer und nationalen Zweige der Bond-Dealer-Verbände und der Victory-Darlehensausschüsse innehatten (der nationale Verband der Bond-Dealer wurde zum Zweck der Victory-Darlehen gegründet), führten auch das „überparteiliche“ Citizens’ Union Committee an, um für die Wiederwahl von Borden zu werben. Es brachte Karikaturen in Umlauf, die offen erklärten, dass es in Wirklichkeit nicht um die Wehrpflicht, sondern um Macht und Geld ging. Sie zeigten einen nationalistischen Politiker aus Québec, der zum Finanzminister ernannt wurde, mit den Füßen in der Kasse, der dem Old Man Ontario sagte, er solle französisch sprechen. Ein neuer, stark subventionierter nationaler Presseverband und eine neue Propagandaabteilung auf Bundesebene, die von Whites Halbbruder, dem Verleger M. E. Nichols, geleitet wurde, trugen dazu bei, dass die englischsprachigen Zeitungen in ganz Kanada nahezu einstimmig in Leitartikeln und Karikaturen Québec als „Schandfleck Kanadas“ anprangerten und darauf bestanden, dass ein „vereinigtes“ französisches Kanada von einem „vereinigten“ englischen Kanada klar besiegt werden müsse. Das Ergebnis war eine ver-

[31] J. L. Granatstein und J. M. Hitsman, *Broken Promises: A History of Conscription in Canada* (Toronto: Oxford University Press, 1977).

nichtende Niederlage für Französisch-Kanada: eine grimmigere und effektivere Wiederholung der Konföderation, um die tatsächliche und nicht nur nominelle Auslöschung des „French Canadianism (Französisch-Kanadier-ismus)“ zu erreichen. Der Redenschreiber von Borden, Sir John Willison, verkündete, dass eine Vereinigung der „Konservativen des Ostens mit den Liberalen des Westens“ „die Vormachtstellung von Québec in kanadischen Angelegenheiten zerstören würde. Das ist geschehen, aber Québec wird gut behandelt werden“.[32]

Nichtsdestotrotz wurde die progressive Einkommensteuer eingeführt. Ihre Vorzeichen waren ungünstig, und in der Tat hoffte Thomas White zunächst auf ihre Aufhebung. Doch der kanadische Staat war so hoch verschuldet und seine Zinszahlungen bis in die 1920er-Jahre hinein so hoch, dass eine Aufhebung nicht möglich war. Die Finanzinvestoren profitierten von den fortlaufenden Ausschüttungen, und die kanadische Einkommensungleichheit, die nun messbar wurde, stieg kurzzeitig über die amerikanischen Werte an.[33] Ein neuer Premierminister, William Lyon Mackenzie King, sollte die Finanzpolitik des Bundes schrittweise neu ausrichten. Er hatte bei progressiven amerikanischen Ökonomen promoviert und sollte Macdonald schließlich als dienstältester Premierminister ablösen. Das Kapital würde im Bundesparlament nicht mehr unkontrolliert herrschen; es müsste sich fortan mit der Armut und mit der moralischen Ökonomie des Volkes arrangieren. Langfristig würde die Einkommenssteuer zu einem praktischen Gerechtigkeitskalkül werden, das auf den Grundsätzen der sozialen Solidarität beruhe.

Schlussfolgerung

Die frühe kanadische Steuergeschichte vermittelt einige furchterregende Lektionen. Die liberale Politik wurde in Kanada zur Sozialpolitik inmitten einer heftigen Debatte über die Schulden, die der Einzelne der Gesellschaft zu zahlen hatte, und über die Gefahren, die das organisierte Kapital für die Rechenschaftspflicht der Wähler darstellte. Die Steuern bildeten den Rahmen für diese Konfrontation. Wenn Steuern nicht strategisch so

[32] Richard Clippingdale, *The Power of the Pen: The Politics, Nationalism, and Influence of Sir John Willison* (Toronto: Dundurn, 2012), 324–325; John English, *The Decline of Politics: The Conservatives and the Party System, 1901–20* (Toronto: University of Toronto Press, 1977), 113–115.

[33] Thomas Piketty, *Capital in the Twenty-First Century*, trans. Arthur Goldhammer (Cambridge, MA: Harvard University Press, 2014), 316.

gestaltet sind, dass sie Gerechtigkeit schaffen, dann werden sie strategisch so gestaltet sein, dass sie Ungerechtigkeit schaffen. Die Angelegenheit ist zu wichtig, um sie Experten zu überlassen. Wenn die Bürger in ihrer Wachsamkeit nachlassen, hat dies weitreichende Folgen, die weit über wirtschaftliche Ungleichheit hinausgehen. Die kanadische Steuergeschichte lehrt uns, dass die Reichen unkontrolliert die Armen besteuern und als Steuerhinterzieher stigmatisieren, und wo immer es möglich ist, diese Besteuerung erhöhen – sowie die Empörung darüber – indem sie dieses Stigma rassifizieren. Das Kapital weiß, dass es in einer ethnisch polarisierten Welt sicherer ist. Dies bleibt eine wichtige Lektion.

Humanisierung des Kapitalismus: Der Bildungsauftrag der Ford Foundation in Westdeutschland und den Vereinigten Staaten (1945–1960)

Wim de Jong

Die Moralisierung des Kapitalismus war in der Vergangenheit eine Aufgabe, die unter anderem von sozialen Bewegungen, politischen Parteien und Intellektuellen übernommen wurde. Ein oft übersehener, aber offensichtlicher Bereich bei der Moralisierung des Kapitalismus ist der der Philanthropien, von denen ein Großteil des Drucks zur Verbesserung der sozialen Umstände ausgeht. Von besonderem Interesse sind dabei die Unternehmensphilanthropien, die sowohl Vorläufer und Kräfte der moralischen Anpassung des Kapitalismus als auch Produkte solcher Versuche sind. Bei den Unternehmensphilanthropien besteht ein Spannungsverhältnis zwischen den von ihnen angestrebten sozialen Zielen und der Weltanschauung ihrer Stifter, meist Wirtschaftsmagnaten (ob Rockefeller oder Zuckerberg). Nicht selten haben die Menschen, die der Philanthrop mit der Verteilung seines Geldes beauftragt, ein ausgeprägtes soziales Ge-

W. de Jong (✉)
Open Universiteit, Heerlen, Niederlande

S. Berger, A. Przyrembel (Hrsg.), *Moralisierung des Kapitalismus*,
https://doi.org/10.1007/978-3-031-51270-4_3

wissen und sehen die Art und Weise, wie die Organisation ihr Geld verdient hat, mit Argwohn. Sie könnten dazu neigen, den Kapitalismus, der der Anstoß für die Existenz der Organisation ist, als Ursache für die sozialen Probleme zu sehen, die sie zu bekämpfen versucht. In den Worten des Philanthropie-Historikers Olivier Zunz: „Die Philanthropen waren die Titanen der Industrie, die genau die Missstände verursachten, die die Reformer zu beseitigen versuchten."[1]

Gleichzeitig unterscheidet sich die Unternehmensphilanthropie grundlegend von den antikapitalistischen Moralaposteln des Kapitalismus: Erstere wurden und werden in der Regel von der Ansicht geleitet, dass eine bestimmte Version des Kapitalismus und seiner kulturellen Werte nicht die Ursache für die Probleme der Welt ist, sondern deren Lösung. Dies macht die Untersuchung von Unternehmensphilanthropien besonders lohnenswert; Ideale und Werte des Kapitalismus sind umstritten, was zeigt, wie der Kapitalismus als kulturelles Konstrukt und umstrittenes Konzept angesehen werden kann. Das Aufeinanderprallen moralischer Werte findet innerhalb und als Reaktion auf die Aktivitäten von Philanthropien statt, die eine Schlüsselrolle bei der Verbreitung der Moralvorstellungen des Kapitalismus und der mit ihm verbundenen kulturellen Bedeutungen spielen.

Amerikanische Unternehmensphilanthropien wie die Ford Foundation hatten nach dem Zweiten Weltkrieg das Ziel, die Welt durch ihre Programme zu gestalten.[2] Sie trugen dazu bei, eine Kultur des Kapitalismus und eine liberal-reformistische Kultur des Kalten Krieges zu schaffen, zu moralisieren und zu legitimieren. Im Jahr 1948 erwarb die Ford Foundation 90 % der Aktien der Ford Motor Company und konnte damit Aktivitäten entfalten, die andere Philanthropien in den Schatten stellten, denn sie verfügte über ein Stiftungsvermögen von rund 417 Mio. Dollar.[3] Auf der Suche nach guten Beziehungen und Einfluss auf der ganzen Welt gründete sie ab 1949 in- und ausländische Abteilungen für Europa und Asien und subventionierte Austauschprogramme und kulturelle Einrichtungen. Sie wurde zum Schlüssel für die weltweite Verbreitung der Idee, die Demo-

[1] Olivier Zunz, *Philanthropy in America: A History* (Princeton: Princeton University Press, 2012), 20.

[2] Chay Brooks, „'The Ignorance of the Uneducated': Ford Foundation Philanthropy, the IIE, and the Geographies of Educational Exchange", *Journal of Historical Geography* 48 (2015): 36–46, 36.

[3] Sonja M. Amadae, *Rationalizing Capitalist Democracy: The Cold War Origins of Rational Choice Liberalism* (Chicago: University of Chicago Press, 2003).

kratie zu schützen, indem sie die Welt für den Kapitalismus sicher machte. Die westlichen politischen und intellektuellen Eliten der Nachkriegszeit erkannten, dass die Demokratie in der Bevölkerung verankert werden musste, um den Totalitarismus zu bekämpfen. Um die Vorstellung von Demokratie als identisch mit einer kapitalistischen, „freien" Gesellschaft zu untermauern, musste der Kapitalismus vermenschlicht werden.

Im psychologischen Krieg gegen den Kommunismus übte die Stiftung kulturelle Kritik an autoritären und unsozialen Versionen des Kapitalismus im In- und Ausland, die die individuelle statt die kollektive Verantwortung hervorhoben. Ihr auf den New-Deal ausgerichteter Antikommunismus konzentrierte sich auf fortschrittliche Werte. Der Liberalismus versprach, radikalere und disharmonische Unruhen zu verhindern. Ein aufgeklärter korporatistischer Kapitalismus würde der Weg zu einer friedlichen Entwicklung der Welt sein. Bemerkenswert ist, dass ihr erster Direktor in diesem neuen Rahmen (von 1950 bis 1953), der ehemalige Vorsitzende der Economic Cooperation Administration (ECA), Paul G. Hoffman, behauptete, der Kalte Krieg erfordere eine kosmopolitische Weltanschauung.[4]

In diesem Kapitel werden drei Bereiche untersucht, in denen die Ford Foundation versuchte, einen humanisierten Kapitalismus zu verbreiten. Erstens wurden bei den amerikanischen Versuchen zur Umerziehung der deutschen Öffentlichkeit zwischen 1945 und 1955 viele ehemalige Marshallplan-Beamte eingestellt. Die amerikanische Strategie zur Demokratisierung Deutschlands betonte die „modernen" Arbeitsbeziehungen. Die Stiftung unterstützte diese Ideen, die auf dem Glauben an wirtschaftliche Gerechtigkeit in einem aufgeklärten Kapitalismus beruhten, und förderte ihre Verbreitung durch Zeitschriften, Austauschprogramme und die Freie Universität Berlin. Das Amerikahaus Berlin, das sich aus den amerikanischen Lesesälen im Nachkriegsdeutschland entwickelte, diente ab 1948 als eines der lokalen Zentren dieser Aktivitäten.

Der zweite Bereich ist der der inländischen Erwachsenenbildungsprojekte. In diesem Bereich wurden Methoden angewandt, die den Bemühungen um den Export von Demokratie durch friedliche Arbeitsbeziehungen ähnelten. Hoffman glaubte an die Förderung des Dialogs und der Diskussion und unterstützte als Stiftungsdirektor den Fund for

[4] Christopher Endy, „Power and Culture in the West", in *The Oxford Handbook of the Cold War* (Oxford University Press, 2013), 323–338, 329. Die ECA war eine Agentur der US-Regierung, die 1948 zur Verwaltung des Marshall-Plans eingerichtet wurde. Sie war sowohl dem Außenministerium als auch dem Handelsministerium unterstellt.

Adult Education (FAE), ein umfangreiches Projekt der liberalen Bildung, das von Studiengruppen zu den „Great Books" bis hin zu einem „Test Cities"-Programm reichte, mit dem die Erwachsenenbildung in lokalen Gemeinden angekurbelt werden sollte. Die liberale Bildung sollte die amerikanischen Verbraucher moralisch über den engen Materialismus erheben. Die Gründungsgurus Hutchins und Adler glaubten an das freie Unternehmertum, strebten aber danach, die Mängel der Konsumgesellschaft zu überwinden. Der Kapitalismus sollte gerechter gestaltet werden. Das Projekt war durchdrungen vom Diskurs des Kommerzes und blieb fest in der kapitalistischen Moralisierung der kapitalistischen Gesellschaft verankert.

Eine dritte Front der Moralisierung des Kapitalismus war die Wirtschafts- und Managementausbildung. Nachdem der „Eine-Welt"-Kosmopolitismus von Hoffman und Hutchins sie in Konflikt mit Henry Ford II gebracht hatte, schlug die Stiftung ab Mitte der 1950er-Jahre einen pragmatischeren Kurs ein und konzentrierte sich auf die Reform der Lehrpläne der Managementausbildung in den Vereinigten Staaten. Sie war maßgeblich an der Gründung von Business Schools in ganz Europa beteiligt und vermittelte ein demokratisches Repertoire an Kooperation, Harmonie und humanistischen Managementwerten.

Die Ford Foundation wurde als Beispiel für den Versuch von Eliten kritisiert, die Demokratisierung zu verhindern. So behauptet Amadae, Philanthropen hätten sich mit Regierungen und „unparteiischen" Sozialwissenschaftlern zusammengetan, um Entscheidungen der Kontrolle der demokratischen Politik zu entziehen. Dieser kulturell-industriell-wissenschaftliche Komplex schuf eine technokratische Elite, die „im Widerspruch zu einem Modell steht, das auf einer kommunikativen und dialogischen Öffentlichkeit beruht".[5] Diese Interpretation reduziert Phänomene wie die Ford Foundation auf einen Deckmantel für ein spezielles Interesse, sei es die RAND Corporation, die CIA oder das Außenministerium, die ihre eigene liberale wirtschaftliche Vision von Demokratie nicht ernst nehmen.[6]

Die Ford Foundation war zwar fest im Unternehmens- und Regierungsapparat verankert, engagierte sich aber auch für die Bürgerrechte, was sie in die Schusslinie von Joseph McCarthy brachte und unterstützte die Be-

[5] Amadae, *Rationalizing Capitalist Democracy*, 31, 37.

[6] Frances Stonor Saunders, *The Cultural Cold War: The CIA and the World of Arts and Letters* (New York: New Press, 1999/2013), 116.

teiligung der Bevölkerung an der demokratischen Politik.[7] Sie übte einen liberalen moralischen Einfluss aus, eingebettet in eine progressive kapitalistische Vision der Demokratie.[8] „Wir [das Komitee für wirtschaftliche Entwicklung, WdJ] haben uns nicht der Idee verschrieben, dass das, was der Wirtschaft hilft, auch Ihnen hilft, sondern dass das, was Ihnen und jedem anderen Amerikaner hilft, auch der Wirtschaft hilft", so Hoffman bereits 1945.[9] Die Ford Foundation beabsichtigte, die kapitalistische Gesellschaft zu stärken, indem sie sie durch die Förderung der industriellen Harmonie, die kulturelle Hebung der Verbraucher und die Reform der Managementausbildung humanisierte.

Die hier eingenommene historische Perspektive ermöglicht einen klareren Blick auf die mit dem Kapitalismus verbundenen moralischen Werte, ihre Verbreitung und Entwicklung sowie die Verbindungen des Kapitalismus mit Demokratie, Staatsbürgerschaft und Bildung in dieser für die westlichen Gesellschaften in der zweiten Hälfte des zwanzigsten Jahrhunderts entscheidenden Phase. Zu den Quellen für diesen Beitrag gehören das Amerikahaus Berlin, die Aufzeichnungen der FAE in den Syracuse Special Collections und die Truman Library.

Deutsche umerziehen: Humanisierter Kapitalismus als Strategie zur Durchsetzung der Demokratie

Bereits während des Zweiten Weltkriegs erkannten die amerikanischen Behörden an, dass Deutschland in den Bereich der Demokratie eingegliedert werden musste, um Europa wiederaufzubauen.[10] Die amerikanischen Behörden waren der Ansicht, dass die „geistig kranken Deutschen" nicht nur freie Wahlen, politische Parteien und eine Reform des kapitalistischen Sys-

[7] Charles R. Acland, „Screen Technology, Mobilization and Adult Education in the 1950s", in *Patronizing the Public: American Philanthropy's Transformation of Culture, Communication, and the Humanities*, ed. William J. Buxton (Lanham, MD: Lexington Books, 2009), 261-280, 273.

[8] Robert F. Arnove, *Philanthropy and Cultural Imperialism: The Foundations at Home and Abroad* (Bloomington: Indiana University Press, 1982), 1.

[9] Paul G. Hoffman, „Business Plans for Postwar Expansion", *The American Economic Review* 35, no. 2 (1945): 85–90, 88.

[10] Mark Mazower, *Dark Continent: Europe's Twentieth Century* (New York: Knopf Doubleday, 2009).

tems benötigten, sondern auch eine Umerziehung.[11] Viele amerikanische Entscheidungsträger in Europa unterstützten die Verbreitung eines „modernen" amerikanischen Kapitalismus, der auf einem New-Deal-ähnlichen Korporatismus basierte und schlossen sich nach 1949 der Ford Foundation an. Ideologische Affinitäten und Verbindungen zu anderen Teilen des amerikanischen Geheimdienstes und der psychologischen Kriegsführung machten dies zu einer logischen Fortsetzung ihrer Karrieren.

In der ersten Phase der US-Besatzung von 1945 bis 1949, als die direkte Machtausübung in der besetzten Zone stattfand, beschrieb eine Mission unter der Leitung des Bildungsbeauftragten George Zook die Demokratie als einen „humanen Geist", der jeden Menschen „auf Augenhöhe" behandelt. Die Schulen sollten die demokratische Lebensweise vermitteln und Freiheit des Denkens und offene Handlungsmöglichkeiten gewährleisten. Der Fehler der Deutschen sei ihre Verachtung für die Politik, so Zook in seinem Bericht, und ihre hierarchische Haltung in der Politik und in den Arbeitsbeziehungen.[12] Zook erklärte, die Kapitalisten müssten zugeben, dass es „Spielregeln für die Rechte des Arbeitgebers, des Arbeitnehmers und des Verbrauchers geben muss und dass diese durch den demokratischen Prozess festgelegt und geändert werden sollten".[13]

Um die autoritäre Haltung zu ändern, wurden neue Geschichtslehrbücher, eine Reform des Bildungssystems (die am deutschen Widerstand scheiterte), Zeitschriften, Radio, Bücher, Filme, Theater, Musik, Vorträge und Stadtversammlungen eingesetzt. Amerikanische Lesesäle und *Amerikahäuser* waren Dreh- und Angelpunkte dieser ideologischen Kriegsführung. Ab Mitte 1947 lockerte die Militärregierung die unpopulären Entnazifizierungsvorschriften[14] und ging von der Umerziehung zur Neuorientierung und Kooperation über, gefördert durch den Kalten Krieg, der eine Gewinnung der deutschen Bevölkerung erforderte.[15] Der kulturell-ideologische Einfluss der alliierten und sowjetischen Streitkräfte

[11] Walter Ruegg und Jan Sadlak, *A History of the University in Europe: Universities since 1945* (Cambridge: Cambridge University Press, 2010), 76.

[12] George F. Zook, Hrsg., *Report of the United States Education Mission to Germany* (US Government Printing Office, 1946), 12.

[13] George F. Zook, „Education and the Present World Order", *Annals of the American Academy of Political and Social Science*, Bd. 265, Critical Issues and Trends in American Education (September 1949), 1–9, 3.

[14] George N. Shuster, „German Re-education: Success or Failure", *Proceedings of the Academy of Political Science* 23, no. 3 (1949): 12–18, 13.

[15] Beate Rosenzweig, *Erziehung zur Demokratie? Amerikanische Besatzungs- und Schulreform in Deutschland und Japan* (Stuttgart: Steiner, 1998), 211.

hielt auch nach der militärischen Besetzung an, bis zu dem Punkt, an dem die Westdeutschen begannen, die amerikanische Sprache und Cheeseburger als eine Art „Selbstkolonisierung“ zu kopieren.[16]

Ab Ende 1947 begann der Marshallplan mit einem großen Propagandaaufwand, um die Deutschen von den Vorzügen des Konsumkapitalismus amerikanischer Prägung zu überzeugen.[17] Die Amerikaner wollten einen Bruch mit dem deutschen Syndikats- und Treuhandkapitalismus erzwingen, der für eine geschlossene hierarchische Kultur verantwortlich gemacht wurde, die nicht im Interesse der Verbraucher lag. Der Wettbewerb in der Wirtschaft, ein „dynamischer Kapitalismus“, wie ihn der Direktor der ECA des Marshall-Plans, Hoffman, nannte, war für eine offene Gesellschaft unerlässlich.[18] Diese Politik war untrennbar mit der demokratischen Umerziehung verbunden. In einer Rede für das Amerikahaus sagte Edward G. Miller Jr., Trumans stellvertretender Außenminister, 1950: „Die Demokratie hängt von der Bildung, einer aufgeklärten Wählerschaft und einer Wirtschaft ab, die allen die gleichen Chancen bietet“.[19]

Gleichzeitig wurde der amerikanische Kapitalismus mit dem Begriff der demokratischen Beteiligung der Arbeitnehmer umschrieben, um von seinem Stigma des Klassenkampfes und des Individualismus abzulenken. Einer der Medienkanäle im psychologischen Krieg waren die *Internationalen Arbeitsmitteilungen*, die Amerikahaus-Publikation für deutsche Gewerkschaften.[20] Sie druckte z. B. Reden von Trumans Arbeitsminister Maurice Tobin, einem New-Deal-Mann, der gegen die gewerkschaftsfeindlichen Vorschläge des republikanischen Senators R. Taft agitierte, die er als Widerspruch zur individuellen Freiheit in einer Demokratie ansah:

[16] Natalia Tsvetkova, *Failure of American and Soviet Cultural Imperialism in German Universities, 1945–1990* (Leiden: Brill, 2013); Mel van Elteren, *Americanism and Americanization: A Critical History of Domestic and Global Influence* (Jefferson, London: McFarland, 2006), 136.

[17] Jennifer Fay, *Theaters of Occupation: Hollywood and the Reeducation of Postwar Germany* (Minneapolis: University of Minnesota Press, 2008), 88.

[18] Volker Berghahn, „Rheinischer Kapitalismus, Ludwig Erhard und der Umbau des westdeutschen Industriesystems 1947–1957“, in *Deutschland als Modell? Rheinischer Kapitalismus und Globalisierung seit dem 18. Jahrhundert*, ed. David Gilgen (Bonn: Dietz Verlag, 2010), 89–116, 98.

[19] „Demokratie beruht auf Erziehung, auf einer aufgeklärten Wählerschaft und einer Wirtschaft, die allen gleich günstige Möglichkeiten bietet“, *Internationale Arbeitsmitteilungen* 3, Nr. 28 (15. September 1950): 6.

[20] J. F. Tent, *Mission on the Rhine: 'Reeducation' and Denazification in American-Occupied Germany* (Chicago: University of Chicago Press, 1984), 152; Zook, *Report of the United States Education Mission*, vi.

„Das könnte zu Konflikten führen, die eine Industrie zum Stillstand bringen. Und das könnte ein ganzes Land in seinen Grundfesten erschüttern. Aber bis zu einem gewissen Grad ist dies der Preis, den wir um der Freiheit willen zahlen müssen – in diesem Fall die Freiheit der Arbeiterbewegung".[21]

Was waren diese „demokratischen" und „freien" amerikanischen Arbeitsbeziehungen? Die Special Services Branch schrieb 1952 über die „Ursachen des Arbeitsfriedens", die angeblich dazu führten, dass Streiks in den Vereinigten Staaten eher die Ausnahme als die Regel seien. Durch Planung wurden harmonische Beziehungen zwischen Arbeitgebern und Arbeitnehmern erreicht, wenn die Arbeitnehmer „demokratisch" und verantwortungsbewusst waren und die Arbeitgeber die Löhne erhöhten und nicht versuchten, das Vertrauen in die Gewerkschaft zu zerstören. Alle Beteiligten sollten fügsam und flexibel sein.[22] Die industrielle Demokratie und die Humanisierung des Kapitalismus waren Teil der horizontalen Mentalität, die die amerikanischen Behörden zu vermitteln versuchten. Die Schaffung eines Verantwortungsbewusstseins war von entscheidender Bedeutung: Wenn die Arbeitnehmer „auf gleicher Augenhöhe" behandelt würden, würden sie sich verantwortlich fühlen, und es würde sich eine industrielle Harmonie einstellen. Wenn der Kapitalismus durch eine humane kapitalistische Arbeitsgemeinschaft ersetzt würde, wäre er nicht länger nur ein Antonym des Sozialismus. Irving Brown, Vorsitzender der AFL-CIO und des Weltgewerkschaftsbundes, betonte 1950, dass soziale Gerechtigkeit nur in einer politischen Demokratie erreicht werden könne, und forderte auch die deutschen Arbeitnehmer auf, für die industrielle Demokratie zu kämpfen.[23]

Austauschprogramme für Journalisten, Frauengruppen, Jugendleiter, Lehrer, Gewerkschaftsfunktionäre und Studenten boten die „Teilnahme am kulturellen Leben des Landes".[24] Bei einem solchen Austausch, der 1949

[21] „Dies könnte zu Konflikten führen, die eine Industrie zum Stillstand bringen. Und damit könnte die Ordnung eines ganzen Landes erschüttert werden. Dies ist jedoch bis zu einer bestimmten Grenze der Preis, den wir um der Freiheit willen, d. h. der Freiheit der Gewerkschaftsbewegung, zahlen müssen", *Internationale Arbeitsmitteilungen* 3, no. 37 (17. November 1950): 14.

[22] *Internationale Arbeitsmitteilungen* 5, Nr. 3 (1. Februar 1952): 9.

[23] *Internationale Arbeitsmitteilungen* 3, Nr. 10 (12. Mai 1950): 2. Ein Jahr zuvor hatte sich Browns Kollege George Meany bei seinem Besuch in Berlin ähnlich geäußert. *Internationale Arbeitsmitteilungen* 2, Nr. 26 (12. August 1949): 7.

[24] Shuster, „German Re-education", 14.

von der Manpower Division der Militärregierung in Zusammenarbeit mit dem AFL-CIO organisiert wurde, besuchten 50 deutsche Gewerkschafter Washington und weitere Städte, in denen die Gewerkschaften eine führende Rolle spielten, und wohnten bei amerikanischen Gewerkschaftern. Sie konnten ihnen die „Prinzipien der Unternehmensführung in den Betrieben und Fabriken zeigen [...], wie sie Verträge und Kompromisse schließen, wie sie selbst demokratisch geführt werden und wie sie Teil des Aufbaus einer demokratischen Regierung sind".[25] Es ist eine Ironie des Schicksals, dass die amerikanischen Gewerkschaften Vorträge über industrielle Demokratie hielten, während die deutschen Gewerkschaften bereits eine Tradition des kooperativen Denkens hatten und in ihren Forderungen nach Mitbestimmung noch radikaler waren als ihre amerikanischen Pendants.[26]

In dieser zweiten Phase der US-Aktivitäten im Nachkriegsdeutschland strömten viele ehemalige Regierungsmitarbeiter in die Ford Foundation. Die Philanthropie der Unternehmen engagierte sich zunehmend, beispielsweise bei der Finanzierung von Austauschprogrammen des Institute of International Education.[27] Dieses 1919 gegründete Institut leistete Pionierarbeit beim internationalen Studentenaustausch mit den Vereinigten Staaten, der in den 1950er-Jahren stark ausgebaut wurde.[28]

Henry Ford II nutzte das riesige Stiftungsvermögen für eine Fülle nationaler und internationaler Projekte in den Bereichen Bildung, sozialwissenschaftliche Forschung und Gemeinschaftsbildung. H. Rowan Gaither, Rechtsanwalt und Vorsitzender der RAND Corporation, wurde 1949 gebeten, einen programmatischen Bericht zu verfassen. Darin wurden fünf Schlüsselbereiche genannt, in denen die Stiftung das menschliche Wohlergehen fördern sollte: Wirtschaft, Demokratie, Frieden, Bildung sowie in-

[25] „Maximen der Betriebsleitungen in den Gewerkstätten und Fabriken" (...) „wie sie Verträge und Abkommen abschliessen, wie sie selbst demokratisch geleitet werden und wie sie am gewarnten Aufbau der demokratischen Regierung beteiligt sind", *Internationale Arbeitsmitteilungen* 2, Nr. 16 (April 1949): 3.

[26] Marie-Laure Djelic, *Exporting the American Model: The Postwar Transformation of European Business* (Oxford: Oxford University Press, 1998), 259–260.

[27] Brooks, „Die Unwissenheit der Ungebildeten", 37. Zu Hoffman gesellten sich Milton Katz, der für den ECA-Sonderbeauftragten in Paris arbeitete, und Shepard Stone, der ehemalige PR-Beauftragte von John McCloy in Berlin, der nach seiner Tätigkeit in Deutschland 1953 ebenfalls zur Stiftung kam, um ihr internationales Programm zu erweitern.

[28] Seth Spaulding, James Mauch und Lin Lin, „The Internationalization of Higher Education: Policy and Program Issues", in *Changing Perspectives on International Education*, ed. Patrick O'Meara, Howard D. Mehlinger, und Roxana Ma Newman (Bloomington: Indiana University Press, 2001), 194.

dividuelles Verhalten und menschliche Beziehungen. Der Schwerpunkt lag dabei auf der Forschung, aber auch auf sozialen Maßnahmen.

Der Bericht stimmte mit den Vorstellungen über Wirtschaft und Demokratie im Amerikahaus Berlin überein. Die umfassende internationale politische Verantwortung der Vereinigten Staaten machte ein stabiles System der freien Marktwirtschaft mit Vollbeschäftigung und industriellem Frieden unabdingbar, da „Depressionen menschliches Elend verursachen und [...] soziale und politische Spannungen hervorrufen".[29] Eine umfassendere Kenntnis der „effektiven Organisation und Verwaltung in Unternehmen und Gewerkschaften, ein umfassenderes Verständnis des menschlichen Verhaltens" und eine demokratische interne Regierung der Gewerkschaften seien erforderlich: Sie sollten nicht nur die Arbeitnehmer vertreten, sondern auch eine „verantwortliche Regierung innerhalb [ihrer] eigenen Organisation haben, während sie die Regeln der Gerechtigkeit für die Öffentlichkeit und die Mitglieder gleichermaßen beachten".

Eine Demokratie sollte „ein relativ stabileres und gesünderes Wirtschaftssystem mit größeren Möglichkeiten für persönliche Initiative, Fortschritt und individuelle Befriedigung" haben. Anstelle des Cowboy-Kapitalismus sprach Gaither von einer gemischten Wirtschaft mit einigen staatlichen Eingriffen, in der die wirtschaftlichen Aktivitäten zum Nutzen der gesamten Gesellschaft arbeiteten. Die wirtschaftliche Konzentration in den Händen einiger weniger Konzerne sei anfällig für Missbrauch; ein System der freien Marktwirtschaft kenne echten Wettbewerb. Andererseits war der Studienausschuss der Ansicht, dass große Unternehmen nicht per se etwas Schlechtes sind. Hier zeigte der Bericht seine unternehmerischen Absichten, indem er die unternehmensfeindlichen Tendenzen in Trumans Regierung kritisierte.[30]

Die engen Verbindungen zum ECA wurden unterstrichen, als Ford Hoffman 1951 bat, die Leitung der Ford Foundation zu übernehmen. Wie viele seiner ECA-Kollegen war auch Hoffman ein ehemaliger Industriekapitän. Bei Studebaker setzte er sich für friedliche Arbeitsbeziehungen ein.[31] Für Hoffman war die Sicherung der Welt für die Demokratie gleichbedeutend mit der Sicherstellung, dass Europa eine wohlhabende Konsumgesellschaft werden würde. Er verkörperte die Nachkriegsverflechtung von Wirtschaft, Regierung und „Philanthropoiden"

[29] H. Rowan Gaither, *Report of the Study for the Ford Foundation on Policy and Program* (Detroit: Ford Foundation, 1949), 34.

[30] Ebd., 48, 36.

[31] Alan Raucher, *Paul G. Hoffman, Architect of Foreign Aid* (University Press of Kentucky, 1985), 25.

(Manager großer philanthropischer Organisationen). Bei seinem Ausscheiden aus der ECA sagte der renommierte Journalist Eric Sevareid, Hoffman habe „gezeigt, wie ein fähiger Geschäftsmann die Regierung zum Funktionieren bringen kann“, und sei ein gutes Beispiel für diejenigen, die den New Deal nicht als „Komplott zur Zerstörung der Privatwirtschaft“ ansahen.[32] Schon während des Krieges war Hoffman davon überzeugt, dass den Interessen der Wirtschaft am besten gedient ist, wenn man das Gemeinwohl nicht aus den Augen verliert.[33]

Bereits ab 1949 unterstützte Hoffman die Aktivitäten der Stiftung, insbesondere diejenigen, die auf die Stärkung der Wirtschaft in der Dritten Welt wie Indien abzielten; dadurch wurden einige der Ford-Aktivitäten zu Unteraufträgen für den Marshall-Plan.[34] Hoffman koordinierte eine große Propagandaaktion in den Vereinigten Staaten, um die Unterstützung der Öffentlichkeit und des Kongresses für die Auslandshilfe zu gewinnen. Er versuchte, die Konservativen von der Nützlichkeit der Auslandshilfe zu überzeugen, um den ideologischen Krieg gegen die Sowjets zu gewinnen; die Vereinigten Staaten brauchten ein starkes Europa, um nicht selbst zu einem Garnisonsstaat zu werden. Sein Programm der Auslandshilfe schuf einen dritten Weg zwischen Laissez-faire-Kapitalismus und Kommunismus. Die Entwicklungsländer profitierten am meisten von einem „verantwortungsvollen, fortschrittlichen Kapitalismus“, behauptete Hoffman, auch wenn er privat darüber schimpfte, wie multinationale Konzerne arme Länder missbrauchten.[35] Er legitimierte Auslandshilfe als aufgeklärtes Eigeninteresse. 1960 schrieb er, dass die Dritte Welt ein großes Erwachen erlebe, eine „Renaissance des Strebens und der Entschlossenheit“, die die Weltlage tiefgreifend verändere. „Aus den Sehnsüchten dieser Millionen von Menschen kann eine bessere Welt entstehen, oder, wenn die Sehnsüchte ignoriert werden, eine sehr gefährliche Welt für die Menschen in den reicheren Nationen“.[36]

[32] Eric Sevareid, CBS Übertragung, 25. September 1950, http://www.trumanlibrary.org/whistlestop/study_collections/marshall/large/documents/pdfs/7-9.pdf.

[33] Raucher, *Hoffman*, 50.

[34] Memorandum of Conversation with Paul Hoffman and other Representatives of the Ford Foundation, 3. April 1951; Anthony Carew, *Labor Under the Marshall Plan: The Politics of Productivity and the Marketing of Management Science* (Detroit: Wayne State University Press, 1987), 194.

[35] Raucher, *Hoffman*, 68, 153.

[36] Paul G. Hoffman, 'Foreword', in *How United Nations Decisions are Made*, ed. John G. Hadwen und Johann Kaufmann (Leiden: Sijthoff, 1960).

Die Gefahr war natürlich der Kommunismus, wie das Beispiel Kuba im Jahr 1957 zeigte. Aber der größere Zusammenhang des Glaubens an die Notwendigkeit eines humanisierten Kapitalismus war die Entschärfung der weltweiten Spannungen. Laut der Gaither-Studie waren diese „durch das atomare Wettrüsten verschärft" und „von höchster Dringlichkeit". Die Vereinigten Staaten sollten diese Entschärfung durch diplomatischen Druck auf das Ausland, die öffentliche Meinung im Inland und die Vereinten Nationen betreiben.[37] Hoffman und seine Berater setzten sich nachdrücklich für eine einseitige nukleare Abrüstung und eine Weltpolizei ein, um die friedliche Koexistenz zwischen kapitalistischen, sozialistischen und kommunistischen Nationen zu gewährleisten.[38] Außenminister Dean Acheson reagierte 1952 eher skeptisch auf diese idealistischen Plädoyers.[39] Dieser „One-Worldism" erregte auch das Misstrauen des House Un-American Activities Committee, wo Hoffman das Festhalten der Stiftung an der amerikanischen Lebensart und dem freien Unternehmertum verteidigen musste.

Ein Teil des Verkaufs des humanisierten Kapitalismus amerikanischer Prägung in Europa bestand darin, zu zeigen, dass die amerikanische Kultur mehr als nur massenorientierten Materialismus bedeutete, um dem Antiamerikanismus der wirtschaftlichen und intellektuellen Elite Europas entgegenzuwirken.[40] In Europa unterstützte die Ford Foundation die intellektuelle Zeitschrift *Der Monat*, die einen liberalen Antikommunismus propagierte und vom US-Hochkommissar McCloy[41] sowie von James Laughlin, dem Herausgeber von *Perspectives USA*, gefördert wurde.[42] In den 1950er-Jahren wuchs vor allem das Engagement für die Freie Uni-

[37] Gaither, *Report of the Study for the Ford Foundation*, 52–53.

[38] Memorandum über ein Gespräch mit Paul Hoffman von der Ford Foundation, Milton Katz und W. Park Armstrong, 17. Januar 1952. Akte des Außenministers. Acheson Papers (Harry S. Truman Library); Grenville Clark und Louis B. Sohn, *Peace Through Disarmament and Charter Revision: Detailed Proposals for Revision of the United Nations Charter* (1953).

[39] Memorandum über ein Gespräch mit Paul Hoffman und anderen Vertretern der Ford Foundation, Assistant Secretary of State Willard Thorp und Mr. Armstrong, 3. April 1951, Acheson Papers.

[40] Volker R. Berghahn, *America and the Intellectual Cold Wars in Europe: Shepard Stone Between Philanthropy, Academy, and Diplomacy* (Princeton: Princeton University Press, 2002), 211; Saunders, *The Cultural Cold War*, 117.

[41] Francis X. Sutton, „Die Ford Foundation in Europa: Ambitions and Ambivalences", in *The Ford Foundation and Europe, 1950's–1970's: Cross-Fertilization of Learning in Social Science and Management*, ed. Giuliana Gemelli (Brüssel: Interuniversity Press, 1998), 30, 171.

[42] Berghahn, *America and the Intellectual Cold Wars in Europe*, 174; Kathleen D. McCarthy, „From Cold War to Cultural Development: The International Cultural Activities of the Ford Foundation, 1950–1980", *Philanthropy, Patronage, Politics* 116, no. 1 (1987): 93–117, 96.

versität Berlin, an der Sozialwissenschaften nach amerikanischem Vorbild gelehrt wurden und die eine fruchtbare Intermigration von Wissenschaftlern förderte.[43] Die Kontinuität mit der Umerziehung war klar: 1956 ließ die Stiftung den ehemaligen Stellvertreter des Hochkommissars in Bayern, George Shuster, einen Bericht über die FU schreiben, der zu weiterer finanzieller Unterstützung führte.[44] Die Kuratoren der Stiftung räumten jedoch inländischen Programmen Vorrang ein. Einige waren der Meinung, dass sie es vermeiden sollte, sich in Europa und Asien wie ein Staat im Staat zu etablieren.[45] Aufgrund dieser internen Unstimmigkeiten blieb das öffentliche Engagement der Ford Foundation in Europa bis 1956 weitgehend auf die FU Berlin und später auch auf den Kongress für kulturelle Freiheit beschränkt.[46]

Ein erster Schauplatz der Moralisierung des Kapitalismus durch die Ford Foundation war also ihre Investition in die kulturelle Kolonisierung Amerikas. Die Vertreter der Stiftung glaubten an einen fortschrittlichen Kapitalismus, der autoritäre Unternehmenshierarchien abmilderte, die Verantwortung der Arbeitnehmer und die Entkartellisierung förderte, den Kapitalismus stärker im Interesse der Verbraucher arbeiten ließ und den Weg zu wirtschaftlicher Stabilität ebnete. Die Überzeugung, dass ein aufgeklärter Kapitalismus im besten amerikanischen Interesse sei, und die Behauptung, dass es bei der amerikanischen Kultur um mehr gehe als um Materialismus, richteten sich jedoch nicht nur auf das Ausland, sondern mindestens ebenso sehr auf die amerikanische Gesellschaft selbst, wie ihr inländischer Auftrag der liberalen Bildung deutlich macht.

Humanisierung des Kapitalismus durch Great Books: Der Fonds für Erwachsenenbildung

So wie die Ford Foundation das amerikanische kapitalistische System im eigenen Land als moralisch verbesserungsbedürftig ansah, war sie auch der Meinung, dass die Verbraucher in diesem System das gleiche Bedürfnis

[43] Detlef Junker, Hrsg., *The United States and Germany in the Era of the Cold War, 1945–1990: A Handbook*, vol. 1 (Washington: Cambridge University Press, 2004), 166.

[44] Stefan Paulus, *Vorbild USA? Amerikanisierung von Universität und Wissenschaft in Westdeutschland 1945–1976* (München: Oldenbourg Verlag, 2010), 193.

[45] H. Welch, „Philanthropy Uninhibited: The Ford Foundation", *The Reporter*, 17. März 1953, 22–25, 25; Sutton, „The Ford Foundation in Europe", 28–29.

[46] P. Gremion, „The Partnership Between the Ford Foundation and the Congress for Cultural Freedom in Europe", in *The Ford Foundation and Europe*, ed. G. Gemelli, 137–164, 146.

hatten. Die Stiftung befürwortete die Förderung einer „reifen und verantwortungsbewussten" Bürgerschaft in einem System der freien Marktwirtschaft. Der Gaither-Bericht betonte die Verbrauchererziehung und die Anhebung des Niveaus des „wirtschaftlichen Verständnisses" unter den Bürgern, da „diejenigen, die über kein oder nur ein geringes wirtschaftliches Verständnis verfügen, nicht in der Lage sind, die ihnen dargebotenen Alternativen intelligent zu beurteilen, und sich leicht von Propaganda und Emotionen beeinflussen lassen können".[47] Erreicht werden sollte dies durch ein breit angelegtes Programm liberaler kultureller Erziehung, um eine kritische Staatsbürgerschaft in einem kapitalistischen Rahmen zu fördern; die Bürger sollten loyale, aber kritische Mitglieder der „freien" Welt werden. Das innenpolitische Programm der Stiftung verband fortschrittliche soziale Reformen mit der Aufrechterhaltung der sozialen Ordnung und der kulturellen Erbauung. Die Stiftung wollte kritische demokratische Freiheiten schützen und unterstützte daher unter anderem die Aufhebung der Rassentrennung während der McCarthy-Ära. Ihr FAE wollte die kapitalistischen Verbraucher über eine materialistische Mentalität erheben.

Die FAE war die Idee des Dekans der Universität von Chicago, Robert Hutchins, der Hoffman nahe stand. Community Education gab es bereits seit der Depression, und zwar in Form einer Reihe informeller Aktivitäten, die sich an wohlhabende Menschen richteten, z. B. Theateraufführungen, Foren, Vorträge, Kunst und Handwerk.[48] Ende der 1940er-Jahre versuchten Hutchins und der Philosoph Mortimer Adler, diese Tradition wiederzubeleben, da sie hofften, die amerikanischen Bürger vor der Verwandlung in anomische Massenmenschen und vor der kommunistischen Versuchung zu bewahren. Sie brachten Flüchtlingsintellektuelle bei einem Festival in Colorado zusammen, um den zweihundertsten Jahrestag von Goethes Geburt zu feiern, mit Vorträgen von Albert Schweitzer, José Ortega y Gasset und Thomas Mann.[49]

Hutchins' zivilisationsrettende Mission bestand darin, das amerikanische Bildungswesen für kosmopolitische Werte zu öffnen, was ihn in den Augen der Konservativen zu einem „one-worldist (Eine-Welt-isten)" machte.[50]

[47] Gaither, *Report of the Study for the Ford Foundation*, 37.

[48] Joseph F. Kett, *The Pursuit of Knowledge Under Difficulties: From Self-Improvement to Adult Education in America, 1750–1990* (Stanford: Stanford University Press, 1994), 423.

[49] Mary Ann Dzuback, *Robert M. Hutchins: Portrait of an Educator* (Chicago: University of Chicago Press, 1991), 155.

[50] John U. Nef, „The Chicago Experiment", *The Forum* 111, Nr. 1 (Januar 1949): 1–6, 3.

Hutchins stand dem Kapitalismus kritisch gegenüber, der „gerecht" gemacht werden musste, hielt aber den Sozialismus als System nicht von Natur aus für besser. Seinem Freund, dem progressiven Journalisten Milton Sanford Mayer, sagte er: „Solange wir eine enorme Konzentration privater Macht haben, werden wir nicht die Art von Land haben, die wir haben sollten". Mayer merkte kritisch an, dass Hutchins dies nicht weiter verfolgte, sondern den Fehler in der Mentalität der Menschen sah, unabhängig davon, in welchem System sie lebten, während er gleichzeitig „nichts sagte, um die Reichen jenseits ihrer Haltung zu skandalisieren … er war ein Exzentriker unter ihnen, aber dennoch einer von ihnen, der Anti-Establishmentarian des Establishments".[51]

Adler, der hochgesinnte Begründer des Great Books-Programms, war sogar Mitverfasser von Louis Kelsos *The Capitalist Manifesto* (das Kapitalistische Manifest) (1958) und *The New Capitalists* (1961). Adler dachte: „Demokratie erfordert ein Wirtschaftssystem, das die politischen Ideale der Freiheit und Gleichheit für alle unterstützt. Die Menschen können ihre Freiheit im politischen Bereich nicht ausüben, wenn sie im wirtschaftlichen Bereich ihrer Freiheit beraubt sind."[52] Politische Freiheit erforderte wirtschaftliche Emanzipation; anstatt den New Deal als „schleichenden Sozialismus" zu betrachten, folgte Adler Kelso, der einen dritten Weg zwischen freiem Markt und Sozialisierung propagierte. Kelso war der Erfinder der umstrittenen „binären Ökonomie", die Privateigentum und freie Märkte mit zinslosen Krediten und arbeitnehmergeführten Aktiengesellschaften kombiniert. Teil dieser Theorie ist die Schaffung „neuer Kapitalisten" durch Vermögensbildung: Durch eine breite Kapitalverteilung in der Bevölkerung wird ein gerechteres kapitalistisches System erreicht. Kelso und Adler gingen über die gängigen Theorien zur Vermögensbildung hinaus und schlugen vor, die Bürger von der „Tyrannei des Sparens" zu befreien, wenn die Zentralbank ihnen zinslose Kredite gewähren könnte, was zu echter wirtschaftlicher Freiheit und damit zur menschlichen Entfaltung führen würde.[53]

Auch wenn Hutchins' alternative Ordnung abstrakter blieb, hatten er und Adler dasselbe Ziel vor Augen: eine gerechte Gesellschaft, in der der

[51] Milton Sanford Mayer, *Robert Maynard Hutchins: A Memoir*, ed. John Hicks (Berkeley: University of California Press, 1993), 335–336.

[52] Mortimer Adler und Louis Kelso, *The Capitalist Manifesto* (New York: Random House, 1958/2000), 4.

[53] Adler und Kelso, *Die neuen Kapitalisten*.

moderne Mensch seine höchste Bestimmung in der Hochkultur finden konnte. Ihre Studiengruppen zu den „Great Books" waren zunächst auf die gehobene Klasse der Geschäftsleute beschränkt.[54] Mit der FAE wollten sie das reife, kritische und kreative Potenzial aller Bürger entwickeln. In ihrem Zehnjahresbericht stellte die FAE fest, dass „der Einzelne als Bürger einer freien Gesellschaft das Mittel zur Erhaltung und ständigen Verbesserung derjenigen Art von Gesellschaft ist, die die vollste Entfaltung seiner eigenen Fähigkeiten und der seiner Mitbürger ermöglicht".[55] Diese Betonung des Individuums in einer freien Gesellschaft beruhte auf der Annahme des freien Unternehmertums – das Wort Kapitalismus wurde vorzugsweise nicht verwendet.

Der „New Yorker Intellektuelle" Dwight MacDonald hielt die Aktivitäten der Stiftung im Bereich der Erwachsenenbildung für eine chaotische Vergeudung von Millionen von Dollar und bezeichnete sie als „eine große Menge Geld, umgeben von Leuten, die etwas davon wollen". Er beschrieb Hoffman und Hutchins, die Initiatoren des Fonds, als dilettantische Männer mit „extrem großen Vorstellungen" vom Weltfrieden.[56] In diesem Sinne wird das „Test Cities" Projekt oft als gescheiterter Versuch verspottet, humanistische Bildung durch Diskussionsgruppen zu verbreiten, ein Schwerpunkt, der nach Mitte der 1950er-Jahre der Betonung der bürgerlichen Freiheiten wich.[57] Die FAE war jedoch bemerkenswert gut organisiert, wenn man bedenkt, dass sie Anfang der 1950er-Jahre in aller Eile gegründet wurde. Vieles spricht dafür, dass sie mit ihrem kommerziell erfolgreichen Great Books-Programm, das mit der Encyclopaedia Britannica verbunden war, die beide auf Mortimer Adler zurückgingen, zur Schaffung einer liberalen, kommodifizierten Mittelstandskultur beitrug.[58]

Die FAE arbeitete mit Studien-Diskussionsgruppen wie dem Great Books-Programm zusammen. Wie Hoffman glaubte auch sie, dass die

[54] Kett, *Das Streben nach Wissen*, 424.

[55] *A Ten Year Report of the Fund for Adult Education 1951–1961* (White Plains, NY: Fund for Adult Education, 1962).

[56] Dwight MacDonald, *The Ford Foundation: The Men and the Millions* (New York: Transaction, 1989/1956) 3, 143.

[57] Kett, *The Pursuit of Knowledge*, 424: „Als die FAE 1961 ihren Betrieb einstellte, hatte sie relativ wenig vorzuweisen für ihr zehnjähriges Experiment mit der populären Erwachsenenbildung".

[58] Timothy Lacy, *The Dream of a Democratic Culture: Mortimer J. Adler and the Great Books Idea* (New York: Palgrave, 2013), 63–81; P. Edelson, „Socrates on the Assembly Line", Vortrag auf der Jahreskonferenz der Midwest History of Education Society (Chicago, IL, 18–19 Oktober 1991), 25.

„Diskussion" die Teilnehmer durch die persönliche Auseinandersetzung mit Problemen und die „objektive Analyse des Weltgeschehens, der Politik, der Wirtschaft und der Geisteswissenschaften" zu einem besseren Verständnis der Welt führen würde.[59] Das Experimental Discussion Project der FAE kombinierte Filme mit Aufsätzen und Diskussionen in kleinen Gruppen. Die in Gruppendynamik geschulten Sitzungsleiter sollten reibungslose Prozesskoordinatoren sein, keine Autoritäten für Themen.[60] An den ersten beiden Programmen im Jahr 1951 nahmen 20.000 Teilnehmer in etwa 1000 Gruppen teil.[61] Die FAE rühmte sich damit, dass das Programm 1960 über 42.000 Teilnehmer in mehr als 1100 Gemeinden zählte, die über Fragen der öffentlichen Politik diskutierten.[62] Von der Stiftung subventionierte Organisationen entwickelten Programme zu Themen wie „World Affairs are Your Affairs" und „Great Men, Great Issues", in deren Mittelpunkt große Persönlichkeiten der amerikanischen Geschichte wie Hamilton und Jefferson standen.

Die FAE entwickelte einen Plan zur systematischen Popularisierung der liberalen Bildung durch „Möglichkeiten der Selbsterziehung von Erwachsenen in amerikanischen Stadtgemeinden".[63] Das „Test Cities"-Projekt von 1952 bis 1955 war als „kooperatives Unternehmen" mit 12 sorgfältig ausgewählten mittelgroßen Gemeinden in 12 Bundesstaaten konzipiert, die eine Vielzahl geografischer, beruflicher und wirtschaftlicher Situationen repräsentierten, wie Little Rock (Arkansas), Akron (Ohio) und San Bernardino (Kalifornien) . Die Projektkoordinatoren Robert Blakely und John Osman beschrieben das Projekt als ein kommunales Laboratorium, in dem „die Ausübung einer reifen und verantwortungsvollen Bürgerschaft beginnen und fest verwurzelt sein muss, wenn unsere freie Gesellschaft überleben und gedeihen soll".[64] Ein lokaler Koordinator sollte der „Programmingenieur" und das Bindeglied zwischen lokalen

[59] Archives Fund for Adult Education, Syracuse Special Collections, Test City evaluation suggestions and proposed check sheet, von R. B. Pettengill, Box 2.

[60] *Ten Year Report*, 28.

[61] Charles R. Acland, „Screen technology, Mobilization and Adult Education in the 1950s", in *Patronizing the Public: American Philanthropy's Transformation of Culture, Communication, and the Humanities*, ed. William J. Buxton (Lanham: Lexington Books, 2009), 261–80, 270.

[62] *Ten Year Report*, 30.

[63] *Ten Year Report*, 43.

[64] Bericht an den Vorstand der FAE über das Test Cities-Projekt, von Blakely und John Osman, 12. September 1952, Kasten 2 FAE.

und nationalen Erwachsenenbildungsprogrammen sein. Letztendlich würde die Gemeinschaft die Verantwortung übernehmen und in ihrem Selbstbewusstsein und ihrer Reflexivität wachsen.[65]

Der unternehmerische Hintergrund der FAE-Mitarbeiter wurde im wirtschaftlichen Diskurs deutlich. Die Stiftung „investierte" in die freie Bildung und wollte durch die Schaffung einer dauerhaften Infrastruktur eine „maximale Dividende" erzielen.[66] Osman legte Wert auf eine lokale Führung, eine Person, die Programm-„Produkte" und Programm-„Verbraucher" zusammenbringen konnte. Der Koordinator sollte ein „Großhändler" für Ideen und Programme sein, einschließlich der von der FAE unterstützten Projekte. Aber ein solcher Organisator-Manager sollte ein Pädagoge sein, mehr als nur ein „Verkäufer" oder ein „Mittelsmann".[67] Hier gab es ein charakteristisches Spannungsverhältnis zwischen einer unternehmerischen Managementperspektive und dem Wunsch, diese zu überwinden, was der Historiker Edelson treffend als „Sokrates am Fließband" zusammengefasst hat.[68]

Es gab einige Kritik an diesen konsumorientierten Tendenzen. Anna Lord Strauss von der League of Women Voters schrieb 1952 an den FAE-Direktor C. Scott Fletcher: „Ich habe mich gefragt, ob dem Rat oder den Verantwortlichen in der Gemeinde gelegentlich eine vorgefasste Vorstellung von einem Kurs verkauft wurde, anstatt sie dazu zu bringen, über ihre eigenen Bedürfnisse nachzudenken und eigene Vorschläge zu machen."[69] In einer Nachbemerkung behauptete Blakely, dass die liberale Erwachsenenbildung nicht im Sinne der Werbung „verkauft" wurde, „obwohl ich hoffe, dass der glühende Glaube der Mitarbeiter der FAE an das, was sie vorschlugen, das Projekt als wichtig und wünschenswert erscheinen ließ".[70]

Das experimentelle Diskussionsprojekt war also ein wissenschaftliches Experiment, das durch die Tendenz der Unternehmen gekennzeichnet war, bestimmte Ergebnisse zu erwarten, was mit dem Beharren auf Spontaneität kollidierte. Das Programm erwies sich als begrenzter Erfolg; die Koordinatoren schafften es nicht, genügend lokale Führungspersönlichkeiten heranzuziehen, und Osman war der Meinung, dass die Teilneh-

[65] Schreiben Osmans an die Koordinatoren, 6. August 1952, Kasten 2 FAE.

[66] 25. April 1953, Osman an Blakely, Kasten 2 FAE.

[67] Erklärung Osmans an den Verwaltungsrat zum TZ-Projekt, 1954; FAE Box 2.

[68] Edelson, „Socrates on the Assembly Line".

[69] FAE-Box 2, Anna Lord Strauss an Scott Fletcher, 27. August 1952; Scott Fletcher an A. Lord Strauss, 9. September 1952.

[70] FAE-Box 2, C. Scott Fletcher/Blakely an Lord Strauss, 18. September 1952.

mer keinen guten Querschnitt der Gemeinschaft darstellten – nicht genug Männer, nicht genug aus der Wirtschaft und Industrie.[71] Tatsächlich bestand der größte Teil der Teilnehmer aus Konsumenten der Mittelschicht, die auf der Suche nach kultureller Bereicherung waren. Letztlich akzeptierten sie, dass dies ihre Hauptklientel war. Osman stellte 1953 fest: „Es ist offensichtlich, dass eine vertikale Verteilung auf alle Schichten der Gesellschaft schwer zu erreichen ist."[72] Trotzdem glaubte Osman, dass die Amerikaner bereit für eine liberale Bildung seien.[73] Die FAE trat Ende der 1950er-Jahre in den Hintergrund.[74]

Die Zusammenhänge zwischen liberaler Bildung, der liberalen politischen Position der Ford Foundation und ihrer unternehmerischen Einstellung wurden vom FAE-Vorsitzenden Frank Abrams gut beschrieben, der 1952 von einer „Krise der Bildung" sprach. Der Kalte Krieg hatte seiner Meinung nach eine Hysterie und Verwirrung darüber ausgelöst, wofür Bildung eigentlich da war. Es gehe nicht darum, den Menschen beizubringen, was sie denken sollen, sondern wie sie denken sollen; es gelte, „die amerikanische Tradition" fortzuführen, die im „Glauben an das Individuum, an die Fähigkeit des freien Menschen, sein Schicksal aus eigener Kraft zu gestalten", verkörpert werde. Der Verdacht gegen das Bildungssystem entsprang der Befürchtung, dass Technologie und Spezialisierung die Eigenständigkeit der Menschen verwässert hätten, die sich dann auf die Regierung stützten; die Menschen seien zu konformistisch geworden, obwohl sie eigentlich experimentieren und sich weiterentwickeln sollten.[75]

Abrams zeigte gleichzeitig, wie sich diese Haltung mit einem Managementdiskurs verband. In einem Zeitschriftenartikel argumentierte er, dass der Geist des privaten Unternehmertums perfekt zur liberalen Bildung passe. Das moderne Unternehmen sei nicht länger ein unmenschliches, fordistisches Unterfangen: „Wirtschaftsorganisationen sind heute häufig unter denjenigen zu finden, die an der Spitze der sozialen Pioniere

[71] *History of the Project*, FAE, Kasten 13, 11. In seiner Studie über FAE-Diskussionsgruppen im Jahr 1960 stellte Kaplan fest, dass diese im Allgemeinen von Frauen dominiert wurden, obwohl es nicht so viele weibliche Leiter gab wie Männer. Abbott Kaplan, *Study-Discussion in the Liberal Arts* (1960), 10.

[72] Bericht Osmans an Blakely, Projekt im ersten Jahr, 13. Juni 1953.

[73] Bericht Osmans an Blakely, 28. Dezember 1952, über das Teststadtprojekt Juni-Dezember.

[74] *Ten Year Report*, 42; Scott Fletcher an Allen B. Kline, Präsident der American Farm Bureau Federation, 30. November 1954.

[75] F. Abrams, „A Businessman Looks at Education", *The Saturday Review*, 19. April 1952, 13.

und des Fortschritts stehen. [...] Unsere Lehrer müssen in ihrem Glauben an das amerikanische System des demokratischen Kapitalismus gestärkt werden, indem sie gerechter an den Erträgen dieses Systems beteiligt werden."[76] Bildung und Wirtschaft sollten enger zusammenarbeiten – die Wirtschaft sollte vermenschlicht und die Bildung dem Handel gegenüber offener werden – eine Entwicklung, die nach Ansicht von Abrams die Unabhängigkeit der Bildungseinrichtungen nicht gefährden würde.

Die liberale Erziehung als zweiter Weg zur Moralisierung des Kapitalismus war ein Versuch, aufgeschlossene, verantwortungsbewusste Konsumenten zu schaffen, die die kapitalistische Gesellschaft auf ein höheres Niveau heben würden. Da sie sich gegen den Massenmenschen und den Materialismus richtete, schien sie antikapitalistisch zu sein; Adler und Hutchins sahen darin jedoch eine moralische Stärkung freier Gesellschaften innerhalb eines kapitalistischen Rahmens, und andere Führungskräfte von Ford hielten sie für perfekt geeignet, um den Geist des freien Unternehmertums zu fördern. Tatsächlich wurden die Errungenschaften der FAE-Projekte in den Reformvorschlägen genutzt, um die Wirtschaftsausbildung bis zum Ende des Jahrzehnts auf eine liberalere Grundlage zu stellen.

Managementausbildung als moralisches Evangelium des Kapitalismus

Hoffmans Amtszeit bei der Ford Foundation endete unglücklich, als das Kuratorium ihn 1953 aufgrund von Irritationen über seinen lockeren Managementstil, sein intensives Engagement im Eisenhower-Wahlkampf 1952 sowie für die UNESCO und die Bürgerrechte in der McCarthy-Ära entließ, was Henry Ford II[77] verärgerte, als das House Committee on Un-American Activities begann, Philanthropien zu untersuchen, weil es sie verdächtigte, „weich gegenüber dem Kommunismus" zu sein.[78]

H. Rowan Gaither übernahm bis 1956 die Leitung der Organisation. In seinem Bericht von 1949 hatte er den Frieden und die Stärkung der Demokratie hervorgehoben, aber sein Ton in internationalen Angelegenheiten war eher der eines Kalten Kriegers, der „Führung" und die Notwendigkeit einer disziplinierten Demokratie betonte, um die nukleare Bedrohung zu überleben. Sein Gaither-Bericht von 1957 ging in die Geschichte des Kalten Krieges ein, da er nach der „Sputnik-Krise", die dadurch ausgelöst

[76] Ebd., 71.

[77] Paul G. Hoffman, *Peace Can Be Won* (New York: Doubleday, 1951), 67.

[78] Raucher, *Hoffman*, 99.

wurde, dass die Sowjets den ersten künstlichen Satelliten ins All schossen, eine Verschärfung des Wettrüstens empfahl.[79] Nichtsdestotrotz unterstützte Gaither stillschweigend den Bürgerrechtsaktivismus des Fund for the Republic, eines Unterfonds der Ford Foundation, dessen Vorstand Hoffman ab 1953 vorsaß, mit Hutchins als Präsident. Der Fund for the Republic wurde in die Auseinandersetzungen um die Bürgerrechte verwickelt, was zu Spannungen mit Henry Ford II führte; aber da Hoffman und Hutchins sicher an den Fund gebunden waren, lenkte Gaither die Stiftung weg von dem idealistischen, diskussionsorientierten Ansatz der liberalen Bildung. Hoffmans und Hutchins' Version des moralisierenden Kapitalismus zielte auf die Fähigkeiten von Laien zur vernünftigen Überlegung ab, die die Spannungen in der Welt durch eine humanistische Erhebung mildern würden, und sah die Erreichung des Weltfriedens in der Förderung von Diskussionen und von Ausländshilfe, um Ländern wie Indien beim Aufbau eines freien Wirtschaftssystems zu helfen. Gaither verfolgte einen pragmatischeren Ansatz und konzentrierte sich auf die Art von Menschen, die der Ford Foundation und den natürlichen Verbündeten des amerikanischen Kapitalismus nahestehen – die Manager.

Nach und nach wandten sich von der Stiftung geförderte Organisationen wie die American Foundation for Political Education an Geschäftskunden, indem sie „Executive Seminars" einrichteten und sich auf die Ausbildung von Führungskräften konzentrierten. Sowohl in Europa als auch in den Vereinigten Staaten konzentrierte sich die Stiftung zunehmend auf die Ausbildung von Führungskräften, und die FAE mit ihrem Schwerpunkt auf den „liberal arts" kam allmählich zum Erliegen. Dies war eine viel technokratischere und weniger umstrittene Art, die Werte des humanisierten Kapitalismus zu verbreiten. Die Ford Foundation wurde zum Vorreiter des Post-Fordismus, indem sie die Revolution des Managements sowohl in den Vereinigten Staaten als auch in Europa verkündete und exportierte. Während die Stiftung im kulturellen Kalten Krieg einen offenen ideologischen Imperialismus vermied, war ihr Export von „Management" erklärtermaßen imperialer Natur: 1966 veröffentlichte die Stiftung sogar einen Bericht mit dem triumphalen Titel *Management Education: Ein neuer Imperialismus*.[80] Seit 1954 verfolgte sie ein Programm

[79] *Deterrence and Survival in the Nuclear Age* (Security Resources Panel of the Science Advisory Committee 1957); H. Rowan Gaither, Jr., „We Must Have Courage: Law, National Security and Survival", *American Bar Association Journal* 44, no. 5 (1958): 425–430.

[80] Giuliana Gemelli, „From Imitation to Competitive Cooperation: The Ford Foundation and Management Education in Western and Eastern Europe (1950s–1970s)", in *The Ford Foundation and Europe, 1950's–1970's*, ed. Gemelli, 167–306, 168.

zur Reform der Lehrpläne für die betriebswirtschaftliche Ausbildung, indem sie mehr Sozialwissenschaften einführte und diese auf die Bedürfnisse des professionellen Managements zuschneiden ließ. Die großzügige Unterstützung der Harvard Business School durch Ford förderte die Verbreitung ihres Modells in den Vereinigten Staaten.[81]

Die Agenda der Ford Foundation für die Wirtschaftsausbildung konzentrierte sich auf Führung und Ethik, wie die von ihr in Auftrag gegebene bahnbrechende Studie *Higher Education for Business* (1959) verdeutlichte.[82] Sie hatte einen dramatischen Einfluss auf die Vereinigten Staaten und die weltweite Entwicklung der Wirtschaftsausbildung. Die Autoren der Studie betonten die Professionalisierung der Wirtschaftsausbildung und unterstrichen gleichzeitig die Notwendigkeit einer guten „liberal arts" Komponente in der Managementausbildung sowie die soziale Verantwortung der Manager. Gordon und Howell schrieben: „Der Bedarf an kompetenter, phantasievoller und verantwortungsbewusster Führung ist größer als je zuvor; der Bedarf wird immer dringender, da die Wirtschaft immer komplexer wird und sich das Umfeld, mit dem sie zurechtkommen muss, immer schneller verändert."[83]

Bei näherer Betrachtung gibt es auffallende Ähnlichkeiten zwischen der Managementausbildung und der liberalen Ausbildung, insbesondere hinsichtlich der Erziehung zur Demokratie. Die FAE war kosmopolitisch und ging über den Amerikanismus der Vorkriegszeit hinaus, ebenso wie die Wirtschaftsausbildung; auch sie zielte darauf ab, verantwortungsbewusste, international ausgerichtete Manager mit einer „liberal arts" Ausbildung hervorzubringen. Thomas H. Carroll war von 1953 bis 1961 Direktor der Ford Foundation, selbst Absolvent der Harvard Business School und Autor von *Business Education for Competence and Responsibility*.[84] Er erklärte, dass der Schwerpunkt auf Führungsqualitäten und nicht nur auf Wirtschaftstechniken liegen sollte. Erforderlich sei ein breites Vorstellungsvermögen für soziale Probleme und öffentliche Angelegenheiten,

[81] Scott Kohler, „Program to Strengthen Business Education: Ford Foundation, 1954", in *Casebook for the Foundation: A Great American Secret, How Private Wealth Is Changing the World*, ed. Joel Fleishman, Scott Kohler, und Steven Schindler (New York: Public Affairs, 2007), 76–78.

[82] Robert A. Gordon und James E. Howell, *Higher Education for Business* (New York: Columbia University Press, 1959).

[83] Ebd.

[84] Thomas H. Carroll, *Business Education for Competence and Responsibility* (Chapel Hill: American Association of Collegiate Schools of Business, 1954).

ein „Rahmen oder ein Wertesystem". Entscheidend sei die *Art und Weise, wie* dies gelehrt werde: „Ein Kurs in Wirtschaftsrecht kann zu einem Mittel zur Vermittlung einer Reihe von rechtlichen Regeln werden, oder er kann als ein wirklich befreiendes Mittel in der Bildung mit Schwerpunkt auf moralischen und ethischen Werten, wie sie von Einzelpersonen im geschäftlichen Umfeld angewandt werden, genutzt werden. Wenn der Gegensatz zwischen Spezialisierung und liberaler Bildung vielleicht nicht aufgehoben werden kann, so sollte die Wirtschaftsausbildung zumindest zum Vehikel für eine liberale wie auch für eine spezialisierte oder professionelle Bildung gemacht werden."[85]

Bei ihren europäischen Aktivitäten konzentrierte sich die Stiftung auf die Verpflanzung von Wissen und förderte sozialwissenschaftliche Forschung an europäischen Universitäten. Richard Bissell Jr., der vom Europäischen Rechnungshof zur Stiftung kam, um deren europäische Aktivitäten aufzubauen, sagte, dass dem Marshallplan ein durchdachter Plan gefehlt habe, um die Mentalität der „relativ dekadenten Managerklasse" zu ändern, insbesondere in Frankreich und Italien. Die Ford Foundation übernahm diese Aufgabe mit Austauschprogrammen für Manager und exportierte amerikanisches Know-how und betriebswirtschaftliche Praktiken.[86] Die Ford Foundation subventionierte auch Business Schools, z. B. in Italien,[87] und die Ausbildung zukünftiger europäischer Professoren für Betriebswirtschaft an amerikanischen Universitäten durch die European Productivity Agency (EPA).[88]

Die Stiftung bildete Gewerkschafter über den Kampf gegen den Kommunismus aus.[89] Die WPA organisierte zahlreiche Erwachsenenbildungskurse und Austauschprogramme für Gewerkschafts- und Universitätsangehörige, die teilweise von der FAE finanziert wurden. Bis 1958

[85] Thomas H. Carroll, „Towards a Liberal Education for Business", *California Management Review* 1, no. 3 (1959): 73–78.

[86] Interview mit Richard Bissell Jr. durch Harvey Mansfield, Sam van Hyning, Guy Horsley und „HBP", 19. September 1952, Truman Library: www.trumanlibrary.org/whistlestop/study_collections/marshall/large/documents/pdfs/7-3.pdf.

[87] Giuliana Gemelli, „The ‚Enclosure' Effect: Innovation Without Standardization in Italian Post-war Management Education", in *Management Education in Historical Perspective*, ed. Lars Engwall und Vera Zamagni (Manchester: Manchester University Press, 1998), 127–144, 139.

[88] Djelic, *Exportieren des amerikanischen Modells*, 212, 214.

[89] Carew, *Labor Under the Marshall Plan*, 195.

hatte sie 15.000 Personen geschult.[90] Die Stiftung half bei der Einrichtung europäischer Managementschulen, organisierte Besuche und Beratungen durch amerikanische Experten und finanzierte Sommerkurse an amerikanischen Universitäten.[91] Gaithers Nachfolger Henry Heald (1956–1965) schrieb 1959, dass die Austauschprogramme „ohne die Einschränkungen oder das Misstrauen agieren können, die manchmal mit staatlich geförderten Programmen verbunden sind. Ihre Flexibilität, Objektivität und Präzision machen sie besonders geeignet für die Aufgabe, anderen zu helfen, Zugang zu dem Wissen zu bekommen, das die Grundlage für den menschlichen Fortschritt ist". Ausländer könnten Geschäfts- und Verwaltungspraktiken erlernen; umgekehrt könnte es eine „Wissensbrücke" sein, die amerikanischen Bürgern hilft, internationale Probleme und die Notwendigkeit einer friedlichen Zusammenarbeit zu verstehen.[92]

Die Kolonisierung der europäischen Managementschulen durch die Ford Foundation war ein Beispiel für die ab 1949 vollzogene Abkehr von der Umerziehung, die als Nachahmung verstanden wurde, hin zur Kooperation. Die Wirtschaftspädagogik passte zu dieser scheinbar neutraleren Art des Social Engineering. Die eigentliche Phase der europäischen Kolonisierung der Ford Foundation begann nach 1955, als der Export von Managementtechniken ausgeweitet wurde. Fords Betonung des Austauschs zielte darauf ab, sowohl den amerikanischen als auch den europäischen Geschäftsmann zu einer weitgehend sozial verantwortlichen, horizontalen und humanistischen Einstellung zu erziehen. Ein moralisch gut ausgebildeter Manager würde in der Lage sein, auf unterschiedliche und komplexe Umstände zu reagieren und sein Personal auf eine „moderne Art" zu behandeln – die amerikanische Art.

Schlussfolgerung

Unternehmensphilanthropien wie die Ford Foundation bieten hervorragende Beispiele für die transnationale Geschichte des moralisierenden Kapitalismus. Ihr Kulturimperialismus war der Schlüssel zur Verbreitung der Ideologie eines humanisierten Kapitalismus, was die weit verbreitete

[90] Robert R. Locke, *The Collapse of the American Management Mystique* (New York: Oxford University Press, 1996), 45.

[91] Gemelli, „Von der Nachahmung zur wettbewerbsorientierten Zusammenarbeit", 194.

[92] Henry T. Heald, „Foundations for the Bridge of Knowledge", *The Rotarian*, Oktober 1959, 18–20.

Akzeptanz des Kapitalismus im Westen in der zweiten Hälfte des zwanzigsten Jahrhunderts zu erklären hilft. Philanthropien wie die Ford Foundation sind ein vielversprechendes Feld für Bemühungen, die mit der Moralisierung des Kapitalismus verbundenen Tendenzen von innen heraus zu identifizieren. Zwischen dem idealistischen Progressivismus von Hoffman, dessen Bezugsrahmen gleichzeitig der eines Industriekapitäns war, dem jenseitigen Idealismus von Hutchins, Adlers Vision von besitzenden Bürgern und der pragmatischen Haltung von Gaither wurden verschiedene Wege zur Moralisierung des Kapitalismus aufgezeigt.

Drei Bereiche der Moralisierung des Kapitalismus wurden hier untersucht. Der erste war die amerikanische Nachkriegspropaganda im Ausland für eine demokratische Mentalität, die mit geschlossenen Hierarchien und Kartellen brach, eine Mentalität der harmonischen Arbeitsbeziehungen, an denen die Arbeitnehmer teilhaben konnten, eine Mentalität der engen persönlichen Beziehungen zwischen Staaten und der Philanthropie der Unternehmen.

Ein zweiter Bereich in den Vereinigten Staaten war die liberale Erziehung zu einer verantwortungsvollen Staatsbürgerschaft in einer kapitalistischen Gesellschaft. Hoffman und die FAE waren sehr idealistisch, ja manchmal naiv in ihrem Glauben an das Potenzial der liberalen Erwachsenenbildung, kritische demokratische Bürger hervorzubringen. Das Projekt „Experimentelle Diskussion“ zielte darauf ab, verantwortungsbewusste und mündige Bürger zu schaffen, die über Demokratie nachdenken und sich kritisch mit ihrer Umgebung auseinandersetzen konnten. Dennoch wurde von ihnen eine konstruktive Haltung erwartet, die nicht durch soziale Konflikte gefährdet werden sollte. Obwohl das Experimentelle Gesprächsprojekt kein offensichtliches wirtschaftliches Ziel verfolgte, da es auf kulturelle Bildung abzielte, war dennoch ein wirtschaftlicher Diskurs in der Semantik des „Großhandels“ und des „Produkts“ der liberalen Bildung für die Bevölkerung zu erkennen.

Die vorherrschenden Paradigmen innerhalb der Ford Foundation änderten sich in den 1950er-Jahren unter dem Pragmatiker H. Rowan Gaither. Unter seiner Führung setzte eine Hinwendung zu einem dritten Bereich ein, der Moralisierung der Wirtschaftsausbildung durch die Ausbildung sozial verantwortlicher und aufgeschlossener Manager, die sowohl auf Europa als auch auf die Vereinigten Staaten ausgerichtet war. Diese Wirtschaftsausbildung wies auffällige Ähnlichkeiten mit der liberalen Erziehung auf: Das Modell des verantwortungsbewussten Bürgers, der sich um seine Gemeinschaft kümmert, wurde auf den verantwortungsbewussten

Manager mit einer „liberal arts“ Ausbildung übertragen, der das menschliche Element berücksichtigt. In der Anfangsphase bestanden die Studien- und Diskussionsgruppen aus Geschäftsleuten, und ab 1955 konzentrierte sich die Ford Foundation zunehmend auf die Managementausbildung, die sie mit denselben Werten durchtränkte, die sie in der liberalen Ausbildung zu vermitteln versucht hatte, wie z. B. Führung und Humanismus.

Dieses Managementrepertoire der Demokratie ging von der Stiftung als unternehmerische Philanthropie aus. Die Ausbildung des Personals der Europäischen Union war eindeutig darauf ausgerichtet, die Welt für den Kapitalismus sicher zu machen, indem sie sie humanisiert und demokratisiert, und daraus machten sie keinen Hehl. Ironischerweise wurde die Ford Foundation zu einem der Hauptbefürworter des Post-Fordismus.

‚Corporate Citizens' bei den Vereinten Nationen: Die GEP-Anhörungen von 1973 und der neue Geist der multinationalen Unternehmen

Christian Olaf Christiansen

Einführung

Zu Beginn der 1970er-Jahre wurden multinationale Unternehmen und ihre sich entwickelnde Rolle in der Weltpolitik und -wirtschaft zu einer Quelle großer Spannungen in der internationalen Politik. Eine Reihe von Bedenken in Bezug auf multinationale Unternehmen führte zu einer Reihe von neuen Untersuchungen, Forschungen und hochtrabenden politischen Debatten bei den Vereinten Nationen. Im Einzelnen beauftragte der Wirtschafts- und Sozialrat der Vereinten Nationen (ECOSOC) in seiner Resolution 1721 LIII von 1972 die Einsetzung einer sogenannten ‚Group of Eminent Persons' (GEP, Gruppe herausragender Persönlichkeiten), die die Rolle der multinationalen Unternehmen in der

C. O. Christiansen (✉)
Universität Aarhus, Aarhus, Dänemark
E-Mail: idecoc@cas.au.dk

S. Berger, A. Przyrembel (Hrsg.), *Moralisierung des Kapitalismus*,
https://doi.org/10.1007/978-3-031-51270-4_4

Entwicklung und in den internationalen Beziehungen untersuchen sollte. Im Rahmen ihrer Arbeit hielt die GEP 1973 öffentlichkeitswirksame Anhörungen in New York und Genf ab und ermöglichte so einen neuen globalen Gedankenaustausch zum Thema multinationale Unternehmen und deren Auswirkungen auf die internationalen Beziehungen und die Entwicklungsländer.

In diesem Kapitel geht es um diese GEP-Anhörungen. Es geht darum, wie die politische Krise und die Legitimationskrise der multinationalen Unternehmen einen neuen Geist der multinationalen Wirtschaft als „Corporate Citizenship" hervorbrachte. Es ist eine Fallstudie darüber, wie die politische Weltwirtschaft eines zunehmend globalisierten Kapitalismus in einem internationalen und globalen Kontext moralisiert wurde. Die Anhörungen zeugen davon, wie Vertreter multinationaler Unternehmen – angesichts der kritischen Betrachtung und der öffentlichen Aufmerksamkeit – ihre Aktivitäten in Entwicklungsländern verteidigen, rechtfertigen und legitimieren mussten. In den frühen 1970er-Jahren veranlasste die politische Krise und Legitimationskrise dieser Unternehmen die Vertreter der Wirtschaft dazu, ein positiveres Bild von multinationalen Unternehmen zu entwerfen. Insbesondere beriefen sich die Unternehmensvertreter häufig auf die rhetorische Trope, dass transnationale Unternehmen in den Gastländern *„Corporate Citizens"* seien. Wie Val Duncan von der Rio Tinto Zinc Corporation sagte: „Wir sollten ‚corporate citizens' sein."[1] Oder mit den Worten von Jacques Marchandise (Pechiney-Ugine-Kuhlmann): „Tochtergesellschaften haben es sich immer zur Regel gemacht, als gute Bürger zu handeln."[2] Oder, um die berühmte Frontfigur des FIAT-Autokonzerns, Giovanni Agnelli, zu zitieren: „Bei unseren Auslandsaktivitäten versuchen wir, unsere Aktivitäten mit den Entwicklungsbedürfnissen, den Prioritäten und dem Programm des Gastlandes in Einklang zu bringen, wo unsere grundlegende Politik immer darauf abzielt, gute und loyale Bürger zu sein."[3] Ein Rückblick auf die von der GEP durchgeführten Anhörungen zeigt, wie dieses neue Bild von multinationalen Unternehmen, die sowohl den Entwicklungsländern nützen als auch zur moralischen Selbstregulierung fähig sind, entstanden ist. Die

[1] United Nations Department of Economic and Social Affairs (UNDESA), *Summary of the Hearings Before the Group of Eminent Persons to Study the Impact of Multinational Corporations on Development and on International Relations* (New York: United Nations, 1974), 174.

[2] Ebd., 304.

[3] Ebd., 148.

Idee der sozialen Verantwortung von Unternehmen (Corporate Social Responsibility, CSR) war zu dieser Zeit im amerikanischen Kontext bereits ein vertrauter Begriff.[4] Neu war jedoch, dass diese Idee der Corporate Citizenship in einem einzigartigen neuen *globalen* Gedankenaustausch über multinationale Unternehmen artikuliert wurde, der von der UNO gefördert wurde.

Während andere Wissenschaftler die Geschichte der Vereinten Nationen und ihre Beziehungen zu multinationalen Unternehmen untersucht haben, wurde den GEP-Anhörungen und ihrem Hintergrund relativ wenig Aufmerksamkeit geschenkt.[5] Die Literatur, die es gibt, konzentriert sich eher auf die Geschichte der Entwicklung eines „Verhaltenskodex" für multinationale Unternehmen (eine Reihe internationaler Regeln für ausländische Direktinvestitionen).[6] Ein solcher Kodex war definitiv eines der damals behandelten Themen und wurde im UN-Bericht *Multinational Corporations in World Development* von 1973 vorgestellt, der als vorab verbreiteter Bezugspunkt für die Diskussionen bei den Anhörungen diente. Aber wie ich hier zeigen werde, war der Verhaltenskodex nur eines von vielen Themen, die behandelt wurden. Im Kern ging es bei der Debatte über multinationale Unternehmen um nichts Geringeres als um wirtschaftliche und politische *Souveränität* in einer postkolonialen Ära des Kalten Krieges.

Zweitens wurde dem Thema CSR zwar eine enorme wissenschaftliche Aufmerksamkeit zuteil, aber viel weniger Aufmerksamkeit wurde seiner Historisierung gewidmet. Die historische Forschung, die es gibt, hat es in der Regel in einem nationalen Kontext untersucht – meistens im amerika-

[4] Siehe z. B. Committee for Economic Development, *Social Responsibilities of Business Corporations: A Statement on National Policy by the Research and Policy Committee* (New York: CED, 1971).

[5] Tagi Sagafi-Nejad, *The UN and Transnational Corporations: From Code of Conduct to Global Compact* (Bloomington und Indianapolis: Indiana University Press, 2008).

[6] Zu den wichtigsten Arbeiten über die Geschichte des Verhaltenskodex der Vereinten Nationen siehe Jennifer Bair, „Corporations at the United Nations: Echoes of the New International Economic Order?" *Humanity* 6, no. 1 (2015): 159–171; Jennifer Bair, „Taking Aim at the New International Order", in *The Road from Mont Pèlerin: The Making of the Neoliberal Thought Collective*, ed. Philip Mirowski und Dieter Plehwe (Cambridge, MA: Harvard University Press, 2009), 347–385, 350; Sagafi-Nejad, *The UN and Transnational Corporations*; und Karl P. Sauvant, „The Negotiations of the United Nations Code of Conduct on Transnational Corporations: Experience and Lessons Learned", *The Journal of World Investment & Trade* 16 (2015): 11–87.

nischen Kontext.[7] In anderen Arbeiten wird häufig festgestellt, dass Ideen über die soziale Verantwortung von Unternehmen schon seit Jahrhunderten existieren, dann aber in der Regel erst in den frühen 1950er-Jahren in Amerika als akademisches Studienfach auftauchen und sich danach auf die Entwicklung des Konzepts im amerikanischen Kontext der Managementtheorie und Wirtschaftsethik konzentrieren.[8] Diese Literatur sagt wenig darüber aus, wann diese Ideen in einen globalen Kontext eintraten und in welchem größeren sozialen Feld sie sich abspielten. Darüber hinaus gibt es heute zwar eine sehr ausführliche und anspruchsvolle soziologische und politikwissenschaftliche Literatur über die Verantwortung der Unternehmen, aber die vorherrschende Tendenz in dieser Literatur besteht darin, den Schwerpunkt auf die 1990er-Jahre zu legen, von den „letzten Jahrzehnten", einem „aufkommenden Diskurs" oder einem neuen, „aufkommenden Feld" rund um CSR zu sprechen.[9]

Schließlich hat die Wissenschaft in der Tradition der Soziologie des Geistes des Kapitalismus überzeugend dargelegt, dass es einen Zusammenhang zwischen Kapitalismuskritik und der Entwicklung eines „neuen Geistes" gibt: Kritik und Anfechtung führen zu neuer Rechtfertigung und Legitimierung.[10] Diese Forschung hat sich jedoch entweder auf nationale Kontexte oder auf den Zeitraum von den 1990er-Jahren bis heute konzentriert. In diesem Kapitel versuche ich, die Aufmerksamkeit auf ein früheres Jahrzehnt zu lenken, indem ich behaupte, dass die GEP-Anhörungen der frühen 1970er-Jahre Zeugnis davon ablegen, wie sich damals ein globaler

[7] Christian Olaf Christiansen, *Progressive Business: An Intellectual History of the Role of Business in American Society* (Oxford: Oxford University Press, 2015); Gabriel Abend, *The Moral Background: An Inquiry into the History of Business Ethics* (Princeton: Princeton University Press, 2014).

[8] Archie B. Carroll, „Corporate Social Responsibility: Evolution of a Definitional Construct", *Business & Society* 38, no. 3 (1999): 268–295; David Birch, „Corporate Social Responsibility: Some Key Theoretical Issues and Concepts for New Ways of Doing Business", *Journal of New Business Ideas and Trends* 1, no. 1 (2003): 1–19; William C. Frederick, „From CSR_1 to CSR_2: The Maturing of Business-and-Society Thought", *Business & Society* 33, Nr. 2 (1994): 150–164; und N. Craig Smith, „Corporate Social Responsibility: Whether or How?" *California Management Review* 45, no. 4 (2003): 52–76.

[9] Andreas Georg und Guido Palazzo, „The New Political Role of Business in a Globalized World-A Review of a New Perspective on CSR and Its Implications for the Firm, Governance, and Democracy", *Journal of Management Studies* 48, no. 4 (2011): 899–931; Ronen Shamir, „Socially Responsible Private Regulation: World-Culture or World-Capitalism?" *Law & Society Review* 45, no. 2 (2011): 313–336; und Leslie Sklair und David Miller, „Capitalist Globalization, Corporate Social Responsibility and Social Policy", *Critical Social Policy* 30, no. 4 (2010): 472–495.

[10] Das wichtigste Werk dieses Genres befasst sich mit der französischen Geschichte. Siehe Luc Boltanski und Eve Chiapello, *The New Spirit of Capitalism* (London: Verso, 2006).

Diskurs über die Verantwortung von Unternehmen artikulierte. Die Idee der CSR als neuer „Geist des Kapitalismus", die in den Globalisierungsjahrzehnten der 1990er-Jahre und danach aufkam, muss daher vor diesem historischen Hintergrund der Globalisierung in den frühen 1970er-Jahren gesehen werden.[11]

Vier Gründe, warum multinationale Unternehmen zu einem zentralen Thema der internationalen Politik wurden

Bevor wir uns den GEP-Anhörungen und der Entstehung von Corporate Citizenship zuwenden, müssen wir jedoch den historischen Kontext multinationaler Unternehmen betrachten und herausfinden, warum sie zu einem so dringenden Thema in der internationalen Politik und Diplomatie wurden. Die späten 1960er- bis frühen 1970er-Jahre waren eine Zeit tiefgreifender Veränderungen und Krisen. Die Zukunft der multinationalen Unternehmen im Besonderen – und der wirtschaftlichen und politischen Weltordnung im Allgemeinen – schien sehr ungewiss. Der renommierte Managementtheoretiker Peter F. Drucker warnte sogar, dass „es [...] durchaus möglich ist, dass die multinationalen Unternehmen innerhalb des nächsten Jahrzehnts schwer beschädigt und vielleicht sogar zerstört werden".[12] In wirtschaftlicher und politischer Hinsicht war es ein bemerkenswerter Zeitraum: Ab 1971 konnte der US-Dollar nicht mehr in Gold umgetauscht werden; die „Stagflation" setzte sich durch und diskreditierte den Keynesianismus; die von der OPEC ausgelöste Ölkrise im Jahr 1973 deutete auf mögliche Verschiebungen im Machtgleichgewicht zwischen nicht-westlichen und westlichen Ländern hin. Der Zeitraum markierte auch das Ende eines beispiellosen Wirtschaftswachstums und leitete eine neue Krise der Wohlfahrtsstaaten ein. Der deutsche Philosoph Jürgen Habermas schrieb später über die „Legitimationskrise" des Kapitalismus im Zeitalter der Spätmoderne.[13] In diesem Zusammenhang rückten die multinationalen Konzerne in den Mittelpunkt des politischen und öffentlichen Interesses.

[11] Autoren, die argumentiert haben, dass CSR der neue Geist des Kapitalismus ist, haben sich hauptsächlich auf die letzten Jahrzehnte der Globalisierung konzentriert (Bahar A. Kazmi, Bernard Leca und Philippe Naccache, „Corporate Social Responsibility: The Brand New Spirit of Capitalism", Critical Management Studies Research Workshop, Los Angeles, 2008).

[12] Peter F. Drucker, „Multinationals and Developing Countries: Myths and Realities", *Foreign Affairs* 53, no. 1 (1974): 121–134.

[13] Jürgen Habermas, *Legitimation Crisis* (London: Heinemann, 1976).

Die Debatte über die Rolle der multinationalen Unternehmen in der internationalen politischen Ökonomie war sehr polarisiert; wie Tagi Sagafi-Nejad feststellt, „wurden multinationale Unternehmen in einem zunehmend polarisierten und zerklüfteten globalen wirtschaftspolitischen Umfeld entweder als Heilige oder als Dämonen betrachtet".[14] Eine entscheidende Frage war, wie sich multinationale Unternehmen auf die „unterentwickelten" oder „Dritte-Welt-Länder" auswirkten, in denen sie tätig waren: Waren die ausländischen Direktinvestitionen nur für die Unternehmen selbst von Nutzen oder auch für die Gastländer? Die aufkommende Frage nach der Rolle der multinationalen Unternehmen in Bezug auf Entwicklung und internationale Beziehungen hatte mehrere Kontexte und Akteure. Multinationale Unternehmen wurden von der Sowjetunion als verlängerter Arm des westlichen Imperialismus kritisiert.[15] Auch lateinamerikanische und afrikanische Intellektuelle äußerten zahlreiche Kritiken. In den USA und anderen westlichen Ländern gab es viel Kritik an Unternehmen und multinationalen Konzernen.[16] Im Zuge der Entstehung der Neuen Linken und ihrer Kapitalismuskritik sowie des Vietnamkriegs wurden multinationale Unternehmen auch von amerikanischen marxistischen Ökonomen stark kritisiert.[17] Generell wurden in dieser Zeit unternehmensfeindliche Ideen zum Mainstream in der amerikanischen Öffentlichkeit.[18]

[14] Sagafi-Nejad, *The UN and Transnational Corporations*, 48.

[15] Sagafi-Nejad, *The UN and Transnational Corporations*, 53.

[16] Siehe Sagafi-Nejad, *The UN and Transnational Corporations*, 230 (Fußnoten 3–8) für einen nützlichen Überblick über kritische Arbeiten zu multinationalen Unternehmen. Erwähnenswert sind unter anderem: Charles Kindleberger, Hrsg., *The International Corporation: A Symposium* (Cambridge, MA: MIT Press, 1970); Raymond Vernon, *Sovereignty at Bay: The Multinational Spread of U.S. Enterprises* (New York: Basic Books, 1971); Jean-Jacques Servan-Schreiber, *Le Défi Americain* (Paris: Éditions Denoël, 1967); Richard J. Barnet und Ronald E. Müller, *Global Reach: The Power of Multinational Corporations* (New York: Simon & Schuster, 1974); Kari Levitt, *Silent Surrender: The Multinational Corporation in Canada* (New York: St. Martin's Press, 1970); Stephen H. Hymer, „The Multinational Corporation and the Law of Uneven Development", in *Economics and the World Order: From the 1970s to the 1990s*, ed. Jagdish Bhagwati (New York: Macmillan, 1972); Stephen Hymer, „The Efficiency (Contradictions) of Multinational Corporations", *American Economic Review* 60, no. 2 (1970): 441–448; und Osvaldo Sunkel, „Big Business and ‚Dependencia': A Latin American View", *Foreign Affairs* 50, no. 3 (1972): 517–531.

[17] Siehe z. B. Paul Baran und Paul Sweezy, *Monopoly Capital: An Essay on the American Economic and Social World Order* (New York: Monthly Review Press, 1966). Siehe auch Charles Perrow, Hrsg., *The Radical Attack on Business* (New York: Harcourt Brace Jovanovich, 1972).

[18] David Vogel, *Lobbying the Corporation: Citizen Challenges to Business Authority* (New York: Basic Books, 1979).

Im Einzelnen lassen sich vier Faktoren dafür verantwortlich machen, dass multinationale Unternehmen zu Beginn der 70er-Jahre in den Mittelpunkt der internationalen Politik und der Vereinten Nationen rückten und dass der ECOSOC 1972 beschloss, ein „GEP" einzurichten, das die Aufgabe hatte, „die Rolle der multinationalen Unternehmen und ihre Auswirkungen auf den Entwicklungsprozess, insbesondere den der Entwicklungsländer, sowie ihre Folgen für die internationalen Beziehungen zu untersuchen".[19]

Die Globalisierung der Nachkriegszeit. In der Nachkriegszeit kam es zu einem raschen Wachstum multinationaler Konzerne. Dieser wirtschaftliche Faktor reicht zwar keineswegs aus, um zu erklären, warum multinationale Unternehmen in den frühen 1970er-Jahren zu einem zentralen Thema der internationalen Politik wurden, aber er liefert einen wichtigen Hintergrund. Multi- oder transnationale Konzerne gab es zwar schon lange, wie ein Blick auf die Geschichte der Handelsgesellschaften oder auf andere Phasen der Globalisierung zeigt.[20] Aber die Nachkriegszeit war durch eine zunehmende Internationalisierung der Wirtschaft gekennzeichnet, vor allem im Westen (auch wenn die 1980er-Jahre den eigentlichen Wendepunkt zur „Reglobalisierung" markierten).[21] Dieses Wachstum wurde durch das neue internationale Handelsregime der Bretton-Woods-Institutionen und das System fester Wechselkurse begünstigt, die vor dem Hintergrund des wirtschaftlichen Protektionismus und Nationalismus der Vorkriegszeit entstanden waren. Das Wachstum spiegelt auch den amerikanischen Marshallplan im Nachkriegseuropa wider.[22] Obwohl der größte Teil der ausländischen Direktinvestitionen aus den Industrieländern in andere Industrieländer (und nicht in Entwicklungsländer) floss, wurde das Thema für die Entwicklungsländer besonders dringlich. In den 1970er-Jahren begannen immer mehr Produktions- und Konsumgüterkonzerne im globalen Süden zu investieren. Wie die GEP-Anhörungen zeigen, taten sich viele zeitgenössische Experten schwer, die wachsende

[19] ECOSOC-Resolution 1721 LIII der Vereinten Nationen.

[20] Jürgen Osterhammel und Niels P. Petersson, *Globalization: A Short History* (Princeton: Princeton University Press, 2005).

[21] Ronald Findlay und Kevin H. O'Rourke, *Power and Plenty: Trade, War, and the World Economy in the Second Millennium* (Princeton: Princeton University Press, 2007).

[22] Diese zunehmende wirtschaftliche Integration spiegelte sich auch sprachlich wider: Eine Google N-Gramm-Suche nach den Begriffen „transnationales Unternehmen" und „multinationales Unternehmen" zeigt, dass diese Begriffe in den 1950er-Jahren gar nicht oder nur in sehr geringem Umfang verwendet wurden, sich dann Ende der 1960er-Jahre ausbreiteten, in den 1970er-Jahren explosionsartig zunahmen und schließlich um 1980 einen Höhepunkt erreichten.

Bedeutung multinationaler Unternehmen und die erneute wirtschaftliche Integration über Grenzen hinweg – oder das, was später als „Globalisierung" bezeichnet wurde – zu verstehen und zu konzeptualisieren.

Der globale Süden und die neue internationale Wirtschaftsordnung. Mit der Entkolonialisierung und dem Wegfall der sichtbaren *politischen* Dominanz wurden die *wirtschaftlichen* Beziehungen zwischen den ehemaligen Kolonisatoren und den ehemals kolonisierten Nationen deutlicher sichtbar. In der Tat waren die wirtschaftlichen Beziehungen auch politische Beziehungen, wie viele Kritiker der bestehenden wirtschaftlichen und politischen Weltordnung betonen. Im Globalen Süden bildeten sich neue politische Allianzen, vor allem die Bewegung der „Blockfreien Staaten" in Bandung 1955 und später die Gruppe der 77 (G77). Auf der allerersten Sitzung der Konferenz der Vereinten Nationen für Handel und Entwicklung (UNCTAD) im Jahr 1964 wurde der Wunsch laut, dem Problem der multinationalen Unternehmen mehr Aufmerksamkeit zu schenken. In diesem Zusammenhang wurde das lateinamerikanische Konzept der *dependencia* zu einem intellektuellen Schlüsselbegriff für das Verständnis der ungleichen wirtschaftlichen Beziehungen in der Weltwirtschaft. Er drückte die Sorge aus, dass die Industrieländer dazu neigen würden, sich zu industrialisieren und weiterzuentwickeln, während die Entwicklungsländer weiterhin als Lieferanten von Primärgütern (mit niedrigem Technologieniveau) fungieren würden – eine Sorge, die auch bei den GEP-Anhörungen zur Sprache kam. Im Zuge der Entkolonialisierung und der Aufnahme neuer Nationalstaaten in die Generalversammlung wurde der Globale Süden in den Vereinten Nationen immer lauter. Zu den Themen, die sie auf die internationale Agenda setzten, gehörten Fragen der Entwicklung, der internationalen Verteilungsgerechtigkeit, der nationalen Souveränität und der wirtschaftlichen und politischen Weltordnung in der Ära nach dem Kolonialismus und dem Kalten Krieg.

Die Arbeit der Vereinten Nationen zu multinationalen Konzernen in den frühen 1970er-Jahren ist in der Tat im Zusammenhang mit dem Aufstieg des Globalen Südens und dessen Forderung nach einer „Neuen Internationalen Wirtschaftsordnung" (New International Economic Order, NIEO) zu sehen. Der Höhepunkt dieser Entwicklung war die Verabschiedung der UN-Resolution zur NIEO im Jahr 1974, die von ehrgeizigen und radikalen Ideen über mehr globale Verteilungsgerechtigkeit und das Recht der neu befreiten souveränen Nationalstaaten auf ihr eigenes Territorium und ihre natürlichen Ressourcen geprägt war. Nach den

Worten von Nils Gilman bestand das „grundlegende Ziel der NIEO darin, *die Steuerung der Weltwirtschaft so umzugestalten, dass ein größerer Teil der Vorteile der transnationalen Integration den ‚Entwicklungsländern'* zugute kommt – und so den geopolitischen Prozess der Entkolonialisierung zu vollenden und eine demokratische Weltordnung wirklich souveräner Staaten zu schaffen".[23] Zu den Hauptzielen der NIEO gehörte eine Umstrukturierung der globalen politischen Ökonomie, die beispielsweise das Recht der Entwicklungsländer auf die Wiederaneignung ihrer natürlichen Ressourcen und die Regulierung multinationaler Unternehmen einschließen sollte.[24] Für die Entwicklungsländer wurden „ausländische" multinationale Unternehmen, die sich hauptsächlich in ausländischem Besitz befinden (und von Ausländern geführt werden), oft als Zeichen für die anhaltende Dominanz der Industrieländer angesehen. Kurz gesagt, die Entwicklungsländer waren die treibenden Kräfte, die Anfang der 1970er-Jahre das Thema multinationale Unternehmen auf die internationale politische Tagesordnung setzten.

Die Chile-Affäre. Die politischen Ereignisse in Chile im Jahr 1972 waren ein unmittelbarer Anlass für die Entscheidung des ECOSOC, sich eingehender mit der Frage der multinationalen Unternehmen zu befassen.[25] In jenem Jahr wurde öffentlich bekannt, dass das amerikanische Kommunikationsunternehmen ITT, angeblich mit Hilfe der CIA, versucht hatte, die Wahl des Sozialisten Salvador Allende zum chilenischen Präsidenten im Jahr 1970 zu verhindern.[26] ITT befürchtete die Verstaatlichung und Enteignung seiner Vermögenswerte in Chile (die Regierung

[23] Nils Gilman, „The New International Economic Order: A Reintroduction", *Humanity* 6, Nr. 1 (2015): 1–16 (Zitat von S. 1).

[24] Ebd., 3.

[25] Sagafi-Nejad, *The UN and Transnational Corporations*; Bair, „Taking Aim", 367.

[26] Der Name des amerikanischen Journalisten, der diese Vorgeschichte aufdeckte, war Jack Anderson. Die Anschuldigungen betrafen die Aktionen der ITT und ihre Verbindungen zur CIA während der Präsidentschaftswahlen von 1970. Die Enthüllungen in den Jahren 1972 und 1973 sind jedoch fast unbedeutend im Vergleich zu den späteren Enthüllungen in den Jahren 1999–2000, als CIA-Dokumente im Rahmen des von Bill Clinton genehmigten Chile Declassification Project freigegeben wurden. Daraus ging hervor, dass amerikanische Unternehmen und die CIA seit Anfang der 60er-Jahre in die chilenischen politischen Angelegenheiten verwickelt waren, um ein „anderes Kuba", d. h. eine weitere sozialistische Machtübernahme, zu verhindern, und dass sie erfolgreich dafür sorgten, dass Allende 1964 nicht gewählt wurde.

Allende leitete eine Welle von Verstaatlichungen und Enteignungen ein). Diese Enthüllungen wirkten sich auf die nationale amerikanische Politik aus, wo im Anschluss an die Enthüllungen in Chile Anhörungen im Kongress stattfanden, die die Aufmerksamkeit auf die Bestechung von Unternehmen und die damaligen Unternehmensskandale lenkten.[27] Sie wirkten sich auch direkt auf die internationale Politik aus: Es war die chilenische Delegation, die im Sommer 1972 auf der ECOSOC-Sitzung dieses Thema in den Vordergrund der Vereinten Nationen brachte.[28]

Der Kalte Krieg. Die Ereignisse in Chile waren ein unmittelbarer Anlass dafür, dass sich die Vereinten Nationen intensiver mit der Frage der multinationalen Unternehmen befassten. Der Fall Chile war auch eng mit dem breiteren Kontext des Kalten Krieges mit seinen wirtschaftlichen, ideologischen und geopolitischen Faktoren verbunden. Auf dem Spiel standen die wirtschaftlichen Interessen amerikanischer Unternehmen, Chiles und der Vereinigten Staaten, aber auch die ideologischen Gegensätze zwischen Kapitalismus und Sozialismus. Geopolitisch gesehen war das Engagement der USA in Lateinamerika Teil des Kalten Krieges, in dem sich die Großmächte in die Nationalstaaten einmischten. Die Einmischung von außen in die politischen und wirtschaftlichen Angelegenheiten anderer Länder, sei es durch Regierungen und Geheimdienste oder durch multinationale Unternehmen, war einer der Gründe für die neue kritische Aufmerksamkeit gegenüber multinationalen Unternehmen. In mehreren Ländern, wie z. B. in Kuba nach der kubanischen Revolution (1953–1959) oder im Iran unter Premierminister Mohammad Mossadegh (1951–1953), hatten die Regierungen auf die Verstaatlichung und Enteignung von Vermögenswerten ausländischer Unternehmen gesetzt und waren im Gegenzug auf verschiedene politische, wirtschaftliche und militärische Gegenmaßnahmen des Westens gestoßen (während die Sowjetunion gleichzeitig gegen die Opposition im Ostblock vorging). Diese lange Liste von Eingriffen warf in erster Linie die untrennbaren Fragen der *politischen und wirtschaftlichen Souveränität* auf, die für die erneute internationale politische Aufmerksamkeit gegenüber multinationalen Unternehmen in den frühen 1970er-Jahren entscheidend waren.

[27] Von 1973 bis 1974 untersuchte die Börsenaufsichtsbehörde (Securities and Exchange Commission) Bestechungsskandale in Unternehmen.

[28] Bair, „Unternehmen bei den Vereinten Nationen“, 161.

Die Anhörungen der „Group of Eminent Persons“ zu multinationalen Unternehmen

In diesem historischen Kontext sollten die Vereinten Nationen einen neuen „globalen Dialog“ über multinationale Unternehmen fördern, insbesondere durch die GEP und ihre Anhörungen.[29] Im Vorfeld der Anhörungen erstellte das Sekretariat der UN-Abteilung für wirtschaftliche und soziale Angelegenheiten den Bericht *Multinational Corporations in World Development* aus dem Jahr 1973, der an die Zeugen verteilt wurde, die dort aussagen sollten, und der als spezielles „Diskussionspapier“ für die Anhörungen diente.[30] Der Bericht befasste sich mit den wichtigsten Fragen im Zusammenhang mit den Auswirkungen multinationaler Unternehmen auf Entwicklungsländer und der politischen und wirtschaftlichen Souveränität von (Entwicklungs-)Ländern gegenüber multinationalen Unternehmen, einschließlich Unterthemen, die von Technologie- und Kapitaltransfer bis hin zu Besteuerung, postkolonialer globaler Gerechtigkeit und Eigentum an natürlichen Ressourcen reichten. Angesichts des hohen Grades an Polarisierung überrascht es nicht, dass der Bericht eine ausgewogene Sichtweise anstrebte, die sowohl die wichtigsten negativen als auch die wichtigsten positiven Aspekte der multinationalen Unternehmen anerkennt. Im Sinne einer wissensbasierten und pragmatischen Herangehensweise an die Problematik versuchte der Bericht, die beiden Extreme der liberalistisch-kapitalistischen (konzernfreundlichen) und der marxistisch-sozialistischen (konzernfeindlichen) politischen Ökonomie zu meiden: „Multinationale Konzerne, die in einigen Kreisen als Schlüsselinstrumente zur Maximierung des weltweiten Wohlstands dargestellt werden, werden in anderen Kreisen als gefährliche Agenten des Imperialismus angesehen. Die grundlegenden Tatsachen und Probleme müssen noch aus der Masse der Meinungen und Ideologien herausgelöst werden, und ein praktisches Aktionsprogramm muss erst noch formuliert werden.“[31]

[29] Die Frage der transnationalen Unternehmen und der Regeln für ausländische Direktinvestitionen wurde in den 1970er-Jahren auch in anderen internationalen Organisationen aufgegriffen. Ab 1973 befasste sich die IAO mit den Beziehungen zwischen transnationalen Unternehmen und der Sozialpolitik, und 1976 verabschiedete die OECD ihre Leitlinien für transnationale Unternehmen, die zuvor von der Internationalen Handelskammer befürwortet worden waren. Während der GEP-Anhörungen bezogen sich die Unternehmensvertreter häufig positiv auf diese ICC-Leitlinien, die auf einer freiwilligen Einhaltung beruhten.

[30] United Nations Department of Economic and Social Affairs, *Multinational Corporations in World Development* (New York: United Nations, 1973).

[31] Ebd., 1.

Die GEP war kein Entscheidungsgremium. Aber das Ergebnis ihrer Arbeit – ein auf der Grundlage der GEP-Anhörungen verfasster Bericht – sollte die einzelnen Regierungen sowie die nachfolgenden internationalen Verhandlungen über multinationale Unternehmen informieren.[32] Die GEP setzte sich aus hochrangigen Mitgliedern aus Wirtschaft, Regierung, Gewerkschaften und Wissenschaft zusammen, die so ausgewählt wurden, dass eine breite geografische Abdeckung erreicht wurde (obwohl die Mitglieder nicht als Vertreter ihrer Länder anwesend waren). Schon die Auswahl der Personen, die das GEP bilden sollten, war für die UN-Mitarbeiter eine heikle und wichtige Angelegenheit, da das Thema der multinationalen Konzerne in der internationalen Politik, angeheizt durch die Ereignisse in Chile, einen neuen Aufschwung genommen hatte. Philippe de Seynes, Untergeneralsekretär des ECOSOC und eine sehr wichtige Figur, um den Prozess voranzutreiben, teilte allen hochrangigen UN-Beamten mit, dass er angesichts der „Natur dieses Themas" persönlich die Verantwortung für das Verfahren zur Ernennung der Mitglieder übernehmen werde.[33] Er betonte auch, dass die Einrichtung des GEP „eine der schwierigsten Aufgaben dieser Art ist, die ich je zu bewältigen hatte".[34] Einladungen des damaligen Generalsekretärs Kurt Waldheim an potenzielle Mitglieder der GEP (die zwischen Ende 1972 und Frühjahr 1973 verschickt wurden) zeugen ebenfalls davon, wie heikel das multinationale Thema ist. Darin betonte Waldheim: „Angesichts der Emotionen, die die multinationalen Unternehmen umgeben, ist mir völlig klar, dass die Gruppe nur dann Glaubwürdigkeit erlangen wird, wenn sie auf der höchsten Ebene politischer Weisheit angesiedelt ist, natürlich unterstützt durch sachkundigen und professionellen Rat."[35] Waldheim betonte auch, dass „ein Phänomen von dieser Bedeutung und Komplexität mit so vielen politischen Implika-

[32] Der UN-Resolution zufolge sollten sie „Schlussfolgerungen formulieren, die von den Regierungen bei ihren souveränen Entscheidungen über die nationale Politik in diesem Bereich verwendet werden können, und Empfehlungen für geeignete internationale Maßnahmen vorlegen".

[33] Interoffizielles Memorandum, 25. Januar 1973. UN-Ordner: S-0897-007-06. Die folgenden Zitate stammen aus den Archivordnern der Vereinten Nationen (abgerufen bei den United Nations Archives and Record Management in New York): S-0897-0007-05, S-0897-007-06.

[34] Interoffizielles Memorandum von Philippe de Seynes an den Generalsekretär, 29. März 1973. UN-Ordner: S-0897-007-06.

[35] Schreiben von Waldheim an Sicco L. Mansholt (Präsident der Kommission der Europäischen Wirtschaftsgemeinschaft), 27. Dezember 1972. UN-Ordner: S-0897-007-06.

tionen nicht außerhalb des Forums der Vereinten Nationen bleiben kann".[36] Auch wenn bei solchen Einladungen in der Regel die Bedeutung der Beteiligung eines potenziellen Mitglieds hervorgehoben wird, haben Waldheim und de Seynes nicht übertrieben, als sie auf die politischen Spannungen im Zusammenhang mit der Frage der multinationalen Unternehmen hinwiesen.

Im Juni 1973 wurde die GEP angekündigt, die aus 20 Mitgliedern bestand. Während der GEP-Anhörungen wurden 47 Personen als Zeugen geladen. Zusätzlich wurden Berater wie der berühmte argentinische UN-Wirtschaftswissenschaftler Raúl Prebisch hinzugezogen. Die Zeugen sollten alle wichtigen Perspektiven und Standpunkte zur Frage der multinationalen Konzerne und ihrer Auswirkungen auf die Entwicklung und die internationalen Beziehungen vertreten. Unter ihnen waren hochrangige Wirtschaftsvertreter, Akademiker, Regierungsbeamte, Arbeitnehmervertreter und Vertreter verschiedener internationaler Organisationen wie der Kommission der Europäischen Gemeinschaften und der Ernährungs- und Landwirtschaftsorganisation. Die erste Runde der Anhörungen fand im September 1973 in New York statt. Während dieser Anhörungen starb Salvador Allende während des Militärputsches in Chile (am 11. September 1973) – ein Ereignis, das „ernüchternde Auswirkungen auf die Gruppe und ihre Mitarbeiter" hatte.[37] Die zweite (und größere) Sitzung fand im November 1973 in Genf statt.[38]

Was für multinationale Konzerne auf dem Spiel steht

In den Anhörungen entfaltete sich vor den Augen dieser Beobachter der frühen 1970er-Jahre ein spektakuläres neues „Spiel" um multinationale Unternehmen und ihre Rolle in der Weltwirtschaft: Entwicklungsländer versuchten, ausländisches Kapital und ausländische Technologie anzuziehen, aber auf eine Art und Weise, die ihre eigenen Entwicklungsziele unterstützen würde; die Bevölkerung und die Gewerkschaften der reichen

[36] Schreiben von Waldheim an Roy Jenkins (Abgeordneter, britisches Unterhaus), 27. Dezember 1972. UN-Ordner: S-0897-007-06.

[37] Bair, „Taking Aim at the New International Economic Order", 380.

[38] Diese schriftlichen Aussagen wurden zusammen mit den Fragen der GEP-Mitglieder und den Antworten der Personen, die vor dem Ausschuss ausgesagt haben, veröffentlicht (siehe *Summary*).

Länder fürchteten Kapitalflucht, Outsourcing und Steuerhinterziehung durch Unternehmen; multinationale Unternehmen nutzten ihre Drohung mit dem Ausstieg, um sich das laxeste Regulierungssystem zu „kaufen". Diese heute wohlbekannten Dynamiken der Globalisierung kristallisierten sich vor den Augen der an den GEP-Anhörungen beteiligten Experten heraus, und zwar in einem historischen Moment großer Unsicherheit hinsichtlich der entstehenden wirtschaftlichen und politischen Weltordnung.

Es stand für alle Seiten viel auf dem Spiel.[39] Im Allgemeinen hatten die Herkunftsländer ein Interesse daran, ihre ausländischen Unternehmen und deren Investitionen zu schützen, den Zugang zu ausländischen Waren und Ressourcen zu erhalten und gleichzeitig ihre Steuerbasis zu bewahren. Es gab jedoch auch Interessenkonflikte innerhalb der Heimatländer, insbesondere in Bezug auf Fragen der Deindustrialisierung.[40] Kritiker argumentierten, dass es sich bei multinationalen Unternehmen um hochentwickelte Institutionen mit einer eigenen Logik der Gewinnmaximierung handele, die weder mit dem Gastland noch mit dem Heimatland in Einklang stehe. Ein typischer Standpunkt war, dass sie politisch gelenkt und kanalisiert werden müssten. José Campillo Sainz, der mexikanische Staatssekretär für Industrie und Handel, drückte es so aus: „Organisationen, die nur nach finanziellem Gewinn streben [...], werden zu Druckgruppen im internationalen politischen Leben und schaffen Probleme für das Zusammenleben der Nationen. [...] ihre Macht muss in Richtung Solidarität und Gerechtigkeit kanalisiert werden."[41] Die Aufnahmeländer (häufig Entwicklungsländer) waren besorgt, dass sie zu wenig von der Tätigkeit der multinationalen Unternehmen profitierten: dass diese ihre natürlichen Ressourcen ausbeuten und sich gegen den Willen und die Interessen der Bevölkerung in die lokalen Regierungseliten einmischen oder diese unterstützen würden, möglicherweise im Bündnis mit ausländischen politischen und wirtschaftlichen Mächten (mit Chile und der Republik Südafrika als Hauptbeispiele).[42]

[39] Angesichts dieses hohen Einsatzes ist es nicht verwunderlich, dass einige der Zeugen sich mit Definitionsfragen befassten und die Definitionen von „multinational" und „transnational" sowie die Terminologie von „Heimat-" und „Gastland" in Frage stellten.

[40] Siehe z. B. die Erklärung des Forschungsbeauftragten der American Federation of Labor und des Congress of Industrial Organizations, Nathaniel Goldfinger: *Summary*, 44.

[41] *Summary*, 22.

[42] Die Gastländer in den Anhörungen waren zumeist Entwicklungsländer, da das GEP mit der Untersuchung der Auswirkungen transnationaler Unternehmen auf die Entwicklung beauftragt war. Die wirtschaftliche Verflechtung war jedoch viel stärker zwischen den Industrieländern selbst (in dem Sinne, dass die Industrieländer die typischsten Herkunfts- und Aufnahmeländer für ausländische Direktinvestitionen sind) als zwischen Industrie- und Entwicklungsländern.

Gleichzeitig brachten die Entwicklungsländer ihre Besorgnis darüber zum Ausdruck, dass sie stark von den reichen Ländern und dem Zufluss von ausländischem Kapital und Technologie abhängig sind. Ein Hauptanliegen war es daher, ein Gleichgewicht zu finden zwischen der Annäherung der Ziele multinationaler Unternehmen an die Ziele der Entwicklungsländer und der Vermeidung von Forderungen, die multinationale Unternehmen dazu veranlassen würden, sich in andere Länder zurückzuziehen (z. B. in Bezug auf Regulierung, Eigentumsverhältnisse, Managementbeteiligung oder verschiedene Formen von „FDI-Regelungen"). Wie der ständige Vertreter Jamaikas bei den Vereinten Nationen sagte, „wird die Beteiligung multinationaler Unternehmen als wichtige Quelle privaten Kapitals begrüßt. Eine solche Beteiligung muss jedoch zu sinnvollen Vorteilen führen und darf die legitimen Bestrebungen des jamaikanischen Volkes und sein Recht, seine Angelegenheiten innerhalb eines souveränen Staates zu regeln, nicht beeinträchtigen".[43] Die Vertreter der Entwicklungsländer waren sich also sehr wohl des Dilemmas bewusst, mit dem sie im Spiel um ausländisches Kapital konfrontiert sind. Wie ein Berater der australischen Regierung erläuterte, sei es Australien gelungen, ein günstiges Umfeld für multinationale Unternehmen zu schaffen, doch die Kehrseite sei eine zunehmende ausländische Beteiligung.[44] Andere Dilemmata betrafen den Aufbau von Allianzen zur Stärkung der Verhandlungsmacht gegenüber multinationalen Unternehmen und die Frage, ob die importierten Produktionstechnologien zu kapitalintensiv (und nicht arbeitsintensiv) sein würden, was zu einer höheren Arbeitslosigkeit führen würde (die durch das stetige Bevölkerungswachstum in den Entwicklungsländern bereits verschärft wurde).

Die trans- oder multinationalen Unternehmen hatten ein Interesse daran, ihre Geschäfte fortzuführen und Gewinne zu erzielen, wobei sie eine Vielzahl von Taktiken anwandten; ihr Interesse bestand darin, Einmischung, Regulierung und Kontrolle von außen zu vermeiden und ihre Ausgaben, einschließlich der Zahlung von Steuern, zu senken. Vor allem aber hatten sie ein Interesse daran, nicht von ihren Gastländern verstaatlicht oder enteignet zu werden. Oft wurde die Sorge geäußert, dass sie sich ein „sicheres" und dauerhaftes Investitionsklima wünschten, in dem ihr Eigentum angemessen geschützt sei, in dem sie nicht schlechter be-

[43] *Summary*, 426. Schriftliche Erklärung von H. S. Walker, Ständiger Vertreter von Jamaika bei den Vereinten Nationen in Genf.

[44] *Summary*, 431. Schriftliche Erklärung von Sir Ronald Walker, Sonderberater der australischen Regierung für multinationale Konzerne.

handelt würden als lokale und nationale Unternehmen und in dem sie im Allgemeinen langfristige Pläne machen könnten. Nationale und internationale Arbeitsorganisationen haben sich für die Durchsetzung oder Sicherung von Arbeitsnormen entschieden.[45]

Schließlich bestand die Aufgabe der Beamten der Vereinten Nationen darin, eine diplomatische Weltorganisation zu schaffen, die Kompromisse für ein neues „globales Investitionsregime" vorschlägt, das ausgewogener ist als die derzeitige Situation, in der der Westen stark bevorzugt wird, und gleichzeitig eine Eskalation der sehr offensichtlichen Konflikte zwischen Nord und Süd sowie West und Ost verhindert.[46]

Wenn dies die Hauptinteressen waren, die in dem mit hohen Einsätzen verbundenen Spiel um ausländisches Kapital eine Rolle spielten, so zeugen die GEP-Anhörungen auch davon, was die wichtigsten Diskussionspunkte und die größten Meinungsverschiedenheiten waren. Kurz gesagt, lassen sich vier Hauptthemen herausarbeiten.

1. *Entwicklung*. Die Vertreter der multinationalen Unternehmen behaupteten im Wesentlichen, dass die Entwicklungsländer von den multinationalen Unternehmen profitieren; die Sozialdemokraten behaupteten, dass es andere und bessere Alternativen gäbe; und die Vertreter der Entwicklungsländer behaupteten meistens, dass sie zwar von den multinationalen Unternehmen profitieren, dass aber viel mehr getan werden könnte, um diese Vorteile zu erhöhen und die Aktivitäten der multinationalen Unternehmen mit ihren Entwicklungszielen in Einklang zu bringen.
2. *Macht*. Im Allgemeinen argumentierten die Vertreter multinationaler Unternehmen, dass sie nach dem Prinzip arbeiteten, menschliche Bedürfnisse zu befriedigen (zu Marktbedingungen) und dass sie keine wirtschaftliche oder politische Macht besäßen, was zu Asymmetrien in ihren Beziehungen zu Entwicklungsländern führe (z. B. asymmetrische Verhandlungsmacht, Einflussnahme auf die Innenpolitik, Erlangung von Monopolmacht). Sie versuchten auch, die Aufmerksamkeit auf die Aktionen selbst so genannter schwacher Nationalstaaten zu lenken, die das Eigentum multinationaler

[45] So wurden mehrere Unternehmensvertreter bei den Anhörungen gefragt, ob sie bereit wären, internationale Arbeitsnormen zu akzeptieren. Siehe z. B. das Interview mit Giovanni Agnelli, Präsident von FIAT. *Summary*, 152–155.

[46] Siehe Sauvant, „Die Verhandlungen", für eine ausführliche Darstellung.

Unternehmen verstaatlichen oder enteignen oder Gesetze verabschieden, die für Unternehmen ungünstig sind, als Beweis dafür, dass Nationalstaaten viel mehr Macht haben als Unternehmen. Ein weiteres kontroverses Thema im Zusammenhang mit Macht (das wiederum mit Souveränität zu tun hatte) war die Frage der Einmischung multinationaler Unternehmen in die internen politischen Beziehungen, wobei auch hier der Fall Chile das offensichtlichste aktuelle Beispiel war.[47]

3. *Eigentum und Eigentumsrechte.* Beim NIEO-Projekt stellte sich die Frage, warum die ehemaligen Kolonien, die nun ihre politische Unabhängigkeit und nationale Souveränität erlangt hatten, nicht auch eine größere wirtschaftliche Unabhängigkeit und Souveränität erhalten sollten. Es wurde erörtert, ob es gerecht (und klug) wäre, wenn die neuen Nationalstaaten Industrien in ausländischem Besitz verstaatlichen oder sich aneignen, und ob und in welchem Umfang sie dann verpflichtet sind, ausländische Unternehmen und „Heimatstaaten" zu entschädigen (wiederum mit den Ereignissen in Chile als Hauptbezugspunkt). Sie befassten sich auch mit verschiedenen Modellen, wie das Eigentum von multinationalen Unternehmen übertragen oder mit ihnen geteilt werden könnte, vor allem durch Joint Ventures mit nationalen oder lokalen Gruppen in Entwicklungsländern, durch Veräußerung und durch Öffnung des Aktienhandels an lokalen Börsen. Eine Idee war die einer Übergangsphase, in der „ausländisches" Eigentum allmählich durch vollständiges „inländisches" Eigentum abgelöst werden sollte. Sie befassten sich auch mit der Frage, welche Industrien in nationales und öffentliches Eigentum überführt werden sollten.
4. *Kontrolle.* Die Frage der Kontrolle hatte sowohl eine politische als auch eine rechtliche Dimension. Mehrere Unternehmensvertreter sagten aus, dass die lokale Beteiligung am Management hoch sei. Weitere entscheidende Elemente waren die Transparenz und die Besteuerung von Unternehmensgewinnen: Durch die so genannten „Verrechnungspreise" handelten die multinationalen Unternehmen mit sich selbst, um ihre Gewinne in Länder mit dem niedrigsten

[47] György Adam, Leiter der Abteilung für Wirtschaftsforschung am Computer- und Automatisierungsinstitut der Ungarischen Akademie der Wissenschaften, verwies beispielsweise auf die Ereignisse in Chile, nannte aber auch andere derartige Fälle der Verletzung der nationalen Souveränität (Ecuador, Guatemala, Iran, Jamaika und Peru). *Summary*, 139–145.

Steuersatz (oder in Steueroasen) zu verlagern. Die Besteuerung stand im Zusammenhang mit Fragen des Eigentums, der Macht und der Souveränität. Es ging um internationale rechtliche und politische Fragen zur Schaffung einer weltweiten Besteuerung von Unternehmensgewinnen.

Die umstrittensten und „schwierigsten" Themen betrafen Entwicklung, Macht, Kontrolle, Eigentumsrechte, die Auswirkungen multinationaler Unternehmen und Fragen der postkolonialen Gerechtigkeit. Im Grunde genommen ging es dabei um die großen Fragen der nationalen politischen und wirtschaftlichen *Souveränität*. Die Einsätze in diesem Spiel waren also auf allen Seiten sehr hoch. In diesem feindseligen Umfeld wurde die Idee der multinationalen Unternehmen als „Unternehmensbürger" artikuliert.

Die Vorstellung von multinationalen Unternehmen in der Weltwirtschaft: Vier Visionen

Die spektakuläre politische Krise und Legitimationskrise der multinationalen Unternehmen hat einen neuen Kampf der Ideen darüber ausgelöst, wie ihre Rolle in einer Welt wachsender internationaler wirtschaftlicher Integration zu verstehen und zu interpretieren ist. Der Einfachheit halber wurden bei den Anhörungen mindestens vier grundlegende Denkweisen über multinationale Unternehmen und ihre Beziehung zu Entwicklungsländern geäußert. Als Webersche Idealtypen lassen sie sich als vier verschiedene Perspektiven auf Unternehmen zusammenfassen.

1. *Die Sichtweise der „unsichtbaren Hand"*: Die multinationalen Unternehmen sollten in Ruhe gelassen werden, da sie bereits den Entwicklungsländern zugute kommen, bereits spezifische Bedürfnisse befriedigen usw.;
2. *Die radikale Alternative*: Auflösung der multinationalen Konzerne und Suche nach alternativen, sozialistischen Formen der wirtschaftlichen Organisation;
3. *Die internationalistische und entwicklungspolitische Perspektive*: Suche nach neuen Wegen zur Regulierung multinationaler Unternehmen durch neue internationale Abkommen, Gesetze und Mechanismen und „Kanalisierung" oder „Lenkung" der multinationalen Unternehmen in eine für die Entwicklungsländer günstigere Richtung;

4. *Die Corporate-Citizenship-Perspektive*: Multinationale Unternehmen können sich selbst regulieren und durch freiwillige Maßnahmen wie einen unverbindlichen Verhaltenskodex weiterhin einen positiven Nettoeffekt für Entwicklungsländer erzielen.

Der kritische Test, der den diskursiven Kontext, in dem sich die Wirtschaftsvertreter bewegen mussten, umrahmte, war die Frage, ob die multinationalen Unternehmen für die Entwicklungsländer von Nutzen sind oder nicht. Die Wirtschaftsvertreter entschieden sich für eine „Soft-Law"-Regelung mit selbstregulierenden, sozial verantwortlichen Unternehmen. Sie verteidigten die multinationalen Konzerne mit der Begründung, dass sie für die Entwicklungsländer von Vorteil seien (in Bezug auf Fragen wie wirtschaftliche Entwicklung, Technologietransfer, Zufluss von ausländischem Kapital und in Bezug auf die lokale Beteiligung an Eigentum und Kontrolle), dass sie letztlich den Verbrauchern dienten und eine Vielzahl unterschiedlicher Anforderungen erfüllten und dass sie keine Macht ausübten oder besäßen, die die Souveränität der Nationalstaaten gefährde. Ein paar Zitate sollen ihre Rhetorik verdeutlichen. So sagte Pierre Liotard-Vogt von Nestlé: „Je größer ein Unternehmen ist, desto mehr sollte es sich der Rolle bewusst sein, die es in der Wirtschaft des Landes spielt, in dem es ansässig ist, und seiner sozialen und menschlichen Verantwortung sowohl gegenüber seinen Mitarbeitern als auch gegenüber seiner Regierung."[48] Oder wie Marcus Wallenberg (Skandinaviska Enskilda Banken) sagte: „Niemand braucht die MNC [Multinational Corporation, Multinationale Unternehmen] mehr als die Entwicklungsländer."[49] Die Tatsache, dass die Befürworter multinationaler Unternehmen unter dem Druck standen, nachzuweisen, wie multinationale Unternehmen den Entwicklungsländern zugute kommen, erklärt, warum sie sich häufig auf das Vokabular der „Corporate Citizenship" beriefen und nicht auf die Vorstellung von der „unsichtbaren Hand". Sie waren sich der Notwendigkeit internationaler Regeln bewusst, die auch für die internationale Wirtschaft von Nutzen sein könnten. Sie vertraten jedoch den Standpunkt, dass ein solcher „Kodex" für ausländische Direktinvestitionen nicht nur für Unternehmen, sondern auch für die Regierungen der Gastländer gelten sollte (und damit die Befugnis der Regierungen, nach Belieben zu verstaatlichen und sich anzueignen, einschränken würde – eine Position, die der ameri-

[48] *Summary*, 282.
[49] *Summary*, 443.

kanische Außenminister Henry Kissinger in späteren Verhandlungen über ein „globales Investitionsregime" vertrat). Vor allem viele Wirtschaftsvertreter sprachen sich für ein „weiches" internationales Regelwerk aus. Insbesondere verwiesen viele auf die 1970 von der Internationalen Handelskammer (dem 1919 gegründeten weltweit führenden Vertreter der internationalen Wirtschaft) ausgearbeiteten „Leitlinien für internationale Investitionen".[50] Der Vorsitzende von FIAT, Giovanni Agnelli, bezog sich direkt auf diese Leitlinien, als er erklärte:

> „Wir brauchen eindeutig bessere Regeln für die Beziehungen zwischen multinationalen Unternehmen und Regierungen. Aber ein verbindliches multilaterales Abkommen zwischen Industrie- und Entwicklungsländern in Form eines „GATT für Investitionen" scheint derzeit nicht praktikabel. Stattdessen scheint die Idee, einen freiwilligen Kodex über die Rechte und Pflichten der multinationalen Unternehmen zu entwickeln, attraktiv zu sein."[51]

In der Tat war die gängigste Vorstellung der Vertreter multinationaler Unternehmen in der Weltwirtschaft nicht die des einfachen Laissez-faire, sondern vielmehr diese neue Vision eines „Kodex" („soft law"), der die „Corporate Citizenship" der multinationalen Unternehmen betonte. Mit der Betonung der Verantwortung gegenüber den Entwicklungsländern und einer „moralischen" Sicht des Unternehmens stellte dies eine Alternative dar, einen „vierten Weg" zwischen dem Laissez-faire-Modell und einem juristischen (Hard Law) Ansatz zur Regulierung – und natürlich dem radikaleren Projekt der NIEO. Aus der Kritik der Rolle der multinationalen Unternehmen gegenüber den Entwicklungsländern entstand eine neue Idee: das moralisch und sozial verantwortliche multinationale Unternehmen, das einen positiven Nettoeffekt auf die Entwicklungsländer hat. Dieses neue Imaginäre des „wohlwollenden" multinationalen Unternehmens hatte den Vertretern der Wirtschaft etwas zu bieten: eine neue Quelle der Unternehmenslegitimität in einer Zeit, in der die normativen Quellen des Laissez-faire und des Freihandels versiegten. Es scheint, dass das Bild des „Unternehmensbürgers" von mehreren Wirtschaftsvertretern bevorzugt wurde.

[50] Diese Leitlinien der ICC von 1970 wurden auch in United Nations, *Multinational Corporations in World Development* erwähnt.

[51] *Summary*, 149–150. Zusammenfassung der schriftlichen und mündlichen Erklärung von Giovanni Agnelli, Vorsitzender von FIAT, S.P.A., zum Allgemeinen Zoll- und Handelsabkommen (GATT).

Am anderen Ende des Spektrums waren auch Sozialisten und Radikale bei den Anhörungen vertreten.[52] Der Vertreter Ungarns bezog sich direkt auf die Einmischung des amerikanischen Unternehmens ITT in die innenpolitischen Angelegenheiten Chiles. Er ging dann zu einem allgemeineren Punkt über Alternativen zu privatem Kapital für die Entwicklung über: „Der Mythos, dass ausländisches westliches Privatkapital für die Entwicklung der Entwicklungsländer unverzichtbar ist, schwindet", erklärte er und erwähnte dann verschiedene Formen von Alternativen, wie z. B. staatliche Unternehmen, und schrieb über die Bereitschaft der UdSSR, die Entwicklungsländer zu unterstützen, und beschwor die Solidarität mit der Dritten Welt: „Darf ich als Bürger eines sozialistischen Landes für die Gemeinschaft der sozialistischen Nationen eine Rolle beim Ausgleich der Asymmetrie der wirtschaftlichen Möglichkeiten zwischen multinationalen Konzernen und der Dritten Welt beanspruchen?"[53] Ähnliche kritische Bedenken gegenüber multinationalen Konzernen wurden von anderen Sozialisten und Radikalen aus Entwicklungsländern und den USA geäußert. So äußerte sich beispielsweise Osvaldo Sunkel (Lateinamerikanische Fakultät für Sozialwissenschaften, Santiago, Chile) „generell skeptisch" gegenüber dem in dem Bericht dargelegten Aktionsprogramm, da er der Ansicht ist, dass „es grundlegende Widersprüche zwischen der für die Entwicklungsländer erforderlichen Entwicklungsstrategie und der Art von Entwicklungsstrategie gibt, die durch das System der multinationalen Unternehmen hervorgerufen wird".[54] Stephen Hymer, Wirtschaftswissenschaftler an der New School for Social Research, beurteilte das Sekretariat und seinen Bericht ebenfalls sehr kritisch, da es „die gegenwärtige Struktur der Weltwirtschaft als gegeben hinnimmt und sich darauf konzentriert, wie das Leben innerhalb dieser Struktur erleichtert werden kann", wodurch versäumt wird, „das Problem der Abhängigkeit" anzugehen und „zwei Fragen von entscheidender Bedeutung" zu umgehen. Diese lauteten erstens, ob „ein

[52] Zwei Vertreter des Sowjetblocks sagten vor dem Ausschuss aus: György Adam, Leiter der Abteilung für Wirtschaftsforschung, Institut für Computer und Automatisierung, Ungarische Akademie der Wissenschaften, und Romuald Kudlinski, Direktor, Institut für Wirtschaftswissenschaften, Universität Warschau, Vertreter der polnischen Regierung.

[53] *Summary*, 142–143. Zusammenfassung der schriftlichen und mündlichen Erklärung von György Adam.

[54] *Summary*, 133. Zusammenfassung der schriftlichen und mündlichen Erklärung von Osvaldo Sunkel. Der Wirtschaftswissenschaftler Sunkel verfasste in diesen Jahren mehrere Artikel über die lateinamerikanische Sorge um die „dependencia". Siehe Sunkel, „Big Business und ‚Dependencia'".

Weltsystem, das auf dem privaten multinationalen Kapitalismus basiert, jemals die Entwicklungsziele erreicht, die wir uns alle wünschen", und zweitens, ob es „alternative Systeme zur Organisation der Weltwirtschaft gibt, die sich weit weniger auf das private multinationale Kapital stützen und vielversprechender sind, um diese Ziele zu erreichen".[55] Hymer wies auf eine Lösung hin: „Wir brauchen ein System unabhängiger sozialistischer Länder, in denen Information und Technologie frei zwischen den Ländern fließen, nicht aber das Kapital, d. h. die Macht."[56]

Während die Vertreter der Wirtschaft davon sprachen, dass multinationale Unternehmen für die Entwicklungsländer von Vorteil seien, lehnten die radikalen und sozialistischen Kritiker die kapitalistischen Prinzipien gänzlich ab. Interessanterweise beriefen sich die Vertreter der Entwicklungsländer nicht oft auf so extreme Sichtweisen wie beispielsweise die des amerikanischen Marxisten Hymer. Einige von ihnen sprachen von den Vorteilen, die ihnen die multinationalen Unternehmen bringen, bestanden aber auf ihrer eigenen Souveränität in politischen und wirtschaftlichen Angelegenheiten, einschließlich der Sicherung besserer Mittel zur Steuerung ihres Entwicklungsprozesses und insbesondere der Entscheidung darüber, wann beispielsweise eine Verstaatlichung legitim ist. Es wäre daher unzutreffend, die Vertreter der Entwicklungsländer pauschal so darzustellen, als hätten sie ausschließlich radikale oder sozialistische (antikapitalistische, marktfeindliche oder gegen die weltwirtschaftliche Integration gerichtete) Ansichten vertreten. In Wirklichkeit kritisierten einige von ihnen nicht die privaten Eigentumsrechte oder den internationalen Handel als solchen, sondern waren eher über das ausländische Eigentum an Unternehmen in ihren Ländern besorgt. Sie neigten auch dazu, gerechtere Regeln für den internationalen Handel und Investitionen zu befürworten.

Es ist erwähnenswert, dass, obwohl viele Positionen im Kampf der Ideen für die Darstellung des „wahren" Bildes des multinationalen Unternehmens natürlich völlig unversöhnlich waren (da sie von pro-kapitalistisch bis hin zu völlig sozialistisch reichten), es dennoch Anzeichen für einen gemeinsamen Nenner gab. So hatten viele der Teilnehmer das Gefühl, dass wir uns in einer neuen Ära weltwirtschaftlicher Verflechtungen befinden. So schrieb

[55] *Summary*, 215–216. Schriftliche Erklärung von Stephen Hymer. Aufgrund seines vorzeitigen Todes wurde die Aussage von Hymer in der Zusammenfassung vollständig abgedruckt. Hymers zentraler intellektueller Beitrag zu den Debatten über die wirtschaftliche und politische Weltordnung in diesen Jahren war das Konzept des „Gesetzes der ungleichmäßigen Entwicklung".

[56] Ebd., 217.

beispielsweise Osvaldo Sunkel, der eine sozialistische und radikale Sichtweise vertrat, dass „das Aufkommen der multinationalen Konzerne nicht in seiner ganzen sozioökonomischen und kulturellen Dimension verstanden werden kann, ohne auf die Veränderungen zu verweisen, die dieser Prozess im globalen kapitalistischen System bewirkt", und bezeichnete dies auch als „zeitgenössischen transnationalen Kapitalismus".[57] In ähnlicher Weise – aber positiver bewertet – äußerte sich der FIAT-Vorsitzende Giovanni Agnelli über die Neuartigkeit der Weltwirtschaft: „Wir sind wirtschaftlich fast eine Welt geworden, aber politisch sind wir noch weit davon entfernt, eine Welt zu sein. [...] In gewisser Weise stellt das Netz der multinationalen Unternehmen in embryonaler Form das zentrale Nervensystem einer entstehenden globalen Wirtschaftsordnung dar."[58] Oder wie es ein anderer Wirtschaftsvertreter, Irving S. Shapiro, stellvertretender Vorsitzender von E. I. Du Pont de Nemours, in ähnlichem Sinne formulierte: „Ich bin ein überzeugter und optimistischer Verfechter dessen, was ich als Eine-Welt-Wirtschaft bezeichne."[59] (Er und andere wiesen auch auf die neuen Kommunikations- und Informationstechnologien hin, die für die neue Wirtschaft der Nachkriegszeit von zentraler Bedeutung sind.) Natürlich gab es unter den Teilnehmern heftige Meinungsverschiedenheiten über die Art dieser „neuen Weltwirtschaftsordnung" der Globalisierung und darüber, welchen Interessen sie dienen würde. Aber man war sich einig, dass in der Nachkriegszeit und der postkolonialen Ära eine neue Wirtschaft im Entstehen begriffen war. Diese gemeinsame Erfahrung des Entstehens einer stärkeren weltwirtschaftlichen Integration sollte uns jedoch nicht vergessen lassen, dass die Positionen unvereinbar waren.

Die Vertreter der Vereinten Nationen taten ihr Bestes, um die Geschäftswelt davon zu überzeugen, dass die Vorstellung von der unsichtbaren Hand nicht mehr haltbar sei: Die Macht und die Aktivitäten der multinationalen Unternehmen müssten in eine Richtung gelenkt werden, die für die Entwicklungsländer vorteilhafter sei – die Freisetzung multinationaler Unternehmen würde nicht per se mehr globale Gerechtigkeit und Gleichheit schaffen. Westliche Unternehmen müssten begreifen, dass eine ausgewogenere Weltwirtschaftsordnung nicht einfach durch die seit langem gehegten Vorstellungen von den Vorteilen des Freihandels im Zeitalter der multinationalen Unternehmen erreicht werden könne. Wie

[57] Ebd., 128, 130.
[58] Ebd., 147.
[59] Ebd., 123.

der Untergeneralsekretär de Seynes in einer Ansprache bei einem jährlichen Abendessen der Academy of International Business erklärte:

> „Einige der extravaganteren Behauptungen, die zuweilen an Utopie grenzen, scheinen erheblich abgeschwächt worden zu sein. Das Bild einer Internationalisierung der Produktion, bei der die produktivste Nutzung der Weltressourcen durch das Instrument der multinationalen Unternehmen mit ihrer Beherrschung der modernen Technologie, ihrem Innovationsgeist, ihren Managementfähigkeiten, ihren Marketingarrangements und auch ihrer Fähigkeit, Kapital zu mobilisieren, erreicht wird, ist etwas in den Hintergrund getreten. Zwar wird anerkannt, dass multinationale Unternehmen ebenso wie der klassische Handel ein mächtiger Wachstumsmotor sein können, der ein Mittel darstellt, um die weltweiten Ressourcen nach Marktgesichtspunkten optimal zu nutzen. Aber kaum jemand würde heute behaupten, dass dies dasselbe ist wie ein Modell der Weltgerechtigkeit, in dem sich beispielsweise die weniger entwickelten Länder harmonisch integrieren könnten.“[60]

Während de Seynes sich an Geschäftsleute wandte, brachten Wirtschaftsvertreter in anderen Foren Argumente dafür vor, dass multinationale Unternehmen in Entwicklungsländern als „gute Unternehmensbürger“ handeln. Wie wir bei den GEP-Anhörungen gesehen haben, war eine neue „moralische Ökonomie“ des multinationalen Kapitalismus im Entstehen begriffen: ein neuer Geist sich selbst regulierender, moralisch verantwortlicher, „fortschrittlicher“ multinationaler Unternehmen, die eine „Corporate Citizenship“ an den Tag legten und den Entwicklungsländern in vielerlei Hinsicht zugute kommen würden.

Schlussfolgerungen

Dieses Kapitel kann als eine Fallstudie darüber gelesen werden, wie die weltweite politische Ökonomie eines zunehmend globalisierten Kapitalismus in einem internationalen Kontext, in dem der multinationale Unternehmenskapitalismus stark umstritten war, „moralisiert“ wurde.

[60] Ansprache von Philippe de Seynes, Untergeneralsekretär für wirtschaftliche und soziale Angelegenheiten, auf dem jährlichen Abendessen der Academy of International Business, New York Sheraton Hotel, 27. Dezember 1973 (UN-Ordner: S-0897-0007-05). Laut de Seynes haben die letzten sechs oder sieben Jahre „umfangreicher Forschungen“ neue Einblicke in die tatsächliche Arbeitsweise der multinationalen Unternehmen gebracht, und er bezog sich auf diese neuen empirischen Forschungen als Mittel zur Anfechtung der Freihandelsideologie.

Die Kontroverse um multinationale Konzerne Anfang der 1970er-Jahre war eine politische Krise, weil die Frage der multinationalen Konzerne damals ein zentraler Bestandteil der Nord-Süd- und Ost-West-Spannungen war. Es handelte sich aber auch um eine *Legitimationskrise* der multinationalen Konzerne, die einen intellektuellen und ideologischen Kampf – einen „Kampf der Ideen" – darüber beinhaltete, wie die zunehmend integrierte Weltwirtschaft und die Rolle der multinationalen Konzerne zu interpretieren seien. Die Krise war das Ergebnis des Zusammentreffens mehrerer Faktoren: des Kalten Krieges, des Wachstums der multinationalen Unternehmen, der Entkolonialisierung und des Aufstiegs des globalen Südens sowie der unmittelbaren Ereignisse in Chile. Die Vorstellung, dass „Freihandel" und völlige Handlungsfreiheit für multinationale Unternehmen den Entwicklungsländern zugute kämen (und sie schließlich mit den Industrieländern gleichstellen würden), wurde von den verschiedenen marxistischen, sozialistischen, entwicklungspolitischen und internationalistischen Perspektiven, die bei den GEP-Anhörungen vertreten wurden, in Frage gestellt. Ein etwas paradoxer Effekt dieser Anhörungen war, dass die Kritik an multinationalen Konzernen neue Verteidigungen und Rechtfertigungen hervorbrachte, die letztlich zu einer neuen „moralischen Ökonomie" des multinationalen Kapitalismus führten: dem Geist sich selbst regulierender, moralisch verantwortlicher multinationaler Unternehmen, die als „gute Unternehmensbürger" in den Entwicklungsländern agieren würden.

Die Debatten über multinationale Unternehmen in den frühen 1970er-Jahren fanden in einem Kontext statt, in dem sowohl die kapitalistische Globalisierung als auch das Nord-Süd-Machtgleichgewicht stark umstritten waren. Während die UN-Erklärung über die NIEO im Jahr 1974 als ein Höhepunkt in dieser Geschichte angesehen werden kann, gerieten die Nord-Süd-Debatten um 1980 in eine Sackgasse und machten einer neuen Ära neoliberaler Reformen, der Anhäufung von Schulden in der Dritten Welt, Strukturanpassungsprogrammen und dem, was später als „Washingtoner Konsens" bekannt werden sollte, Platz.[61] Diese Trends führten zu einer zunehmenden Öffnung der Entwicklungsländer für ausländisches Kapital. Gleichzeitig blieben die Versuche, Unternehmen einer internationalen Regulierung zu unterwerfen, bis weit in die Zeit nach 1989 hi-

[61] John Williamson, 'What Washington Means by Policy Reform', in *Latin American Adjustment: How Much Has Happened?* ed. John Williamson, https://piie.com/commentary/speeches-papers/what-washington-means-policy-reform.

nein weitgehend ohne nennenswerte Ergebnisse. Der Global Compact der Vereinten Nationen (2000) und die UN-Leitprinzipien für Menschenrechte und Unternehmen (2011) sind die jüngsten Initiativen der Vereinten Nationen, die darauf abzielen, Unternehmen in ein „Soft Law"-Regime aus Menschenrechten, Arbeits- und Umweltstandards einzubinden. Diese Initiativen sind eindeutig Beispiele für zeitgenössische Versuche, Druck auf multinationale Unternehmen auszuüben, damit sie zu „Unternehmensbürgern" werden – ein Begriff, der auch heute noch weit verbreitet ist.[62] Es ist jedoch klar, dass sie vor dem historischen Hintergrund radikalerer Visionen für die politische und wirtschaftliche Souveränität der Entwicklungsländer (z. B. nationales Eigentum an natürlichen Ressourcen wie Öl) entstanden sind.

In diesem Kapitel wird sicherlich nicht behauptet, dass ausländische Direktinvestitionen letztlich schlecht (oder gut) für die Entwicklungsländer waren, eine Frage, die nicht in den Rahmen dieser Studie fällt. Was ich jedoch behauptet habe, ist, dass die heutigen Ideen von „Corporate Citizenship", CSR und dergleichen vor dem historischen Hintergrund der Globalisierung der frühen 1970er-Jahre gesehen werden müssen und nicht auf die 1990er-Jahre beschränkt sind. Zweitens sollten die heutigen Versuche, „globale Unternehmen in globale Werte einzubetten", in diesem erweiterten Kontext auch mit den radikaleren Alternativen der politischen und wirtschaftlichen Souveränität der Entwicklungsländer verglichen werden, die in den 1980er-Jahren zum Stillstand kamen. Im Guten wie im Schlechten wurde die internationale Debatte über multinationale Unternehmen entradikalisiert. Der globale Kapitalismus mag seit den 1970er-Jahren sicherlich gründlicher „moralisiert" worden sein, was bedeutet, dass der Druck auf multinationale Unternehmen, sozialverträglich zu handeln und „Unternehmensbürger" zu sein, heute stärker ist als damals. Aber er ist genau das geblieben: eine globale – und nicht eine nationale – Lebensweise, die letztlich mehr den Aktionären verpflichtet ist, wo immer sie auch sein mögen, als den lokalen und nationalen Interessengruppen.

[62] Klaus Schwab, „Global Corporate Citizenship", *Foreign Affairs* 87, Nr. 1 (2008): 107–118.

Danksagung

Dank an Paul S. Adler (Harvard University), Steven L. B. Jensen (Danish Institute for Human Rights), Jacob Jensen (Aarhus University), die Teilnehmer der Konferenz „Moralizing Capitalism: Agents, Discourses and Practices of Capitalism and its Opponents in the Modern Age" in Berlin im März 2016 und den Teilnehmern des Workshops zur Geschichte internationaler Organisationen in Aarhus im Dezember 2016 für ihre Kommentare zu früheren Versionen dieses Kapitels. Diese Forschung wurde vom Danish Council for Independent Research und dessen Forschungskarriereprogramm Sapere Aude unterstützt.

TEIL II

Moral, Unternehmer und die Wissensgeschichte des Antisemitismus

Dr. Jekyll und Mr. Hyde: Kaufmannsehre an der New York Stock Exchange während der Progressive Era

Boris Gehlen

1896 äußerte Rudolph Keppler, der nachmalige Präsident (1898–1903) der New York Stock Exchange (NYSE), im Namen einer Minderheit von Börsenmitgliedern[1] sein Unbehagen über das *Unlisted Department.* Dieses war 1885 eingerichtet worden, um den Handel mit Wertpapieren zu ermöglichen, die risikobehafteter waren als die Papiere, die üblicherweise an der NYSE gehandelt wurden. Die NYSE war dafür bekannt – und stolz darauf –, dass sie nur hochwertige, risikoarme Wertpapiere mit einer soliden Performance zum Handel zuließ. Um an der NYSE notiert zu werden, mussten die Wertpapiere vom *Committee on Stock List* zugelassen werden und umfassende Offenlegungsstandards erfüllen. Nachdem in den 1880er-Jahren

[1] Da die Mitgliedschaft an der NYSE im behandelten Zeitraum ausschließlich Männern vorbehalten war, wird im empirischen Teil des Beitrages nicht gegendert.

B. Gehlen (✉)
Historisches Institut, Abt. Unternehmensgeschichte, Universität Stuttgart, Stuttgart, Deutschland
E-Mail: boris.gehlen@hi.uni-stuttgart.de

S. Berger, A. Przyrembel (Hrsg.), *Moralisierung des Kapitalismus*,
https://doi.org/10.1007/978-3-031-51270-4_5

jedoch Aktien neu gegründeter Industrieunternehmen in den Wertpapiermärkten erheblich an Bedeutung gewonnen hatten – sie waren sowohl vielversprechend als auch risikoreich –, wollte die NYSE dieses Marktsegment aber nicht den konkurrierenden Börsen innerhalb und außerhalb New Yorks überlassen und richtete daher das *Unlisted Department* ein, das über niedrigere Zulassungsstandards verfügte als der reguläre Börsenhandel.[2]

Diese ambivalente Position des *Unlisted Department* rief innerhalb der Börse wiederholt Kritik hervor und führte schließlich 1896 zu einer internen Untersuchung. Während die Mehrheit der Ausschussmitglieder noch zu dem Schluss kam, dass die Vorteile die Nachteile überwogen, betonten Keppler und seine Verbündeten die Doppelmoral, die ihrer Meinung nach der Börse nachhaltig schaden konnte:

> „As that committee is at present constituted, the Chairman of the Committee on Stock List is unfortunately placed in the position not unlike that of the famous Dr. Jekyll and Mr. Hyde; laboring to elevate the standard of financial and corporate morality through the medium of his Committee on Stock List, and compelled to work evil by lowering that standard through the Unlisted Department."[3]

Durch den Bezug auf Robert Louis Stephensons zeitgenössischen Roman *Strange Case of Dr Jekyll and Mr Hyde* (1886) weist diese interne Kritik auf das grundlegende Problem von Moral an Börsen hin. In Stephensons Roman ist Dr. Jekyll ein angesehenes Mitglied der Gesellschaft, das sich an deren formale und unausgesprochene Regeln hält, während er sein Alter Ego, Mr. Hyde, dazu benutzt, die akzeptierten Normen zu umgehen und seine niederen Triebe auszuleben – wodurch er als Krimineller endet. An diesem Punkt gesteht Jekyll seine Selbsttäuschung ein, leugnet aber immer noch, für Hydes Übertretungen verantwortlich zu sein.[4] Der Roman thematisiert die innere Zerrissenheit des Menschen zwischen Konformität und individueller Freiheit und insbesondere zwischen einer rationalen Akzeptanz einhegender moralischer Normen und nicht-

[2] Ranald C. Michie, *The London and New York Stock Exchanges 1850–1914* (London: Allen & Unwin, 1987), S. 198; Mary O'Sullivan, ‚The Expansion of the U.S. Stock Market, 1885–1930: Historical Facts and Theoretical Fashions', in: *Enterprise and Society* 8 (2007), S. 489–542.

[3] Special Committee on Unlisted Department. Minority Report (Rudolph Keppler), 22. Januar 1896, S. 2–3, NYSE Archives, RG 1–2. Der Verfasser dankt Janet Lynde und Steven Wheeler vom Archiv der New Yorker Börse für ihre Unterstützung.

[4] Robert Louis Stephenson, *Strange Case of Dr Jekyll and Mr Hyde* (London: Longmans, Green, 1886).

rationalen, ungezähmten „*animal spirits*" – ein Begriff, der nicht von ungefähr von den Wirtschaftswissenschaftlern George A. Akerlof und Robert J. Shiller verwendet wird, um u. a. irrationales bzw. nicht-rationales Verhalten in den Finanzmärkten zu erklären.[5] Sowohl Stephensons Roman als auch das Buch von Akerlof und Shiller kommen zu dem Schluss, dass die Menschheit offensichtlich nicht in der Lage ist, das „Gute" vom „Bösen" vollständig zu trennen.

Eine solche innere Zerrissenheit findet sich bei den Börsen ebenfalls – auch und gerade in historischer Perspektive: Während es „gute" Börsen gab und gibt, die hohe (moralische) Standards an und für die Wirtschaft anlegen, gab und gibt es auch „schlechte" Börsen, die Anreize zu unerwünschtem Marktverhalten bieten. Folglich waren – und sind – „moderne" Börsen seit ihrer Gründung im 19. Jahrhundert häufig Gegenstand von Diskursen über Ethik, Moral und ehrbares Verhalten in der Wirtschaft im Allgemeinen und in den Finanzmärkten im Besonderen.[6]

Verkürzt ausgedrückt kursieren zwei Hauptnarrative über das, was an den Börsen passiert.[7] Die populärere (und populistischere) Erzählung wird ikonisch durch Gordon Gekkos berüchtigte Rede in dem Film *Wall Street* (1987) repräsentiert, in der er behauptet, dass „Gier gut" sei. Gekko verkörpert überdies das Negativbeispiel eines Börsenmaklers schlechthin: gierig, rücksichtslos, frei von jeglichen Skrupeln und nur am materiellen Gewinn interessiert. In der Sprache des frühen 20. Jahrhunderts hätte man ihn wohl als „a low wretch", „a parasite" oder „a social excrescence" bezeichnet.[8] Die andere Sichtweise, die in Börsenkreisen und bei der Mehrheit der Finanzökonomen und -ökonominnen weit verbreitet ist, beschreibt die Börsen als besonders effizienten Markt mit perfektionierten Regeln – oder wie der Sekretär der NYSE, William C. van Antwerp, 1914 erklärte: „Commercial honour is what counts, and within these four walls it is raised to a high plane and maintained with reverence".[9]

Es liegt auf der Hand, dass der Börsenhandel eine ethische Dimension besitzt oder zumindest entsprechende Auswirkungen hat, zumal die Bör-

[5] George A. Akerlof und Robert J. Shiller, *Animal Spirits: How Human Psychology Drives the Economy, and Why It Matters for Global Capitalism* (Princeton: Princeton University Press, 2009).

[6] Für einen umfassenden Überblick über die Entwicklung der Wertpapiermärkte siehe Ranald C. Michie, *The Global Securities Market: A History* (Oxford und New York: Oxford University Press, 2006).

[7] Vgl. Sven Grzebeta, *Ethik und Ästhetik der Börse* (München: Wilhelm Fink, 2014), S. 15–19.

[8] William C. van Antwerp, *The Stock Exchange from Within* (Garden City und New York: Doubleday, 1931), S. 261.

[9] Ebd., S. 264.

sen zu Recht als Inbegriff des Kapitalismus gelten. Außenstehende betonen häufig die moralisch negativen Auswirkungen der Börsen auf die gesamte Gesellschaft, wohingegen Insider ihre herausragenden Eigenschaften für die Ökonomie hervorheben. Während Historiker und Historikerinnen (sowie die zeitgenössische Wirtschaftswissenschaft) die „Moral der Börsen" für Deutschland recht ausführlich untersucht haben,[10] wurden die Börsen in den USA und insbesondere die New York Stock Exchange entweder aus einer „reinen" wirtschaftsgeschichtlichen Perspektive mit Schwerpunkt auf den Marktentwicklungen[11] (einschließlich Finanzkrisen)[12] analysiert oder – mit einem eher kulturellen Ansatz – als ein Aspekt von Moral und Kapitalismus während des *Gilded Age* und insbesondere während der *Progressive Era* mit ihrer Forderung nach einer umfassenderen staatlichen Regulierung der (großen) Unternehmen dargestellt.[13]

[10] Richard Ehrenberg, ‚Börsenwesen', in *Handwörterbuch der Staatswissenschaften: Bd. 2*, hrsg. v. J. Conrad et al., 2. Aufl. (Jena: Gustav Fischer, 1899), S. 1024–1052; Oswald von Nell-Breuning, *Grundzüge der Börsenmoral* (Freiburg: Herder, 1928); Christof Biggeleben, *Das ‚Bollwerk des Bürgertums'. Die Berliner Kaufmannschaft 1870–1920* (München: C.H. Beck, 2006); Knut Borchardt, ‚Einleitung', in: *Max Weber. Börsenwesen. Schriften und Reden 1893–1898*, hrsg. v. Knut Borchardt (Tübingen: Mohr Siebeck, 1999), S. 1–111; Rainer Gömmel, ‚Entstehung und Entwicklung der Effektenbörse im 19. Jahrhundert bis 1914', in: *Deutsche Börsengeschichte*, hrsg. v. Hans Pohl (Frankfurt a. M.: Fritz Knapp, 1992), S. 135–290; Boris Gehlen, ‚„Manipulierende Händler" vs. „dumme Agrarier": Reale und symbolische Konflikte um das Börsengesetz von 1896', in: *Bankhistorisches Archiv* 39 (2013), S. 74–90; siehe auch Andreas Fahrmeir, *Ehrbare Spekulanten: Stadtverfassung, Wirtschaft und Politik in der City of London, 1688–1900* (München: Beck, 2003).

[11] Z. B. Richard Vernon, *The Regulation of Stock Exchange Members* (New York: Columbia University Press, 1941); Robert Sobel, *The Big Board: A History of the New York Stock Market* (New York: Free Press, 1965); Alexander Engel und Boris Gehlen, ‚„The Stockbroker's Praises Are Never Sung": Social Practices in Stock and Commodity Exchanges – Lessons from the USA and Germany, 1870s to 1930s', *Archiv für Sozialgeschichte* 56 (2016), S. 109–137.

[12] Robert Sobel, *Panic on Wall Street: A History of America's Financial Disasters* (New York: Macmillan, 1968); Robert F. Bruner und Sean D. Carr, *The Panic of 1907: Lessons Learned from the Market's Perfect Storm* (Hoboken: Wiley, 2007).

[13] Rowena Olegario, *A Culture of Credit: Embedding Trust and Transparency in American Business* (Cambridge, MA: Harvard University Press, 2006); Jackson Lears, *Something for Nothing: Luck in America* (New York: Penguin Books, 2004); Ann Fabian, *Card Sharps, Dream Books, and Bucket Shops: Gambling in Nineteenth-Century America* (Ithaca: Cornell University Press, 1990); Jane Kamensky, *The Exchange Artist: A Tale of High-Flying Speculation and America's First Banking Collapse* (New York: Viking, 2008); Stephen Mihm, *A Nation of Counterfeiters: Capitalists, Con Men, and the Making of the United States* (Cambridge, MA: Harvard University Press, 2007); Susie Pak, *Gentlemen Bankers: The World of J.P. Morgan* (*Cambridge*, MA: Harvard University Press, 2013); Sven Beckert, *The Monied Metropolis: New York City and the Consolidation of the American Bourgeoisie, 1850–1896* (Cambridge: Cambridge University Press, 2001); Julia C. Ott, *When Wall Street Met Main Street: The Quest for an Investors' Democracy* (Cambridge, MA: Harvard University Press, 2011); Stuart

Dementsprechend sind die Hauptergebnisse dieser Beiträge zum Teil widersprüchlich. Einerseits haben Richard Vernon, Ranald C. Michie und andere die Errungenschaften der Selbstregulierung an der NYSE hervorgehoben, insbesondere die Einführung eines ausgeklügelten Systems von Marktregeln, das sich allmählich weiterentwickelte, weil Schlupflöcher geschlossen und mangelhafte Vorschriften verbessert wurden. Auch die neuere Rechts- und Finanzliteratur bestätigt diese Erkenntnisse und vertritt die Auffassung, dass die effizienteste Art der Börsenorganisation die Selbstregulierung bei gleichzeitigem Wettbewerb zwischen Börsen ist.[14] Andererseits stimmen Veröffentlichungen, die sich mit den Diskursen und den sozialen Auswirkungen der Spekulation befassen – mit den Börsen als maßgeblichen Akteuren – dem Narrativ vom Erfolg der Regulierung nicht in vollem Umfang zu, wobei sie die zahlreichen Verstöße an den Börsen und ihre schwerwiegenden Folgen für die Gesellschaft hervorheben, insbesondere für Menschen, die sich gar nicht an spekulativen Geschäften beteiligt haben. Diese Diskrepanz lässt sich durch die unterschiedlichen Blickwinkel erklären. Die letztgenannte Sichtweise ist umfassender und betrachtet die Börsen als Symbole und Symptome in meist multifaktoriellen Krisen des Kapitalismus.[15]

Es ist strittig, ob die beiden Perspektiven – Börsen als organisierte Märkte und Börsen als kapitalistische Symbole – komplementär sind. Sie stimmen zumindest in ihrem Endziel überein: der Förderung eines guten, fairen und ehrbaren Börsenhandels und der Verhinderung von Auswüchsen. In diesem Kapitel wird daher beleuchtet, wie ein moralisch konnotiertes Konzept wie „Kaufmannsehre" die Organisation und das Selbstverständnis der NYSE beeinflusst hat. Dabei werden eher die internen Prozesse betrachtet als die öffentlichen Debatten, die jedoch die internen Diskussionen stets beeinflussten. Das Kapitel zeigt, dass die NYSE zwar

Banner, *Speculation: A History of the Fine Line Between Gambling and Investing* (New York: Oxford University Press, 2017).

[14] Rafael La Porta et al., ‚What Works in Securities Laws?', in: *The Journal of Finance* 61 (2006), S. 1–32.

[15] Charles P. Kindleberger et al., *Manias, Panics, and Crashes: A History of Financial Crises*, 7. Aufl. (Basingstoke, UK: Palgrave Macmillan, 2015); für einige jüngere Neubewertungen des Kapitalismus als analytisches Konzept siehe Jürgen Kocka und Marcel van der Linden, Hrsg., *Capitalism: The Reemergence of a Historical Concept* (London und New York: Bloomsburg Academic, 2016). Siehe insbesondere die Kapitel von Youssef Cassis über „Wirtschafts- und Finanzkrisen" und von Harold James über „Finanzkapitalismus".

eine ehrbare Jekyll-Vision verfolgte, aber nicht in der Lage war, Mr. Hyde vollständig zu zähmen.

Ehrenwerte Insider, schädliche Aussenseiter? Selbstregulierung und die Rolle der Kaufmannsehre

Aus formaler Sicht sind Börsen nicht sehr aufregend. Sie sind organisierte – in vielen Fällen selbstregulierte – Märkte für den An- und Verkauf von Wertpapieren zu einem bestimmten Preis. Selbst in Ländern mit staatlicher Börsenregulierung ist die Selbstregulierung durch Börsenakteure bedeutsam geblieben.[16] Die historische Relevanz der Selbstregulierung – und die Kritik an ihr – lässt sich im Wesentlichen in fünf Punkten zusammenfassen:

- Die Regeln der Börsen wurden zum großen Teil von den Börsenmaklern selbst gesetzt und überwacht.
- Viele professionelle Börsenmakler oder an den Börsen tätige Bankiers waren wohlhabend und einige waren auch politisch einflussreich.
- Banken und Börsen waren von Wirtschafts- und Finanzkrisen nicht so stark betroffen wie andere Bereiche der Wirtschaft.
- In normalen Zeiten schienen die Transaktionen an den Börsen relativ transparent zu sein.
- Abweichende, betrügerische und illegale Transaktionen kamen in Hausse-Zeiten vermehrt vor.

Der erste Punkt ist wohl der entscheidende. Die Selbstregulierung wirkt in zwei Richtungen. Einerseits ermöglicht sie es den Börsen, schnell und angemessen auf die Herausforderungen des Marktes zu reagieren. Andererseits führte der Mangel an (demokratischer) Legitimation dazu, dass wiederholt gute Argumente vorgebracht werden mussten, um die Freiheit zur Selbstverwaltung zu erhalten, denn von Zeit zu Zeit stand die Selbstregulierung einzelner Börsen auf dem Prüfstand. Die New York Stock Exchange reagierte darauf jeweils – und bis in die 1930er-Jahre erfolgreich – mit einer Doppelstrategie: sie betonte im öffentlichen Diskurs ihre anspruchsvolle Kaufmannsehre und bewertete intern die in

[16] Boris Gehlen, ‚Zielkonflikte bei Aktienemissionen? Regulierung und Zulassungspraxis am Beispiel der Berliner Börse (1870 bis 1932)', in: *Jahrbuch für Wirtschaftsgeschichte* (1/2018), S. 39–76.

ihrer Satzung und den ergänzenden Normen festgelegten Regeln neu bzw. passte diese an.[17]

Diese Doppelstrategie war keineswegs nur ein opportunistischer Ansatz, um ungeschoren davonzukommen, sondern sie diente der Verbesserung der Börsenregeln. Die externe Kritik lenkte die Aufmerksamkeit auf regulatorische Mängel, die häufig erst dann ans Licht kamen, wenn etwas schief gelaufen war. Bereits 1873 wies Thomas Denny, Jr., ein Mitglied der NYSE, auf das Unbehagen der Öffentlichkeit hin und argumentierte, dass „the present method of speculating […] has been found defective at periods of unusual excitement, and the sad results of the last few weeks make it manifest that the Stock Exchange must adopt some new plan for speculative dealing". Anschließend machte er einige Vorschläge zur Verbesserung der einschlägigen Statuten.[18] Dies war insofern eine wegweisende Bemerkung, als sie in den folgenden Jahrzehnten zur stillschweigenden Strategie der NYSE avancierte, auf Marktmängel zu reagieren.

Nach Ansicht der meisten Börsenhändler waren solche Mängel akzeptable Begleiterscheinungen eines dynamischen Marktes; sie sollten aber behoben werden, um Probleme in der Zukunft zu vermeiden. Die öffentliche Meinung hielt die Finanzmärkte hingegen häufig generell für dysfunktional und gesellschaftlich abträglich. Diese Diskrepanz in der Interpretation resultierte aus unterschiedlichen Moralvorstellungen. Kaufmännische Ehrbarkeit als Wertesystem der Börsenmakler bedeutet im Wesentlichen, Verträge immer, jederzeit und vollständig zu erfüllen oder andernfalls die persönliche Verantwortung für Misserfolge zu übernehmen. Daraus folgte wie selbstverständlich, dass sich die Mitglieder der NYSE bei internen Anschuldigungen wegen fragwürdigen Geschäftsgebarens selbst verteidigen mussten und sich nicht anwaltlich vertreten lassen durften.[19]

Da der ultimative Zweck der Kaufmannsehre darin bestand, die Funktionsfähigkeit der Märkte zu gewährleisten und sie somit offen für opportunistische Neuinterpretationen war, war sie nie als allgemeines moralisches Modell gedacht. Vielmehr war sie amoralisch. Kaufmannsehre konzentriert sich auf den Marktprozess und betrachtet die Marktergebnisse implizit als langfristig immer „gut", während sich die „öffentlichen

[17] Für entsprechende Beispiele siehe Engel und Gehlen, ‚Stockbroker's praises'.

[18] Thomas Denny, Jr. to the members of the Stock Exchange (ca. 1873), Governing Committee, Minutes, Correspondence, Report F 1, NYSE-Archives RG 1–2.

[19] Art. XVII, sec. 12, Art. XVII, *Constitution of the New York Stock Exchange with Some Resolutions Adopted by the Governing Committee. Amended to March 1902* (New York: Charles A. Searing, Stationer and Printer, 1902), S. 32.

Moraldebatten" hauptsächlich auf die als negativ empfundenen Ergebnisse (insbesondere der Spekulation) konzentrierten. Wenn die Börsen zu schlechten Marktergebnissen beigetragen haben, mussten sie – der zweiten Ansicht folgend – selbst schlechte Institutionen sein.[20]

Beide „Moralvorstellungen" stimmten letztlich jedoch in ihren „moralischen" Zielen überein: In wirtschaftlicher Hinsicht zielten sie beide darauf ab, Marktversagen in Form von negativen externen Effekten zu verhindern. Dennoch betrachteten sie Gier und unlauteres Verhalten bis zu einem gewissen Grad als unvermeidlich. Dies implizierte, dass als abträgich wahrgenommene Praktiken wo nicht vermieden, so doch eingedämmt werden mussten: „The temper to speculate will always exist. It is well that it should. But being so it should be governed by rule which will protect the speculator against every other misfortune than the error of his own judgment; [...] methods which adapted themselves to yesterday have outgrown their usefulness to-day, and tomorrow are behind the age".[21]

Die NYSE und der von ihr abgedeckte Markt verfügten grundsätzlich über hochentwickelte Institutionen, die überdies ständig verfeinert wurden. Es war daher ökonomisch vorteilhaft, ein Insider, d. h. ein Mitglied der NYSE zu sein. Allerdings war die Mitgliedschaft auf 1100 Männer beschränkt. Da die Mitgliedschaft begehrt war, war sie kostspielig und avancierte zu einem Instrument der sozialen Ausgrenzung. Auch wenn van Antwerp behauptete, die soziale Herkunft sei unerheblich – „it has nothing to do with the size of one's purse, nor the blue in one's veins; it takes no account of what a man has been nor of what his ancestors were"[22] –, wurde die NYSE immer mehr zu einem elitären Kreis. Dies verwundert nicht, da allein die Mitgliedschaft etwa das 160-fache des Jahreslohns eines Arbeiters kostete.[23]

Die NYSE wollte nur die Finanzelite einbeziehen und tat dies hauptsächlich durch Selbstrekrutierung. Insider waren allein aufgrund ihrer Gruppenzugehörigkeit tugendhafte und ehrbare *Geschäftsleute*, während Außenseiter – und insbesondere nicht spezialisierte „Kleinanleger" bzw. *Spekulanten* – geschützt oder ausgeschlossen werden mussten: „Our duty is to protect these victims against the consequences of their own folly by

[20] Für einen nuancierten Überblick über „gute" und „schlechte" Spekulationen siehe Nell-Breuning, *Grundzüge*, S. 162–163.

[21] G. H. J. Collins to the members of the Stock Exchange, 18 July 1887, Governing Committee Minutes, Correspondence, Report F 2, NYSE-Archives RG 1–2.

[22] Van Antwerp, *Stock Exchange*, S. 264.

[23] Engel und Gehlen, ‚Stockbroker's praises', S. 160.

closing down the doors now open to them".[24] Diese Unterscheidung zwischen geschätzten Insidern, die als (ehrenwerte) Geschäftsleute oder Makler angesehen wurden, und uninformierten bzw. verantwortungslosen Amateuren, die als „Spekulanten" bezeichnet wurden, war nicht auf die Vereinigten Staaten beschränkt; auch anderswo waren die gefährlichen „Spekulanten" immer die anderen.[25]

Moralische Ambivalenzen: Bucket Shops bekämpfen, unregulierte Märkte fördern

Diese Art der Verdrängung erinnert an ein Motiv in Stephensons Roman: Dr. Jekyll redet sich immer wieder ein, Mr. Hyde sei kein Teil seiner Persönlichkeit. Jekyll versucht, die Fehler von Hyde zu korrigieren. In ähnlicher Weise kämpfte die NYSE gegen die so genannten *bucket shops.* Diese verfolgten ein relativ simples „Geschäftsmodell": Kunden konnten auf den Anstieg oder den Rückgang von Wertpapierkursen wetten. Dafür wurden echte Börsenkurse zugrundegelegt, die oftmals auf zweifelhafte Weise beschafft wurden. Folglich wetteten die Kunden auf „echte" Kurse, ohne diese zu beeinflussen. Im Gegensatz dazu wirkte sich der Handel mit Wertpapieren an regulären Börsen auf die Kurse aus, da er Angebot, Nachfrage und Preise veränderte. Selbstverständlich war es auch an den Börsen üblich, auf die Preisunterschiede von Wertpapieren zu spekulieren, aber ob dies gewinnbringend war, hing von den Informationen, der Einschätzung und der Erfahrung der Börsenhändler ab. Vor allem stellte solch eine Form der Spekulation eine reale, d. h., kurswirksame Transaktion dar. In *bucket shops* war die einzig relevante Variable das Glück. Seit dem späten 19. Jahrhundert bemühten sich die NYSE sowie andere etablierte Wertpapier- und Warenbörsen gemeinsam mit den Behörden um die Beseitigung der *bucket shops.* Obwohl sie alle diese Einrichtungen abschaffen wollten, weil „[…] the speculator of limited means and experience – the typical bucket shop patron – became a moral and economic problem", waren ihre Beweggründe unterschiedlich. Die Behörden und die Öffentlichkeit im Allgemeinen führten ein explizit moralisches

[24] Digest of the preliminary work of the Special Committee, 25 June 1913, Special Committee on Bucket Shops, NYSE-Archives RG 1–2, S. 42.

[25] Kim Christian Priemel, ‚Spekulation als Gegenstand historischer Forschung', in: *Jahrbuch für Wirtschaftsgeschichte* (2013), S. 18–19.

Argument an, indem sie den *bucket shops* unterstellten, das Glücksspiel mit all seinen moralisch nachteiligen Auswirkungen zu fördern.[26]

Aus ökonomischer Perspektive, die bei der NYSE dominierte, galten die *bucket shops* aus zwei Gründen als Problem. Zum einen zogen sie Geld aus dem Finanzsystem ab und konkurrierten mit den Börsen um Kunden. Zum anderen gaukelten sie ihren Kunden vor, diese würden echte Börsengeschäfte tätigen, was nicht der Fall war. Folglich schadeten die Wetten auf Kursdifferenzen auf Grundlage von NYSE-Notierungen dem Ruf der NYSE, weil sie diese dadurch nolens volens in zwielichtige Geschäfte verwickelte. Darüber hinaus befürchteten die NYSE und das Chicago Board of Trade, die größte Warenbörse der USA, eine allgemeine Beeinträchtigung des Geschäftsgebarens: „Gambling business methods are […] of so insidious and undermining a character and so widespread, as to demand the concerted and vigorous action of the principal commercial bodies […] for their utter suppression".[27] Dabei profitierten die Börsen von der seinerzeit zunehmenden öffentlichen Glücksspielkritik und die Behörden verboten die *bucket shops* schließlich. Allerdings hatte insbesondere die NYSE lange gezögert, eine staatliche Regulierung zu fordern und stattdessen Maßnahmen auf lokaler Ebene vorgezogen, um nicht selbst ins Visier staatlicher Regulatoren zu geraten.[28] Der Umgang mit dem Glücksspiel in den *bucket shops* war für die NYSE nicht per se eine moralische Frage; vielmehr ging es ihr vor allem darum, den Missbrauch ihrer Börsennotierungen und den daraus resultierenden Imageschaden zu verhindern.

Der erfolgreiche Kampf gegen die *bucket shops* war gleichwohl das Dr.-Jekyll-Gesicht der NYSE gewesen; ihr Mr.-Hyde-Gesicht zeigte sich (erneut) in ihrer inkonsequenten Haltung gegenüber spekulativen und volatilen Märkten außerhalb ihres engeren Zuständigkeitsbereichs. Bereits die Existenz des *Unlisted Department* als fester Bestandteil der NYSE deutete darauf hin, dass die Wall Street auch eine weniger ehrbare Geschichte hatte, nämlich die des weniger oder gar nicht regulierten Wertpapierhandels. Das auffälligste Beispiel hierfür waren die *curb stone brokers*, die ihre Gebote und Angebote direkt vor dem NYSE-Gebäude abgaben und

[26] David Hochfelder, ‚Where the Common People Could Speculate: The Ticker, Bucket Shops, and the Origins of Popular Participation in Financial Markets, 1880–1920', in: *The Journal of American History* 93 (2006), S. 337.

[27] Jackson to the board of directors of the Chicago Board of Trade, 2 February 1904, Law Committee, Reports and Resolutions F 2, NYSE-Archives RG 1–2.

[28] Meeting of the Law Committee, 1 February 1900, Law Committee Minutes vol. 1: 166–168, NYSE-Archives RG 1–2.

dabei die Informationen und teils Kapital der ehrbaren Börsenmitglieder nutzten, um statt mit soliden und sicheren Wertpapieren mit hochspekulativen und riskanten Aktien zu handeln. Die „*curb*" war – ebenso wie das *Unlisted Department* – gewissermaßen ein Testmarkt für die ehrbare NYSE ohne deren ehrbasierten Vorschriften. Anders als z. B. die *Consolidated Stock Exchange* – in den 1880er-Jahren der größte und heftig bekämpfte Konkurrent der NYSE[29] – konnte sich die „*curb*" unter wohlwohlender Duldung der NYSE zu einem regulären Markt entwickeln.

Die „*curb*" war aus ihrer Sicht letztlich ein komplementärer Markt und kein Ersatzmarkt. Sie war daher auch keine Konkurrenz für die NYSE. Allerdings konnte die NYSE lange Zeit wahrheitsgemäß behaupten, dass zwischen ihr und den *curb stone brokers* keine formalen Beziehungen bestanden. Wann immer spekulative Exzesse die Wall Street beunruhigten, betonte die NYSE, dass sie mit den exzessiven Transaktionen nichts zu tun habe und dass ihre Vorschriften im Übrigen ihre Mitglieder daran hinderten, sich an solchen spekulativen Torheiten zu beteiligen. Dies war jedoch nur im formalen Sinn korrekt. Die NYSE führte eine Regel ein, wonach ihre Mitglieder nur dann mit *curb stone brokers* handeln durften, wenn diese auf der Straße vor dem NYSE-Gebäude blieben. Auf diese strikte räumlich-organisatorische Trennung beider Märkte legte die NYSE besonderen Wert, auch wenn sie faktisch Transaktionen zwischen NYSE-Mitgliedern und „*curb*" nicht nur duldete, sondern im eigenen geschäftlichen Interesse für sinnvoll erachtete: „Hence, the Curb Association, a body with its own regulations […] is forced to remain in the street and to surrender to the big Exchange whatever business in securities the latter may from time to time elect to take from the Curb and unto itself. It is hard to believe that such things are possible".[30]

[29] Zum Wettbewerb an den New Yorker Börsen siehe neben Michie, *London and New York*, und O'Sullivan, ‚Expansion', z. B. Eugene N. White, ‚Competition among the exchanges before the SEC: Was the NYSE a natural hegemon?', in: *Financial History Review* 20 (2013), S. 29–48.

[30] Samuel Untermyer, ‚Speculation on the Stock Exchange and Public Regulation of the Exchanges'. An Address delivered before the American Economic Association at Princeton, N.J., 29 December 1914, S. 11; George Garvy, ‚Rivals and Interlopers in the History of the New York Security Market', in: *Journal of Political Economy* 52 (1944), S. 139; Jones/Baker, The History of the New York Curb (New York, 1916); New York Curb Exchange, New York Curb Exchange: Summary of Report of Committee on Stock Exchange Investigation of the National Association of Securities Commissioners on the New York Curb Exchange (New York: 1929).

Regulierung des Geschäftsverhaltens: Gruppenkonformität statt Normkonformität

Für die Funktionsfähigkeit der NYSE und ihre Glaubwürdigkeit war es unerlässlich, nicht nur auf moralisch fragwürdige Entwicklungen außerhalb ihrer Organisation hinzuweisen, sondern auch alles zu tun, um schädliches Geschäftsgebaren ihrer Mitglieder zu verhindern – oder zumindest den Eindruck zu erwecken, dass dies der Fall sei. Dementsprechend führte die NYSE einen umfassenden Verhaltenskodex für ihre Mitglieder ein und 1913 sogar ein ständiges *Committee on Business Conduct*.[31] Bis dahin war es vor allem Aufgabe des *Governing Committee*, d. h. des Börsenvorstands, gewesen, die Normkonformität zu überwachen sowie im Zweifelsfall ein Mitglied zur Rechenschaft zu ziehen und es möglicherweise zu suspendieren oder gar dauerhaft von der Börse auszuschließen. Der Vorstand hatte dabei weitreichende Handlungsfreiheit und seine Entscheidungen waren endgültig: er war das einzige Gremium, das über das Fehlverhalten von Mitgliedern urteilen konnte und es gab keine Möglichkeit, Berufung einzulegen.[32] Diese interne Regelung hatte nichts mit einem fairen Prozess im juristischen Sinne zu tun, aber selbst ordentliche staatliche Gerichten bestätigten wiederholt, dass sich die NYSE-Mitglieder der Rechtsprechung des Vorstandes stellen mussten, weil sie sich der Börsensatzung freiwillig unterworfen hatten.[33]

Der Vorstand hatte also einen enormen Spielraum, wenn es darum ging, die Regeln an der NYSE durchzusetzen. Die Beurteilung von Börsenpraktikern durch gleichrangige Börsenhändler sollte nicht nur Normkonformität garantierten, sondern auch – und vor allem – Gruppenkonformität erzeugen. Dies war für die praktische Umsetzung kaufmännischer Ehrvorstellungen von entscheidender Bedeutung. Was an der NYSE richtig oder falsch war, wurde nicht durch übergeordnete Normen wie Recht oder Moral im weiteren Sinne bestimmt, sondern durch das Urteil von Börsenspezialisten. Das Leitmotiv der Börse war die

[31] Meeting of the Governing Committee, 25 February 1913, Governing Committee Minutes, vol. 7: 1; Report of the Special Committee in regard to transactions by members outside of the Exchange in securities listed on the Exchange, 20 February 1914, Governing Committee Minutes, vol. 7: 66–67, NYSE Archives RG 1–2.

[32] *Constitution of the New York Stock Exchange 1885: 26,* NYSE-Archives Publications 1-C-2.

[33] Z. B. ‚Not Given a Fair Hearing', in: *New York Times*, 16. März 1884; Neukirch v. Keppler, Appellate Division of the Supreme Court of New York, First Department; 56 App. Div. 225 (N.Y. App. Div., 1900); Neukirch v. Keppler, Court of Appeals of the State of New York; 174 N.Y. 509 (N.Y. 1903).

Funktionalität des Marktes; geschäftliches Verhalten wurde daher als angemessen betrachtet, solange es den Handel an der NYSE nicht störte. Ab den 1880er-Jahren führte die NYSE gleichwohl mehrere Regeln ein, die auch eine moralische bzw. ethische Komponente aufwiesen: Börsenmaklern war es beispielsweise nicht gestattet, sich unanständig auszudrücken, (falsche) Gerüchte zu verbreiten oder auf dem Parkett zu rennen.[34] Diese Vorschriften bezweckten zweierlei: Einerseits sollten sie das von ehrbaren Kaufleuten, von Gentlemen, erwartete Verhalten festschreiben, andererseits aber auch ein faires Geschäftsgebaren gewährleisten. Unangemessene Sprache und Bewegungen konnten den regulären Geschäftsverkehr stören, zumal Börsenmakler schnell über Transaktionen entscheiden und ihre Gebote und Offerten unmissverständlich mitteilen mussten; jede Störung musste daher verhindert werden. Die Verbreitung von Gerüchten war wiederum geeignet, Entscheidungen der Anleger zu beeinflussen und damit das erwünschte Marktergebnis zu verfälschen.

Bis in die 1890er-Jahre hat die NYSE jedoch nur selten Mitglieder wegen Regelverstößen angeklagt. Wenn solche Übertretungen ans Licht kamen, neigte der Vorstand eher dazu, Börsenhändler lediglich zu rügen und nicht zu bestrafen – vor allem, wenn sich die Vorwürfe nur auf „individuellen“ Schaden einzelner anderer Börsenhändler bezogen, aber kein generelles Problem für den Börsenhandel insgesamt darstellten.[35] In der Regel beschränkte sich die NYSE anschließend darauf, die Regeln und Vorschriften zu präzisieren, teils auch zu verschärfen, um ähnliche Vorfälle in Zukunft zu verhindern. Gelegentlich bekräftigte sie auch nur bestehende Regeln. Obwohl beispielsweise das Rennen auf dem Parkett seit 1883 verboten war, musste der Vorstand die Börsenmitglieder von Zeit zu Zeit an diese Regel erinnern, nachdem Verstöße überhand genommen haten.[36]

Doch die Zeiten änderten sich in den 1890er-Jahren und insbesondere nach der Finanzkrise von 1893. Während der *Progressive Era* wurden die Auswirkungen des Strukturwandels in der US-Wirtschaft zum Thema und die öffentlichen Forderungen nach Staatsintervention mehrten sich. Die Börsen waren sich durchaus bewusst, dass sie sich dieser öffentlichen Dis-

[34] Z. B. Meetings of the Governing Committee, 8. Juli 1891, Governing Committee Minutes vol. 4: 376, NYSE-Archive RG 1–2; zusammengefasst: Art. XVII, *Constitution of the New York Stock Exchange with some Resolutions adopted by the Governing Committee. Amended to March 1902* (New York: Charles A. Searing, Stationer and Printer, 1902), S. 27–29.

[35] Meetings of the Governing Committee, 28. März 1888, Governing Committee Minutes Bd. 4: 94–95 und 107–108, NYSE-Archive RG 1–2.

[36] Meetings of the Governing Committee, 8. Juli 1891, Governing Committee Minutes vol. 4: 376, NYSE-Archive RG 1–2.

Tab. 5.1 Straftaten und Höchststrafen gemäß der Verfassung von 1902

Straftat	*Strafe (Höchstmaß)*
Betrug oder betrügerische Handlungen	Ausschluss
Falsche Angaben beim Antrag auf Mitgliedschaft	Ausschluss
Direkte Kommunikationsverbindungen zu anderen Börsen in New York City	Suspendierung bis zu einem Jahr oder Ausschluss
Geschäfte mit Nichtmitgliedern in Räumen der Börse	Suspendierung bis zu einem Jahr
Vorsätzliche Verletzung der Satzung, Zusatzbestimmungen und Vorschriften (einschließlich eines Verhaltens, das mit den Grundsätzen des fairen und angemessenen Handels unvereinbar ist)	Suspendierung oder Ausschluss
Verweigerung des Zugangs zu Geschäftsunterlagen; Vernichtung von Beweismitteln; Nichterscheinen als Zeuge, Verweigerung der Aussage	Keine Angaben [Querverweis auf „Schädliche Handlungen …"]
Handlungen, die dem Wohlergehen der Börse schaden	Suspendierung bis zu einem Jahr

Quelle Art. XVII, Constitution of the New York Stock Exchange with some Resolutions adopted by the Governing Committee. Amended to March 1902 (New York: Charles A. Searing, Stationer and Printer, 1902), S. 27–29.

kussion nicht würden entziehen können. Die NYSE betonte daher nachdrücklich, dass die Kaufmannsehre nicht nur eine hohle Phrase, sondern tatsächlich integraler Bestandteil der Börse war. Dementsprechend überarbeitete sie ihre Satzung, führte unehrenhaftes Verhalten detailliert auf und verschärfte die Strafen (s. Tab. 5.1).

Vor allem der letzte Aspekt verdient eine genauere Betrachtung. Seit Einführung der Satzung von 1902 konnte der Vorstand bei fast jeder Transaktion eingreifen, wenn er ein dem Wohl der Börse abträgliches Verhalten feststellte. Diese „Fehlverhaltensregel" war ein wirksames Instrument zur Disziplinierung der Mitglieder. Ihnen wurde mit Suspendierung oder sogar Ausschluss gedroht, wenn sie sich nicht an die Regeln hielten. Da nur Mitglieder direkten Zugang zu dem von der NYSE organisierten Markt besaßen, bedeutete eine Suspendierung unmittelbar einen Gewinnausfall. Außerdem wurde die Entscheidung der NYSE innerhalb und außerhalb der Börse veröffentlicht und stigmatisierte jeden Zuwiderhandelnden als (temporär) unehrenhaften Geschäftsmann – mit erheblichen Auswirkungen. Ein ausgeschlossenes Mitglied, Charles Neukirch, drückte es so aus: „I have suffered the severest penalty in the power of the

Exchange to inflict, with all the disgrace and dishonour attaching to it in social, business and financial relations".[37]

Der Fall Neukirch war besonders heikel, denn die Börse hielt an ihrem Urteil auch dann noch fest, als Neukirch mildernde Umstände hatte geltend machen können. Für das *governing committee* gab es gar keinen Handlungsspielraum, da im Falle einer Rücknahme von Neukirchs Börsenausschluss *jede* Entscheidung des Börsenvorstands möglicherweise hätte rückgängig gemacht werden können. Ferner durfte der Vorstand nicht zulassen, dass Zweifel an seinem fachlichen Urteil über das Fehlverhalten Neukirchs aufkamen. Das *governing committee* war im Grunde unfehlbar – und musste es auch sein, um die Funktionsfähigkeit des Marktes zu gewährtleisten. Daher wurde an Neukirch ein Exempel statutiert. Er gab zwar zu, dass er Kurse manipuliert hatte, betonte aber, dass zum einen die satzungsgemäße Strafe für sein Vergehen nur eine Suspendierung, nicht aber ein Ausschluss gewesen wäre, und dass zum anderen solche Manipulationen an der NYSE seit langem üblich gewesen seien.[38] Neukirch hat aber Pech gehabt. Er war eines von vier Mitgliedern, die in der recht kurzen Zeit von 1895 bis 1898 – im Nachgang der Finanzkrise von 1893 – ausgeschlossen wurden. In den 40 Jahren zuvor war hingegen nur ein einziges Mitglied ausgeschlossen worden. Da keine neuen Statuten eingeführt worden waren, wurden Neukirch und die anderen Ausgeschlossenen letztlich Opfer einer strengeren Auslegung bestehender Regeln, mit der der Vorstand auf die vermehrten öffentliche Forderungen nach staatlicher Börsenregulierung reagierte.[39]

Dies war ein offensichtlicher Fall von Doppelmoral. Solange die Börsenpraktiken nicht von öffentlichem Interesse waren, wurden selbst zweifelhafte Geschäfte von den Börsenhändlern bzw. dem *governing committee* akzeptiert. Dadurch wurden unredliche oder manipulative Geschäfte sukzessive zur Gewohnheit. Sittenwidrige Transaktionen waren jedoch geeignet, die viel gepriesene kaufmännische Ehrbarkeit der NYSE zu unterminieren bzw. substantiell in Frage stellen. Ein prominenter Kritiker der selbstregulierten Börsen in den USA, Samuel Untermyer, brachte die Sache auf den Punkt, als er feststellte, „that the most reckless and unconscionable forms of gambling, dishonesty, misrepresentation and manipulation [...] have been so long tolerated that the members are obsessed

[37] Governing Committee: Minutes, Correspondence, Reports F 3 (Charles Neukirch): 1. NYSE, RG 1–2.

[38] Governing Committee: Minutes, Correspondence, Reports F 3 (Charles Neukirch): 5. NYSE, RG 1–2.

[39] C. Neukirch expelled, in: *New York Tribune*, 29. April 1897.

on the subject of their right to continue these illicit transactions".[40] Spekulative Exzesse wurden nach Untermyers wiederholt geäußerter Meinung durch die Allmacht des *governing committee* letztlich sogar begünstigt. Gerade weil es regelwidrige Praktiken lange duldete, dann aber in Reaktion auf externe Kritik Fehlverhalten drastisch sanktionierte wie im Fall Neukirch, konnte die Regeldurchsetzung der NYSE nur als opportunistisch gewertet werden.

Die Strategie, die Kaufmannsehre in den Mittelpunkt der Öffentlichkeitsarbeit zu stellen, hatte einen einigermaßen ironischen Effekt: Sie bewirkte nämlich, dass man gegenüber den ehrenwerten Männern auf den höheren Ebenen der Börsenhierarchie – Angehörige der New Yorker High Society – nachsichtiger war als gegenüber den unbedeutenderen Händlern am unteren Ende der Hierarchie. Wenn ein äußerst respektables Mitglied von einer Börse ausgeschlossen wurde, die für sich in Anspruch nahm, die ehrenwertesten Geschäftsleute zu repräsentieren, konnte dies dem Ruf der Börse nur schaden. Anders ausgedrückt: Diese „ehrenwertesten Geschäftsleute" kamen häufiger ungeschoren davon als unbedeutendere Mitglieder. Hierarchie und (finanzielle) Macht spielten offensichtlich eine Rolle.[41] Ein solch hochrangiger Bankier wie John Pierpont Morgan soll sogar einzelne Entscheidungen des *governing committee* beeinflusst haben, um sich lästiger Konkurrenten zu entledigen, hieß es.[42] Gelegentlich gerieten die Auseinandersetzung um Fehlverhalten auch zu einem regelrechten Kuhhandel: Im Jahr 1893 zog sich ein Mitglied „freiwillig" aus der NYSE zurück, um einen sehr prominenten Kollegen vor dem Ausschluss zu bewahren. Der Austritt war jedoch Teil eines Deals, der bekannt wurde und unter den Mitgliedern der NYSE keineswegs unumstritten war.[43]

Freilich waren solche höchst zweifelhafte Vereinbarungen seltene Ausnahmen, und selbst Kritiker wie Untermyer bescheinigten der NYSE, dass sie tatsächlich das Zentrum der Kaufmannsehre sei: „In some respects the code of ethics is above that encountered in any other calling".[44] Solche Zuschreibungen waren zweifellos ein Erfolg der Öffentlichkeitsarbeit der

[40] Untermyer, *Speculation*, S. 3; für empirische Belege siehe Timothy A. Kruse und Steven K. Todd, ‚Price manipulation at the NYSE and the 1899 battle for Brooklyn Rapid Transit shares', in: *Financial History Review* 20 (2013), S. 279–303.

[41] Z. B. Meetings of the Governing Committee, 12 December 1896, Governing Committee, Minutes, Vol. 5: S. 72–75.

[42] ‚Exchange Governors suspend Weidenfeld', in: *New York Times*, 25. Februar 1903.

[43] ‚Interest in the Bache case', in: *New York Times*, 12. März 1893.

[44] Untermyer, *Speculation*, S. 3.

Börse. Es wurde allgemein angenommen, dass die NYSE nichts unversucht ließ, um die Handelspraktiken stetig zu verbessern. 1902 wurde Camille Weidenfeld, ein Mitglied der NYSE, wegen Betrugs und Erpressung vor ein ordentliches Gericht gestellt. Seine Vergehen hatten nichts mit seiner Mitgliedschaft oder seinen Transaktionen an der NYSE zu tun, aber der Richter Charles F. Adimon forderte die NYSE auf, Weidenfeld ebenfalls zu disziplinieren. Er verwies ausdrücklich auf ihre hohen Standards kaufmännischer Ehrbarkeit, weshalb sie das Verhalten Weidenfelds nicht ungesühnt lassen könne. In der Folge suspendierte das *governing committee* Weidenfeld für ein Jahr wegen krimineller Transaktionen, obwohl diese gar nicht in den unmittelbaren Zuständigkeitsbereich der NYSE fielen.[45]

Die NYSE stützte sich auch auf diese von ihr selbst initiierte Wahrnehmung als kaufmännisch ehrbare Organisation, als sie für die Beibehaltung der bestehenden Selbstregulierung plädierte. Ihre Argumente waren wohlfundiert: Es gibt zahlreiche Belege dafür, dass die Selbstregulierung tatsächlich unerwünschte Verhaltensweisen verringert hat. In den 1890er-Jahren wurden beispielsweise an der NYSE mehrere Anzeigen wegen Gerüchten und Fehlverhaltens erstattet, danach jedoch fast keine mehr. Entweder wurde das Vergehen fortan als irrelevant angesehen und daher nicht mehr verfolgt, oder – was wahrscheinlicher ist – die Börsenmitglieder verhielten sich diesbezüglich normkonform. Allerdings gewannen andere Regelverstöße an Gewicht. So nahmen Verfahren wegen Übervorteilung bei Provisionszahlungen oder falscher Angaben beim Erwerb der Mitgliedschaft zu Beginn des 20. Jahrhunderts zu.[46] Ein Blick auf die Insolvenzen an der NYSE bestätigt ebenfalls den allgemeinen Eindruck, dass die Börse in der Lage war, das Geschäftsgebaren zu verbessern: Einer zeitgenössischen Studie zufolge gehörten die Insolvenzquoten an der NYSE im Vergleich mit anderen Branchen zu den niedrigsten, was wiederum für ein hohes Maß an kaufmännischer Solidität und einen verantwortungsbewussten Umgang mit Börsenrisiken spricht.[47]

[45] Meetings of the Governing Committee, 14. Januar 1903, Governing Committee Minutes vol. 5: S. 646–662, S. 668–669, NYSE-Archive RG 1–2.

[46] Vgl. Boris Gehlen, ‚Gruppen- statt Normkonformität: Sanktionierung von Fehlverhalten an der New York Stock Exchange vor 1914', in: *Studien zur Geschichte des Wirtschaftsstrafrechts. Methoden – Analysen – Kritik*, hrsg. v. Bernhard Kretschmer und Benno Zabel (Baden-Baden: Nomos, 2018), S. 351–368.

[47] J. E. Meeker, *Insolvencies on the Stock Exchange* (New York: New York Stock Exchange, The Committee on Library, 1925), S. 2.

Wie gezeigt, oblag es immer der Börse und ihrem Führungsgremium zu entscheiden, was (moralisch) „gut“ oder „schlecht“, ehren- oder lasterhaft war. Da sie sich hauptsächlich auf die Funktionsfähigkeit des Marktes, nicht aber auf höhere ethische Standards konzentrierte, konnte sie nie eine moralische Instanz im engeren Sinne sein; die NYSE war eine Instanz kaufmännischer Ehrbarkeit – nicht mehr, aber auch nicht weniger. Trotz mehrerer Versuche, den Börsen eine staatliche Regulierung aufzuerlegen, blieb die NSYE bis zur Großen Depression selbstreguliert, bevor 1934 eine staatliche Behörde – die *Securities and Exchange Commission* – mit der Regulierung der Aktienmärkte und Börsen beauftragt wurde.

Fazit: Mr. Hyde zähmen – bis zu einem gewissen Grad

Wie soll man eine Vereinigung moralisch bewerten, die augenscheinlich – wie Dr. Jekyll und Mr. Hyde – gleichzeitig „gut“ und „böse“ ist? Die Börsen im Allgemeinen und die NYSE im Besonderen waren und sind maßgebliche Institutionen des Kapitalismus. Als solche sind sie denselben analytischen Problemen ausgesetzt wie der Kapitalismus selbst. Börsen sind umstritten, weil sie, wie der Kapitalismus, im Allgemeinen positive wirtschaftliche Effekte mit sich bringen, aber auch und gerade in Krisen erhebliche negative Auswirkungen haben. Innerhalb eines kapitalistischen Rahmens bleibt ein gewisser Spielraum, um die Spekulation zu einzudämmen und die Börsen zu „zähmen“, damit die negativen Auswirkungen auf ein Minimum reduziert werden. Es hat in der Vergangenheit Finanzkrisen gegeben, die durch die Börsen ausgelöst wurden, aber nie haben sie allein eine Krise verursacht. Daraus folgt, dass die Börsen kein generelles moralisches Problem darstellen, wenn man bereit ist, den Kapitalismus an sich zu akzeptieren – mit all seinen moralischen Problemen.

Dennoch wurden von Zeit zu Zeit kritische Stimmen laut, die die Börsen als Institutionen in Frage stellten. Die NYSE reagierte auf diese Herausforderungen in der *Progressive Era* mit einer Doppelstrategie: Sie verkündete Kaufmannsehre und Integrität als wesentliche Grundsätze der Börse und passte ihre Regeln und Organisation an. In Bezug auf moralische Fragen war die NYSE jedoch nie eine streng ethische Institution; ihr Schwerpunkt lag nicht auf einer strengen Überwachung von Mitgliedern und Transaktionen als moralischem Selbstzweck, sondern auf der Funktionalität des Marktes. Sie tat, was immer nötig war, um den Markt funktionsfähig zu halten – einschließlich einiger moralisch fragwürdiger Ansätze. Es war moralisch nicht richtig, hochrangige Mitglieder milder zu bestrafen als nachrangige; es war auch nicht richtig, wahllos Mitglieder zum Sündenbock zu machen, wenn es opportun erschien. Es war nicht richtig, für die eigene Organisation die höchsten Geschäftsstandards zu fordern und gleichzeitig die Augen vor den Geschäften am Rande der Legitimität zu verschließen; und es war sicher nicht moralisch richtig, zweifelhaftes Geschäftsgebaren stillschweigend zu dulden, während die Aufmerksamkeit der Öffentlichkeit woanders lag, es aber hart zu bestrafen, wenn der Börsenhandel ins Rampenlicht geriet. Aber all dies war notwendig, um einen Markt aufrechtzuerhalten. Dieses Ziel erreicht die NYSE zweifellos, da sie die ausgefeiltesten (Verhaltens-)Regeln der amerikanischen Wirtschaft entwickelte. Dies war jedoch zu einem großen Teil darauf zurückzuführen, dass die Börsen schon immer von der breiten Öffentlichkeit aufmerksam beobachtet wurden. Was an den Börsen geschah, war offensichtlich relevant für die Wirtschaft und die Gesellschaft im Allgemeinen. Der Druck der öffentlichen Kritik und der öffentlichen Meinung, der grundsätzlich auf den Börsen lastete, bewog die NYSE dazu, ihre Regulierungsbemühungen zu verstärken, was letztlich zu einer Verbesserung der Handelspraktikten führte. Die Öffentlichkeit half Dr. Jekyll demnach, Mr. Hyde zu zähmen – aber nicht, ihn zu überwinden.

KAPITEL 6

Konkurs und Moral in einer kapitalistischen Marktwirtschaft: Der Fall Frankreich Mitte des 19. Jahrhunderts

Jürgen Finger

In einem Entwurf für seine *Théorie de l'unité universelle* (1822/1823) lieferte Charles Fourier (1772–1837) eine anschauliche Darstellung der rücksichtslosen Praktiken des Handels. Er begriff den Bankrott als das Laster der Kaufleute in der vom freien Markt geprägten, fünften Epoche der menschlichen Entwicklung, in seinen Worten: der „Zivilisation" und des „freien Wettbewerbs". Der Zustand der Insolvenz war dabei nicht mehr als eine gesellschaftlich akzeptierte Fassade für den (betrügerischen) Bankrott.[1]

[1] Charles Fourier, ‚Section ébauchée des trois unités externes (19e section du plan général)', in: *La Phalange. Journal de la Science sociale, 1ère série in-8* 14 (1/1845), S. 3–42, insb. S. 23–42. Eine leicht gekürzte deutsche Übersetzung wurde von Friedrich Engels veröffentlicht: Friedrich Engels und Charles Fourier, ‚Ein Fragment Fouriers über den Handel', in: Karl Marx, Friedrich Engels, *Werke, Artikel, Entwürfe. Ende August 1844 bis April 1846. (Lage der arbeitenden Klasse in England, Heilige Familie u. a.)*, Bd. I/4 der Marx Engels

J. Finger (✉)
Department of Contemporary History, German Historical Institute Paris, Paris, Frankreich
E-Mail: JFinger@dhi-paris.fr

S. Berger, A. Przyrembel (Hrsg.), *Moralisierung des Kapitalismus*,
https://doi.org/10.1007/978-3-031-51270-4_6

Die Revolution von 1789 und ihr unstetes Nachspiel hatten Fouriers Schriften geprägt. Gestützt auf suggestive Anekdoten, in denen wirtschaftliche Naivität ebenso wie antisemitische Verunglimpfungen mitschwingen, schlägt er eine ausgeklügelte Hierarchie der Bankrotteure vor. Dieser „utopische“ Sozialist (ein Beiname, mit dem Fourier später herabgewürdigt wurde) postulierte die Perversion und Substanzlosigkeit einer modernen Marktwirtschaft, der es an der sozialen Einbettung des Einzelhandels alter Prägung mangelte und die auf Schuldscheinen und Buchgeld basierte.

Fourier war sich der verschiedenen Gründe, Motivationen und Mechanismen des Bankrotts durchaus bewusst, die zwischen Unfähigkeit und kühlem Kalkül, vorsätzlicher Täuschung und überstürztem Abzug von Geldern, einmaligem Ereignis und Ketteninsolvenz liegen. Dennoch bezeichnete er den Bankrott als soziales Verbrechen und als Diebstahl.[2] Er verunglimpfte sogar jene Zahlungsunfähigen mit ehrlichen Absichten, die darauf bedacht waren, die Forderungen ihrer Gläubiger und Gläubigerinnen zu befriedigen: Sie hätten einfach noch nicht begriffen, dass der Bankrott ein akzeptierter Weg der Bereicherung in einer Marktwirtschaft sei. Fouriers Haltung war letztlich widersprüchlich, denn er suchte die Verantwortung zugleich beim persönlichen Charakter der Betroffenen und bei strukturellen Ursachen, also im kapitalistischen Wirtschaftssystem: „Ich habe beobachtet, dass der Bankrott das einzige soziale Verbrechen ist, das epidemisch ist und das den ehrlichen Mann [*l'homme probre*, im Sinn des lateinischen *vir probatus*] zwangsläufig dazu treibt, den Gauner zu kopieren“.[3] Trotz seiner scharfen Kritik an der Kaufmannschaft hielt er es gleichwohl nicht für sinnvoll, die einzelnen Handeltreibenden zu mo-

Gesamtausgabe MEGA² (Berlin: De Gruyter Akademie Forschung, 2022), S. 592–636. Fourier fügte einen Auszug ein in: Fourier, *Théorie de l'unité universelle*, Kap. 4 der *Œuvres complètes*, 2. Aufl. (Paris: Société pour la propagation et la réalisation de la théorie de Fourier, 1841), Bd. 3/4, S. 121–129.

Diese Publikation wurde durch das P.R.I.M.E.-Programm des Deutschen Akademischen Austauschdienstes (DAAD) unterstützt, das von den Marie-Skłodowska-Curie-Maßnahmen der Europäischen Union (Fördernummer 605728 unter FP7-PEOPLE-2013-COFUND) und dem Bundesministerium für Bildung und Forschung kofinanziert wird.

[2] Siehe auch Charles Fourier, *Théorie des quatre mouvements et des destinées générales*, Kap. 1 der *Œuvres complètes* (Paris: Société pour la propagation et la réalisation de la théorie de Fourier, 1841), S. 341–354.

[3] Fourier, ‚Section ébauchée‘, S. 42. Alle Übersetzungen ins Deutsche durch den Autor. Leicht variiert bei: Engels/Fourier, ‚Ein Fragment‘, S. 633: „Ich habe bemerkt, daß der Bankerott das einzige soziale Verbrechen ist, das epidemisch wird und den ehrlichen Mann mit Gewalt in die Bahn des Schuftes reißt“.

ralisieren, da die „Zivilisation" selbst sie zu diesem Verhalten gezwungen hätte.[4] Fourier liest sich wie ein entmutigter Moralist, der die moralischen Defizite der Marktwirtschaft beklagt und hin- und hergerissen ist, ob er die Akteure dafür verantwortlich machen soll oder nicht.

Die Moral als regulative Idee, die das Handeln der Wirtschaftsakteure leitet, würde erst in einer zukünftigen Phase der Gesellschaftsentwicklung, dem erwarteten Zeitalter der „sozietären Konkurrenz", wieder Geltung erlangen, die geprägt wäre von Solidarität und der Unterordnung des Handels unter die anderen gesellschaftlichen Interessen – in anderen Worten, sobald eine moralisch gebundene Wirtschaft wieder sozial eingebettet wäre. Diese Vorstellung bezog sich eindeutig auf kleinräumige Gemeinschaften wie seine *Phalanstères*, eine frühsozialistische und experimentelle Heterotopie.[5] Erst dann würde sich die Kaufmannsklasse den Interessen der Industriellen, Bauern und Grundbesitzer unterordnen – als Schriftsteller der 1820er-Jahre übersah er die Arbeiterklasse noch – und aufhören, eine „Klasse von parasitären und unproduktiven Agenten" zu sein.[6]

[4] Fourier, *Théorie des quatre mouvements*, S. 333–334. Dies entspricht der Triebtheorie Fouriers, der den Reichtum als erste Quelle und Voraussetzung des menschlichen Glücks und damit als legitimes Ziel der menschlichen Existenz ansah. Vgl. Lorenz von Stein, *Die industrielle Gesellschaft. Der Sozialismus und Kommunismus in Frankreich von 1830 bis 1848*, Bd. 2 von: *Geschichte der sozialen Bewegungen in Frankreich von 1789 bis auf unsere Tage* (München: Drei-Masken-Vlg., 1921), S. 281–291.

[5] Anne Kwaschik, ‚Gesellschaftswissen als Zukunftshandeln. Soziale Epistemologie, genossenschaftliche Lebensformen und kommunale Praxis im frühen 19. Jahrhundert', in: *Francia* 44 (2017), S. 189–211, insb. S. 209–211. Zum Konzept der Heterotopien siehe: Michel Foucault, ‚Des espaces autres', in: Ders., *Dits et écrits 1954–1988*, hrsg. v. Daniel Defert und François Ewald (Gallimard-Nouvelle revue française, 1994), Bd. 4, Nr. 360, S. 752–762, insb. S. 755–756. Fouriers Vorstellung von den sozialen und moralischen Grenzen, die sowohl für den Einzelhandel alter Prägung als auch für den künftigen „gesellschaftlichen" Handel gelten, ist offensichtlich zu eng gefasst. Er negiert willkürlich die Möglichkeit moralischer und sozialer Beziehungen in einer Marktwirtschaft, wie sie in der neueren Forschung mit dem Begriff der *Einbettung* analysiert wurde: Mark Granovetter, ‚Economic Action and Social Structure: The Problem of Embeddedness', in: *American Journal of Sociology* 91 (1985), S. 487–504; Christof Dejung, ‚Einbettung', in: *Auf der Suche nach der Ökonomie: Historische Annäherungen*, hrsg. v. ders., Monika Dommann und Daniel Speich Chassé (Tübingen: Mohr Siebeck, 2014), S. 47–71; Jens Beckert, ‚The Great Transformation of Embeddedness: Karl Polanyi and the New Economic Sociology', in: *Market and Society: The Great Transformation Today*, hrsg. v. C. M. Hann und Keith Hart (Cambridge: Cambridge University Press, 2009), S. 38–55.

[6] Fourier, *Théorie des quatre mouvements*, S. 331–334.

Fourier präsentierte damit im Kern die zentralen Argumente der Konkursdebatte des 19. Jahrhunderts. Erstens: Schulden sind eine soziale Beziehung zwischen Schuldnern und Schuldnerinnen einerseits und Gläubigern und Gläubigerinnen andererseits. Zweitens impliziert Fouriers Ablehnung der modernen Marktwirtschaft und sein Wunsch nach kleinräumigen Alternativen eine Kritik an der unpersönlichen, abstrakten oder entmaterialisierten Wirtschaftstätigkeit und der ihr angeblich fehlenden individuellen Verantwortung. Überregionale und internationale Lieferketten schienen die Gläubiger-Schuldner-Beziehungen ebenso zu lockern wie deren Vervielfachung, da so die Bedeutung direkter Kontakte zwischen Handelspartnern (Peer-to-Peer) gemindert wurde. Dabei waren Schulden und Konkurse immer auch eine Frage der Moral. Nicht nur die Beziehungen zwischen den einzelnen Akteuren wurden moralisiert, sondern auch die Beziehungen zur Gesellschaft und zu einer idealisierten und als männlich vorgestellten Kaufmannsgemeinschaft.[7] Die „Moralisierung" sollte alle Beteiligten, auch die Gläubiger und Gläubigerinnen, von opportunistischem Verhalten abhalten. Der immer abstraktere, entindividualisierte Kreditnexus, die Herausforderungen seiner Moralisierung und die Folgen der Industrialisierung (die Fourier freilich noch nicht vorhersehen konnte): Das waren die Konfliktfelder, in denen sich die Konkursdebatte des 19. Jahrhunderts entwickelte.

In diesem Kapitel wird das Beispiel des Konkurses – im weiten Sinne des Begriffs, wie im englischen *bankruptcy*, der Insolvenz (frz. *faillite*), einfachen und betrügerischen Bankrott (*banqueroute simple* und *frauduleuse*) umfasst – als Indikator für diese strukturellen und diskursiven Herausforderungen an die traditionellen Formen der Moralisierung einer Ökonomie der Schulden im Zeitalter des Kapitals dienen.[8] Obwohl der Konkurs im Leben eines einzelnen Kaufmanns oder einer Kauffrau eine seltene und extreme Situation darstellte, wurde er vom Gesetzgeber und der Zivilgesellschaft des 19. Jahrhunderts stets als eine prinzipielle Frage betrachtet, da man davon ausging, dass er die Funktionsfähigkeit des Handels und der nationalen Wirtschaft im Allgemeinen beeinträchtigte. Wie entwickelten sich die moralisierenden Diskurse über den

[7] Frauen konnten die Qualität eines „commerçant" haben, also „Kaufmann" sein, manche aus eigener Handelsaktivität heraus, andere weil sie einen Familienbetrieb übernommen hatten. Sie waren eine gar nicht so seltene Ausnahme. Das soziale und rechtliche *imaginaire* des Kaufmanns und der Kaufmannschaft wie auch die Formen ihrer Repräsentation (in Verbänden, Handelsgerichten und -kammern) war dagegen eindeutig männlich konnotiert.

[8] Eric J. Hobsbawm, *The Age of Capital 1848–1875* (New York: Vintage Books, 1996).

Konkurs und wie fanden sie Eingang in den Text und die Praxis des Handelsrechts? Wie entwickelte sich die diskursive Verbindung zwischen individuellem Fehlverhalten und allgemeinem Interesse, die zwischen dem öffentlichen und dem privaten Bereich oszillierte? Was sorgte für die Überzeugungskraft moralischer Argumente im öffentlichen Diskurs und warum wurden die überkommenen Instrumente der Moralisierung in Frage gestellt?

Diese Analyse der Formen des „Moralisierens" wird nicht unternommen, um nach Beweisen für einen angeblich schlechten moralischen Zustand des Wirtschaftslebens zu suchen. Vielmehr werden Moral und Moralisieren als analytische Werkzeuge verstanden, um den Übergang von der französischen Handelswirtschaft zu einer industrialisierten und kapitalintensiven Ökonomie besser zu verstehen. Moral und Sittlichkeit, der Akt der Moralisierung des Verhaltens und des Charakters anderer, beruhen auf Sitten und akzeptierten Verhaltensnormen (im wörtlichen Sinne des lateinischen *mos/mores*). Diese sind durch Konvention und gängige Praxis moralisch, nicht durch ethische Überlegungen und universelle Gültigkeit.[9]

Die Französische Revolution von 1848 dient als Fallstudie für diese Analyse. Nach einer kurzen Kontextualisierung der wirtschaftlichen Probleme im revolutionären und republikanischen Frankreich werden die juristischen Grundlagen des französischen Konkursrechts vorgestellt. Ein Kapitel untersucht dann die Konkursdebatten von 1848 bis 1850/1851, in denen sich die veränderte moralische Bewertung der Gläubiger-Schuldner-Beziehungen widerspiegelte. Die Unfähigkeit, eine Schuld zu begleichen, die zuvor eine Frage des Gemeinwohls gewesen war, wurde zu einem vorwiegend privaten Problem. Dies veränderte die Notwendigkeit der Moralisierung, die Instrumente der Moralisierung und die Legitimität dieser Instrumente. Gesetzentwürfe, parlamentarische Diskussionen und offizielle Dokumente sowie Petitionen an die Gesetzgeber und an den Präsidenten Louis Napoleon Bonaparte, den späteren Napoleon III., verdeutlichen die politische, rechtliche und wirtschaftliche Bewertung des Kon-

[9] Lemma ‚Moral, moralisch, Moralphilosophie', in *Historisches Wörterbuch der Philosophie*, Bd. 6, hrsg. v. Joachim Ritter und Karlfried Gründer (Basel: Schwabe, 1984), Sp. 149–168, insb. Sp. 149; Karl-Heinz Ilting, ‚Sitte, Sittlichkeit, Moral', in: *Geschichtliche Grundbegriffe: Historisches Lexikon zur politisch-sozialen Sprache in Deutschland*, Bd. 5, hrsg. v. Otto Brunner, Werner Conze und Reinhard Koselleck (Stuttgart: E. Klett; G. Cotta 1984), S. 863–921, insbesondere S. 863–864; Marion Fourcade und Kieran Healy, ‚Moral Views of Market Society', in: *Annual Review of Sociology* 33 (1/2007), S. 14.1–14.27, https://doi.org/10.1146/annurev.soc.33.040406.131642 (Zugriff am 24. Februar 2024).

kurses. Darüber hinaus geben diese Quellen auch Aufschluss über die moralischen Bewertungen, die unter den Akteuren des französischen Handels in der Mitte des 19. Jahrhunderts üblich waren.[10]

Verspätete Debatten, verspätete Reaktionen

In den 1840er-Jahren geriet die Gesellschaft aus den Fugen, es vollzog sich ein umfassender wirtschaftlicher, technischer und sozialer Wandel, ohne dass es zu politischen und institutionellen Reformen gekommen wäre.[11] Eine europäische Wirtschaftskrise nährte die bereits endemische politische Unzufriedenheit in Frankreich, und die seit 1846/1847 steigenden Preise für Getreide und Kartoffeln führten schließlich zur Februarrevolution. Die Subsistenzkrise machte die Einfuhr von Nahrungsmitteln erforderlich, wodurch Kapital aus dem Land abgezogen wurde. Der Kapitalmarkt, der bereits durch den beispiellosen Kapitalbedarf der Eisenbahngesellschaften belastet war, wurde von einer schweren Kreditkrise heimgesucht. Ab 1848 schlug das Pendel in die entgegengesetzte Richtung aus. Bessere Ernten bei gleichzeitiger wirtschaftlicher Depression ließen die Getreidepreise sogar unter das Vorkrisenniveau fallen, was nun in den ländlichen Gebieten zu großer Unzufriedenheit führte, noch während der Hochphase der Revolution.[12] Der wirtschaftliche Schock von 1846 bis 1851 hatte die Revolution ausgelöst und trug zugleich zum Scheitern der Zweiten Republik bei. Damit begann die Ära des Produktivismus des Zweiten Kaiserreichs mit seinem Versprechen eines neuen wirtschaftlichen Aufschwungs, der unter anderem vom Saint-Simonismus inspiriert war.[13]

Die Zahl der Insolvenzen (*faillites*) nahm während des gesamten 19. Jahrhunderts zu und stabilisierte sich erst in der Belle Époque nach 1890, als Frankreich einen fast zwei Jahrzehnte langen Aufschwung

[10] Lex H. van Voss, ‚Introduction: Petitions in Social History', in: *International Review of Social History* 46 (9/2001), S. 1–10, https://doi.org/10.1017/s002085900100030x (Zugriff am 24. Februar 2024).

[11] Eric J. Hobsbawm, *The Age of Revolution 1789–1848* (New York: Vintage Books, 1996), S. 303–308.

[12] Maurice Agulhon, *The Republican Experiment 1848–1852* (Cambridge: Cambridge Univ. Press, 1993), S. 7–8, S. 35–36, S. 8285; William Fortescue, *France and 1848: The End of Monarchy* (London und New York: Routledge, 2005), S. 43–45; Jonathan Sperber, *The European Revolutions 1848–1851 (Cambridge*: Cambridge University Press, 1994), S. 24–26, S. 105–107.

[13] Agulhon, *Republican Experiment*, S. 35–45, S. 82–85, S. 178–183.

erlebte. Dieser Anstieg war zunächst numerisch bedingt durch die allgemeine Vermehrung der Zahl der Unternehmen im Laufe des Jahrhunderts: mehr Kaufleute bedeutete mehr Gelegenheiten zu scheitern. Die wirtschaftliche Entwicklung korrelierte auch mit den politischen Zeitläuften, aber auf indirekte Weise.[14] Die revolutionären Ereignisse von 1830 und 1848 sowie der Deutsch-Französische Krieg und der Kommuneaufstand 1870/1871 gingen mit einem sprunghaften Anstieg der Konkursstatistiken einher. Die Londoner Panik von 1847, der Schwarze Freitag von 1869 und schließlich der Pariser Börsenkrach von 1882 hatten angesichts von zunehmendem grenzübergreifendem Handel und Investitionen ebenfalls erheblichen Einfluss auf das Geschehen. Die Berichterstattung spiegelte das Bewusstsein dieser Interdependenz wider; so verzeichnete der *Moniteur universel* beispielsweise 1847 eine wachsende Zahl von Konkursen britischer Industrieunternehmen und im Überseehandel tätiger Handelsbanken.[15] In einer Atmosphäre der allgemeinen Krise fand die *Times* es bemerkenswert, wenn es an einem Tag einmal keine neuen Konkurse gegeben hatte.[16]

Die Zahl der Insolvenzen ging in der Regel nach solchen politischen und wirtschaftlichen Turbulenzen wieder deutlich zurück. Die Konkurswelle hatte zu einer Marktbereinigung geführt, so dass die verbleibenden Unternehmen als stabiler angesehen wurden. Zudem förderten die französischen Regierungen die Überlebensfähigkeit dieser Firmen, indem sie die Zahlungsfristen verlängerten und während der Übergangsphasen von 1848 und 1870 sowie 1919 bis 1922 befristete Regelungen für Konkursverfahren erließen.[17] Diese Tendenz lässt sich auch zur Zeit der Revolution von 1848 feststellen: Nachdem die Zahl der Konkurse 1847 einen Höchststand erreicht hatte, ging sie in den Jahren der Republik deutlich zurück. Überraschenderweise war das Geldvolumen der in diesem Zusammenhang

[14] Zum Folgenden siehe: Luc Marco, *La montée des faillites en France*, xixe–xxe *siècles* (Paris: l'Harmattan, 1998), S. 5–8, teilweise eigene Berechnungen auf der Grundlage der Daten S. 165, S. 173.

[15] *Le Moniteur universel* 1847, 670, 2111, 2648, 2651, 2672, 2700, 2704, 2708, 2714, 2724, 2738, 2798, 2802.

[16] *Le Moniteur universel* 1847, 2724 (21. Oktober 1847).

[17] Jean-Marie Thiveaud, ‚L'ordre primordial de la dette: Petite histoire panoramique de la faillite, des origines à nos jours', in: *Revue d'économie financière* 25 (2/1993), S. 67–106, https://doi.org/10.3406/ecofi.1993.1989 (Zugriff am 24. Februar 2024), insb. S. 89, S. 95; Léonce Thomas, *Études sur la faillite: De la faillite dans le droit français et dans le droit étranger. Observations sur quelques points spéciaux de la législation française en matière de faillite* (Paris: Larose, 1880), S. 16–17.

abgeschlossenen Insolvenzvergleiche von 1848/1849 ungewöhnlich hoch. Das Verhältnis von Aktiva zu Passiva lag 1848 bei 6:4 und 1849 bei 1:1 und damit deutlich höher als in durchschnittlichen Jahren, in denen die Aktiva von den Passiva im Verhältnis von 1:2 bis 1:3 übertroffen wurden und in denen die Insolvenzquote, also der am Ende von der Gläubigerseite erlöste Anteil ihrer Außenstände, entsprechend niedrig war. Das bedeutet, dass die Konkursverfahren in den Jahren um die Februarrevolution Kaufleute getroffen hatten, die noch über bedeutende Vermögenswerte verfügten und unter normalen Umständen wohl nicht als überschuldet gegolten hätten.[18] Die im Folgenden beschriebene Kontroverse um Status und Ablauf von Konkursen nach der Revolution von 1848 kam für die meisten betroffenen Unternehmen zu spät. Die Diskussion über ineffiziente Verfahren, verdiente und unverdiente Bankrotteure sprach jedoch eindeutig ein relevantes Problem der damaligen Zeit an.

Schwächen des napoleonischen Konkursrechts von 1807

Bereits während der ersten Französischen Revolution hatten wirtschaftliche Schwierigkeiten, Skandale und der Zusammenbruch von Handelshäusern offenbart, dass sich Wirtschaft und Gesellschaft in einem Zustand schwerer Unordnung befanden. Napoleon startete ein umfangreiches Gesetzgebungsprogramm, um das französische Recht zu harmonisieren und zu modernisieren. Die öffentliche Ordnung sollte wiederhergestellt und die Moral in die Wirtschaft zurückgebracht werden. Der *Code de commerce* von 1807, der die *Ordonnance sur le commerce* von 1673 ablöste, beinhaltete eine umfassende Regulierung des Handels. Die häufigen Konkursfälle veranlassten Napoleon, die Maßnahmen gegen Bankrotteure zu verschärfen.[19]

Das französische Konkursrecht war darauf ausgelegt, den Schutz privater Interessen (in erster Linie die Ansprüche der Gläubiger und Gläubigerinnen) mit dem Schutz des Gemeinwohls in Einklang zu bringen. Ein Rund-

[18] Marco, *Montée*, S. 165.

[19] Thiveaud, ‚Ordre', S. 84–87. Dies ist nicht der Ort, um die Revisionen des *Code de commerce* nachzuvollziehen oder die institutionelle Entwicklung der Handelsgerichte zu beschreiben: Corinne Saint-Alary-Houin, Hrsg., *Qu'en est-il du Code de commerce 200 ans après: État des lieux et projections* (Toulouse: Presses de l'Univ. des sciences sociales de Toulouse, 2009); Catherine Delplanque, Hrsg., *Bicentenaire du Code de commerce, 1807–2007* (Paris: Dalloz, 2008).

schreiben der Regierung, das während der Ausarbeitung des *Code de commerce* herausgegeben wurde, zeigt, wie individualisierende Moralisierung und Bezugnahme auf das Gemeinwohl Hand in Hand gingen und wie diese Verbindung in der Regel mit starker Rhetorik hervorgehoben wurde:

> „Im Allgemeinen ist es unmöglich, den *Missständen*, zu denen Insolvenzen Anlass geben, ohne strenge Gesetze ein Ende zu setzen: aber, wie Sie wissen, gibt es *keinen Handel ohne Kredit*, *keinen Kredit ohne Garantien*. Strenge Gesetze gegen die *Böswilligkeit* schützen die *Redlichkeit*, und indem sie die Geschäftswelt von den *Abenteurern* säubern, die diese *usurpiert* haben, werden sie dazu beitragen, die *Moral* wiederherzustellen, die den Handel *achtet*, ihn *festigt* und das *Vertrauen der Öffentlichkeit* in ihn sicherstellt."[20]

Diese Argumentation sollte im Kern noch Jahrzehnte lang Bestand haben. Sie verband die individuelle Kreditwürdigkeit der Handeltreibenden mit dem Vertrauen in einen abstrakten *commerce* (und damit den öffentlichen Kredit und die Finanzierung des Staates) und mit der öffentlichen Ordnung und Moral. Diese spezifische Mischung aus individueller und kollektiver Ebene wurde in einer Zeit des wachsenden Individualismus problematisch. Interessanterweise stand die moralische Strenge der betont modernen napoleonischen Kodifizierungen in starkem Gegensatz zur relativen Laxheit der frühneuzeitlichen Kaufmannspraktiken. Letztere waren häufig in Verwandtschafts- und Peer-Netzwerke eingebettet gewesen, die im Falle einer Überschuldung gütliche Regelungen ermöglicht hatten. Wie Natacha Coquery feststellt, war das frühneuzeitliche „kaufmännische" Konzept des Konkurses weniger rigoros und pragmatischer als dessen spätere rechtliche Fixierung von 1807, da es eher darauf abzielte, Geschäftsbeziehungen zu stabilisieren, anstatt sie zu kappen und die geschuldeten Beträge mit rechtlichen Zwangsmitteln herauszupressen.[21]

Die französische Gesetzgebung des 19. Jahrhunderts unterschied zwischen einem Ungleichgewicht von Aktiva und Passiva in einer Bilanz, das zu einer Zahlungseinstellung und Insolvenz (*faillite*) führte, und einem

[20] Die Kursivschrift wurde vom Autor hinzugefügt. Rundschreiben des Innenministers an die Handelskammern, Umfrage zum Projekt eines *Code de Commerce*, 18. Juni 1806, Archives Nationales (AN), AN/F/12/866.

[21] Laurence Fontaine, *L'Économie morale. Pauvreté, crédit et confiance dans l'Europe préindustrielle* (Paris: Gallimard, 2008), S. 281–296, S. 302–303; Natasha Coquery, 'Credit, Trust and Risk. Shopkeepers' Bankruptcies in 18th-Century Paris', in: *The History of Bankruptcy. Economic, Social and Cultural Implications in Early Modern Europe*, hrsg. v. Thomas M. Safley (London: Routledge, 2013), S. 52–71, insb. S. 51–54, S. 61–66.

Bankrott, der strafrechtlich verfolgt werden konnte beziehungsweise musste (*banqueroute*). Der erste Fall musste beim *Tribunal de commerce*, dem Handelsgericht, durch Vorlage einer Bilanz (*dépôt de bilan*) erklärt werden. Letzterer war strafbar und betraf die Täuschung der Gläubigerseite, sei es durch Fahrlässigkeit, Unzuverlässigkeit, Glücksspiel und übermäßige Kreditaufnahme (*banqueroute simple*) oder durch Betrug und Arglist (*banqueroute frauduleuse*).[22] Diese Bestimmungen sowie der *Code de commerce* im Allgemeinen galten nur für Kaufleute (*commerçants*), während der *Code civil* eine besondere Form des Privatkonkurses für alle anderen männlichen Bürger (*déconfiture*) vorsah.[23] Beide Formen des Bankrotts führten regelmäßig zu strafrechtlichen Anklagen, wenn Schuldner und Schuldnerinnen verdächtigt wurden, die Interessen ihrer Gläubiger und Gläubigerinnen verletzt zu haben, indem sie Vermögenswerte beiseitegeschafft oder versteckt hatten oder im Wissen um die drohende Insolvenz einzelne Geschäftspartner und -partnerinnen bevorzugt behandelt hatten. Bei „einfachen" Bankrotten drohten Freiheitsstrafen von bis zu zwei Jahren. Betrügerische Bankrotteure und ihre Komplizen sollten mit schwerer Arbeit im *bagne* bestraft werden, einem Gefängnis in den Seehäfen, das an die frühere Bestrafung auf Gefängnisschiffen (*galères*) erinnerte. Napoleon III. ersetzte diese durch Straflager in den Kolonien, aber der Name *bagne* wurde beibehalten.

Um Betrug vorzubeugen, stellte das Handelsgericht nach Prüfung der Bilanzen den Zeitpunkt des Ungleichgewichts von Aktiva und Passiva fest, wobei es sich auf die hypothetische Tatsache bezog, dass ab einem be-

[22] Für das Folgende: *Code de commerce* ([Paris: 1807], künftig: C. com.), 3. Buch, Titel 1 (insbesondere das 1. Kapitel) und Titel 4, Art. 437–448, 586–603. Die allgemeinen Elemente änderten sich in der ersten Hälfte des Jahrhunderts kaum, wie ein knapper Überblick über das Verfahren in einem Bericht an die Nationalversammlung zeigt: *Le Moniteur universel* 1850, 2244–2245 (Bericht von Bravard-Veyrières). Victor Dalloz, *Jurisprudence des faillites, de la banqueroute, de la déconfiture, ou collection complète des arrêts rendus par les Cours de France et des Pays-Bas sur cette matière: Précédée de l'exposé des principes de la législation et de la doctrine des auteurs sur ces diverses matières* (Brüssel: H. Tarlier, 1830).

[23] Die Definition des „Kaufmanns" war tautologisch, wie in den meisten Handelsgesetzen: „Sont commerçants ceux qui exercent des actes de commerce [sic!], et en font leur profession habituelle" (C. com., 1. Buch, Art. 1). Der Zustand der *déconfiture* wurde im Zivilrecht nicht so systematisch behandelt wie *faillite* und *banqueroute* im Handelsrecht. Weder der *Code civil* noch der *Code de procédure civile* enthielten einen speziellen Abschnitt. Ihre Auswirkungen wurden unter anderem erwähnt in: *Code civil des Français [...] suivi des lois transitoires sur l'adoption, le divorce et les enfants naturels,* 2 Bde. (Paris: Journal du Palais, An XII = 1804), Art. 1267, 1613, 1913, 2003, 2032.

stimmten Moment mehr *passifs* als *actifs* in den Geschäftsbüchern standen. Dieser Zeitpunkt stimmte nicht unbedingt mit dem Datum des *dépôt de bilan* überein, an dem der Kaufmann die Insolvenz erklärt hatte. In der Zwischenzeit mussten potenziell bösartige Transaktionen rückgängig gemacht werden. Kaufleute, die versuchten, ihr Unternehmen zu retten, indem sie eine Zahlungseinstellung vermieden, feilschten, um Zahlungsaufschub baten und Schulden umschichteten, liefen Gefahr, zu spät Insolvenz anzumelden. Sie konnten dann beschuldigt werden, die Schieflage verschleiert und neue Geschäftspartner getäuscht zu haben.[24]

Jedem insolventen Kaufmann und jeder Kauffrau drohte die sofortige und in der Regel automatische Inhaftierung in einer *maison d'arrêt pour dettes*, einem Schuldgefängnis, unabhängig von der Art des Konkurses. Nach den Vorschriften des Handelsgesetzbuchs verhaftete das Gericht die zahlungsunfähige Person, beschlagnahmte ihren Besitz durch Anbringen von Siegeln (*scellés*) und ernannte einen Treuhänder (*syndic*) für die Verwaltung des Vermögens sowie einen Konkursrichter (*juge commissaire*), der die Aufsicht über den *syndic* führte.[25] In der Zwischenzeit wurden die Eigentumsrechte des Schuldners bzw. der Schuldnerin erheblich beschnitten; Verfügungsrechte gingen auf den *syndic* und den *juge commissaire* über. In der Regel war eine vollständige Einstellung des Geschäftsbetriebs die Folge, selbst ein nicht stark überschuldeter Betrieb drohte nun tief in eine Zahlungskrise zu rutschen, ohne neue Ware, ohne Einnahmen und angesichts fällig gestellter Schulden.

Die *faillite* bot Schuldnern und Schuldnerinnen aber auch Schutz, da nach erklärter Insolvenz kein individueller Antrag auf *contrainte par corps* (Zwangshaft) gestellt werden konnte. Das gemeinsame Interesse der Gläubigerschaft als Kollektiv hatte Vorrang vor der Geltendmachung individueller Ansprüche. Kurioserweise konnte die Beantragung einer *contrainte par corps* eine Insolvenz auslösen, die dem Schuldner oder der Schuldnerin dann wiederum half, den Zwangsarrest zu vermeiden. Dies war jedoch nur ein Pyrrhussieg, denn nun drohte die Verhaftung des *failli* auf Anordnung des Konkursrichters.[26] Die *contrainte par corps*, nicht zu verwechseln mit dieser automatischen Inhaftierung der Insolventen, be-

[24] Thomas, *Études*, S. 23–24.

[25] Dalloz, *Jurisprudence*, S. 86–99; Thiveaud, ‚Ordre', S. 86–87; C. com., Art. 455, 568.

[26] Raymond T. Troplong, *De la contrainte par corps en matière civile et de commerce: Commentaire du titre XVI, livre III, du Code civil* (Paris: C. Hingray, 1847), S. 275–284, S. 297–300.

deutete im Wortsinn, sich des Körpers des säumigen Schuldners oder der Schuldnerin zu bemächtigen, um sie zur Zahlung zu zwingen. Sie war der thematische Anker schlechthin für eine moralische und funktionale Bewertung von Schuldregime und Konkursrecht, auch wenn (oder gerade weil) die *contrainte* bei Kaufleuten offenbar nur selten angewandt wurde. Der Gedanke, dass Handel und *crédit public* durch die Verhaftung säumiger Kaufleute gefördert werden könnten, stand im Widerspruch zur Realität des Geschäftslebens und setzte deshalb einen unerwarteten Schwerpunkt in der Debatte.[27] Für viele Gläubiger und Gläubigerinnen galten die automatische Haft und die Zwangsvollstreckung gleichwohl als ultimative Garantien, als letztes Mittel also, um ausstehende Forderungen einzutreiben. Für die Betroffenen hingegen war das Schuldgefängnis eine vorübergehende und begrenzte Form des zivilen Todes.

Eine Überarbeitung des sogenannten *Code des faillites*, des dritten Buchs des Handelsgesetzbuchs, im Jahr 1838 befasste sich mit den praktischen Unzulänglichkeiten der ebenso moralisierenden wie komplexen Bestimmungen von 1807. Sie zielte darauf ab, die Verfahren zu beschleunigen und zu vereinfachen, Vergleiche zu erleichtern und das Rehabilitationsverfahren für diejenigen Schuldner und Schuldnerinnen zu vereinfachen, die vom Verdacht des betrügerischen Fehlverhaltens freigesprochen worden waren und alle Forderungen erfüllt hatten, selbst diejenigen, auf die die Geschäftspartner und -partnerinnen in einem früheren Vergleich verzichtet hatten.[28] Ein erfolgreicher Vergleich hob den Status des *failli* nicht automatisch auf. Erst die förmliche Rehabilitierung ermöglichte dem Schuldner oder der Schuldnerin einen Neuanfang; Männer erhielten ihre vollen politischen Rechte zurück, wie z. B. die Ämter als Geschworener oder als Offizier der Nationalgarde, die Mitgliedschaft in der Handelskammer und nicht zuletzt den Zugang zur Börse. Nur das Rehabilitationsverfahren beendete die symbolische und soziale Ausgrenzung der säumigen Schuldner und Schuldnerinnen.[29] Aus der moralisierenden Perspektive war die formale Rehabilitierung zweideutig. Zunächst einmal war die Moralisierung an die Feststellung eines Fehlverhaltens (Zahlungsverzug) gebunden, zielte dann aber auf den Charakter des Schuldners und

[27] Pierre-Cyrille Hautcœur, ‚La statistique et la lutte contre la contrainte par corps: L'apport de Jean-Baptiste Bayle-Mouillard', in: *Histoire et mesure* 23 (1/2008): S. 167–189, https://doi.org/10.4000/histoiremesure.3093 (Zugriff am 24. Februar 2024), insb. §§ 28–30.

[28] Thiveaud, ‚Ordre', S. 87–89.

[29] C. com., Art. 604–614.

der Schuldnerin ab. Wenn alle Verbindlichkeiten erfüllt waren und die Wiederherstellung der Ordnung anerkannt wurde, wurde die Moralisierung ausgesetzt. Nun war die Moral offenbar nicht mehr eine Frage des Charakters als der Fähigkeit, die Erwartungen der Mitmenschen zu erfüllen.

Beide Institutionen, *contrainte par corps* und formale Rehabilitierung, stellten Ungleichzeitigkeiten im Recht des 19. Jahrhunderts dar. Sie waren Relikte der frühneuzeitlichen Handelsmoral, deren Bedeutung paradoxerweise durch die napoleonische Modernisierung des Handelsgesetzbuchs verstärkt wurde, denn sie setzten jede Zahlungseinstellung mit einem Verbrechen gegen die Gesellschaft und das Gemeinwohl gleich. Zugleich stellte die *contrainte par corps* eine unangemessene Vermischung von Privatrecht, öffentlichem Recht und Strafvollzug im Zeitalter der Kodifikationen und des normativen Individualismus dar: Die *contrainte* verletzte persönliche Freiheitsrechte zur Durchsetzung privater Ansprüche. Unter den Regeln des Handelsrechts konnte ein Schuldner oder eine Schuldnerin ohne strafrechtliche Anklage und ohne die Kontrolle durch einen Strafrichter, für einen relativ langen Zeitraum, aber auf Kosten des Gläubigers beziehungsweise der Gläubigerin in einem staatlichen Gefängnis festgehalten werden. Das widersprach allen sonst geltenden Regeln des Rechtsschutzes; die *contrainte* war ein rechtssystematisches Problem.[30] Der traditionelle Ansatz, Schuldner und Schuldnerinnen durch Festnahme und Bestrafung zu moralisieren, wurde durch die ethischen Überlegungen des modernen Individualismus und liberale Vorstellungen von Rechtsstaatlichkeit in Frage gestellt.

Der französische Gesetzgeber war sich dieser Vermischung der Bereiche letztlich schon lange bewusst. Die *contrainte* unterlag den Wechselfällen der französischen politischen Geschichte. Erstmals vom Konvent am 9. März 1793 abgeschafft, wurde sie vom selben Konvent am 14. März 1795 wieder eingeführt (*loi du 24 ventôse, an V*). Das Regime des Direktoriums verfeinerte die Regeln für ihre Anwendung (*loi du 15 germinal, an VI*, 4. April 1798), bevor Napoleon die *contrainte* in seine Kodifizierungen des Zivilrechts, des Zivilprozesses und des Handelsrechts integrierte, ohne die früheren Gesetze zu verwerfen. Nach einer Reform und

[30] Horace Émile Say, *Avant-propos à la discussion d'une nouvelle loi sur les faillites* (Paris: Guillaumin et Cie., 1837), S. 1–7, S. 52–57; Jérôme Sgard, 'Bankruptcy, Fresh Start and Debt Renegotiation in England and France (17th to 18th century)', in: *The History of Bankruptcy*, hrsg. v. Safley, S. 223–235, insb. S. 223–224.

Modernisierung im Jahr 1832 während der Julimonarchie wurde die *contrainte* von der provisorischen Regierung von 1848 abgeschafft. Die Assemblée führte sie am 1. September desselben Jahres wieder ein. Erst 1867 wurde die *contrainte* im Bereich des Privat- und Handelsrechts endgültig abgeschafft. Von nun an konnte die Zwangsverhaftung nur noch in Angelegenheiten von öffentlichem Interesse (Strafrecht, Vollstreckung von Gebühren und Steuern usw.) angewendet werden.[31]

Rechtliche Formalitäten statt hoher Erwartungen

Die Februarrevolution 1848 bot die Gelegenheit, sowohl über das Wesen des Konkurses als auch der Konkursschuldner nachzudenken. Obwohl eine allgemeine Reform nie auf der Tagesordnung stand, schienen die *journées révolutionaires* und die darauffolgenden zwei Jahre günstig für eine Reform des sogenannten *Code des faillites*. Der Erfolg dieser Reformversuche war jedoch begrenzt. Sie wurden auf dem Höhepunkt der Zweiten Republik vorgebracht und ausführlich in der parlamentarischen, juristischen und kaufmännischen Öffentlichkeit diskutiert, das Zeitfenster für eine Reform schloss sich jedoch schnell.

Es lassen sich vier strittige Punkte ausmachen. Die ersten beiden betrafen den Rang der Löhne von Angestellten, Arbeitern und Arbeiterinnen unter den Konkursforderungen sowie die kurzfristige Entlastung von Kaufleuten, deren Geschäfte von den revolutionären Unruhen betroffen waren. Die Reform der Verfahren für einen Insolvenzvergleich und ein vereinzelter Gesetzentwurf, der sich ausdrücklich mit Fehlverhalten in Insolvenzverfahren befasste, zielten dagegen eher auf Probleme der Rechtspraxis.

Herausforderungen der Industrialisierung

In der Anfangsphase der Republik brachten Vertreter der Arbeiterschaft einen Gesetzentwurf ein, der die Löhne der Arbeiter und Arbeiterinnen (bis zu drei Monatsgehälter) zu den privilegierten Verbindlichkeiten zählte. Louis Marius Astouin (1822–1855), Abgeordneter der verfassunggebenden Versammlung für das Departement Bouches-du-Rhône, war ein führender Vertreter der einflussreichen Kooperative der Lastenträger des Hafens von Marseille. Im Juni 1848 brachte der gemäßigte Demokrat, der

[31] Hautcœur, 'Statistique', §§ 28–30; Troplong, *Contrainte*, S. 508.

regelmäßig in Arbeiterkleidung in der Versammlung saß, den Gesetzentwurf „im Namen meiner Brüder, der Arbeiter" ein. Astouin berief sich auf die traditionelle Unterscheidung von Einkommen aus produktiver („echter") Arbeit und aus kapitalistischer Spekulation – eine Unterscheidung, die in der christlichen Theologie ebenso beliebt war wie im frühen Sozialismus. Wenn Arbeitnehmer und -nehmerinnen nicht an den Gewinnen beteiligt waren, warum sollten sie dann im Falle einer Insolvenz am Verlust beteiligt werden? Astouin vermutete, dass die Insolvenz zu einem Geschäftsmodell für Kaufleute geworden war und als Deckmantel für gescheiterte Spekulationen auf Kosten der Arbeitnehmerseite diente.[32]

Astouins Gesetzentwurf stieß auf erheblichen Widerstand. Es gab Zweifel, ob der Vorschlag die Position der Arbeitnehmer wirklich stärken würde, da die Arbeitgeber „moralischen" Druck auf sie ausüben könnten, bei einem wirtschaftlichen Abschwung auf die Lohnzahlung zu verzichten. Die Arbeitnehmer und Arbeitnehmerinnen müssten sich auf den rechtlich geschützten, aber unsicheren Anspruch aus der Insolvenzmasse verlassen. Darüber hinaus würde ein solches Privileg zu einer hohen Unsicherheit für Investoren führen. Lohnrückstände von bis zu drei Monaten würden eine erhebliche Belastung darstellen. Die liberale Position war klar: In der anhaltenden Krise brauchten die Menschen Arbeit, ohne Liquidität gab es keine Arbeit, und das Astouin-Gesetz würde Liquidität und Kredit einschränken und den Kapitalverkehr behindern.[33] Sozial (und moralisch) zu sein, bedeutete für die Liberalen damals wie heute, Arbeitsplätze zu schaffen.

Die Liberalen wiesen auch darauf hin, dass (in der Regel tage- oder wochenweise bezahlte) Arbeiter und Arbeiterinnen, die nicht auf der sofortigen Zahlung ihres Lohns bestanden, ja Gläubiger ihres Arbeitgebers und ihrer Arbeitgeberin würden. Die Befürworter des Gesetzes erkannten dies an, relativierten es jedoch und interpretierten die Schulden als soziale Beziehung. In einer Wirtschaftskrise – einer Art Käufermarkt angesichts eines Überflusses an Arbeitskraft – würden die Arbeitnehmer und -nehmerinnen aus Eigeninteresse weiterarbeiten, ohne ihren Lohn zu kassieren, da sie weder ihren Arbeitsplatz noch das Geld, das ihnen bereits geschuldet

[32] *Le Moniteur universel* 1848, 1307 (8. Juni 1848, Astouin), 1722–1723 (21. Juli 1848, Astouin); Adolphe Robert und Gaston Cougny, *Dictionnaire des parlementaires français: comprenant tous les membres des Assemblées françaises et tous les Ministres français depuis le 1er Mai 1789 jusqu'au 1er Mai 1889* (Paris: Bourloton, 1889), Bd. 1, S. 103.

[33] *Le Moniteur universel* 1848, 1675 (Bericht von Rouher, 15. Juli 1848), 1722–1724 (21. Juli 1848, Levavasseur, Dabeaux, Bravard-Veyrières).

war, verlieren wollten. Der konservative Vertreter Joseph de Laboulie behauptete: „Er [der Arbeiter] ist an seinen Herrn gekettet, gerade durch die Schulden aus seinem Lohn, der ihm nicht ausgezahlt wurde".[34]

Nach den gewalttätigen *Journées de Juin* (22.–26. Juni 1848) und der antisozialistischen Gegenreaktion der bürgerlichen Republik schloss sich das Zeitfenster für eine solche Gesetzgebung. Der Gesetzesentwurf verschwand einfach von der Tagesordnung. Doch die drohenden Insolvenzen großer (Industrie-)Unternehmen fügten der Frage der finanziell und moralisch bankrotten Kaufleute eine neue Dimension hinzu, das Problem drohender (Massen-)Arbeitslosigkeit. Das potenzielle Ausmaß solcher Herausforderungen des kommenden Industriekapitalismus wurde 1848 erst allmählich erkannt. 1889 schließlich wurden Löhne in die Liste der privilegierten Forderungen aufgenommen.[35]

Ein Ausnahmegesetz für ein Ausnahmeereignis

Die zweite politische Intervention hatte ein begrenztes Ziel und entsprach eher dem Geschmack der Mehrheit der verfassunggebenden Versammlung: Unternehmen zu schützen, die kurz vor dem Konkurs standen.[36] Die provisorische Regierung hatte bereits am 20. März 1848 ein Dekret erlassen, das es den Handelsgerichten erlaubte, eine allgemeine Verlängerung der Kreditfristen auf bis zu drei Monate zu gewähren.[37] Nach den *Journées de Juin* begann eine Debatte über weitere Notfallmaßnahmen. Die ursprüngliche Idee, die Verfahren für gütliche Einigungen (*concordats amiables*) zu reformieren, stieß auf starken Widerstand. Am Ende wurden nicht weniger als sieben verschiedene Gesetzentwürfe mit einer beträchtlichen Anzahl von Änderungsanträgen diskutiert. Viele verwiesen auf unbestätigte Zahlen von etwa 6500 bis 7000 Zahlungseinstellungen, die seit dem 20. Februar 1848 in Paris registriert worden seien. Andere hinterfragten, wie viele davon wohl auf die vorrevolutionäre Krise zurückgingen. Tatsächlich kann man davon ausgehen, dass – wie oben erläutert – mehr Insolvenzen auf die strukturelle Krise der Jahre 1846/1847 als auf die politischen Ereignisse von 1848 zurückzuführen sind. Dennoch, so ein Volksvertreter, „hatte das Kapital Angst, es versteckte sich". Alle seine Kollegen teilten diese

[34] *Le Moniteur universel* 1848, 1722–1723 (Laboulie, Rouher).

[35] Thiveaud, ‚Ordre', S. 93.

[36] *Le Moniteur universel* 1848, 1307 (8. Juni 1848), 1440 (20. Juni 1848), 1987 (Bericht von Bravard-Veyrières).

[37] ‚Projet de moratoire des effets de commerce. Sursis aux déclarations de faillite', AN/F/12/6835/B, Dossier 1848.

Analyse, auch wenn sie sich nicht darüber einig waren, wie Kreditwürdigkeit und Stabilität wiederhergestellt werden könnten: ob dies unter Einsatz aller verfügbaren Notmaßnahmen oder unter Rückgriff auf das bestehende Garantiesystem des Handelsgesetzbuchs geschehen sollte.[38]

Selbst Sozialisten wie Victor Considérant (1808–1893), ein Sozialphilosoph und führender Vertreter von Fouriers Phalanstère-Bewegung, plädierte dafür, die Stellung der Schuldner und Schuldnerinnen zu stärken, ihnen mehr Handlungsspielraum zu gewähren und so Ruhe und Gleichgewicht im französischen Handel zu gewährleisten.[39] Der konservative Pierre de Sainte-Beuve (1819–1855), der sich bereits für die Wiedereinführung der *contrainte* eingesetzt hatte, spottete dagegen über seine Kollegen und schlug vor, in den Gesetzentwurf eine Klausel einzufügen, wonach alle „Schuldner von der Rückzahlung ihrer Schulden befreit sind".[40] Diese sarkastische Bemerkung war typisch für die Stimmungslage der liberalen und konservativen Mehrheit und entsprach der Position der Regierung Cavaignac. In der dritten Lesung lehnte Finanzminister Michel Goudchaux (1797–1862) schließlich die Erleichterung der Konkordate, also der Vergleiche zwischen Insolvenzgläubiger und -schuldner, mit der Bemerkung ab, dass die neue Republik nicht auf Ausnahmegesetzen aufgebaut werden könne.[41]

Nach einer ausführlichen Debatte wurde am 22. August 1848 schließlich ein Dekret mit begrenzter Reichweite verabschiedet, das nichts an den Strukturen des Insolvenzrechts änderte, sondern eine reine Übergangsmaßnahme darstellte: Zahlungseinstellungen zwischen dem Ende der Julimonarchie am 24. Februar 1848 und dem Zeitpunkt der Veröffentlichung des Dekrets sollten schlicht nicht als *faillite* angesehen werden. Mit dem Dekret wurde die Norm (dass jede Zahlungseinstellung eine *faillite* ist) vorübergehend aufgehoben. Die Handelsgerichte wurden autorisiert, auf die Verhaftung der insolventen Person, die damit einhergehende Einstellung des Geschäftsbetriebs und das Versiegeln von Geschäftsräumen und Waren zu verzichten; die Schuldner und Schuldnerinnen sollten ihr Geschäfte selbst liquidieren dürfen.[42]

[38] *Le Moniteur universel* 1848, 1985–1989, 2046–2052, 2061–2065, 2077–2082, 2105–2111, das Zitat 1986.

[39] *Le Moniteur universel* 1848, 2062–2063.

[40] *Le Moniteur universel* 1848, 2080; Robert und Cougny, *Dictionnaire*, Bd. 5, S. 249.

[41] *Le Moniteur universel* 1848, 2106.

[42] *Le Moniteur universel* 1848, 2155 (Décret relatif aux concordats amiables du 22 août 1848).

Die französischen Kaufleute waren gespalten. Eine Gruppe plädierte für einen utilitaristischen Ansatz und befürwortete derartige staatliche Intervention, um die Gefahren für die wirtschaftliche Stabilität und die öffentliche Ordnung zu vermeiden, die der massenhafte Zusammenbruch von Unternehmen und die daraus folgende Arbeitslosigkeit mit sich bringen würde. Ihrer Meinung nach sollte das Gesetz alle Kaufleute im Alltag schützen, statt die seltenen Fälle von betrügerischem Verhalten und individueller Unfähigkeit zur Unternehmensführung zu verhindern. Sie betrachteten die Revolution als einen unvorhersehbaren Fall von höherer Gewalt.[43] Diese utilitaristische Sichtweise konnte sich auf modernisierende Argumente liberaler Ökonomen und Statistiker wie Jean-Baptiste Bayle-Mouillard und Horace E. Say berufen, eines liberalen Ökonomen in der Tradition seines Vaters, Jean-Baptiste Say.[44]

Die zweite Gruppe von Kaufleuten befürchtete, die Garantien für ihre Außenstände zu verlieren. Statt einer mutmaßlich kleinen Minderheit von „*commerçants malheureux*" zu helfen, befürchteten sie, dass das Dekret den Weg für unzuverlässige und betrügerische Geschäftemacher frei machen würde. Diese Gruppe war sich bewusst, dass der utilitaristische und der moralische Ansatz teilweise unvereinbar waren: Wenn die Entscheidung über die Zahlungseinstellung, die Insolvenzerklärung und ihren genauen Zeitpunkt nicht mehr eine moralische Frage wäre, bewehrt durch die „heilsame Angst" vor der Inhaftierung, würde die Insolvenz zum akzeptablen Risiko, mit anderen Worten: Insolvenz würde zu einer wirtschaftlichen Option für Kaufleute.[45]

Allerdings hatten beide Gruppen gemeinsame Bezugspunkte. Sie wollten das Vertrauen in den französischen Handel wiederherstellen und den *crédit public* fördern. Dieser „öffentliche Kredit" war ein vielschichtiges, seit dem Ende des 18. Jahrhunderts populäres Konzept, das die Kredit-

[43] Notizen der Délégués du Commerce de Paris: ‚Des vraies raisons de décider dans la question dite des Concordats Amiables', AN/F/12/6835/A; ‚Marchands de la ville de Blanc (Indre) aux Citoyens membres du Gouvernement Provisoire' (30. März 1848), AN/F/12/6835/B.

[44] Hautcœur, 'Statistique', §§ 15–17; Say, *Avant-propos*.

[45] ‚Observations présentées à l'Assemblée Nationale par le Comptoir National d'Escompte de Paris sur les projets de Décrets relatifs aux concordats amiables'; ‚Avis de M. Gautier, sous-gouverneur de la Banque [de France]' (2. Juli 1848); ‚Chambre de commerce de Lyon au ministre de l'Agriculture et du Commerce' (10. Juni 1848); ‚Chambre de commerce de Reims au ministre de l'Agriculture et du Commerce' (16. Juni 1848); für das Zitat „crainte salutaire": ‚Chambre de commerce de Paris au ministre de l'Agriculture et du Commerce' (16. Juni 1848), AN/F/12/6835/A.

würdigkeit des Staates ebenso umfasste wie das Vertrauen in die Leistungsfähigkeit einer als national abgeschlossenen und kohärent imaginierten Volkswirtschaft und damit die Bereitschaft der Bürger, sich gegenseitig Kredit zu gewähren. Und obwohl sie zu unterschiedlichen Schlussfolgerungen gelangten, stützten beide Gruppen ihre moralische Argumentation auf die Idee des allgemeinen wirtschaftlichen Nutzens.

Die Liberalen, die den Notmaßnahmen zunächst teilweise zugestimmt hatten, zeigten sich später zurückhaltend. Die Folgen des Dekrets schienen die anfänglichen Zweifel der Konservativen zu bestätigen. Pierre Bravard-Veyrières (1804–1861), Abgeordneter des Puy-de-Dôme, Professor an der juristischen Fakultät der Sorbonne und Autor eines Handbuchs zum Handelsrecht, zog im Nachhinein eine ernüchternde Bilanz über den Missbrauch des Ausnahmedekrets. Es könnte sich nicht um höhere Gewalt handeln, wenn die meisten Kaufleute die Krise überstanden hätten „ohne sich zu beugen". Der Gesetzgebungsausschuss der Nationalversammlung habe sich „vom Pech einer gewissen Anzahl von namhaften Kaufleuten berühren und von einem Gefühl wohlwollender Gerechtigkeit bewegen" lassen. Bravard-Veyrières unterstellte sarkastisch seinen Kollegen rein emotionale Motive und konterte diese mit aus seiner Sicht nüchternen wirtschaftlichen Argumenten. Der Juraprofessor war der Ansicht, dass das Dekret, das in aller Eile erlassen worden war, in sich widersprüchlich und ein Beispiel für schlechte Gesetzgebung sei. Er war jedoch zuversichtlich, dass die Gerichte in der Lage seien, zwischen „verdienten" und „unverdienten" Insolvenzen zu unterscheiden.[46] Selbst ein utilitaristischer Liberaler wie Bravard-Veyrières hatte also eine bestimmte Vorstellung von der Würdigkeit, die säumige Schuldner und Schuldnerinnen zu beweisen hatten, wenn sie Entgegenkommen erwarteten.

Fälle von angeblich skrupellosen Kaufleuten, die sich auf das Dekret beriefen, obwohl es bereits ausgelaufen war, veranlassten Bravard-Veyrières, eine klärende Resolution des Parlaments zu fordern. Das Dekret schien denjenigen, die es mutmaßlich nicht verdient hatten, die Möglichkeit einer gerichtlichen Liquidation ihres Geschäfts zu bieten – die im damaligen Recht gar nicht vorgesehen war. Auch der zuständige Ausschuss stellte den Nutzen einer Maßnahme in Frage, die „für eine außergewöhnliche und vorübergehende Situation" gedacht war. Sie mochte zwar für einzelne

[46] *Le Moniteur universel* 1848, 2583–2584 (‚Observations sur l'application du décret du 22 août 1848, relatif aux concordats amiables, par M. Bravard-Veyrières'); Robert und Cougny, *Dictionnaire*, Bd. 1, S. 473–474.

commerçants „vorteilhaft" gewesen sein, aber nicht unbedingt für die französische Wirtschaft als Ganzes. Ohne weitere Diskussion billigte die Versammlung im Herbst 1849 die Entschließung und stellte die Anwendung der Ausnahmeklauseln ein.[47]

Missstände der Rechtspraxis

Das dritte Thema betraf die Vereinfachung der *concordats par abandon*, einer besonderen Form des Vergleichs, bei dem Schuldner und Schuldnerin ihr gesamtes Vermögen oder einen Teil davon an die Gläubigerseite abtraten, die es dann selbst – und auf eigenes Risiko – veräußerte. Diese Praxis existierte in einem rechtlichen Vakuum, aber die Handelsgerichte akzeptierten immer häufiger diese Form der Abtretung, vernachlässigten dabei die Risiken für die Gläubiger und Gläubigerinnen und nahmen offenkundige Verfahrensmängel in Kauf. Bravard-Veyrières brachte einen Gesetzentwurf ein, der sicherstellen sollte, dass alle Beteiligten rechtzeitig über die Einzelheiten der Vergleiche informiert würden. Die gerichtliche Genehmigung solcher *concordats* sollte veröffentlicht werden, damit Personen, die an dem Vergleich nicht beteiligt worden waren oder ihn nicht akzeptiert hatten, von ihm Kenntnis erhielten.[48] Der Gesetzentwurf wurde im Allgemeinen begrüßt, aber in der dritten Lesung wurde das Thema zunächst vertagt und dann von der Tagesordnung genommen. Eugène-Émile Loyer (1807–1880), ein Unternehmer aus Rouen, sah überhaupt keinen Reformbedarf und scheint den Gesetzentwurf mit verfahrenstechnischen Tricks blockiert zu haben.[49]

Der letzte Gesetzentwurf der Abgeordneten Pierre Henri Sevaistre (1801–1851) und Joseph de Laboulie (1800–1867) behandelte kein rechtssystematisches Problem, sondern konzentrierte sich auf spezifische

[47] *Le Moniteur universel* 1849, 3424 (Ausschussbericht über den Gesetzentwurf von Bravard-Veyrières), 3463–3464, 3521, 3606 (zweiter Ausschussbericht), 3643 (Annahme ohne Diskussion); *Le Moniteur universel* 1850, 438 (Auszüge aus einer Broschüre von Bravard-Veyrières).

[48] *Le Moniteur universel* 1850, 894–895 (Ausschussbericht von Laboulie über den Gesetzentwurf von Bravard-Veyrières), 2244–2245 (Ausschussbericht von Bravard-Veyrières über seinen eigenen Gesetzentwurf).

[49] *Le Moniteur universel* 1850, 1200–1201 (Diskussion), 3325 (zweite Lesung), 2244–2245, 2259–2260 (Ausschussbericht von Bravard-Veyrières über seinen eigenen Gesetzentwurf); *Le Moniteur universel* 1851, 1397, und Beilagen III-IV (zusätzlicher Ausschussbericht von Bravard-Veyrières), 2167 (dritte Lesung).

Formen von Fehlverhalten in Insolvenzverfahren. Die Vertreter wiesen auf institutionelle Defizite bei den Handelsgerichten und rechtswidrige Handlungen der Insolvenzverwalter (*syndics*) hin. Dieser Gesetzentwurf scheiterte bereits in der ersten Beratung in der Nationalversammlung.[50] Laboulie erhob schwere Vorwürfe: „Sie haben eine neue Klasse, einen neuen Wirtschaftszweig an den Handelsgerichten geschaffen, genannt das Insolvenzsyndikat", das mit den Verfahren sein Geld verdiene und dessen einziges Interesse sei, niemals ein Verfahren abzuschließen.[51] Der unverhohlene Angriff von Sevaistre und de Laboulie auf die Handelsgerichte und die *syndics* mag ein Grund gewesen sein, warum ihr Gesetzentwurf nicht weiterverfolgt wurde.

Rhetorik und Argumente

Zahlreiche Volksvertreter nahmen an diesen Debatten teil, aber einige von ihnen ragen heraus. In vielen Fällen ergab sich ihre Meinung zum Konkurs nicht direkt aus ihrer grundsätzlichen politischen Verortung. Astouin und seine politischen Freunde setzten sich ausschließlich für die Interessen der Arbeiter ein und schenkten technischen Fragen des Handelsrechts sonst kaum Beachtung. Bravard-Veyrières saß auf der rechten Seite des Plenums und wurde als politisch konservativ, aber liberal in Rechtsfragen beschrieben. Seine moderat modernisierenden Berichte und Gesetzentwürfe zeugen von einem ausgesprochen modernen Verständnis der Problematik. Im Gegensatz dazu konzentrierten sich der konservative Laboulie und der kleinstädtische Unternehmer Sevaistre auf institutionalisiertes Fehlverhalten und vertraten eine moralisierende und individualisierende Haltung. Ihr Gesetzentwurf gegen die syndics war das Ergebnis eines überparteilichen Bündnisses. Sevaistre war der Besitzer einer kleinen Spinnerei in Elbeuf (Seine-Inférieure). Der ehemalige Präsident des dortigen Handelsgerichts galt als Unabhängiger, der in der Versammlung auf der linken Seite saß. Der ehemalige bourbonische Legitimist Laboulie war dagegen ein unabhängiger Vertreter des rechten Flügels und vertrat die Bouches-du-Rhône. Alle genannten Personen zogen sich nach dem Staatsstreich Louis-Napoléon Bonapartes aus der Politik zurück, im Gegensatz zu Eugène-Émile Loyer, der sich vehement gegen die beiden letzt-

[50] *Le Moniteur universel* 1850, 3688 (Ausschussbericht); *Le Moniteur universel*, 1851, 145–147 (Diskussion).
[51] *Le Moniteur universel* 1851, 145–147 (Diskussion: Laboulie).

genannten Gesetzentwürfe ausgesprochen hatte. Loyer, ein ehemaliger Rechtsanwalt, vertrat die Seine-Inférieure und war Direktor einer Spinnerei, also in der gleichen Branche wie Sevaistre tätig. Doch im Gegensatz zu Sevaistre sollte Loyer ein bonapartistischer Magnat in der wichtigen Hafenstadt Rouen werden.[52]

Die Debatten waren zumeist von juristischen Erwägungen geprägt, die jedoch stets mit anekdotischen Beweisen und hypothetischen Fällen untermauert wurden. Besonders skandalöse Beispiele und vermeintlich alltägliche Verhaltensweisen wurden herangezogen, um Missstände und Rechtsmissbrauch zu veranschaulichen. Es war dieselbe anekdotische Evidenz, die die Moralisierung des Konkurses und die Individualisierung seiner Ursachen in den Romanen von realistischen und naturalistischen Autoren wie Honoré de Balzac und Émile Zola vorantrieb. Sie nutzten die krisenhafte Situation des Konkurses als Startpunkt, um die Dekadenz der französischen Bourgeoisie, ihren Verfall als Klasse und die Oberflächlichkeit ihrer Zeit zu erkunden.[53]

Empirisches Wissen in Form von statistischen Informationen wurde nur in seltenen Fällen eingebracht. Sevaistre übermittelte statistische Informationen aus eigener Beobachtung über den Ausgang von Verfahren an einem ungenannten Handelsgericht – höchstwahrscheinlich in Elbeuf, wo er Präsident gewesen war. Bravard-Veyrières wertete die Auswirkungen des Dekrets von 1848 im Bereich des *Tribunal de Commerce des Departements Seine* aus.[54] Statistische Daten über die *contrainte par corps* und ihre Auswirkungen scheinen nicht in die politische und juristische Diskussion eingeflossen zu sein. Die wegweisende statistische Studie *De l'emprisonnement pour dettes* von Jean-Baptiste Bayle-Mouillard, die 1835 von der Akademie der moralischen und politischen Wissenschaften ausgezeichnet worden war, hatte offenbar keine Wirkung.[55]

Die offen moralisierende, bisweilen emotionale Rhetorik stand in scharfem Kontrast zu einem ansonsten gemessenen und primär technischen

[52] Vgl. Fußnoten 31, 39, 45; Robert und Cougny, *Dictionnaire*, Bd. 3, S. 484–485; Bd. 4, S. 193; Bd. 5, S. 311.

[53] Der Titel zu Balzacs wichtigstem Roman zum Thema lautet übersetzt: *Geschichte der Größe und Dekadenz von César Birotteau, Parfümeur, Ritter der Ehrenlegion, stellvertretender Bürgermeister des 2. Arrondissements der Stadt Paris – Neue Szene des Pariser Lebens. Paris* (1837–1839). Bei Zola ist das Thema in seiner Rougon-Macquart-Serie allgegenwärtig, z. B. in *La Curée* (1871), *L'Argent* (1891) und *Le débâcle* (1892).

[54] *Le Moniteur universel* 1850, 438; *Le Moniteur universel* 1851, S. 145.

[55] Hautcœur, 'Statistique', §§ 19–34.

Argumentationsstil. Sevaistre beschwor ausdrücklich die Notwendigkeit einer „Moralisierung des Handels“ und die „gerechte und moralisierende Denkweise“ des napoleonischen Insolvenzrechts von 1807. Seine Rhetorik war voll von wertenden Ausdrücken wie Untreue, Billigkeit, Betrug, Gutgläubigkeit und Böswilligkeit, Gerechtigkeit, Unglück und Verdienst, sowie starken Adjektiven wie extrem, schwerwiegend, ehrenhaft, illegitim, unfähig, skandalös. Der liberale Jurist Bravard-Veyrières beschwor im Gegensatz dazu fast nie das *malheur* eines angeblich ansonsten ehrlichen Kaufmanns.[56] Dieses oft zitierte „Unglück“ war ein zutiefst moralischer Begriff, in gewissem Sinne sogar eine romantische Vorstellung, perfekt illustriert am Beispiel des Reeders Pierre Morrell in Alexandre Dumas' *Comte de Monte-Christo* (1844–1846). Die Idee des *„malheur“* – im Sinne von Pech oder Unglück – hatte auch die französische Rechtsprechung beeinflusst; die Urteile erkannten die Möglichkeit an, dass Kaufleute schlicht „Pech haben, sonst aber gutgläubig“ sein könnten, Opfer der „allzu riskanten Chancen des Handels“, heimgesucht von „unvermeidlichem Unglück“.[57] Im Ausnahmefall konnten sogar die Gläubiger und Gläubigerinnen zum Ziel der Moralisierung werden, wenn sie einen Vergleich nicht genehmigten oder wenn sie versuchten, den Schuldner zu verhaften und eigene Vorteile zulasten anderer zu erlangen. Auch der persönliche Feind, der versuche, Rache zu nehmen und einen Vorteil zu erzwingen, und der bösartige Aufkäufer unterbewerteter Vermögenswerte, der eine Vorzugsbehandlung erpresse, waren häufige Topoi der Debatte.[58]

Bis zu einem gewissen Grad hielten alle Beteiligten immer noch an der „Fantasie, wenn schon nicht der Realität persönlicher und individueller Verantwortung“ fest, wie es Rebecca Spang mit Bezug auf die Geschäftswelt des 18. Jahrhunderts formuliert.[59] Diese individualisierende Note war mit den Ansichten klassischer Ökonomen vereinbar (J.-B. Say, A. Smith). Abgesehen von einem frühen Beitrag von Jean de Sismondi entstand eine neue ökonomische Kontextualisierung des Konkurses erst in

[56] *Le Moniteur universel* 1851, 145 (Sevaistre); *Le Moniteur universel* 1850, 894 (Ausschussbericht von Laboulie über den Gesetzentwurf von Bravard-Veyrières); versus 2244–2245, 2259–2260 (Ausschussbericht von Bravard-Veyrières).

[57] Dalloz, *Jurisprudence*, S. 1, S. 99.

[58] Justizminister an den Minister für Landwirtschaft und Handel (12. April 1848), AN/F/12/6835/A. Der Minister beschwört auch die Idee eines „zuverlässigen, aber unglücklichen Kaufmanns“.

[59] Rebecca L. Spang, *Stuff and Money in the Time of the French Revolution* (Cambridge, MA und London: Harvard University Press, 2015), S. 19–56.

der zweiten Hälfte des 19. Jahrhunderts. Ökonomen wie Karl Marx, Rudolf Hilferding, Werner Sombart und Joseph Schumpeter begannen, Konkurse als Anpassungskrise auf individueller Ebene zu verstehen, als ein Fegefeuer, in dem kleine, unterkapitalisierte und entbehrliche Marktteilnehmer liquidiert würden.[60]

Das industrielle Wachstum änderte die Regeln des Spiels unwiderruflich. Verwandtschaftsnetzwerke, geprägt von gegenseitiger Unterstützung, hatten einst Kredite bereitgestellt und waren so auch letzte Zuflucht für Kaufleute gewesen, die in Schwierigkeiten geraten waren; zudem waren sie wirksame Barrieren gegen opportunistisches Verhalten aller Beteiligten. Diese Netzwerke begannen, ihre Bedeutung zu verlieren, wie bereits die Debatten von 1848 belegten. In den folgenden Jahrzehnten zeigte sich: Die Industrialisierung und die externe Finanzierung der Unternehmen wirkten disruptiv – insbesondere nach der Liberalisierung der Sociétés anonymes (S.A.) in den Jahren 1863 und 1867. Die Organisationsstruktur der Unternehmen änderte sich, die Bedeutung des Einzelkaufmanns sank und mittelfristig wurde die unternehmerische Rolle im Zuge der so genannten *managerial revolution* vom Eigentum getrennt. Die Organisation von (geteilter) Verantwortung – einschließlich geteilter Kontrolle, Wissen und Motivation – wurde eine Herausforderung, die bis heute unter den Stichworten Principal-Agent-Problem und Compliance diskutiert wird. Zudem erhöhte die Integration in den Kapitalmarkt die Anfälligkeit von Unternehmen während der neuartigen Wirtschaftskrisen der zweiten Hälfte des 19. Jahrhunderts und erst recht des 20. Jahrhunderts.[61]

Freilich war im Jahr 1848 das Verständnis für diese bevorstehenden Veränderungen noch begrenzt. Selbst für die liberalen Modernisierer war ein Konkurs – egal in welcher Form – immer noch ein Problem zwischen

[60] Marco, *Montée*, S. 23–30; Jean-Clément Martin, ‚Le commerçant, la faillite et l'historien', in: *Annales HSS* 35 (6/1980): S. 1254–1266, https://doi.org/10.3406/ahess.1980.282700 (Zugriff am 24. Februar 2024), insb. S. 1265–1266; Luc Marco, ‚Faillites et crises économiques en France au XIXᵉ siècle' in : *Annales HSS* 44 (2/1989), S. 355–378, https://doi.org/10.3406/ahess.1989.283597 (Zugriff am 24. Februar 2024), insb. S. 355–360. Für die Kontinuität seit dem 18. Jahrhundert siehe: Jean-Pierre Hirsch, ‚Honneur et liberté du commerce: Sur le libéralisme des milieux du commerce de Lille et de Dunkerque à la veille des États Généraux de 1789', in: *Revue du Nord* 55 (1973), S. 333–346, https://doi.org/10.3406/rnord.1973.3200 (Zugriff am 24. Februar 2024), insb. S. 340–344.

[61] Thomas, *Études*, S. 27; Martin, ‚Commerçant'; Werner Plumpe, *Wirtschaftskrisen: Geschichte und Gegenwart* (München: C. H. Beck, 2013), S. 26–54; Marco, ‚Faillites', S. 363–376; Sgard, ‚Bankruptcy, fresh start and debt renegotiation', S. 229–230.

konkreten Kaufleuten; der unbegrenzt haftende *commerçant* war weiterhin der Empfänger der moralisierenden Botschaft des Handelsrechts. Die Bezugspunkte dieser Moral („die" Wirtschaft, „die" Gesellschaft und der ominöse *crédit public*) blieben abstrakt. Nur in seltenen Fällen wie bei der Gesetzesvorlage von Astouin zum Schutz der Löhne der Arbeiter wurde der Blick auf die wachsende Bedeutung der Industriearbeit gelenkt.

Traditionell wurde der *failli* rechtlich (z. B. durch die *syndics*), symbolisch (durch die Versiegelung seines Eigentums), rhetorisch (durch den Verlust des Ansehens) und physisch (durch Zwangshaft, Ausschluss von der Börse) aus der Gemeinschaft der Kaufleute ausgeschlossen. Ab der Mitte des 19. Jahrhunderts wurde dieses Konzept der Moralisierung durch Ausschluss in Frage gestellt. Zwar teilten alle eine mehr oder weniger utilitaristische Sichtweise, doch ohne dass ihre Positionen im reinen Utilitarismus aufgegangen wären. Ohnehin zogen sie unterschiedliche Schlussfolgerungen aus der Situation um 1848. Das eigentliche Novum bestand darin, dass die Legitimität des moralisierenden Instrumentariums der Insolvenzverfahren auf dem Spiel stand. Ebenjenes napoleonische Handelsgesetzbuch, das die moralisierenden Merkmale des Insolvenzrechts gestärkt hatte, bildete zugleich und neben anderen Kodifizierungen wie dem *Code civil* einen modernisierenden juristischen und ethischen Rahmen, der das Individuum, seine Rechte und Freiheiten in den Vordergrund stellte – also in scharfem Gegensatz zu Moralisierung, Schuldhaft und der damit einhergehenden Machtasymmetrien stand. Die Entwicklung des französischen Insolvenzrechts und seines moralisierenden Diskurses kann als Prozess des doppelten Übergangs verstanden werden: von den engen Bindungen frühneuzeitlichen Handels zu einem neuen Moralismus im späten 18. und frühen 19. Jahrhundert und dann wiederum von der napoleonischen Ära zum Industriekapitalismus. Die verstärkte Moralisierung der (säumigen) Schuldner und Schuldnerinnen in der ersten Hälfte des 19. Jahrhunderts erscheint so paradoxerweise als Charakteristikum der Modernisierung.

Während des Zweiten Kaiserreichs und der Dritten Republik ging die Debatte über das Handelsgesetzbuch von 1807 weiter, das oft als „Gesetzbuch der Einzelhändler" (*code des boutiquiers*) verunglimpft wurde. In wiederholten Petitionen wurde die Reform des Insolvenzrechts und die Abschaffung der *contrainte par corps* gefordert. Nur der Stil der Petitionen änderte sich. Während der Ton gegenüber den Parlamentariern, den *citoyens représentants du peuple* von 1848 nachdrücklich fordernd war, wurde er wenig später, als etwa Kaufleute aus 50 französischen Städten für eine Reform plädierten, geradezu ehrerbietig. Sie versteckten den republikanischen Stil ihrer bereits früher verfassten Petition unter einem kaiserlichen Mantel: Die zuvor gesammelten Unterschriftenlisten wurden in grünes Leder gebunden, verziert mit dem geprägten und vergoldeten kaiserlichen Monogramm Napoleons III. und mit fleißigen Bienen, einem heraldischen Symbol der beiden napoleonischen Reiche.[62]

Die Allgegenwart von Schulden absichern

Der deutsche Ökonom Lorenz von Stein (1815–1890) war ein hervorragender Kenner der französischen politischen Ideologien des 19. Jahrhunderts im Allgemeinen und der französischen sozialistischen Denker im Besonderen, wie des oben erwähnten Charles Fourier. Er war überzeugt, dass die „Fallissemente“ (ein deutsches Lehnwort aus *faillite*) ein Symptom für die soziale und wirtschaftliche Entwicklung einer Gesellschaft seien. Spekulation, der Grad der Verwicklung in vielfältigen Kredit-Schulden-Beziehungen und die kapitalistische Orientierung an zukünftigem Gewinn würden eine steigende Anzahl an Konkursen hervorrufen. Die wachsende Kapitalnachfrage zwinge die Unternehmen, erhebliche Risiken einzugehen, um wettbewerbsfähig zu sein. Von Stein beklagte den Mangel an moralischen und rechtlichen Institutionen, die notwendig seien, um der wachsenden Abhängigkeit vom Kapital Grenzen zu setzen.[63]

Tatsächlich existierten solche sozialen Institutionen im Frankreich des 19. Jahrhunderts, doch waren sie umstritten, insbesondere die vormodernen Elemente des *Code de commerce*, und provozierten hochmoralisierte Fragen: War man ein *failli* oder ein *banqueroutier*? Hatte man fahrlässig oder in böser Absicht gehandelt? Waren die Geschäfte möglicherweise riskant, aber doch legal? Handelte es sich um Pech oder einen unerwarteten wirtschaftlichen Abschwung? Würde man ins Schuldgefängnis geworfen oder hatte man eine Chance, sich für die Rehabilitation zu qualifizieren? Waren unbezahlte Schulden Schicksal oder eigene Schuld?

Die Ungleichzeitigkeit von tradierten Merkmalen und Instrumenten des Insolvenzrechts in einer Epoche der liberalen und individualistischen Gesetzgebung war bedingt durch die Spannung zwischen der individuellen und der sozialen Dimension der Insolvenz, zwischen privater und öffentli-

[62] ‚Le Commerce à Napoléon III. Projet de Réforme du Code des faillites‘ [1853], AN/F/12/9419. Vgl. für weitere Petitionen: ‚Insassen des Schuldgefängnisses von Clichy an Napoléon III.‘ (18. Juli 1859), AN/F/70/60; ‚Droguerie Épicerie […] Thiers-Chave, Marseille, an den Finanzminister Achille Fould‘ (14. Januar 1855), AN/F/70/68.

[63] Von Stein, *Industrielle Gesellschaft*, S. 29–30.

cher ökonomischer Sphäre. Die Grundlinien dieses Konflikts sind auch heute noch in der öffentlichen Debatte zu finden. So provozierte Donald Trump in Europa doch Erstaunen, als er in einer TV-Debatte der Vorwahlen von 2015 sich selbst beglückwünschte, nie „bank bankrupt" gewesen zu sein. Er habe erfolgreich die Bestimmungen des amerikanischen Konkursrechts, nämlich die Verfahren nach Kap. 11 (US Code, Title 11, Chapter 11) genutzt, um seine Unternehmen zu reorganisieren und verlustbringende Aktivitäten zu liquidieren – oder, wie er es ausdrückte: „Ich habe das Gesetz viermal benutzt und habe Großartiges geschaffen. Ich bin im Geschäft. Ich habe einen sehr guten Job gemacht".[64] Diese Akzeptanz der Insolvenz als Geschäftsoption – eine Vorstellung, die die öffentliche Meinung in Europa offenbar bis heute beunruhigt – stellt die Erfüllung der schlimmsten Befürchtungen vieler Protagonisten von 1848 dar.

Das Beispiel des Konkurses hilft zu analysieren, wie moralische Erwartungen an einem entscheidenden Punkt im Leben eines Kaufmanns oder einer Kauffrau konstruiert wurden. Unbezahlte Schulden verweisen auf den relationalen Charakter von Schulden und Moral, da alle Wirtschaftsakteure durch das geschuldete Geld miteinander verbunden waren – und das sowohl vor als auch nach der Anmeldung der Insolvenz. Schulden, meist in Form von Handelskrediten, waren und sind allgegenwärtig und für den Kapitalismus unerlässlich. Handelskredite sichern die Liquidität und bilden den größten Teil des Umlaufvermögens; sie erlauben die Dematerialisierung von Transaktionen; ihre Reproduzierbarkeit und Gegenseitigkeit stabilisieren das System der Schulden und tragen zu seiner Expansion bei.

Erst wenn im Konkursfall die Rückzahlung von Verbindlichkeiten ausblieb, waren Schulden ein moralisches Problem, und das gerade weil Schulden im Allgemeinen ein integraler Bestandteil des Wirtschaftssystems waren. Dies wurde in einer wirtschaftlichen und politischen Krise wie der Revolution von 1848 sichtbar, als alle Gläubiger und Gläubigerinnen Gefahr liefen, selbst ihre Schulden nicht bedienen zu können.[65] Der moralisch zweideutige Status von Schulden – irrelevant, solange sie nur in den

[64] CNN, Transcript of the GOP Presidential Debate. Ausgestrahlt am 16. September 2015, 8:10–11:15p ET, http://transcripts.cnn.com/TRANSCRIPTS/1509/16/se.02.html (Zugriff am 1. Februar 2018): „I used the law four times and made a tremendous thing. I'm in business. I did a very good job".

[65] *Le Moniteur universel* 1848, 1987; zur Omnipräsenz des Kreditnexus vgl. Margrit Schulte Beerbühl, ‚Zwischen Selbstmord und Neuanfang. Das Schicksal von Bankrotteuren im London des 18. Jahrhundert', in: *Pleitiers und Bankrotteure. Geschichte des ökonomischen Scheiterns vom 18. bis 20. Jahrhundert*, hrsg. v. Ingo Köhler und Roman Rossfeld (Frankfurt am Main und New York: Campus, 2012), S. 107–128, insb. S. 108–110.

Büchern standen, problematisch, sobald alle zum gleichen Zeitpunkt beglichen werden mussten – mag den Eifer erklären, diejenigen zu bestrafen, die „*failli*“ waren, also – in der Doppelbedeutung des französischen Wortes – im wirtschaftlichen Sinn „versagt“ hatten und im moralischen Sinn „gefallen“ waren.[66] Wenn diese Deutung stimmt, dann stand selbst bei der Debatte über Einzelfälle immer auch die Ökonomie der Schulden selbst auf dem Spiel. Obwohl im 19. Jahrhundert die traditionellen Instrumente der kommerziellen Moralisierung – die diskursive, symbolische und physische Ausgrenzung – an Kraft verloren: Die Moralisierung des Konkurses diente immer noch dazu, eine Brandmauer zwischen den gescheiterten *faillis* und einer legitimen Kultur der Verschuldung zu errichten.

[66] Coquery, ‚Credit, trust and risk‘, 65.

Moralizing Wealth: Deutsche Debatten über Kapitalismus und Bilder über Juden im frühen 20. Jahrhundert

Alexandra Przyrembel

EINFÜHRUNG[1]

Nachdem die Geschichte des Kapitalismus viele Jahre lang kaum Beachtung fand, wird sie nun intensiv diskutiert. Doch während das Interesse am Kapitalismus wieder erwacht ist, lassen Historikerinnen und Historiker die vermeintlichen und tatsächlichen Nutznießer des Kapitalismus nach wie vor außer Acht. Die Geschichte der Vermögenden als Profitie-

[1] Im Titel dieses Beitrags wurde bewusst die männliche Form gewählt, da das Stereotyp des „reichen" Juden männlich konnotiert war; siehe auch Florian Krobb, *Die schöne Jüdin. Jüdische Frauengestalten in der deutschsprachigen Erzählliteratur vom 17. Jahrhundert bis zum Ersten Weltkrieg* (Tübingen: Max Niemeyer Verlag, 1993) (Conditio Judaica, Bd. 4). Dieser Beitrag wurde für die deutschsprachige Fassung überarbeitet und um Literaturhinweise ergänzt. Ich habe Claudia Scheel und Joannina Nölke für die Redaktion bzw. die Überprüfung von Zitaten zu danken.

A. Przyrembel (✉)
Lehrgebiet Geschichte der europäischen Moderne, FernUniversität in Hagen, Hagen, Deutschland
E-Mail: alexandra.przyrembel@fernuni-hagen.de

S. Berger, A. Przyrembel (Hrsg.), *Moralisierung des Kapitalismus*,
https://doi.org/10.1007/978-3-031-51270-4_7

rende des Kapitalismus blieb bis vor einigen Jahren weitgehend unerforscht. Der französische Wirtschaftswissenschaftler Thomas Piketty thematisiert in seinem Bestseller *Das Kapital im 21. Jahrhundert* den globalen Aufschwung des Kapitals in seiner Verflechtung mit der zunehmenden sozialen Ungleichheit.[2] Trotz der Kritik, die das Buch auf beiden Seiten des Atlantiks hervorrief, veränderte Pikettys Sozialkritik an der ungleichen Verteilung des Reichtums – so Paul Krugman, Kolumnist der *New York Times* und Nobelpreisträger für Wirtschaftswissenschaften – die aktuelle Debatte über die Gewinner und Verlierer des Kapitalismus: „We'll never talk about wealth and inequality the same way we used to".[3] In ähnlicher Weise fasst eine Historikerin die Auswirkungen von Pikettys Buch auf die Sozialwissenschaften als ein „Plädoyer für [deren] Repolitisierung" und „Remoralisierung" zusammen.[4]

Seit der ersten Formulierung einer Kapitalismuskritik im frühen 19. Jahrhundert prägte das Thema der zunehmenden sozialen Ungleichheit, die durch einen „ungezähmten" Kapitalismus verursacht wird, die Debatten über Reichtum. Karl Marx, der berühmte Verfasser des *Kapitals*, unterstrich in dramatischen Worten die Ungerechtigkeiten des Kapitalismus, die nach seiner Interpretation vor allem auf der Ausbeutung der Arbeitskraft beruhten, was in der Kinderarbeit am deutlichsten sichtbar wurde: „Und gleiche Exploitation der Arbeitskraft ist das erste Menschenrecht des Kapitals. […] Der delikaten Finger wegen wurden die Kinder ganz geschlachtet".[5] Schon diese beiden – mehr als 150 Jahre auseinanderliegenden – Beobachtungen zeigen, dass der Kern der Kapitalismuskritik in der Zuschreibung von Ungerechtigkeit und Unmenschlichkeit liegt.[6]

In seinem luziden Essay über die Herausforderungen, eine Geschichte des Kapitalismus zu schreiben, betont der deutsche Sozialhistoriker Jür-

[2] Thomas Piketty, *Das Kapital im 21. Jahrhundert* (München: C.H. Beck, 2014).

[3] Paul Krugman, „Why we're in a New Gilded Age", in: *New York Times*, 8. Mai 2014.

[4] Gisela Hürlimann, „Review-Symposium Piketty: ‚Das Kapital im 21. Jahrhundert'", *H-Soz-Kult*, 5. März 2015.

[5] Karl Marx, *Das Kapital. Kritik der politischen Oekonomie.* Erster Band, Buch I: Der Produktionsprocess des Kapitals (Hamburg: Verlag Otto Meissner, 1867), S. 269.

[6] Gareth Stedman Jones, *Karl Marx: Greatness and Illusion*, erste Ausgabe der Harvard University Press (Cambridge, MA: The Belknap Press of Harvard University Press, 2016); Edmund Silberner, *Sozialisten zur Judenfrage. Ein Beitrag zur Geschichte des Sozialismus vom Angang des 19. Jahrhunderts bis 1914*, aus dem Englischen übersetzt von Arthur Mandel (Berlin: Colloquium Verl., 1962).

gen Kocka, dass die Geschichte des Kapitalismus unweigerlich mit der Geschichte seiner Kritik verwoben ist.[7] Er argumentiert, das eigentliche Konzept des Kapitalismus habe sich im Verlauf des 19. Jahrhunderts in Konkurrenz parallel zu anderen ökonomischen Ordnungsvorstellungen, insbesondere zum Sozialismus entwickelt. Vor allem Werner Sombarts Buch *Der moderne Kapitalismus* trug dazu bei, dass der Begriff des Kapitalismus im deutschsprachigen Raum in Umlauf gebracht wurde.[8] Werner Sombart (1863–1941), einer der einflussreichsten deutschen Sozialwissenschaftler seiner Zeit, hatte den Lehrstuhl für Volkswirtschaftslehre an den Universitäten in Breslau (Wrocław) und Berlin inne. Wie das Grundlagenwerk Max Webers *Die protestantische Ethik und der Geist des Kapitalismus* (1904) war auch Sombarts kritische Analyse des Kapitalismus tief in der deutschen akademischen Tradition der Nationalökonomie verwurzelt.[9] Einen expliziten Beitrag zur Frage der Vermögensungleichheiten leistete Rudolf Martin (1867–1939), Autor des *Jahrbuchs des Vermögens und Einkommens der Millionäre*. Im Gegensatz zu Sombart mit seinem akademischen Einfluss und internationalen Ruf blieb Martin, ein ehemaliger Beamter, ein Außenseiter in der akademischen Welt. Dennoch beeinflussten seine Jahrbücher maßgeblich die Debatte über Reichtum im Deutschland des frühen 20. Jahrhunderts. Unter diesem unprätentiösen Titel veröffentlichte Martin in den Jahren 1911 bis 1913 mehr als 20 Bände, die einen regionalen Überblick über die Verteilung des Reichtums im Deutschen Reich gaben, von Großstädten wie Berlin und Hamburg bis hin zu den großen und kleinen deutschen Staaten im Norden und Süden.[10]

[7] Jürgen Kocka, ‚Durch die Brille der Kritik: Wie man Kapitalismusgeschichte auch schreiben kann', in: *Journal of Modern European History* 15 (4/2017), S. 480–488; Jürgen Kocka, *Geschichte des Kapitalismus* (München: C.H. Beck, 2013).

[8] Siehe Werner Sombart, *Der moderne Kapitalismus* (Leipzig: Duncker & Humblot, 1902); Die ersten beiden Bände von *Der moderne Kapitalismus* wurden 1902 veröffentlicht: Bd. 1: *Die Genesis des Kapitalismus*, Bd. 2: *Die Theorie der kapitalistischen Entwicklung*. Es folgten mehrere Überarbeitungen. Sombarts Werk *Der moderne Kapitalismus* wurde nicht ins Englische übersetzt. Werner Sombart, ‚The Bourgeois Temperament', in: *The Quintessence of Capitalism: A Study of the History and Psychology of the Modern Business Man*, übers. u. hrsg. v. M. Epstein (London, 1915); siehe auch die biographische Studie von Friedrich Lenger, *Werner Sombart* 1863–1941. *Eine Biographie* (München: C. H. Beck, 1994).

[9] Birger P. Priddat, *Produktive Kraft, sittliche Ordnung und geistige Macht: Denkstile der deutschen Nationalökonomie im 18. und 19. Jahrhundert* (Marburg: Metropolis-Verlag, 1998) (Beiträge zur Geschichte der deutschsprachigen Ökonomie 13).

[10] Rudolf Martin, Hrsg., *Jahrbuch des Vermögens und Einkommens der Millionäre im Königreich Sachsen* 1 (Berlin: Verlag Rudolf Martin, 1912).

Dieses Kapitel konzentriert sich auf diese beiden Verfasser des frühen 20. Jahrhunderts, um zentrale Deutungen des Reichtums herauszuarbeiten.[11] Beide Autoren zogen große öffentliche Aufmerksamkeit auf sich, unabhängig von ihrer möglichen Zielsetzung, einen öffentlichen Skandal zu provozieren – wie es Martin zweifellos tat. Neuere Beiträge zur Geschichte des Reichtums heben hervor, dass Debatten über Reichtum wesentlich von der Annahme geprägt waren, er bliebe der Öffentlichkeit verborgen.[12] Dieses Kapitel zeigt auf, dass die Kritik an der ungerechten Verteilung der Vorteile des Kapitalismus neben dem Vorwurf unmenschlicher Arbeitsbedingungen zu den zentralen Aspekten von Kapitalismusdebatten gehörte: Die Debatte über „Superreiche" als Profiteurinnen und Profiteure des Kapitalismus ist mit der moralischen Annahme verbunden, Reiche verkörperten die Ungerechtigkeiten des Kapitalismus. Ich argumentiere, dass ungeachtet der (Un-)Sichtbarkeit von Reichtum in der Öffentlichkeit das Bild des „reichen" Juden in einer Vielzahl unterschiedlicher gesellschaftlicher Sphären zirkulierte und sich in diesem Bild die unterstellte Härte des Kapitalismus verdichtete. Im Folgenden geht es um die Frage, wie die Statistik als spezifische Technik und Wissenssystem soziale Ungleichheit moralisiert und Vermögende als illegitime Profiteure eines solchen Wirtschaftssystems klassifiziert.

Moralizing Wealth *um 1900: Statistik und Öffentlichkeit*

Vor mehr als drei Jahrzehnten merkte der britische Sozialhistoriker William Rubinstein an, das Phänomen „Reichtum" sei von Historikerinnen und Historikern weitgehend unerforscht geblieben.[13] Er nannte zwei Gründe für dieses mangelnde Interesse: In methodischer Hinsicht scheint es schwierig, Reichtum zu erforschen, da Reiche keine kohärente soziale Gruppe darstellen, auch scheint ein Vergleich ihres Vermögens nicht möglich zu sein. Darüber hinaus erklärt Rubinstein das mangelnde Interesse

[11] Eva M. Gajek, ‚Sichtbarmachung von Reichtum: Das Jahrbuch des Vermögens und Einkommens der Millionäre in Preußen', in: *Archiv für Sozialgeschichte* 54 (2014), S. 79–108; Friedrich Lenger, *Werner Sombart 1863–1941. Eine Biographie* (München: C.H. Beck, 1994).

[12] Eva M. Gajek und Christoph Lorke, Hrsg., *Soziale Ungleichheit im Visier: Wahrnehmung und Deutung von Armut und Reichtum seit 1945* (Frankfurt a.M., 2016).

[13] William D. Rubinstein, ‚Introduction', in: *Wealth and the Wealthy in the Modern World*, hrsg. v. William D. Rubinstein (London: Croom Helm, 1980), S. 9–45, hier: S. 10; Hartmut Berghoff, ‚British Businessmen as Wealth-Holders, 1870–1914: A Closer Look', in: *Business History* 33 (2/1991), S. 222.

der Sozialhistorikerinnen und -historiker an Reichtum als ein historisches Phänomen mit ihrem Fokus auf sozialer Ungleichheit.[14] Seit Rubinsteins kritischer Untersuchung griffen Historikerinnen und Historiker einige dieser Themen auf, indem sie sich auf die Vermögenden als Vertreter einer sozialen Elite konzentrierten, die im Wirtschaftsbürgertum verwurzelt war.[15] Unlängst schlugen jüngere Historikerinnen und Historiker vor, Reichtum als eine kulturell erzeugte, sich im Laufe der Zeit verändernde Kategorie zu betrachten.[16] Ein solch offenes Konzept ermöglicht es, Vermögen als eine Sonde zu verwenden, um die Gestaltung sozialer Beziehungen zu verstehen.[17] Reichtum wird oft sozialem Elend gegenübergestellt. Das Interesse am Reichtum im späten 19. Jahrhundert beruhte auf der Erfahrung einer wachsenden sozialen Spaltung. Vermögende waren eine sichtbare Größe im sozialen Gefüge des Staates Preußen. Von 1854 bis 1913 wuchs das Vermögen der reichsten fünf Prozent deutlich: Aus der Statistik geht ein Anstieg ihres Einkommens von einem Fünftel auf ein Drittel aller deklarierten Einkommen hervor.[18]

Der Idee eines offenen Konzepts von Vermögen folgend interessiere ich mich für die Deutungen, die Martins Jahrbücher über den Reichtum im frühen 20. Jahrhundert hervorbrachten. Um welche Art von Erzählung handelt es sich dabei? Rudolf Martin, ein ausgebildeter Jurist, diente ab 1897 in der preußischen Verwaltung. Nach dem Erscheinen einiger umstrittener Veröffentlichungen, in denen er die deutsche Regierung kritisierte, sah sich Martin mit Disziplinarmaßnahmen konfrontiert und wurde schließlich aus seinem Amt entlassen.[19] Gerüchte, Martin habe während seiner Zeit als Finanzbeamter vertrauliche Informationen entwendet, konnten nicht bewiesen werden.[20] Seine Beweggründe für das

[14] Rubinstein, ‚Introduction', S. 11.

[15] Für einen frühen Überblick siehe David Blackbourn, ‚The German Bourgeoisie: An Introduction', in: *The German Bourgeoisie: Essays on the Social History of the German Middle Class from the Late Eighteenth to the Early Twentieth Century*, hrsg. v. David Blackbourn und Richard Evans (London [u.a.]: Routledge, 1991), S. 145.

[16] Winfried Süß, ‚„Gold ist Trumpf und weiter nichts". Reichtumskonflikte im langen 19. Jahrhundert', in: *Werkstatt Geschichte* 73 (2016), S. 31–49.

[17] Simone Derix, *Die Thyssens: Familie und Vermögen. Familie – Unternehmen – Öffentlichkeit* (Paderborn: Brill/Schöningh 2016).

[18] Süß, ‚Gold ist Trumpf', S. 33.

[19] Gajek, ‚Sichtbarmachung von Reichtum', S. 81.

[20] Rudolf Martin, *Die Zukunft Rußlands und Japans: die deutschen Milliarden in Gefahr* (Berlin: Heymann, 1905); Rudolf Martin, *Deutsche Machthaber*, 13. Auflage (Berlin und Leipzig: Schuster & Loeffler, 1910).

Projekt bleiben letztlich unklar.[21] Einerseits nahm Martin, wie in seinen anderen Veröffentlichungen auch, die Rolle des „enfant terrible" und des Provokateurs ein. Andererseits kritisierte er die in der Tat zunehmende Kapitalakkumulation, die der breiten Öffentlichkeit verborgen blieb. Für seine einzigartige Übersicht griff er auf Steuerunterlagen zurück.[22] Martin verfolgte das Anliegen, wie er selbst betonte, ein detailliertes Bild der *beati possidentes* in Preußen zu zeichnen, was seiner Meinung nach eine offensive Informationspolitik erforderlich machte, die notwendig war, um die Bedeutung der von ihm erstellten Reichtumsstatistiken erfassen zu können.[23] Martins Projekt lässt sich auch mit der zunehmenden Bedeutung und dem Vertrauen in die Objektivität von Statistik erklären. Dieser Aufschwung der Statistik zeigt sich in der Gründung staatlicher Institutionen auf nationaler Ebene wie dem 1872 gegründeten *Kaiserlichen Statistischen Am*t. Seine Erhebungen dienten als Grundlage für die nationale Steuerpolitik (z. B. bei der Erbschaftssteuer).[24]

Am Ende eines jeden Bandes seiner Jahrbücher veröffentlichte Martin eine Rangliste der Reichsten. Frühere Versuche, Informationen über die wohlhabenden und sehr reichen Bürgerinnen und Bürger zu sammeln, scheiterten, wie ein Zeitgenosse beklagt, an mangelnder Kooperation der Vermögenselite.[25] Martins Rangliste umfasste Berufe, Adressen und Religionszugehörigkeit und berücksichtigte ebenso Familienstrukturen und Netzwerke. Insgesamt fanden sich in seinen Bänden rund zehntau-

[21] Gajeks Aufsatz über Martin stützt sich auf Archivmaterial im Geheimen Staatsarchiv Preußischer Kulturbesitz (Gajek, ‚Sichtbarmachung von Reichtum').

[22] In seiner beeindruckenden Studie über die auch mit Hilfe von Steuern ausgelöste „Gleichheitsrevolution" im 20. Jahrhundert verwies Marc Buggeln auch auf Martins Jahrbücher, vgl. ders., ‚Die Debatten um staatliche Zugriffsmöglichkeiten auf den privaten Reichtum. Der Einkommensteuerspitzensatz in Deutschland 1871–1955', in: *Vierteljahrschrift für Sozial- und Wirtschaftsgeschichte* 105 (2018), S. 337–364.

[23] Rudolf Martin, Hrsg., *Jahrbuch des Vermögens und Einkommens der Millionäre in Preußen* 19 & 20 (Berlin: Verlag Rudolf Martin, 1912), S. VIII, S. VI.

[24] J. A. Tooze, *Statistics and the German State, 1900–1945. The Making of Modern Economic Knowledge* (Cambridge, UK/New York: Cambridge University Press, 2001) (Cambridge Studies in Modern Economic History 9); Daniel Speich Chassé, *Die Erfindung des Bruttosozialprodukts. Globale Ungleichheit in der Wissensgeschichte der Ökonomie* (Göttingen: Vandenhoeck & Ruprecht, 2013) (Kritische Studien zur geschichtswissenschaft, Band 212); Gajek, ‚Sichtbarmachung von Reichtum', S. 88.

[25] Hermann Blenhard, *Die ‚Gerissenen' oder ‚Woher haben Sie Ihren Reichtum?': Zehn Antworten von Millionären, die mit nichts angefangen haben*, (Neuer Abdr.) (Berlin: Boil & Pickardt, 1907).

send Namen von deutschen Millionären und einigen wenigen Millionärinnen. Seine Jahrbücher verfolgten einerseits den Versuch, Reichtum anhand von Steuerdaten zu objektivieren. Andererseits entlarvten sie die „Superreichen", indem sie das Material nach sozialen Ranglisten ordneten.[26] Diese skandalisierende Herangehensweise an den Themenkomplex Reichtum charakterisiert auch heute noch die mediale Repräsentation der besonders Vermögenden. So listet beispielsweise *Forbes* regelmäßig die „Richest People of the World" auf, wobei sich diese Statistik auf die Milliardäre und – zu einem geringeren Anteil – auch auf die Milliardärinnen bezieht. Auf seiner Website konstatiert das US-Magazin, dass fast die Hälfte aller Milliardäre ärmer seien als vor einem Jahr.[27]

Die Veröffentlichung von Martins Jahrbüchern löste eine politische Debatte über Fragen der Transparenz aus. Der preußische Finanzminister leitete eine Untersuchung gegen Martin wegen des Verdachts auf Verletzung des Steuergeheimnisses ein.[28] Auch die Presse berichtete ausführlich über die Publikation der Jahrbücher. Der *Kladderadatsch*, eine Satirezeitschrift, machte sich mit Hilfe von Karikaturen über die „armen, gequälten Millionäre" lustig, die sich von Martins Erhebungen („gleichwie ein Hund der Polizei") in ihrer Geborgenheit gestört fühlten.[29]

Der Verlag hatte sich vor dem Erscheinen des ersten Bandes schriftlich an die Betroffenen gewandt, um ihnen mitzuteilen, dass Informationen über ihr Vermögen veröffentlicht werden würden. Es überrascht nicht, dass diese Provokation eine gewisse Nervosität unter den im *Jahrbuch der Millionäre* erwähnten und so öffentlich kenntlich gemachten Personen auslöste.[30] Dass Martin – und nicht nur der Verlag – sich über den besonderen Marketingwert seiner Jahrbücher bewusst war, zeigt auch sein Hinweis, dieses groß angelegte Projekt würde die öffentliche Wahrnehmung von Vermögen in der Öffentlichkeit grundsätzlich verändern. In seiner Einleitung wies er auf die Vollständigkeit seiner Daten hin. Denn zum ersten Mal wurde eine umfassende Liste der zehntausend reichsten

[26] Siehe die Anzeige: Martin Rudolf, Hrsg., *Jahrbuch des Vermögens und Einkommens der Millionäre in Westfalen* 12 (Berlin: Verlag Rudolf Martin, 1913), S. 1.

[27] Forbes' World Billionaires List. The Richest in 2023, https://www.forbes.com/billionaires/ (Zugriff am 29. Januar 2024).

[28] Gajek, ‚Sichtbarmachung von Reichtum', S. 91.

[29] Siehe die Titelseite des *Kladderadatsch* vom 26. März 1911, abgedruckt in Gajek, ‚Sichtbarmachung von Reichtum', S. 93.

[30] Zum Schriftwechsel über Martins Jahrbuch siehe Gajek, ‚Sichtbarmachung von Reichtum', S. 86.

Menschen in Preußen der Öffentlichkeit zugänglich gemacht.[31] Zudem behauptete Martin in einer seiner Werbeanzeigen für die Jahrbücher, dass diese von den allerreichsten Menschen gelesen würden.

Dabei müsse, so Martin, die „bisherige Geheimhaltung des Vermögens und Einkommens" als „ein Rest der Unwissenheit und des Aberglaubens des Mittelalters" überwunden werden. Sein Projekt trage zur Aufklärung über das Thema Reichtum im Deutschen Kaiserreich bei. Inwieweit Martin mit seinem „Jahrhundertunternehmen", wie er seine Jahrbücher bezeichnete, außerhalb der medialen Öffentlichkeit eine politische Wirkung erzielte, ist nur schwer rekonstruierbar.[32] Einige Jahre nach der Erstveröffentlichung seiner Jahrbücher kam es 1914 im Preußischen Landtag zu einer Kontroverse über Steuergerechtigkeit. Die Sozialdemokratische Partei plädierte unter Berufung auf Martins Jahrbücher für eine Steuerreform. So beklagte ein Abgeordneter, dass es vor allem der Adel sei, der Kapital anhäufe, das unversteuert bliebe.[33]

Wie Piketty hundert Jahre später begründete Martin sein Projekt mit der Forderung nach Transparenz in der Vermögensverteilung.[34] Abgesehen von seinem ausdrücklichen Ziel, Reichtum kenntlich zu machen, lieferte Martin umfassende Daten über die regionale Verteilung des Reichtums im Deutschen Reich. Seine statistischen Daten wurden von der Sozialgeschichtsschreibung, die sich mit bürgerlichen Eliten, insbesondere mit dem Wirtschaftsbürgertum und den Finanzeliten beschäftigt, umfassend ausgewertet.[35] Aufgrund der materiellen Dichte und vor allem der breiten regionalen Streuung seiner Jahrbücher gelang es Martin, umfangreiches Wissen über den Reichtum in ganz Deutschland zu generieren.

Die Verwendung von statistischen Daten zur Klassifizierung sozialer Beziehungen hat eine lange Tradition. Seit dem Entstehen der statistischen Gesellschaften in den 1830er-Jahren wurde die Erhebung statistischer Daten als gültiger Ansatz zum Verständnis sozialer Phänomene ver-

[31] Rudolf Martin, Hrsg., *Jahrbuch des Vermögens und Einkommens der Millionäre in Westfalen* 12, o. S.

[32] Rudolf Martin, Hrsg., *Jahrbuch des Vermögens und Einkommens der Millionäre im Königreich Sachsen* 1, S. III.

[33] 58. Sitzung des Preußischen Abgeordnetenhauses, 3. März 1914, zitiert in Gajek, ‚Sichtbarmachung von Reichtum', S. 90.

[34] Dolores L. Augustine, *Patricians and Parvenus. Wealth and High Society in Wilhelmine Germany* (Oxford: Berg, 1994).

[35] Seine Jahrbücher wurden seit den 1980er-Jahren von der Geschichtswissenschaft immer wieder genutzt. Siehe unter anderem Augustine, *Patricians and Parvenus.*

folgt.[36] In den 1830er-Jahren führte die *Manchester Statistical Society* Erhebungen durch, bei denen mehr als die Hälfte der Stadtbevölkerung befragt wurde, wobei der Schwerpunkt auf den ärmsten Gegenden lag. Die *Statistical Societies* sammelten Daten zu den unterschiedlichsten Fragen wie Religion, aktuellen Lebensbedingungen und Mietkosten. Diese Erhebungen verfolgten das Ziel, die Auswirkungen der frühen Industrialisierung auf die sozialen Beziehungen zu verstehen. Die Arbeit der *Manchester Statistical Society* erlangte großes Ansehen; Friedrich Engels bezog sich in seinem Klassiker *Die Lage der arbeitenden Klasse in England* ausführlich auf diese Studien.[37]

Die umfangreiche Literatur über diese spezifische Form der Wissensproduktion arbeitete heraus, dass derartige Erhebungen das Konzept der „Objektivität" auf die Klassifizierung sozialer Ungleichheit im Allgemeinen und der Lebensbedingungen der Arbeiterklasse anwandten. Dabei folgten diese Statistiken über die Unterschichten letztlich einer moralischen Erzählung, da die erhobenen Daten etwa zu den engen Wohnungen der Arbeiterschicht immer auch wertend dargestellt wurden.[38]

In dem mehrbändigen Werk *Life and Labour in London* (*1886–1903*) wird diese Wechselbeziehung zwischen Quantifizierung und moralischer Topographie besonders deutlich. Am Ende des 19. Jahrhunderts beauftragte der Unternehmer und Sozialreformer Charles Booth ein Team von Sozialwissenschaftlerinnen und Sozialwissenschaftlern mit Untersuchungen zur Armutsgrenze der Londoner Bevölkerung. Diese Studie führte zu seiner berühmten Sammlung, die sowohl Interviews als auch Karten der Londoner „Armutsgebiete" umfasste. Diese Karten waren farbkodiert, so dass sie als moralische Topographie der Londoner Bevölkerung gelesen werden konnten. Anhand von sieben Farben – von schwarz (gekennzeichnet als „Unterschicht, lasterhaft, halbkriminell") bis gelb („obere Mittel- und Oberschicht") – verknüpften er und sein Team den sozialen Status der Stadtbevölkerung mit ihrem relativen Einkommen.[39]

[36] Bericht eines Ausschusses der Statistischen Gesellschaft von Manchester über die Lage der arbeitenden Klassen in einem ausgedehnten Produktionsbezirk in den Jahren 1834, 1835 und 1836. Verlesen in der statistischen Sektion der British Association for the Advancement of Science, Liverpool 13. September 1837, London 1838.

[37] Friedrich Engels, *Die Lage der arbeitenden Klasse in England* (Leipzig: Verlag Otto Wigand, 1845).

[38] Eileen Janes Yeo, *The Contest for Social Science: Relations and Representations of Gender and Class* (London: Rivers Oram Press, 1996).

[39] Siehe Charles Booth, Hrsg., *Labour and Life of the People in London* (London, 1889).

Eine der Sozialreformerinnen, die an Booths Studie über London mitarbeitende Sozialistin Beatrice Webb, verfasste eine detaillierte Beschreibung der sozialen Mobilität jüdischer Einwanderer sowie derer Familien. Darin kam sie zu dem Schluss, „der Jude" sei ein selbstbewusster, die Gesetze achtender Bürger der Metropole London geworden und sehe sich einem Montefiore oder Rothschild gleichgestellt.[40] Demnach kursierten auch in diesem Zusammenhang Vorbehalte gegenüber „reichen" Juden.[41]

Im Gegensatz zu solchen Sozialerhebungen und Moraltopographien ließ der ehemalige Beamte Martin, der letztlich Steuerdaten auswertete, weder sozialwissenschaftliche Verfahren in seine Studien einfließen, noch befragte er die Millionäre Deutschlands persönlich. Insgesamt wertete Martin in seinen Veröffentlichungen den Reichtum entlang moralischer Kategorien. Dabei bediente er sich einer Reihe von analytischen und diskursiven Strategien. Indem er die Reichen verglich, in eine Rangfolge brachte und davon ausging, sie würden von der untereinander herrschenden Konkurrenz angetrieben, entpolitisierte er das Phänomen des Reichtums als Gradmesser für soziale Ungleichheit. Darüber hinaus lenkte er die kritische Aufmerksamkeit auf die Art und Weise, wie besonders reiche Personen ihren Reichtum anhäuften. So wies er beispielsweise auf den linearen Anstieg des Vermögens von Bertha Krupp von Bohlen und Halbach hin.[42] Er betonte, dass weder der Kaiser noch der „alte Adel" über den größten Reichtum des Deutschen Reiches verfügten, sondern Industrielle und Bankiers wie eben Krupp oder auch die Frankfurter Rothschilds;[43] seine Entrüstung, dass einige wenige Privilegierte den Reichtum einer Gesellschaft ansammelten, zieht sich durch alle seine Jahrbücher.[44] Obwohl sich Martin

[40] Beatrice Potter, ‚The Jewish Community', in: *Labour and Life of the People in London*, hrsg. v. Charles Booth (London, 1889), S. 564–590, hier: S. 583, zitiert nach Tobias Metzler, ‚Werner Sombart im Ausland – Die Juden und das Wirtschaftsleben in England, Amerika und Frankreich', in: *Kapitalismusdebatten um 1900: Über antisemitisierende Semantiken des Jüdischen*, hrsg. v. Nicolas Berg (Leipzig: Leipziger Universitätsverlag, 2011), S. 255–292, hier: S. 265 (Leipziger Beiträge zur Jüdischen Geschichte und Kultur 6, 2018).

[41] Siehe auch Joseph Jacobs, *Studies in Jewish Statistics, Social, Vital, and Anthropometric* (London D. Nutt, 1891), S. 10. Er weist die Überzeugung zurück, Juden seien besonders reich: „Led by a fallacy akin to the old mercantile theory that all wealth is money, the peoples of Europe appear to have argued that because some Jews deal in Money, all Jews are wealthy".

[42] Martin, *Jahrbuch des Vermögens und Einkommens der Millionäre in den drei Hansestädten (Hamburg, Bremen, Lübeck)* 2 (Berlin: Verlag Rudolf Martin, 1912), S. III–XI.

[43] Martin, *Jahrbuch des Vermögens und Einkommens der Millionäre im Königreich Sachsen* 1, S. III.

[44] Ebd.

nicht direkt mit dem Wirtschaftssystem in seiner Gesamtheit, also mit dem Kapitalismus, auseinandersetzte, veranschaulichen seine Fallstudien das Entstehen einer neuen, mit „mobilem Kapital" in Verbindung gebrachten Klasse von Reichen, die, wie er betonte, sich oftmals bemühte, öffentliche Aufmerksamkeit zu vermeiden. Im Vergleich zu früheren Zeiten, in denen Reichtum aus Eigentum – vor allem aus Land und Vieh – bestanden hatte, blieb der zeitgenössische Reichtum Martins Ansicht nach unsichtbar. Mit Blick auf die Hafenstadt Hamburg beharrte er darauf, in den vergangenen 50 Jahren sei eine neue Klasse von Superreichen entstanden, von der man annehmen könne, sie besitze mehr als in seinen Statistiken nachgewiesen.[45]

Bereits vor der Veröffentlichung der Jahrbücher hatte Martin die Frage des Reichtums in seinem 1910 erschienenen Buch *Unter dem Scheinwerfer* aufgegriffen, mit dem er in erster Linie den damals führenden Politiker Deutschlands, Reichskanzler Bernhard von Bülow, angriff. Einige Kapitel des Buches beschreiben den Reichtum in Berlin jedoch ausführlicher. Anstatt sich wie in seinen Jahrbüchern auf Statistiken zu konzentrieren, versuchte Martin in diesem Buch, das Milieu der Reichen zu erfassen. In einem Kapitel über Berliner Millionäre kommentierte er beispielsweise ironisch die „Klassenunterschiede" unter den Reichsten in der deutschen Hauptstadt.[46] Hier kritisierte er die Dekadenz einiger weniger Superreicher. Im Fall von Friedrich Friedlaender-Fuld (1858–1917), der durch Kohle und Koksherstellung zu beträchtlichem Reichtum gekommen war, hob Martin dessen maßlosen Luxus hervor; die Einrichtung seines Hauses „übertraf alles, was Berlin bis dahin gesehen hatte".[47] Dieser exzessive Luxus äußerte sich in einem privaten Tennisplatz, häufigen Bällen und Reisen nach Monte Carlo, vor allem aber in dem Privileg, mit der höfischen Elite des Kaiserreichs zu verkehren. Für Martin war Fritz Friedlaender-Fuld „eine amerikanische Erscheinung im modernen Deutschland".[48] Aufgrund seiner Kontakte zum politischen Establishment – in diesem Fall zum kaiserlichen Hof – und dank seines wirtschaftlichen Erfolges repräsentierte Friedlaender-Fuld, zumindest in Martins Augen, den „immer reicher werdenden Großkapitalisten".[49] Exemplarisch an Friedlaender-Fuld

[45] Martin, *Jahrbuch des Vermögens und Einkommens der Millionäre in den drei Hansestädten (Hamburg, Bremen, Lübeck)* 2, S. VIII.

[46] Rudolf Martin, *Unter dem Scheinwerfer*, 14. Aufl. (Berlin [u. a.]: Schuster & Loeffler, 1910).

[47] Siehe Rudolf Martin, *Deutsche Machthaber*, 13. Aufl. (Berlin & Leipzig: Schuster & Loeffler, 1910), S. 241.

[48] Ebd., S. 240.

[49] Ebd., S. 246.

brachte er seine Vorbehalte gegenüber jüdischen Konvertiten zum Ausdruck: Friedlaender-Fuld gehöre „zu der großen Zahl der Tausende oder Zehntausende von Juden, die sich in den letzten Jahren und Jahrzehnten in Berlin haben taufen lassen, und deren Taufe in jüdischen Kreisen neuerdings auch öffentlich beanstandet" werde.[50] Ausgehend von dieser Persönlichkeit äußerte sich Martin pauschalisierend über einen zunehmenden Einfluss der jüdischen wohlhabenden Schichten auf den Kaiser und konstatierte, „daß die großen Berliner Juden sich überall in die Gesellschaft und sogar in die Häuser der Minister drängten".[51] Möglicherweise als Reaktion auf diese antisemitischen Untertöne schrieb ein Leser eine Randbemerkung neben die wirtschaftliche Erfolgsgeschichte eines anderen Falles, des Hamburger Reeders Albert Ballin (1857–1918): „echt jüdisch".[52]

Die Forderung, Reichtum transparent zu machen, wird zu diesem Zeitpunkt ein zentrales öffentliches Thema: Kapitalismuskritik und Kritik an den Profiteuren des Kapitalismus treffen sich in der Figur des „reichen Juden". Die Darstellung von Juden als Gewinner des Kapitalismus tauchte um 1900 auf. In seinen Schriften rekurrierte Martin auch auf antisemitische Stereotype, konstruierte die Reichen aber generell als Symbolfiguren einer modernen, mit zunehmendem Wohlstand und sozialer Ungleichheit verbundenen Gesellschaft. Der Nationalökonom und Soziologe Werner Sombart indes stellte eine direkte Verbindung zwischen Kapitalismus, Reichtum und den Juden her.

Moralizing Wealth: Juden als Profiteure des Kapitalismus um 1900

Im Jahr 1925 veröffentlichte der Münchener Zweig des *Centralvereins deutscher Staatsbürger jüdischen Glaubens* das Flugblatt *Die Juden sind an allem schuld*.[53] In diesem Verein und seinen örtlichen Zweigstellen fanden sich tendenziell besonders liberale Juden zusammen.[54] Die Broschüre wehrt sich gegen eine solche Vorstellung: „*Wir* lehnen es ab", so das Flug-

[50] Ebd., S. 248. Nach Martin sei dieser zum Katholizismus konvertiert. Andernorts wird Friedlaender-Fuld als protestantisch bezeichnet, vgl. *Gothaisches genealogisches Taschenbuch der briefadeligen Häuser* (1911), 5. Jahrgang, (Gotha: Justus Perthes, 1910), S. 259.

[51] Martin, *Deutsche Machthaber*, S. 247.

[52] Ebd., S. 57.

[53] Ortsgruppe München, Flugblatt des *Centralvereins deutscher Staatsangehöriger jüdischen Glaubens*, 1925, Deutsches Historisches Museum, https://commons.wikimedia.org/wiki/File:CV_Flugblatt.jpg (Zugriff am 30. Januar 2024), Hervorhebungen im Text.

[54] Avraham Barkai, ‚*Wehr dich!‘: Der Centralverein deutscher Staatsbürger jüdischen Glaubens (C.V.) 1893–1938* (München: Beck, 2002).

blatt, „die *Sündenböcke* abzugeben, für alle Schlechtigkeiten dieser Welt". Sie spricht nicht nur eine Reihe von Stereotypen an, sondern weist auch auf die ambivalente Rolle hin, die Juden im Kontext des Kapitalismus zugeschrieben wird. Den Autoren zufolge werden Juden für alle „Uebel des Kapitalismus" verantwortlich gemacht; gleichzeitig gebe man ihnen die Schuld an den „Leiden", die eine (bolschewistische) Revolution verursache, die diese Übel eigentlich „beseitigen" wolle.[55] Etwa im selben Jahr publizierte die Vereinigung ihren regelmäßig aktualisierten Band *Anti-Anti-Fakten zur Judenfrage*, der einen Überblick über zentrale antisemitische Stereotype gab. Ein eigener Eintrag ist dem Thema Reichtum gewidmet. In diesem Abschnitt wird das „Märchen" vom jüdischen Reichtum scharf kritisiert: Weder kontrollierten Juden die Banken, noch besäßen sie 90 % des mobilen Kapitals. In der Tat waren Jüdinnen und Juden von den Krisenjahren der Weimarer Republik besonders betroffen.[56] Aus diesen Gründen, so die Argumentation, sei die Frage der jüdischen Armut drängender als die des jüdischen Reichtums.[57] Das aus dem Mittelalter stammende Bild der Juden als Geldverleiher lebte bis weit ins 20. Jahrhundert fort. Gewisse Figuren wie Shylock oder der deutsche Hofjude Joseph Süß Oppenheimer verkörperten dieses Bild.[58] Seit dem frühen 19. Jahrhundert wurden Juden von prominenten Vertretern der sozialistischen Linken häufig als Profiteure und spezifische Akteure des Kapitalismus ins Visier genommen. In seinen Schriften polemisierte der französische Sozialist Charles Fourier (1772–1837) gegen jüdische Kaufleute.[59] Historiker wie Edmund Silberner oder in jüngerer Zeit Jerry Z. Muller haben diese Facette der Geschichte des Sozialismus kritisch untersucht.[60]

Im Folgenden geht es um eines der umstrittensten Bücher Werner Sombarts, *Die Juden und das Wirtschaftsleben* (1911), das bald darauf in

[55] Ebd.

[56] Centralverein deutscher Staatsbürger jüdischen Glaubens, Hrsg., *Anti-anti: Tatsachen zur Judenfrage*, 6. überarb. Aufl. (Berlin: Philo-Verl., 1932).

[57] Ebd., S. 62b.

[58] Alexandra Przyrembel und Jörg Schönert, Hrsg., *„Jud Süß": Hofjude, literarische Figur, antisemitisches Zerrbild* (Frankfurt am Main u. a.: Campus Verlag, 2006); Edna Nahson und Michael Shapiro, Hrsg., *Wrestling with Shylock: Jewish Responses to the Merchant of Venice* (Cambridge, UK: Cambridge University Press, 2017).

[59] Siehe auch das Kapitel von Jürgen Finger in diesem Band.

[60] Edmund Silberner, *Sozialisten zur Judenfrage*, aus dem Englischen übersetzt von Arthur Mandel (Berlin: Colloquium Verlag, 1962); Edmund Silberner, *Western European Socialism and the Jewish problem, 1800–1918: A selected Bibliography* (Jerusalem: Hebrew University, 1955); Jerry Z. Muller, *Capitalism and the Jews* (Princeton, NJ: Princeton University Press, 2010); Avraham Barkai, ‚Der Kapitalist', in: *Antisemitismus. Vorurteile und Mythen*, hrsg. v. Julius Schoeps und Joachim Schlör (München/Zürich: Piper, 1995), S. 265–272.

englischer Sprache unter dem überarbeiteten Titel *Jews and Modern Capitalism* veröffentlicht wurde.[61] Sombarts Werke erlangten internationale Anerkennung. 1896 hatte er das Buch *Sozialismus und soziale Bewegung* veröffentlicht, das Marx einem breiteren Publikum vorstellte.[62] Sein mehrfach überarbeitetes Hauptwerk *Der moderne Kapitalismus* führte ebenfalls den Begriff des Kapitalismus ein.[63] Sombart wurde auch einem internationalen Publikum bekannt. Anlässlich seines Todes im Jahr 1941 veröffentlichte die *New York Times* einen Nachruf.[64]

Die Juden und das Wirtschaftsleben analysiert, warum Juden angeblich für den Kapitalismus besonders prädestiniert seien. Im ersten von drei Teilen, in *Der Anteil der Juden am Aufbau der modernen Volkswirtschaft*, stellt Sombart einen Zusammenhang zwischen der Vertreibung der jüdischen Bevölkerung aus Spanien und der Entstehung des Kapitalismus im 15. Jahrhundert her. Sombart drückt sein Erstaunen darüber aus, dass „man bisher nicht wenigstens die äußere Parallelität zwischen den örtlichen Bewegungen des jüdischen Volkes und den ökonomischen Schicksalen der verschiedenen Völker und Städte" wahrgenommen habe.[65]

Die Rolle der Juden als zentrale Akteure im Kapitalismus habe ab dem Zeitpunkt ihrer Vertreibung Gestalt angenommen. Obwohl eine Minderheit und Außenseiter in der Gesellschaft, seien es die Juden gewesen, die das koloniale Wirtschaftssystem sowie den modernen Staat dank ihrer besonderen Rolle bei der Schaffung eines Systems des Finanzkapitals prägten.[66] Der zweite Teil, *Die Befähigung der Juden zum Kapitalismus*, untersucht die Verflechtung zwischen Juden und der Entstehung des Kapitalismus. Sombart identifiziert einige Schlüsselfaktoren wie den besonderen sozialen Status der Juden, ihre Religion und allgemeine jüdische „Eigen-

[61] Werner Sombart, *The Jews and Modern Capitalism*, aus dem Deutschen übersetzt von M. Epstein (New York: E. P. Dutton, 1913). In seinem Vorwort erklärt der Übersetzer, er habe das Buch leicht überarbeitet und einige von Sombarts Bemerkungen zur Rasse gestrichen. Werner Sombart, *Die Juden und das Wirtschaftsleben* (Leipzig: Duncker & Humblot, 1911).

[62] Werner Sombart, *Sozialismus und soziale Bewegung im neunzehnten Jahrhundert* (Jena: Verlag Gustav Fischer, 1897).

[63] Siehe Fußnote 8.

[64] Werner Sombart, „Berlin Economist: Prolific Writer on Economic and Social Problems Dies at 78", in: *New York Times*, 20. Mai 1941.

[65] Sombart, *Die Juden und das Wirtschaftsleben*, S. 15.

[66] Siehe Kap. 4: ‚Die Begründung der modernen Kolonialwirtschaft' und Kap. 5: ‚Die Begründung des modernen Staates', in: Sombart, *Die Juden und das Wirtschaftsleben*, S. 30–48, S. 49–59.

arten". Ein Unterkapitel verknüpft diese Eigenschaften mit der Struktur des Kapitalismus:

> „Ganz allgemein wird man […] sagen dürfen, was wir von den inneren Beziehungen zwischen jüdischer Religion und Kapitalismus glauben berichten zu müssen: daß die Grundideen des Kapitalismus und die Grundideen des jüdischen Wesens in wahrhaft überraschendem Umfange übereinstimmen, so daß wir zu der bedeutsamen Parallele zwischen jüdischer Eigenart, jüdischer Religion und Kapitalismus gelangen: Fanden wir im jüdischen Volke als die alles beherrschende Eigenschaft eine überragende Geistigkeit des Wesens, so sahen wir, daß dieses auch die Eigenart des kapitalistischen Wirtschaftssystems ist, die dieses von andern unterscheidet: in ihm ist die organisierende, leitende Tätigkeit ein für allemal von der ausführenden, die Kopfarbeit von der Handarbeit losgelöst und gleichzeitig der Primat der geistig-leitenden Arbeit anerkannt: ‚Daß sich das größte Werk vollende, genügt Ein Geist für tausend Hände.'"[67]

Der dritte Teil, *Wie jüdisches Wesen entstand*, wendet sich schließlich der Rassentheorie zu, um die vermeintlichen Besonderheiten des jüdischen „Charakters" zu erläutern.[68]

Die Einbettung von Sombarts Ideen in zeitgenössische Diskurse über Rasse und Sexualität wird in einigen seiner Äußerungen deutlich. So erklärt er die jüdische Affinität zum Kapitalismus mit dem Verweis auf sexuelle Stereotype. In *Die Juden und das Wirtschaftsleben* argumentiert Sombart, sexuelle Beschränkungen aufgrund strenger Regulierung der Ehe würden Energie in kapitalistisches Handeln transformieren. Sombart kommt in seinen, hierbei sogar an den Psychoanalytiker Sigmund Freud anknüpfenden Ausführungen über Sexualität zu der Behauptung, dass „ein guter Teil der spezifisch kapitalistischen Befähigung des Judenvolkes auf die partielle Sexualaskese zurückzuführen ist, zu der die jüdischen Männer von ihren Religionslehrern gezwungen wurden".[69] In seinem späteren, 1913 erstmals veröffentlichten und in den 1930er-Jahren ins Englische übersetzten Buch *Luxus und Kapitalismus* (*Luxury and Capitalism*)

[67] Siehe das Kap. 12: ‚Jüdische Eigenart', in: Sombart, *Die Juden und das Wirtschaftsleben*, S. 296–334, hier: S. 328f.

[68] Siehe Teil III, ‚Wie jüdisches Wesen entstand', in: Sombart, *Die Juden und das Wirtschaftsleben*, S. 337–402.

[69] Sombart, *Die Juden und das Wirtschaftsleben*, S. 280.

versteht Sombart den Luxus als ein Produkt der (insbesondere weiblichen) sexuellen Begierde und stützt sich dabei auf psychoanalytische Argumente:

> „Aller persönliche Luxus entspringt zunächst aus einer rein sinnlichen Freude am Genuß: was Auge, Ohr, Nase, Gaumen und Tastsinn reizt, wird in immer vollkommenerer Weise in Gebrauchsdingen irgendwelcher Art vergegenständlicht. Und diese Gebrauchsdinge machen den Luxusaufwand aus. Aller Wunsch nach Verfeinerung und Vermehrung der Sinnesreizmittel wird nun aber letzten Endes in unserem Geschlechtsleben seinen Grund haben: Sinnenlust und Erotik sind letzten Endes ein und dasselbe. So daß der erste Antrieb zu etwelcher Luxusentfaltung in der großen Mehrzahl aller Fälle gewiß auf irgendwelches bewußt oder unbewußt wirkende Liebesempfinden zurückzuführen ist."[70]

Die Juden und das Wirtschaftsleben erregte große Aufmerksamkeit bei jüdischen und nichtjüdischen Gelehrten. Auch in den Vereinigten Staaten löste das Buch eine Kontroverse aus, auf die die *New York Times* in ihrer Schlagzeile „German Professor's Book stirs Jewish Circles here" anspielte.[71] Der Artikel bezeichnete eine Reihe von Sombarts Annahmen über den jüdischen Einfluss in der Wirtschaftswelt als unhaltbar, darunter die Behauptung: „The Jews are the fathers of the modern capitalist system and of modern commerce."[72] Im Jahr 1927, viele Jahre nach der Veröffentlichung von *Die Juden und das Wirtschaftsleben*, nannte der deutsche Verlag das Buch in einer seiner Werbekampagnen einen großen Erfolg. Die bedeutende Rolle der Juden im Kapitalismus mit ihrer weltweiten Zerstreuung, ihren Beziehungen und engmaschigen Netzwerken und insbesondere mit ihrem Reichtum verknüpfend, ließ der Verlag die antijüdischen Vorurteile des Buches wiederaufleben. Er nahm zudem Bezug auf rassistische, sich aus dem „Problem des jüdischen Charakters" ergebende Stereotype.[73] Die verstörende Wirkung von Sombarts Buch ver-

[70] Werner Sombart, *Luxus und Kapitalismus* (Leipzig: Duncker & Humblot, 1913); hier zitiert nach der Wagenbach-Ausgabe: Werner Sombart, ‚Begriff und Wesen des Luxus', in: *Liebe, Luxus und Kapitalismus. Über die Entstehung der modernen Welt aus dem Geist der Verschwendung* (Berlin: Wagenbach, 1983), S. 86.

[71] *New York Times,* 3. März 1912.

[72] Ebd.

[73] Notiz des Verlages anlässlich der Neuauflage 1927, zitiert nach Nicolas Berg, ‚Juden und Kapitalismus in der Nationalökonomie: Zu Ideologie und Ressentiments in der Wissenschaft', in: *Juden. Geld. Eine Vorstellung: Eine Ausstellung des Jüdischen Museums Frankfurt am Main, 25. April bis 6. Oktober 2013*, hrsg. v. Fritz Backhaus, Raphael Gross und Liliane Weissberg (Frankfurt am Main: Campus-Verlag, 2013), S. 284–307, hier: S. 292.

anschaulicht auch eine zwei Jahre später eingereichte Dissertation, die sich ausschließlich mit den zahlreichen Reaktionen auf das Buch befasst.[74]

Warum rief *Die Juden und das Wirtschaftsleben* so viele unterschiedliche Reaktionen hervor? Einerseits legte Sombart eine gut geschriebene, beinahe erzählerische Darstellung über die jüdische Wirtschaftsgeschichte vom Mittelalter bis zum frühen 20. Jahrhundert vor. Andererseits kontrastierte er die Erfolgsgeschichte der Juden im Kapitalismus mit verschiedenen antisemitischen Vorurteilen. Die Reaktionen auf sein Buch waren äußerst kontrovers. Während sich zionistische Rezensenten mit Sombarts Interpretation des jüdischen Einflusses auf den modernen Staat und den Kapitalismus identifizieren konnten, hoben liberal gesinnte Jüdinnen und Juden seinen Antisemitismus hervor.[75] Sombarts Buch *Die Juden und das Wirtschaftsleben* ist jedoch eng mit Argumenten verwoben, für die Shulamit Volkov den Ausdruck „Antisemitismus als kultureller Code" prägte.[76] Volkov zeigte hier überzeugend, dass der Antisemitismus im wilhelminischen Deutschland tief verwurzelt und kulturell verankert war, insbesondere in der akademischen Welt.[77]

Insgesamt gesehen nimmt Sombart in *Die Juden und das Wirtschaftsleben* Bezug auf ein breites Spektrum antisemitischer Stereotype. Er geht davon aus, Juden wiesen aufgrund ihrer Fähigkeit zum abstrakten Denken, die der Wirtschaftswissenschaftler auf die jüdische Religion zurückführt, eine besondere Affinität zum Kapitalismus auf. Es war vor allem Sombarts Verständnis der jüdischen Religion, auf das Julius Guttmann, einer der führenden jüdischen Gelehrten und Religionsphilosophen Deutschlands, in seiner 1913 verfassten Replik ausführlich einging.[78]

[74] Alfred Philipp, Die Juden und das Wirtschaftsleben: eine atikritisch-bibliographische Studie zu Werner Sombart: ‚Die Juden und das Wirtschaftsleben' (Inaugural-Diss., Philosophischen Fakultät der Friedrich-Wilhelms-Universität zu Berlin, Straßburg: Heitz, 1929).

[75] Arno Herzig, ‚Zur Problematik deutsch-jüdischer Geschichtsschreibung', in: *Menora* I (1990), S. 209–234.

[76] Shulamit Volkov, ‚Readjusting Cultural Codes: Reflections on Anti-Semitism and Anti-Zionism', in: *The Journal of Israeli History* 25 (2006), S. 51–62; zuerst veröffentlicht unter dem Titel *Antisemitismus als kultureller Code. Zehn Essays* (München: C.H. Beck, 2000).

[77] Für eine gründliche Auseinandersetzung mit seinem Antisemitismus siehe auch Nicolas Berg, ‚Juden und Kapitalismus in der Nationalökonomie: Zu Ideologie und Ressentiments in der Wissenschaft', in: *Juden. Geld. Eine Vorstellung*, S. 284–307.

[78] Julius Guttmann, ‚Die Juden und das Wirtschaftsleben', in: *Archiv für Sozialwissenschaft und Sozialpolitik* 36 (1913), S. 149–212. Thomas Meyer interpretiert Guttmanns Lesart von Sombart als ein überzeugendes Beispiel für „jüdischen Eigensinn": Thomas Meyer, ‚Zur jüdischen Rezeption von Werner Sombart – Julius Guttmanns Antwort', in: *Kapitalismusdebatten um 1900: Über antisemitisierende Semantiken des Jüdischen*, hrsg. v. Nicolas Berg

Guttmann kritisierte insbesondere die einseitige Auslegung der jüdischen Ethik und lehnte Sombarts Prämisse einer jüdischen „Reichtumsfreundlichkeit" ab.[79] Diese vermeintliche Reichtumsfreundlichkeit, so Guttmann, sei gerade nicht durch die jüdische Ethik begründet, die im Gegenteil das Konzept der Wohltätigkeit befürworte. Nach Ansicht des deutschen Philosophen unterschätzte Sombart auch die moralische, d. h. tugendhafte Interpretation der Arbeit im Talmud.[80]

Die Historikerin Natalie Zemon Davis wandte sich in ihrem frühen Aufsatz *Religion and Capitalism Once Again?* der Frage zu, ob Sombart aufgrund seines Buches *Die Juden und das Wirtschaftsleben* ein „Anti-Semite" war, ein „Nazi before the letter".[81] Wie sehr sich Sombarts Buch mit drängenden Fragen der jüdischen Wirtschaftsgeschichte auseinandersetzte, wird besonders deutlich am Beispiel eines 1941 in Lyon durchgeführten Seminars *The Jews in Economic Life*. Dieses Seminar war Teil eines vom französischen Zentralkonsistorium durchgeführten Studienprojekts für Wissenschaftler, die durch das „Vichy-Statut des Juifs" vom Oktober 1941 von ihren Posten ausgeschlossen wurden. Unter der Leitung des französischen Ökonomen Louis Rosenstock-Franck analysierte das Seminar Sombarts Text mit dem Ziel, „to study and … to unmask the first important effort at systematizing the influence of the Jews on economic life".[82]

Davis selbst nimmt Sombarts *Die Juden und das Wirtschaftsleben* als Ausgangspunkt, um über wirtschaftliches Handeln als kulturelle Praxis zu reflektieren. Anhand der Autobiographie von Glikl bas Judah Leib (1645–1724), einer deutschen, in Hamburg lebenden Geschäftsfrau, setzt sich Davis kritisch mit Sombarts Ausführungen zum jüdischen Kapitalismus auseinander. Sombart las Glikls Leben, wie es das „prachtvolle Buch" der Kauffrau beschreibt, als Beweis für das „Vorwalten der Geldinteressen bei den Juden jener Zeit". „Denn in der Tat", so Sombart weiter, „alles Dichten und Trachten, alles Denken und Fühlen dreht sich bei jener Frau – und wir merken auch: bei allen andern Personen, von denen sie

(Leipzig: Leipziger Universitätsverlag, 2011), S. 293–318 (Leipziger Beiträge zur Jüdischen Geschichte und Kultur 6, 2008).

[79] Guttmann, ‚Die Juden und das Wirtschaftsleben', S. 193.

[80] Ebd., S. 198.

[81] Natalie Z. Davis, ‚Religion and Capitalism Once Again? Jewish Merchant Culture in the Seventeenth Century', in: *Representations 59* (1997), S. 56–84.

[82] Louis Rosenstock-Franck, *Les Juifs et la vie économique* (Seminarvorträge, Lyon, 1941), zitiert nach Davis, ‚Religion and Capitalism', S. 60.

etwas zu berichten hat – ums Geld“.[83] Im Gegensatz zu den Vorstellungen von der „supremacy of gain“, die Sombart laut Davis in Glikls Lebenserinnerungen ausmacht, hebt die Historikerin eine tiefe „ambivalence about the unending pursuit of gain“ in Glikls Autobiographie hervor. Ebenso habe Glikl darauf bestanden, dass „honor counted as much as riches in a good life“.[84] Anhand von Glikls Autobiographie veranschaulicht Davis, auf welche Weise immaterielle Ideen wie Vorstellungen von Ehre und familiären Netzwerken wirtschaftliche Praktiken prägen, unabhängig davon, ob es einen jüdischen Hintergrund gibt oder nicht, und korrigiert somit Sombarts Deutungen.

Reichtumskonstruktionen um 1900

Um 1900 erwachte ein neues, maßgeblich mit Werner Sombart und Max Weber verbundenes Interesse an Kapitalismustheorien. Beide Intellektuelle verbinden die Macht des modernen Kapitalismus mit einer spezifischen Antriebskraft. Sombarts Interpretation zufolge wird dieser neue kapitalistische Geist am besten durch das „jüdische“ Streben nach wirtschaftlichem Erfolg und den „jüdischen“ Umgang mit Geld repräsentiert. Ihm zufolge prädestinieren diese Eigenschaften die Juden für die neue, kapitalistische Ordnung. Weber hingegen erklärt den Erfolg des Kapitalismus mit der Kraft der Selbstbeherrschung. Er zitiert dazu die Worte Benjamin Franklins: „Neben Fleiß und Mäßigkeit trägt nichts so sehr dazu bei, einen jungen Mann in der Welt *vorwärts zu bringen*, als Pünktlichkeit und Gerechtigkeit bei allen seinen Geschäften“.[85]

Parallel zu diesem akademischen Interesse an den Theorien des modernen Kapitalismus hatten sozialreformerisch, journalistisch und unternehmerisch Tätige die vom wirtschaftlichen Wandel am stärksten betroffenen sozialen Gruppen entdeckt: die Armen und die Reichen. Im frühen 19. Jahrhundert führten statistische Gesellschaften wie die *Manchester Statistical Society* Erhebungen über die Armut durch. Vergleichbare Erhebungen über Reiche als Profiteure der neuen Ordnung entstanden jedoch erst viel später. Rudolf Martins Jahrbücher geben einen detaillierten Überblick über den Reichtum in den deutschen Staaten, griffen die „Un-

[83] Sombart, *Die Juden und das Wirtschaftsleben*, S. 155f.

[84] Davis, ‚Religion and Capitalism‘, S. 69.

[85] Max Weber, *Die protestantische Ethik und der Geist des Kapitalismus*, in: Horst Baier et al. (Hrsg.): *Max Weber Gesamtausgabe* (Tübingen: Mohr Siebeck, 2016), S. 152.

sichtbarkeit" des Reichtums in der Öffentlichkeit an und forderten ausdrücklich mehr Transparenz in Bezug auf dessen Anhäufung. Gleichzeitig bezeichneten Kapitalismuskritikerinnen und -kritiker die Juden häufig als Profiteure des Kapitalismus – unabhängig von ihrer Positionierung im linken oder rechten politischen Spektrum. Diese Verachtung für Juden als vermeintliche Ausbeuter einer neuen Wirtschaftsordnung erfasste verschiedene gesellschaftliche Sphären. Sombarts *Die Juden und das Wirtschaftsleben* rief heftige Reaktionen hervor, da er hier eine teleologische Erzählung über Juden als treibende Kraft des Kapitalismus bot. Sombarts Buch stieß auf ein breites Echo außerhalb der akademischen Welt. Wie sehr es einen Nerv getroffen hatte, zeigen die zahlreichen Rezensionen. Zwei seiner eigenen, im folgenden Jahr erschienenen Veröffentlichungen beschäftigten sich mit der Frage der jüdischen Identität: *Die Zukunft der Juden* und der kurze Aufsatz *Judentaufen*.[86] Beide Publikationen befassen sich mit der jüdischen Konversion zum Christentum, die Sombart als Beweis für die jüdische Anpassungsfähigkeit an den Kapitalismus interpretiert. In beiden Texten reagierte Sombart auf die Kritik, er vermeide eine Stellungnahme zu einer konkreten Politik gegenüber Juden.[87] Auf die Vorteile der jüdischen Emanzipation hinweisend, fordert er gleichzeitig, Juden sollten dieses politische Privileg nicht ausnutzen.[88] In diesen Texten vermischt Sombart sowohl philosemitische als auch antisemitische Stereotype.[89] In Bezug auf den Kapitalismus bezeichnet er die Rolle der Juden als eine vorübergehende und argumentiert, ihr Einfluss schwinde in Ländern mit bereits eingeführten hochkapitalistischen Strukturen.[90]

Das späte 19. Jahrhundert bildete eine konstitutive Phase für das Verständnis des modernen Kapitalismus als Wirtschafts- und Gesellschaftssystem. Diese Meistererzählung wurde maßgeblich durch Werner Sombarts Schriften beeinflusst. Bemerkenswert ist, dass sein Sohn Nicolaus (1923–2008), Bohemien, Autor und EU-Beamter, einen kurzen Radio-

[86] Werner Sombart, *Die Zukunft der Juden* (Leipzig: Duncker & Humblot, 1912); Werner Sombart, *Judentaufen* (München: Georg Müller Verlag, 1912).

[87] Sombart, *Die Zukunft der Juden*, S. 7.

[88] Ebd., S. 87.

[89] Ebd., S. 57: Als Grund für die Assimilation gibt Sombart an: „Wir wollen die tiefen, traurigen Judenaugen niemals verlieren".

[90] Sombart, *Judentaufen*, S. 8.

beitrag über die „Apologie des Reichtums" schrieb. Im Gegensatz zu seinem Vater, der ein genealogisches Verständnis des modernen Kapitalismus vertrat, beschrieb Nicolaus Sombart sein Interesse am Reichtum in den 1950er- und 1960er-Jahren wie folgt: „Es geht um eine Phänomenologie des Reichtums, nicht um eine Beschreibung der Reichen".[91] Ein Teil seines Essays befasst sich mit den „Schwierigkeiten, den Reichtum zu loben".[92] Mit einem gewissen Sinn für Ironie nahm Sombart junior Artikel über modernen Snobismus und Werbung für Schuhe aus Krokodilleder in seine Sammlung von Zeitungsausschnitten auf.

Die Geschichte des Reichtums im 20. Jahrhundert ist eng mit der (moralischen) Debatte über soziale Ungleichheit verbunden. Um diese Meistererzählung kritisch zu hinterfragen, erscheint es notwendig, Reichtum als politische und soziale Institution jenseits seiner moralischen Implikationen zu analysieren.[93] Gleichzeitig sind Debatten über soziale Ungleichheit aber auch immer mit dem Politischen verbunden: im Fall von Sombarts *Die Juden und das Wirtschaftsleben* mit dem Kampf um die politische Emanzipation jüdischer Bürgerinnen und Bürger in Deutschland.

[91] Staatsbibliothek zu Berlin, Nachlass Nicolaus Sombart (405), Akte 354, Apologie des Reichtums, S. 55.

[92] Ebd., S. 96.

[93] Digby E. Baltzell, *Philadelphia Gentlemen: The Making of a National Upper Class* (Glencoe, Ill. 1958), S. 5.

TEIL III

Soziale Bewegungen und moralische Bedenken

KAPITEL 8

US-Katholizismus und wirtschaftliche Gerechtigkeit: 1919–1929

Giulia D'Alessio

Einführung

In den Jahren des Pontifikats von Benedikt XV. und Pius XI. stellten die Katholiken noch eine der ärmsten Minderheiten in der amerikanischen Gesellschaft dar, zu der auch die italienische, die irische und die polnische Gemeinschaft gehörten. Der amerikanische Katholizismus war daher vor allem in den ersten Jahrzehnten des zwanzigsten Jahrhunderts und in der ersten Amtszeit von Franklin Delano Roosevelt von sozialem Engagement geprägt. Bei unserer Analyse der Organisation der katholischen Präsenz in den Vereinigten Staaten und der Rolle, die sie im amerikanischen sozialpolitischen Kontext spielte, werden wir daher besonderes Augenmerk auf die Verfolgung zweier Hauptziele legen: zum einen die Erreichung der sozialen Integration der katholischen Minderheiten und zum anderen ihre Legitimation durch die politischen Institutionen der USA.

Die Marginalisierung der katholischen Kirche auf politischer Ebene dauerte in den Vereinigten Staaten lange Zeit an, bedeutete aber nie einen

G. D'Alessio (✉)
Dipartimento di Storia Antropologia Religioni Arte Spettacolo, Sapienza Università di Roma, Rom, Italien
E-Mail: Stefan.Berger@ruhr-uni-bochum.de

S. Berger, A. Przyrembel (Hrsg.), *Moralisierung des Kapitalismus*,
https://doi.org/10.1007/978-3-031-51270-4_8

Mangel an Präsenz im gesellschaftlichen Kontext der USA. Seit dem 19. Jahrhundert war die Mehrheit der Einwanderer in den Vereinigten Staaten katholisch: Durch ihre Beziehung zu den „New Americans" gelang es der US-Kirche – zunächst auf lokaler und dann auf nationaler Ebene – ihre Rolle und ihren Beitrag zur kulturellen und politischen Debatte des Landes zu stärken.[1]

Die katholische Kirche in den USA wurde vor und nach dem von uns untersuchten Zeitraum traditionell als „konservative Institution" wahrgenommen, insbesondere aufgrund ihrer entschiedenen Ablehnung jeder Form von Radikalismus. Im Kontext des frühen Kalten Krieges engagierten sich beispielsweise wichtige katholische Persönlichkeiten wie der New Yorker Erzbischof Francis Spellman stark für den Antikommunismus, selbst in seinen virulentesten und verfolgenden Facetten.[2]

Diese Interpretation lässt jedoch andere wichtige Aspekte unberücksichtigt. Sinnbildlich für den größeren Reichtum und die Vielfalt der von der katholischen Kirche in den Vereinigten Staaten verfolgten Ansätze ist

[1] Für eine ausführliche Darstellung der Geschichte der katholischen Einwanderung in die Vereinigten Staaten und, allgemeiner, der Ereignisse im Zusammenhang mit dem Katholizismus in den USA siehe: John T. Ellis, *American Catholicism* (Chicago: University of Chicago Press, 1956); Jaroslav Pelikan, *The Riddle of Roman Catholicism* (New York und Nashville: The Abingdon Press, 1959); Theodore Maynard, *The Story of American Catholicism* (New York, NY: Macmillan, 1960); Thomas T. McAvoy, ed, *Roman Catholicism and the American Way of Life* (Notre Dame, IN: University of Notre Dame Press, 1960); Harold J. Abramson, *Ethnic Diversity in Catholic America* (New York, NY: Wiley, 1973); Andrew M. Greeley, *The American Catholic. A Social Portrait* (New York, NY: Basic Book, 1977); James J. Hennesey, *American Catholics: A History of the Roman Catholic Community in the United States* (New York: Oxford University Press, 1981); Gerald P. Fogarty, *The Vatican and the American Hierarchy from 1870 to 1965* (Stuttgart: Hiersemann, 1982), George Gallup, Jr. and Jim Castelli, *The American Catholic People* (New York: Doubleday, 1987); Stephen M. De Giovanni, *Archbishop Corrigan and the Italian Immigrants* (Huntington, IN: Our Sunday Visitory Publication, 1994); Charles R. Morris, *American Catholic* (New York: Random House, 1997); Daniela Saresella, *Cattolicesimo italiano e sfida americana* (Brescia: Morcelliana, 2001); Matteo Sanfilippo, *L'affermazione del cattolicesimo nel Nord America: élite, emigranti e Chiesa cattolica negli Stati Uniti e nel Canada, 1750–1920* (Viterbo: Sette Città, 2003); Peter R. D'Agostino, *Rome in America: Transnational Catholic Ideology from the Risorgimento to Fascism* (Chapel Hill und London: The University of North Carolina Press, 2004); Patrick W. Carey, *Catholics in America: A History* (Westport, CT and London: Praeger, 2004); Matteo Sanfilippo, 'Parrocchie ed emigrazione negli Stati Uniti', *Studi Emigrazione* 168 (2007): 993–1005; Matteo Sanfilippo, „L'emigrazione italiana verso gli Stati Uniti negli anni 1889–1900: una prospettiva vaticana", *Giornale di storia contemporanea* 1 (2008): 54–78; und Massimo Di Gioacchino, „Religione e società nelle Little Italies statunitensi (1876–1915)", *Una rassegna tra studi e fonti* 11 (2015): 95–108.

[2] Siehe u. a. John Cooney, *The American Pope: The Life and Times of Francis Cardinal Spellman* (New York: Times Books, 1984).

in der Tat ihre Beteiligung an der sozialen Frage. Dies wurde besonders in der Zwischenkriegszeit deutlich. Wenn man sich darauf konzentriert, was die katholische Soziallehre in den Vereinigten Staaten bedeutet hat, kann man den originellen Beitrag hervorheben, den einige der wichtigsten Protagonisten des amerikanischen Katholizismus, insbesondere die amerikanischen katholischen Bischöfe, zur politisch-intellektuellen Debatte und zu den konkreten institutionellen Entscheidungen und Politiken der USA geleistet haben.

Im Zusammenhang mit dem Streben nach institutioneller Legitimation und Integration in die amerikanische Gesellschaft verstärkte die amerikanische katholische Kirche ihre intellektuellen und organisatorischen Anstrengungen, um ihr Handeln im sozioökonomischen Bereich zu konsolidieren. Die Legitimation auf politischer und institutioneller Ebene war dank der Definition eines sozialen Denkens und einer politischen Aktion möglich, die beide auf einer Neuinterpretation der katholischen Soziallehre basierten, die dem kulturellen, wirtschaftlichen und sozialen Kontext der Vereinigten Staaten entsprechen und sich anpassen konnte. Zwischen dem Ende des 19. und den ersten drei Jahrzehnten des 20. Jahrhunderts hat die katholische Kirche in den USA nach dem Muster von *Rerum Novarum* von Leo XXIII. Theorien und Vorschläge im sozioökonomischen Bereich entwickelt, von denen eine beträchtliche Anzahl später in den dreißiger Jahren auf legislativer Ebene umgesetzt wurde. Letztere stellten in der Tat ein entscheidendes Jahrzehnt für den amerikanischen Katholizismus dar, auch wegen der zunehmenden institutionellen Verständigung zwischen der US-Regierung und dem Heiligen Stuhl: Mehrere Dokumente, die in den Geheimarchiven des Vatikans, der F. D. Roosevelt Presidential Library und den Archiven der Catholic University of America aufbewahrt werden, zeigen, dass der Prozess der Annäherung zwischen Washington und St. Peter in der Anfangsphase der ersten Roosevelt-Präsidentschaft begonnen hatte, sich deutlich zu entwickeln.[3]

[3] Für eine ausführliche Darstellung des amerikanischen Katholizismus während der FDR-Administration und der New-Deal-Jahre siehe u. a.: Francis L. Broderick, *Right Reverend New Dealer: John A. Ryan* (New York: Macmillan, 1963); David J. O'Brien, *American Catholics and Social Reform: The New Deal Years* (New York: Oxford University Press, 1968); George Q. Flynn, *American Catholics & the Roosevelt Presidency, 1932–1936* (Lexington: University of Kentucky Press, 1968); Stefano Luconi, *Little Italies e New Deal. La coalizione rooseveltiana e il voto italo-americano a Filadelfia e Pittsburgh* (Milano: Franco Angeli, 2002); Kevin E. Schmiesing, „Catholics Critics of the New Deal: 'Alternative' Traditions in Catholic Social Thought", *Catholic Social Science Review* 7 (2002): 145–159; und David B. Woolner und Richard G. Kurial, *FDR, The Vatican, and the Roman Catholic Church in America, 1933–1945* (New York: Palgrave Macmillan, 2003).

Die Ereignisse die im 19. Jahrhunderts zum Abbruch der offiziellen Beziehungen zwischen dem Weißen Haus und dem Heiligen Stuhl führte, werden wir hier nicht analysieren. Es ist bekannt, dass dies das Ergebnis von Missverständnissen und Problemen sowohl ideologischer als auch politischer Art war: Die Rechtsgrundsätze, die eine klare Trennung zwischen Kirche und Staat in den Vereinigten Staaten vorsahen, standen im Gegensatz zu der Möglichkeit, offizielle Kontakte mit einer Institution aufrechtzuerhalten, an deren Spitze ein religiöser Führer stand.

Wir möchten vielmehr betonen, dass die Ankunft von F. D. Roosevelt im Weißen Haus einen entscheidenden Perspektivwechsel markierte und dass die bedeutende Annäherung der Ansichten zwischen dem neuen Präsidenten und dem Vatikan in Fragen der Wirtschafts- und Sozialpolitik eine wichtige Rolle bei dieser Entwicklung spielte. Roosevelt brachte bekanntlich seine hohe Wertschätzung für die Enzyklika *Quadragesimo Anno* von 1931 zum Ausdruck („*Quadragesimo Anno* ist so radikal wie ich, es ist eines der größten Dokumente der Neuzeit", sagte der Präsident 1932 in einer Rede in Detroit),[4] und seine positive Einstellung zur Soziallehre Pius' XI. stellte einen wichtigen Schritt in Richtung einer tieferen sozialen und politischen Integration der amerikanischen Katholiken dar.

Um die Ursprünge dieses Prozesses zu verstehen, ist es wichtig zu betonen, dass die US-Bischöfe – insbesondere durch die offiziellen Erklärungen des NCWC, des National Catholic Welfare Council (später National Catholic Welfare Conference) – seit dem Ende des Ersten Weltkriegs, als sie 1919 die Erklärung mit dem Titel *Program for Social Reconstruction* (Programm für den sozialen Wiederaufbau) veröffentlichten, ihren Standpunkt zu sozialökonomischen Fragen zum Ausdruck brachten.[5] Die 1920er-Jahre hingegen waren eine Phase des relativen Schweigens des amerikanischen Klerus: Die offiziellen Erklärungen der amerikanischen Bischöfe zur sozialen Frage gehörten der Vergangenheit an.

In den Vereinigten Staaten wie auch in den anderen kriegführenden Ländern kam es während des Ersten Weltkriegs und in der Nachkriegszeit zu einer Neudefinition des Konzepts der Staatsbürgerschaft, der Muster der Eingliederung in die nationale Gemeinschaft sowie des Ausschlusses

[4] Franklin D. Roosevelt, Detroit Speech, 2. Oktober 1932, in George Q. Flynn, *American Catholics and the Roosevelt Presidency, 1932–1936* (Lexington: University of Kentucky Press, 1968), 17.

[5] Bishop's Program of Social Reconstruction, National Catholic Welfare Conference, Washington, 1919.

aus dieser, von dem weite Teile der Bevölkerung betroffen waren. Die Erfahrungen der Vereinigten Staaten waren jedoch im Vergleich zu denen der entwickelten europäischen Länder oder der kolonialen Territorien eigenartig. Der Erste Weltkrieg stellte in der Tat einen Wendepunkt in der Geschichte der Einwanderergemeinschaften in den Vereinigten Staaten und in der allmählichen Erlangung einer mehr als nur formalen Staatsbürgerschaft durch Personen dar, die bis dahin am Rande des sozialen, wirtschaftlichen und politisch-institutionellen Systems ihres „neuen Heimatlandes" standen. Darüber hinaus war der Konflikt nicht nur ein Vorbote von Integrationsschüben für die auf amerikanischem Boden lebenden Minderheiten, da der außergewöhnliche Kontext des Krieges dazu führte, dass sich ein Klima des Misstrauens gegenüber den „Bindestrich-Amerikanern" verbreitete, die als innere Feinde wahrgenommen wurden. Infolgedessen wurden mehrere Bestimmungen erlassen, die die bürgerlichen Freiheiten einschränkten. Diese spekulativen inklusiven/exklusiven Bestrebungen blieben nicht auf die zeitlichen Grenzen des Ersten Weltkriegs beschränkt: Sie wurden in der Nachkriegszeit in unterschiedlichen Formen und mit unterschiedlichen Protagonisten wieder aufgegriffen und tauchten später erneut auf. Die Formen, die der amerikanische Melting Pot annahm und die sich sowohl in Bezug auf die Anzahl als auch auf die geografische Herkunft ständig veränderten, waren Gegenstand einer berühmten Rede von Theodore Roosevelt im Jahr 1915. Roosevelt betonte die Notwendigkeit, dass die Vielfalt der Kulturen und Ursprünge ihre Synthese in der gemeinsamen amerikanischen Identität finden müsse: „In diesem Land gibt es keinen Platz für einen Amerikanismus mit Bindestrich. Wenn ich mich auf eingebürgerte Amerikaner beziehe … wenn ich von Amerikanern mit Bindestrich spreche, dann meine ich nicht die eingebürgerten Amerikaner. Einige der besten Amerikaner, die ich je gekannt habe, waren eingebürgerte Amerikaner, Amerikaner, die im Ausland geboren wurden. Aber ein Amerikaner mit Bindestrich ist überhaupt kein Amerikaner." Diese Worte wurden vor den Rittern des Kolumbusordens gesprochen, den Protagonisten des säkularen Katholizismus in den Vereinigten Staaten, die das tägliche Bekenntnis zu den konstitutiven Werten der Vereinigten Staaten mit der Bekräftigung des Katholizismus als integralem Bestandteil der Gesellschaft und Kultur des Landes verbanden. Die Katholizität war traditionell ein Motiv für Vorurteile gegenüber denjenigen, die, selbst wenn sie einmal eingebürgerte Amerikaner waren, einer doppelten Treue verdächtigt wurden: sowohl zum Papst als auch zu den amerikanischen staatlichen Institutionen.

Ab 1917 waren die Modalitäten der Integration der eingewanderten katholischen Gemeinschaften in den Vereinigten Staaten, die mit den „Soldier's Naturalizations" begannen, eng mit den Bemühungen sowohl der Laien als auch der kirchlichen Hierarchien verbunden, die sich für die vollständige Eingliederung der Katholiken in das soziale und wirtschaftliche Gefüge des Landes einsetzten, und zwar vor dem Hintergrund der immer häufiger auftretenden Phänomene der Ausgrenzung, Dämonisierung und Marginalisierung bestimmter katholischer Gemeinschaften in den Vereinigten Staaten.[6]

In diesem sozialen und politischen Rahmen spielt der Nationale Katholische Kriegsrat, der 1917 unmittelbar nach dem Kriegseintritt der Vereinigten Staaten gegründet wurde, im Hinblick auf den Erwerb einer nicht nur formalen Staatsbürgerschaft durch Einwanderer katholischen Glaubens eine zentrale Rolle. Die führenden Vertreter der amerikanischen katholischen Hierarchie kamen zum ersten Mal seit 1884 zusammen, um die Aktivitäten der katholischen Welt im Zusammenhang mit dem Kriegseinsatz zu koordinieren. In Friedenszeiten änderte das Gremium seinen Namen in Nationaler Katholischer Wohlfahrtsrat (und später Konferenz), und (bereits 1919) identifizierte es den Triumph der sozialen Gerechtigkeit als die einzige „mögliche Befriedung" in einem Land, das von großen Widersprüchen zerrissen und durch das Fehlen einer Gesetzgebung zum Schutz der schwächsten Untertanen gekennzeichnet war. Der Erste Weltkrieg bildete den Ausgangspunkt für eine Reihe von Veränderungen in der Gesellschaft und in den politisch-institutionellen Entscheidungen, deren Auswirkungen auch in den folgenden Jahrzehnten zu spüren sein würden.

[6] Man denke nur an die Ereignisse, die die irische und vor allem die deutsche Gemeinschaft betrafen. Die Vorurteile gegenüber den irischen Amerikanern hatten sich schnell verbreitet, weil sie sich aufgrund der starken Bindung an ihr Herkunftsland, in dem die Unabhängigkeitsbestrebungen immer stärker wurden, nicht an der Seite des britischen Verbündeten engagierten. Woodrow Wilson sagte auf der Pariser Friedenskonferenz, er sei über die Haltung der irischen Katholiken während des Krieges verärgert gewesen: „Mein erster Impuls war, den Iren zu sagen, sie sollten zur Hölle fahren, aber da ich in meinem Inneren spürte, dass diese Art zu sagen keine Geste gewesen wäre, die eines Staatsmannes würdig gewesen wäre, verweigerte ich mir diese persönliche Genugtuung". Die Haltung des Misstrauens und der Feindseligkeit gegenüber den Einwanderern aus den Gebieten der zentralen Imperien war ebenfalls sehr hart. Vor dem Kriegseintritt der USA hatten sich viele in die deutsche und österreichische Armee eingeschrieben, und dies war die Grundlage für ein Gefühl des Misstrauens und der Intoleranz auch gegenüber denjenigen, die, obwohl sie aus diesen Ländern stammten, in ihrer neuen Heimat geblieben waren und 1917 in den Streitkräften mit Stars and Stripes am Krieg teilnehmen würden.

Die Logik der Identifizierung und Unterdrückung des „inneren Feindes“ führte zur „Roten Angst“ der zwanziger Jahre, in denen der katholische Sozialgedanke in der Öffentlichkeit an den Rand gedrängt wurde und die Bischöfe sich nur noch selten zum Problem der wirtschaftlichen Gerechtigkeit äußerten.

Diese Haltung änderte sich dramatisch nach dem Wall Street Crash von 1929 und während der Großen Depression, als der NKR drei grundlegende Dokumente veröffentlichte: das *Statement on Unemployment* (Erklärung zur Arbeitslosigkeit, 1930), das *Statement on the Economic Crisis* (Erklärung zur Wirtschaftskrise, 1931) und das *Statement on the Present Crisis* (Erklärung zur gegenwärtigen Krise, 1933). Sie wurden von der katholischen Soziallehre inspiriert, aber auch von den Ideen von Mgr. John A. Ryan, einer der Hauptfiguren des amerikanischen Katholizismus, der zu den einflussreichsten katholischen Sozialreformern der USA gehörte und ein großer Befürworter des New Deal von FDR war.[7]

Wie wir gleich sehen werden, zeigt die Analyse der Hirtenbriefe der US-Bischöfe zur wirtschaftlichen Gerechtigkeit sowie die Analyse politischer Laufbahnen von einigen der einflussreichsten Persönlichkeiten des amerikanischen Katholizismus, dass die katholische Kirche in den USA während der Großen Depression häufig eine interventionistische und kritische Haltung gegenüber den „Fehlern und Verzerrungen“ des amerikanischen „Wirtschaftssystems“ an den Tag legte und ihre eigene Version der „Moralisierung des Kapitalismus“ propagierte.

John A. Ryan und das „Programm der Bischöfe für den sozialen Wiederaufbau“ von 1919

Die Analyse der Reaktion der US-Bischöfe auf den Ersten Weltkrieg sollte sich auf die Untersuchung des Denkens und Handelns von John Augustin Ryan stützen – dem Direktor der Abteilung für soziale Maßnahmen der Nationalen Katholischen Wohlfahrtskonferenz und einem der wichtigsten Vertreter des katholischen Sozialdenkens in den Vereinigten Staaten, der später ein großer Unterstützer von Roosevelt werden und eine grund-

[7]Vgl. Francis L. Broderick, *Right Reverend New Dealer: John A. Ryan* (New York: Macmillan, 1963); Patrick W. Gearty, *The Economic Thought of Monsignor John A. Ryan* (Washington, DC: Catholic University of America Press, 1952); und Aaron I. Abell, „Monsignor John A. Ryan: An Historical Appreciation“, *The Review of Politics* 8, no. 1 (1946): 128–134.

legende Rolle beim New Deal spielen sollte. Sowohl seine Veröffentlichungen als auch sein konkretes Handeln zur Verteidigung der amerikanischen Arbeiter müssen mit den offiziellen Verlautbarungen der US-Bischöfe (die ständig Dokumente und Hirtenbriefe zum sozioökonomischen Bereich verfassten) in Verbindung gebracht werden und stützten sich stark auf die von Ryan dargelegten Punkte.

Das *Bishops' Program for Social Reconstruction* (Februar 1919) ist eines der ersten offiziellen Dokumente der US-Bischöfe, das sich mit der sozialen Frage befasst und den Standpunkt der amerikanischen Hierarchie zu den Fragen im Zusammenhang mit der Neuordnung des Landes ein Jahr nach dem Ende des Ersten Weltkriegs enthält: Soziale Gerechtigkeit wird als das Hauptkonzept bezeichnet, auf dem die mögliche und wünschenswerte Befriedung der verschiedenen Teile der Gesellschaft basieren könnte. Ryans Denken und Handeln konzentrierte sich – im Rahmen eines allgemeineren Diskurses, der darauf abzielte, die Gesamtheit der Probleme im Zusammenhang mit der Beschäftigung zu analysieren – hauptsächlich auf den Kampf für Mindestlöhne[8] und für die Regelung der Kinderarbeit:[9] Ryans Beteiligung am Kampf für den Mindestlohn geht auf seine nachdrückliche Unterstützung der Vorschläge und konkreten Maßnahmen der National Consumers' League im Jahr 1910 zurück, die erstmals die Notwendigkeit betonte, auf die Verabschiedung des Gesetzes über den Mindestlohn hinzuarbeiten. Ryan war eines der Mitglieder des für die Ausarbeitung des Gesetzes gebildeten Ausschusses: Sein aktives Engagement zugunsten des Mindestlohns war von solchem Ausmaß, dass die Forderung nach einem Gesetz über den Mindestlohn oft als Kampf um den existenzsichernden Lohn bezeichnet wurde (in Anlehnung an das Buch von Ryan, der als der eigentliche Urheber des Gesetzes identifiziert wurde). Der erste Staat, der ein Mindestlohngesetz verabschiedete, war Massachusetts im Jahr 1912. Im Jahr 1913 waren acht weitere Staaten an der Reihe: Utah, Oregon, Washington, Minnesota, Nebraska, Wisconsin, Kalifornien und Colorado. Zwei Jahre später verabschiedeten Arkansas

[8] Bei diesem speziellen Thema wird der Einfluss des Denkens von Liberatore auf Ryans Ideen deutlich. In seinen „Principi di economia politica" (1889) schrieb Liberatore über Mindestlöhne als Verpflichtung, die für Regierungen von größter Bedeutung sei.

[9] Zur katholischen Kirche der USA und zur Kinderarbeit, siehe Vincent A. McQuade, *The American Catholic Attitude on Child Labor Since 1891* (Washington, DC: The Catholic University of America, 1938).

und Kansas das Gesetz über den Mindestlohn, und 1917 folgte Arizona dem Beispiel. Im Jahr 1918 wurde das Gesetz über den Mindestlohn in Texas und North Dakota verabschiedet. Das Gesetz betraf nur Frauen- und Kinderarbeit, galt nicht für erwachsene männliche Arbeitnehmer, schützte aber zumindest die Rechte derjenigen (Frauen und Kinder), die den schwächsten Teil der Arbeitnehmer darstellten und traditionell nicht unterstützt wurden. Ryan hatte es geschafft, in Minnesota (seinem Heimatstaat) die Garantie eines viel höheren Lohns als der, den Frauen und Minderjährige normalerweise erhielten, durchzusetzen. Im Jahr 1923 wurden die Mindestlohngesetze jedoch vom Obersten Gerichtshof für verfassungswidrig erklärt (nach der „Atkins-Entscheidung" aus demselben Jahr). Der Grund für diese Entscheidung lag in der Auslegung der Verfassung und insbesondere des fünften Verfassungszusatzes, in dem die „Vertragsfreiheit" als Grundfreiheit definiert wurde. Die gesetzliche Festsetzung eines Mindestlohns wurde als Verstoß gegen die „Vertragsfreiheit" gewertet, und dieses Argument hätte in letzter Konsequenz zur Verfassungswidrigkeit des Mindestlohns geführt. Ryan war einer der Hauptakteure eines Kampfes, der für diejenigen, die sich für die Verbesserung der Lebensbedingungen der amerikanischen Arbeitnehmer einsetzten, von großer symbolischer Bedeutung war: Er hatte sich bereits 1913 gegen Versuche gewehrt, das Gesetz für verfassungswidrig zu erklären, dem Jahr, in dem die lange Reihe von Interventionen des Obersten Gerichtshofs gegen den Mindestlohn begann. Nach dem Urteil von 1923 äußerte sich Ryan sehr kritisch gegenüber dem Obersten Gerichtshof. Das Urteil schien in der Tat den Verfassungstext willkürlich auszulegen, der nirgendwo ausdrücklich im Widerspruch zur Idee der Festlegung eines Mindestlohns per Gesetz steht.

Ryans Ideen beeinflussten einen großen Teil der katholischen Hierarchie in den USA, die durch die Gründung (am Ende des Ersten Weltkriegs) des Nationalen Katholischen Wohlfahrtsrats, des Vorläufers der Katholischen Bischofskonferenz der Vereinigten Staaten, eine Selbstorganisation förderte: Die Organisation aktualisierte und erweiterte die Kompetenzen des Nationalen Katholischen Kriegsrats, der zuvor während der Kriegszeit gegründet worden war. Einer der direktesten Einflüsse auf die Arbeit von John Ryan war das Denken von Matteo Liberatore, einem der Autoren des *Rerum Novarum*: Er gehört neben Giuseppe Toniolo und Sturzo zu jenen katholischen Gelehrten, die an der Wende vom 19. zum 20. Jahrhundert „die Präsenz des Staates in der Wirtschaft als aktive Rolle bei der Verringerung des Klassenkonflikts, der Leiden der Arbeiter, der Arroganz der Grundbesitzer usw. unterstützten".[10] Ryans Ansatz bei der Untersuchung sozioökonomischer Fragen zielte darauf ab, die ethischen und religiösen Annahmen der katholischen Soziallehre und der päpstlichen Dokumente mit wirtschaftlichem Wissen zu verbinden. Ryan ließ sich insbesondere von den Abschnitten 44–45 des *Rerum Novarum* inspirieren:

> „Arbeiten bedeutet, sich anzustrengen, um das zu beschaffen, was für die verschiedenen Zwecke des Lebens und vor allem für die Selbsterhaltung notwendig ist. „Im Schweiße deines Angesichts sollst du dein Brot essen" (33). Die Arbeit des Menschen hat also notwendigerweise zwei Aspekte oder Charaktere. Erstens ist sie persönlich, da die Kraft, die wirkt, mit der Persönlichkeit verbunden und ausschließliches Eigentum des Handelnden ist und ihm außerdem zu seinem Vorteil gegeben wurde. Zweitens ist die Arbeit des Menschen *notwendig;* denn ohne das Ergebnis der Arbeit kann der Mensch nicht leben, und die Selbsterhaltung ist ein Naturgesetz, das zu mißachten unrecht ist. Würden wir nun die Arbeit nur insoweit betrachten, als sie persönlich ist, so wäre es zweifellos das Recht des Arbeiters, jeden beliebigen Lohn anzunehmen; denn so wie es ihm freisteht, zu arbeiten oder nicht, so steht es ihm auch frei, einen geringen oder gar keinen Lohn anzunehmen. Aber unsere Schlussfolgerung muss ganz anders ausfallen, wenn wir neben dem persönlichen Element in der Arbeit eines Menschen auch die Tatsache berücksichtigen, dass die Arbeit für ihn notwendig ist, um zu leben: Diese beiden Aspekte seiner Arbeit sind in der Vorstellung trennbar, aber nicht in der Realität. Die Erhaltung des Lebens ist die unbedingte Pflicht eines jeden, und es ist ein Verbrechen, sie zu vernachlässigen. Daraus folgt notwendigerweise, dass jeder ein natürliches Recht hat, sich das zu verschaffen, was er zum Leben braucht, und die Armen können sich das auf keine andere Weise verschaffen als durch das, was sie durch ihre Arbeit ver-

[10] Siehe Piero Barucci, „I cattolici e il mercato", *Studi e note di economia* 3 (1998): 18. Insbesondere, wie von Barucci (S. 20) angemerkt, in den Werken von Liberatore (*Principii di economia politica*, Trattato, Roma, 1889) und Luigi Sturzo (Note e Appunti di Economia sociale del Sac. Dott. Luigi Sturzo, prof. nel Seminario Vescovile di Caltagirone, 1900, in L. Sturzo, *La battaglia meridonalista*, a cura di G. De Rosa, Laterza, Bari (1979): 195–242) wird die organizistische Konzeption der Gesellschaft und die voluntaristische Konzeption der Wirtschaft von Toniolo nicht voll entfaltet. Liberatore übt heftige Kritik am Einfluss des modernen Liberalismus auf die Wirtschaftswissenschaft und bekräftigt die notwendige Unterordnung der Wirtschaft unter die Politik und die Moral sowie die Notwendigkeit des Eingreifens der öffentlichen Gewalt, um die Schwachen zu schützen und die Starken zu lenken; wenn jedoch ein gewisses staatliches Eingreifen in die wirtschaftlichen Gegebenheiten erforderlich ist, kann man auch eine heftige Kritik des Jesuiten am Sozialismus sowie eine klare Verteidigung des Privateigentums finden.

dienen können. Mögen der Arbeiter und der Arbeitgeber freie Abmachungen treffen, insbesondere mögen sie sich frei über den Lohn einigen; dennoch liegt ein Gebot der natürlichen Gerechtigkeit zugrunde, das zwingender und älter ist als jede Abmachung zwischen Mann und Mann, nämlich dass der Lohn nicht zu gering sein darf, um einen genügsamen und braven Lohnempfänger zu ernähren. Wenn der Arbeiter aus Not oder aus Furcht vor einem schlimmeren Übel härtere Bedingungen akzeptiert, weil ein Arbeitgeber oder Unternehmer ihm keine besseren bieten will, wird er zum Opfer von Gewalt und Ungerechtigkeit. In diesen und ähnlichen Fragen jedoch – wie z. B. der Arbeitszeit in den verschiedenen Handwerken, den in Fabriken und Werkstätten zu beachtenden sanitären Vorkehrungen usw. – um eine ungebührliche Einmischung des Staates zu vermeiden, zumal die Umstände, die Zeiten und die Örtlichkeiten so verschieden sind, ist es ratsam, auf Gesellschaften oder Gremien zurückzugreifen, wie Wir sie gleich erwähnen werden, oder auf eine andere Art und Weise, die Interessen der Lohnempfänger zu schützen; der Staat wird, wenn die Umstände es erfordern, um seine Sanktion und seinen Schutz gebeten."[11]

In zwei seiner wichtigsten Werke – *A living Wage* (Ein existenzsichernder Lohn, 1906) und *Distributive Justice* (Verteilungsgerechtigkeit, 1916)[12] – äußerte sich Ryan zum Mindestlohn und zum Vorschlag eines existenzsichernden Lohns für Familien und schrieb, dass der Mindestlohn zu einem Gesetz werden müsse. Hinter all seinen Arbeiten zur sozialen Frage stand der Gedanke, dass der Staat eine Hauptrolle bei der Regelung der sozioökonomischen Fragen spielen müsse: Diese Annahme wurde im *Bishops' Program for Social Reconstruction* hervorgehoben.

Die US-Kirche schlug also ihr eigenes Modell für den Wiederaufbau der Nachkriegsgesellschaften vor, und zwar in denselben Jahren, in denen Präsident Woodrow Wilsons „Vierzehn Punkte" verabschiedet wurden. Die Bischöfe betonten die Bedeutung der sozialen Gerechtigkeit als Grundvoraussetzung für eine friedliche Zukunft und betonten, dass niemand vom Recht auf ein menschenwürdiges Leben ausgeschlossen werden sollte.

[11] Für eine ausführliche Darstellung der Auswirkungen des Rerum Novarum in den Vereinigten Staaten siehe Aaron I. Abell, 'The Reception of Leo XIII's Labor Enclyclica in America, 1891–1919', *The Review of Politics* 7, no. 4 (1945): 464–495; zum Rerum Novarum siehe unter anderem Giovanni Antonazzi und Gabriele De Rosa, Hrsg., *L'Enciclica Rerum Novarum e il suo tempo* (Rom: Ediz. di Storia e Letteratura, 1991).

[12] John A. Ryan, *A Living Wage: Its Ethical and Economic Aspects* (New York: Macmillan, 1906); John A. Ryan, *Distributive Justice: The Right and Wrong of Our Present Distribution of Wealth* (New York: Macmillan, 1916).

Das *Bishops' Program* löste bei den Unternehmern negative Reaktionen aus: Den Bischöfen wurde vorgeworfen, sie hätten sich vom sozialistischen Gedankengut leiten lassen und ein Dokument mit destabilisierendem Inhalt verfasst, das, sobald es angewandt würde, die amerikanischen Institutionen hätte untergraben können.[13] Das *Program* zeigt deutlich den Versuch Ryans, der politisch-ökonomischen Autonomie in der Analyse mehr Gewicht zu geben als der religiösen Frage. Die meisten programmatischen Inhalte des Dokuments könnten leicht einer Laienorganisation zugeschrieben werden. Die Verweise auf die katholische Lehre sind selten und finden sich nur in der Einleitung und im letzten Abschnitt des Textes. Einige Monate nach der ersten Ausgabe des Dokuments vertraten die amerikanischen Bischöfe in einem Hirtenbrief (September 1919) eine weitaus gemäßigtere Linie, wenn man sie mit einigen der in der vorherigen Version des Dokuments enthaltenen Aussagen vergleicht. Während in dem im Februar 1919 veröffentlichten *Bishops' Program* zu lesen war, dass „die Mehrheit der Arbeiter nicht bloße Lohnempfänger bleiben darf, sondern in irgendeiner Weise oder zumindest teilweise Eigentümer der Produktionsmittel werden muss",[14] fehlte in der Septemberversion jeglicher Hinweis darauf, dass den Arbeitern neben dem Mindestlohn auch die Möglichkeit eingeräumt werden sollte, sich am Eigentum dieser Produktionsmittel zu beteiligen. Das *Program* unterstützte nachdrücklich die Idee, eine Politik der sozialen Sicherheit zu beginnen, und legte eine Liste von Themen vor, bei denen Handlungsbedarf bestand, wie z. B. Sozialversicherungen für Krankheit, Unfall, Alter und Arbeitslosigkeit; ein öffentliches Wohnungsbauprojekt; die Schaffung einer Nationalen Agentur für Beschäftigung; Preiskontrollmaßnahmen; gleiche Bezahlung für Frauen; Verbot von Kinderarbeit. Diese Vorschläge und Themen schienen viel weniger direkt zu sein und hatten keinen solchen Nachdruck.

Dieser partielle Wandel hin zu einem sehr gemäßigten Verhalten wäre konstitutiv für den künftigen „Red Scare" gewesen, in einer Zeit der allgemeinen Angst vor einer Ausbreitung des Sozialismus in den Vereinigten Staaten. Die regelrechte Rote Jagd, die die gesamten zwanziger Jahre an-

[13] Von besonderer Bedeutung war in diesem Zusammenhang die Stellungnahme des Präsidenten der National Association of Manufactures, der schrieb, dass das Programm der Bischöfe als „sozialistisches Propagandadokument" bezeichnet werden könne.

[14] Hirtenbrief der Erzbischöfe und Bischöfe der Vereinigten Staaten, 26. September 1919. SRSS AAEESS = Segreteria di Stato, Sezione per i Rapporti con gli Stati, Archivio Storico, Archivio della Sacra Congregazione per gli Affari Ecclesiastici Straordinari, Affari Ecclesiastici Straordinari (AAEESS), America, IV, P.O. 172, fasc.14–18, fasc.17.

dauerte, hatte Auswirkungen auf die katholische Kirche und auf Ryan: Wie die Mehrheit der katholischen Hierarchie in den USA wurde auch er auf politischer Ebene immer gemäßigter. Dies wird besonders deutlich, wenn man es mit einigen Veröffentlichungen vergleicht, wie z. B. *Bolshevism in Russia and America*[15] von Reverend Raymond A. McGowan, der Anfang der zwanziger Jahre für die Abteilung für soziale Maßnahmen des National Catholic Welfare Council geschrieben wurde. In dem Pamphlet konnte man 1920 lesen:

> „Der Kapitalismus ist ein Neuling auf der Weltbühne und in den Vereinigten Staaten sogar ein Spätentwickler. Der Kapitalismus ist eine Gesellschaftsform, in der die vorherrschenden Produktions- und Vertriebsmittel einem vergleichsweise kleinen Teil des Volkes gehören und von ihm kontrolliert werden, während der eigentumslose Teil, der sehr groß ist, durch die harten Tatsachen des Lebens gezwungen ist, für seinen Lebensunterhalt auf dem Eigentum anderer Leute zu deren primärem Vorteil und Profit zu arbeiten. Solange der Kapitalismus andauert, sind wir vor einer Revolution nicht sicher.“

Nach dem Wall-Street-Crash

Die Arbeitslosigkeit war die negativste Folge des Wall-Street-Crashs: Sie stieg zwischen 1929 und 1933 so stark an, dass sie ein Drittel der amerikanischen Bevölkerung betraf.[16]

Das politische Debakel von Al Smith (dem ersten katholischen Kandidaten, der 1928 für die US-Präsidentschaft kandidierte) löste unter den Katholiken große Frustration aus: aber zu Beginn der dreißiger Jahre konnten sie dieses politische Scheitern und die Desillusionierung überwinden und wieder an dem anknüpfen, was in den beiden vorangegangenen Jahrzehnten den stärksten Ausdruck der katholischen Erfahrung in den Vereinigten Staaten darstellte. Eine Bewertung der späten 1910er und der frühen 1920er-Jahre hebt die Entwicklung des katholischen Denkens in sozioökonomischen Fragen als die eigentliche positive Errungenschaft hervor, auf deren Grundlage es sich lohnte, mit neuer politischer Inspiration, neuen Ideen und neuer Energie neu anzufangen. Die US-Katholiken konnten durch öffentliche Erklärungen zur mög-

[15] Raymond A. McGowan, *Bolshevism in Russia and America* (New York: Paulist Press, 1920).

[16] Siehe Richard Lowitt und Maurine Beasley, *One Third of a Nation* (Urbana: University of Illinois, 1981).

lichen Lösung der Krise wieder „sprechen". Die Katholiken waren dann bereit, zu Protagonisten und nicht nur zu passiven Beobachtern der politischen und sozialen Veränderungen zu werden, die sich in den Vereinigten Staaten, insbesondere während der ersten Regierung F. D. Roosevelts, vollzogen.[17]

Die Zunahme der Arbeitslosigkeit war eine der tragischsten Folgen der Krise, und die US-Bischöfe beschlossen, diesem Thema ihre erste öffentliche Erklärung zur sozialen Frage nach dem *Programm* und dem Hirtenbrief von 1919 zu widmen. Am 12. November 1930 äußerten sich die US-Bischöfe im *Statement by the Bishops of the the Administrative Committee of the NCWC on Unemployment* (Erklärung der Bischöfe des Verwaltungsausschusses des NCWC zur Arbeitslosigkeit, verfasst vom Erzbischof von San Francisco Edward J. Hanna),[18] zur dramatischen Lage der Arbeitslosen und unterstrichen die Notwendigkeit eines stärkeren staatlichen Engagements in der Wirtschaft als mögliche Lösung für die katastrophalste Folge der Krise. Die wichtigsten Bezugspunkte des *Statements on Unemployment* von 1930 waren das *Rerum Novarum* und das *Programm* und der Hirtenbrief und *Bishops' Program* von 1919. Der rote Faden, der das *Statement* von 1930 mit dem *Program* von 1919 verband, war offensichtlich, und die Wiederherstellung dieses Originaldokuments (das in den zwanziger Jahren fast in Vergessenheit geraten war) fiel mit der Neubewertung des Denkens und Handelns von John A. Ryan, dem „wahren Autor" des *Programs* von 1919, zusammen. Im Jahr 1930 machten die Bischöfe deutlich, dass es besser gewesen wäre, wenn die Politiker, die amerikanische Gesellschaft und die katholische Welt die Textpassage beachtet hätten, in der es 1919 hieß, dass ohne soziale Gerechtigkeit kein Frieden erreicht werden könne.

Im *Statement* von 1930 betonten die Bischöfe, dass die Arbeitslosigkeit für die Vereinigten Staaten nichts Neues sei, da sie ein Problem darstelle, das in der Wirtschaftsgeschichte zyklisch wieder auftrete und somit eine ständige Bedrohung für das sozioökonomische Gleichgewicht des Landes darstelle. Es war das „amerikanische System", das die amerikanischen Bi-

[17] Siehe Francis J. Lally, *The Catholic Church in a Changing America* (Boston: Brown and Company, 1962).

[18] Erklärung der Bischöfe der Verwaltungsausschüsse der NCWC zur Arbeitslosigkeit, 12. November 1930, in Raphael Huber, *Our Bishops Speak: National Pastorals and Annual Statements of the Hierarchy of the United States* (Milwaukee, Wisconsin, 1919–1951: The Bruce Publishing Company, 1952).

schöfe kritisierten, und ein Angriff insbesondere auf den wirtschaftlichen Teil des Systems deutete darauf hin, dass eine solche Krise und ein solches Versagen durch die Abkehr von den christlichen Grundsätzen verursacht wurde. Weitere Verbindungen zum *Program* von 1919 lassen sich in den Verweisen auf Ryans Zitate über die Dringlichkeit einer humanistischen und christlichen Arbeitsethik gegenüber einer rein heidnischen und kommerziellen Ethik erkennen. Und eine dauerhafte soziale Gerechtigkeit hänge von der Abkehr von der reinen Wohltätigkeit zugunsten einer konkreten Politik der Unterstützung und der Ziele für die Arbeitslosen ab:

> „Arbeitslosigkeit ist nicht auf einen Mangel an Intelligenz und auch nicht auf Unwissenheit zurückzuführen. Sie ist auf einen Mangel an gutem Willen zurückzuführen. Sie ist auf eine Vernachlässigung Christi zurückzuführen [...] Unser Land braucht jetzt und auf Dauer eine solche Änderung des Herzens oder des Willens, intelligent und mit Entschlossenheit unsere Arbeit und unseren Reichtum zu organisieren und zu verteilen, dass es niemandem für längere Zeit an der Sicherheit fehlen muss, einen angemessenen Lebensunterhalt für sich selbst und für die von ihm Abhängigen verdienen zu können [...] Mehr als vorübergehende Almosen sind notwendig. Es sollte Gerechtigkeit herrschen. Die Arbeitslosigkeit, die uns nach so vielen Wiederholungen im vergangenen Jahrhundert erneut heimsucht, ist ein Zeichen für das tiefe Versagen unseres Landes [...] Sie ist eine der großen moralischen Tragödien unserer Zeit, sowohl in ihrer Ursache als auch in den Spuren, die sie bei denen hinterlässt, die sie verursachen, bei denen, die sie zulassen, und bei denen, die ihre Opfer sind."

Ein Jahr nach dem *Statement on Unemployment* veröffentlichten die US-amerikanischen Bischöfe das *Statement on the Economic Crisis* (Erklärung zur Wirtschaftskrise, 12. November 1931),[19] in der einige Inhalte des vorangegangenen Dokuments hervorgehoben wurden, wie z. B. die Notwendigkeit eines Mindestlohns und einer materiellen Unterstützung für alle: „Sorgt nicht nur für geistige Nahrung, sondern auch für die ‚materielle Nahrung', die für das Leben und das Wohlergehen des Einzelnen, der Familie und der gesamten Gesellschaft unerlässlich ist." Das Dokument enthält einen Vorschlag für eine staatliche Unterstützung für diejenigen, die ihren Arbeitsplatz verloren haben. Das *Statement on the Economic Crisis* wurde wenige Monate nach der Verkündung der ersten

[19] Erklärung der Hierarchie der Vereinigten Staaten zur Wirtschaftskrise, 12. November 1931, in R. Huber, *Our Bishops Speak*.

Sozialenzyklika *Quadragesimo Anno* (15. Mai 1931) veröffentlicht: Die Bezüge zum Inhalt des päpstlichen Dokuments sind offensichtlich, insbesondere die Textpassagen über die Notwendigkeit eines stärkeren staatlichen Engagements in der Wirtschaft und die Bedeutung eines Mindestlohns für die Arbeitnehmer.[20] Die Wirkung von *Quadragesimo Anno* war in den Vereinigten Staaten noch stärker als die von *Rerum Novarum*. Bischof Thomas J. Shahan, der ehemalige Rektor der Katholischen Universität von Amerika, sagte, dass die Enzyklika eine „echte Wertschätzung" für die Ideen und die Arbeit von John Ryan darstelle. Wir denken, dass es interessant sein kann, zu berichten, was er über *Quadragesimo Anno* geschrieben hat:

> „Die Enzyklika über den Wiederaufbau der Sozialordnung ist nicht vage, abgehoben oder akademisch. Sie schildert realistisch sowohl die Übel des Kapitalismus als auch die Übel, die in extremen Reformvorschlägen lauern. Sie verbindet eine klare Darlegung der Grundsätze mit einer detaillierten Präsentation praktischer Vorschläge. Es stellt sich den Tatsachen und behandelt die Welt von heute in einer Sprache, die die Welt versteht. Er benutzt die wirtschaftliche Terminologie, wenn es um wirtschaftliche Fragen geht, und er benutzt die Sprache der Ethik, wenn es um moralische Fragen geht. Niemand kann behaupten, dass Papst Pius die bestehenden sozialen und wirtschaftlichen Bedingungen nicht versteht oder sich scheut, angemessene Lösungen vorzuschlagen. „Der Heilige Vater hat der Welt das umfassendste, spezifischste und angemessenste Programm für den sozialen Wiederaufbau gegeben, das wir besitzen. Andere Programme mögen in Bezug auf den einen oder anderen Teil des Problems detaillierter gewesen sein, aber keines von ihnen war gleichzeitig so grundlegend, so ausgewogen und so umfassend."[21]

Die „Erklärung zur gegenwärtigen Krise"

Am 1. Juni 1933 veröffentlichten die US-Bischöfe ihr erstes offizielles Dokument zur sozioökonomischen Lage in Amerika nach der Verkündung des *Quadragesimo Anno* und nach der Wahl des neuen Präsidenten Franklin Delano Roosevelt. Das *Statement on the Present Crisis* (Die Erklärung

[20] Siehe Francis L. Broderick, „The Encyclicals and Social Action: Is John A. Ryan Typical?", *The Catholic Historical Review* 55, no. 1 (1963): 1–6.

[21] John A. Ryan, „The New Things in the New Encyclical", *Ecclesiastical Review* 85 (1931): 13–14.

zur gegenwärtigen Krise)[22] knüpfte eng an die Verlautbarungen von 1930 und 1931 an. In dem Dokument wird noch einmal die Tragödie der Nachkriegsjahre hervorgehoben und die Krise im Zusammenhang mit der „Abkehr von Jesus“ und dem anschließenden ethischen Niedergang der Gesellschaft interpretiert. Der Kern des menschlichen Lebens wird durch die soziale Gerechtigkeit und die Menschenwürde repräsentiert, und die Bischöfe betonten, dass es wichtig sei, etwas zu tun, um die sozioökonomische Kluft zwischen Arbeitgebern und Arbeitnehmern zu schließen:

> „Soziale Gerechtigkeit, die sich für das Gemeinwohl einsetzt, erfordert, dass die Massen, die kein Eigentum besitzen, einen gewissen Grad an Eigentum erreichen. Die Kluft zwischen den Eigentümern – den relativ wenigen – und den Nichteigentümern – der großen Mehrheit – muss durch eine Verteilung des Eigentums durch Sparsamkeit und eine echte Gewinnbeteiligung, nicht nur eine Gewinnbeteiligung im Namen, überbrückt werden.“

Das Dokument wünscht eine Harmonie zwischen Kapital und Arbeit und fördert die Stärkung der Gewerkschaften. Es schenkt sowohl den gelernten als auch den ungelernten Arbeitern Aufmerksamkeit (letztere stellen immer noch die Mehrheit der katholischen Arbeitnehmer in den USA) und empfiehlt, diejenigen zu wählen, die große Reformen im sozioökonomischen Bereich vorantreiben: F.D.R. wird nie erwähnt, aber der Bezug auf den Präsidenten und seine Politik ist offensichtlich:

> „In unserer Staatsform liegt die Verpflichtung, eine Reform der sozialen Ordnung herbeizuführen, bei den Bürgern, die durch ihre Stimme den Gesetzgebern und der Exekutive ein Mandat erteilen. Das ist eine offensichtliche Bürgerpflicht und für uns Katholiken auch eine religiöse Pflicht, die von der Tugend der Frömmigkeit bestimmt wird, d. h. von einer gewissen kindlichen Frömmigkeit gegenüber unserem Land, die uns dazu antreibt, die Reform der Gesellschaftsordnung zu fördern, indem wir kompetente und gewissenhafte Männer mit hohen moralischen Grundsätzen wählen.“

Am 14. Juni 1933 schrieb der Apostolische Delegat Amleto Giovanni Cicognani einen Brief an den Erzbischof von San Francisco (der auch Präsident des Verwaltungsausschusses des NCWC war) und lobte das *Statement on the Present Crisis* und die Arbeit der katholischen Bischöfe der

[22] A Statement on the Present Crisis, Administrative Committee of the NCWC, 1. Juni 1933, SVA, AAEESS, America, IV, S.O. 230, Fasc.54.

USA.[23] Zwei Tage später, am 16. Juni, schrieb Cicognani an den Staatssekretär Eugenio Pacelli und unterstrich den Einfluss von *Quadragesimo Anno* auf das Dokument.[24]

Am 12. Juli schrieb Domenico Tardini, der Untersekretär der Kongregation für außerordentliche Angelegenheiten, an Cicognani, dass Pius XI den NCWC und den Versuch der US-Bischöfe, die katholische Soziallehre und ihre Lehren unter der Bevölkerung der Vereinigten Staaten zu verbreiten, lobte, nachdem er über das *Statement* informiert worden war.[25]

Schlussfolgerung

Im Rahmen des Pontifikats von Pius XI. entwickelte sich der Dialog zwischen dem Heiligen Stuhl und den Vereinigten Staaten. Eine grundlegende Rolle in diesem Dialog spielte die Katholische Soziallehre von Achille Ratti, die auch durch die Vermittlung des amerikanischen Catholic Social Thought (und insbesondere durch das Denken von Mgr. John A. Ryan und die Aktivitäten des NCWC) mit der Politik des New Deal konfrontiert wurde. Die Untersuchung der Wirtschaftsdebatte, die sowohl in den Vereinigten Staaten als auch im Vatikan auf die Große Depression folgte, erlaubt es, einen der Gründe für die Annäherung zwischen Washington und St. Peter zu verstehen, die in den dreißiger Jahren unter der Regierung von Franklin Delano Roosevelt stattfand.

[23] SRSS AAEES, America, IV, P.O. 230, Fasc.54. In dem Brief heißt es: „Möge die Erklärung ihren Weg in jedes Haus finden und in jeder Familie Gegenstand der Diskussion sein". Durch Predigten, Konferenzen, Unterweisungen und Vorträge kann die Lehre der Kirche über die soziale Frage vor allem unserem katholischen Volk zur Kenntnis gebracht werden, damit es sie gründlich kennenlernt und so in der Lage ist, denjenigen, die nicht unserem Glauben angehören, den Standpunkt der Kirche zu erklären [...] Damit wird dem Wunsch des Heiligen Vaters entsprochen. Es wird den ‚Plan der Katholischen Aktion' Seiner Heiligkeit in die Praxis umsetzen. Ich werde unserem Heiligen Vater gerne eine Kopie der Erklärung des Bischofs zukommen lassen".

[24] SRSS AAEESS, America, IV, P.O. 230, Fasc.54 In dem Schreiben heißt es: „Ho letto con attenzione lo ‚Statement' e l'ho trovato sostanzialmente modellato sulle recenti Encicliche del Santo Padre. Anche qui in America fortunatamente si va abbastanza consolidando tra gli acattolici, specie intellettuali, l'idea che la Chiesa Cattolica è la sola istituzione, la quale possiede in sé i principi per la soluzione della crisi sociale. Questo si legge spesso, si sente proclamato in pubblici discorsi ed in private conversazioni: e non è che il risultato delle Encicliche, particolarmente della ‚Quadragesimo Anno'".

[25] SRSS AAEESS, America, IV, P.O. 230, Fasc.54.

Das 20. Jahrhundert ist von zentraler Bedeutung, um die Haltung und die Facetten des amerikanischen Katholizismus vor den großen Veränderungen zu verstehen, die die katholische Kirche in den USA nach dem Ausbruch des Spanischen Bürgerkriegs und der Entwicklung der politischen und sozialen Situation in Mexiko beeinflussen sollten und die die Rolle sowohl der katholischen Hierarchie als auch der Laien in den Truman-Jahren und zu Beginn des Kalten Krieges prägten, angefangen von der Verlagerung des Schwerpunkts ihrer Bemühungen auf die antikommunistische Aktion.

Indem wir uns darauf konzentrieren, was die katholische Soziallehre in den Vereinigten Staaten bedeutet hat, ist es möglich, die ursprünglichen Beiträge zu den theoretischen Vorschlägen und den konkreten institutionellen Entscheidungen und der Politik in den USA hervorzuheben, die von einigen der wichtigsten Protagonisten des amerikanischen Katholizismus ausgearbeitet wurden. 1917, das Jahr des Eintritts der Vereinigten Staaten in den Ersten Weltkrieg, brachte unter anderem die Gründung des National Catholic War Council mit sich, aus dem 1919 der National Catholic Welfare Council hervorging. Das Jahr 1929 stellt einen bedeutenden Wendepunkt in der langen Nachkriegszeit dar: Die Explosion der Großen Krise fällt mit dem Ende der Roten Angst der 1920er-Jahre zusammen, von der auch einige der Protagonisten des Sozialkatholizismus betroffen waren. Letztere begannen den Dialog mit den Institutionen erst in den Jahren unter Franklin D. Roosevelt, als die Art der Staatsbürgerschaft der Katholiken eine nicht nur formale Konsistenz anzunehmen begann. Während des Ersten Weltkriegs und dann vor allem während der Roosevelt'schen Regierung in den dreißiger Jahren erfuhr die Amerikanisierung der Einwanderer eine starke Beschleunigung, die eine Tendenz zur Inklusion hervorbrachte, die sich von der formalen Dimension bis hin zur Anerkennung der Bürgerrechte für alle Teile der amerikanischen Gesellschaft ab der Kennedy-Ära entwickelte, auch wenn dies nicht mit einer wirklichen Überwindung der wirtschaftlichen und sozialen Ungleichheiten einherging.

Der Diskurs gegen „schändliche Geschäftemacherei“ in Griechenland 1914–1925: Begriffe der Ausbeutung, der antikapitalistischen Moral und der moralischen Ökonomie

Nikos Potamianos

In diesem Beitrag werde ich versuchen, das Konzept der moralischen Ökonomie näher zu erläutern und seine Relevanz für einen Diskurs mit starken Elementen einer antikapitalistischen Moral zu prüfen. E. P. Thompson sprach von der moralischen Ökonomie der englischen Menge im 18. Jahrhundert als einer Reihe vorkapitalistischer Ansichten darüber, was einen „fairen Preis“ und ein faires Funktionieren des Marktes ausmachte, die den Lebensmittelunruhen in dieser Übergangszeit zugrunde lagen.[1] Seit seinem ersten Auftauchen im Jahr 1971 ist der Begriff in Bezug auf eine Viel-

[1] E. P. Thompson, „The Moral Economy of the English Crowd in the Eighteenth Century“, *Past & Present* 50 (1971): 76–136.

N. Potamianos (✉)
Institut für Mittelmeerstudien – Stiftung für Forschung und Technologie – Hellas, Rethymno, Griechenland

S. Berger, A. Przyrembel (Hrsg.), *Moralisierung des Kapitalismus*,
https://doi.org/10.1007/978-3-031-51270-4_9

zahl von Situationen, Ansichten und Praktiken viel verwendet worden. Im Einklang mit Thompsons späterem Beitrag[2] werde ich argumentieren, dass wir den Begriff der moralischen Ökonomie auf eine bestimmte Phase der kapitalistischen Entwicklung beschränken sollten, als das Erbe älterer Marktregeln noch fortbestand und eine Art alternativer Ökonomie zum Liberalismus und zum freien Markt bot. Ich biete daher eine andere Interpretation des Diskurses gegen die „schändliche Geschäftemacherei" im Griechenland des frühen 20. Jahrhunderts an, indem ich ihn nicht so sehr mit der Verteidigung eines bestimmten moralischen Regimes in Verbindung bringe, sondern mit der Verbreitung sozialistischer Ideen und dem Konzept der Ausbeutung im Zeitalter des aufkommenden Etatismus. Schließlich schlage ich vor, statt einer lockeren Verwendung des Begriffs der moralischen Ökonomie, die seine analytische Kraft einschränkt, die moralische Dimension des antikapitalistischen Diskurses der Volksbewegungen gründlicher zu untersuchen, diese Dimension neu zu konzeptualisieren und sie in den Rahmen des Kampfes um Hegemonie zu stellen.

Wucher und seine Verfolgung im Griechenland der 1910er-Jahre

Die 1910er und frühen 1920er-Jahre waren in Griechenland die Jahre des Krieges, intensiver politischer Klassenkonflikte, beschleunigter sozialer und politischer Veränderungen – einschließlich der Konzentration des Kapitals und der Zunahme staatlicher Interventionen in verschiedenen Bereichen der Wirtschaft und Gesellschaft –, einer beispiellosen Inflation und des Aufstiegs der Arbeiterbewegung. In dieser ereignisreichen Zeit entstand ein öffentlicher Diskurs gegen die „schändliche Geschäftemacherei" (*aischrokerdeia*), der bald zur vorherrschenden Erklärung für die Not der griechischen Bevölkerung wurde.

Die extrem hohe Inflation (verursacht sowohl durch das Drucken von Geld als auch durch die Verknappung von Waren) führte zu erheblichen Reallohnsenkungen. Gleichzeitig traf die Unterbrechung des internationalen Handels während des Ersten Weltkriegs Länder wie Griechenland besonders hart, die ihre Selbstversorgung aufgegeben und sich auf die Vermarktung landwirtschaftlicher Produkte spezialisiert hatten, anstatt Getreide zu produzieren. Der Mangel an lebenswichtigen Gütern und die

[2] E. P. Thompson, „The Moral Economy Reviewed", in: *Customs in Common* (London: Merlin, 1991), 259–351.

hohen Preise wurden allgemein auf die Wucherpraktiken der Ladenbesitzer (sowie der größeren Händler) zurückgeführt, die beschuldigt wurden, teuer zu verkaufen, was sie billig eingekauft hatten, und Lebensmittel zu verstecken, um sie in Zukunft zu einem höheren Preis zu verkaufen. Proteste und Volksmobilisierungen gegen Wucher und hohe Preise waren in Griechenland bis mindestens 1925 an der Tagesordnung.

Die öffentliche Politik basierte zum Teil auf solchen Wahrnehmungen (oder reagierte darauf). Zu den staatlichen Eingriffen in die Lebensmittelversorgung gehörten neben der Einfuhr von Getreide und der Beschlagnahmung von Ernten auch Preiskontrollen, Mietpreiskontrollen und spezielle Gesetze gegen „schändlichen Gewinn". Gegen Händler, die lebenswichtige Güter zu Preisen verkauften, die „zu viel Gewinn" einbrachten, wurden harte Strafen verhängt. Das Zurückhalten von Lebensmitteln (um sie in Zukunft zu einem höheren Preis zu verkaufen) und ihre Verfälschung wurden ebenfalls als schändlicher Profit kriminalisiert. Diese Gesetzgebung entwickelte sich allmählich, unter dem Druck der Umstände und der Proteste der Bevölkerung gegen die steigenden Preise; beide politischen Blöcke, die das Land in diesen Jahren regierten, führten Maßnahmen dieser Art ein.[3]

Auch in den meisten Ländern, die am Ersten Weltkrieg beteiligt waren, wurden Profiteure scharf verurteilt, und in den Ländern West- und Mitteleuropas wurden (neben Preiskontrollen) verschiedene Maßnahmen gegen Profiteure ergriffen – was für Griechenland stets als Vorbild diente.[4] Das Besondere am griechischen Fall war die Langlebigkeit des Anti-Wucher-Diskurses und seine zentrale Bedeutung für die Kritik des Kapitalismus und seiner Werte.

Die wichtigste organisierte soziale Kraft, die gegen die hohen Preise mobilisierte, war die Arbeiterbewegung. Das Arbeiterzentrum von Athen hatte bereits 1913 mit Protesten begonnen, und 1916 griff es gemeinsam mit dem Arbeiterzentrum von Piräus profitorientierte Händler an und forderte „äußerst harte Maßnahmen" des Staates gegen Preiserhöhungen und die Zurückhaltung lebenswichtiger Güter. Gefordert wurde die gerechte Verteilung dieser Güter an die Verbraucher durch staatliche Ge-

[3] Siehe Nikos Potamianos, *Oi Noikokyraioi. Magazatores kai viotechnes stin Athina 1880–1925* (Heraklion: Crete University Press, 2015), 464–493.

[4] Richard Wall und Jay Winter, Hrsg., *The Upheaval of War: Family, Work and Welfare in Europe 1914–1918* (Cambridge: Cambridge University Press, 1988), 197–220; Jay Winter und Jean-Louis Robert, Hrsg., *Capital Cities at War: Paris, London, Berlin 1914–1919* (Cambridge: Cambridge University Press, 1997); und Stephen Broadberry und Mark Harrison, Hrsg., *The Economics of World War I* (Cambridge: Cambridge University Press, 2005).

schäfte und die Einrichtung lokaler Komitees zur sozialen Verteidigung, die für eine „gerechte" Preisfestsetzung sorgen sollten.[5] In der Welle der Arbeitermobilisierungen von 1918 bis 1923 wurden Streiks mit Lohnforderungen mit Entschließungen und Protesten (oder sogar Aufständen wie in Volos 1921) gegen „schändliche Gewinne" kombiniert. Die vorgeschlagenen Maßnahmen gegen die hohen Preise wurden durch Forderungen nach Beschlagnahmung der in den Lagern der Händler befindlichen Waren und deren Verkauf zu einem angemessenen Preis nach Beschlagnahmung des während des Krieges angehäuften Vermögens oder sogar nach der Todesstrafe für die Profiteure verstärkt.[6] Ein immer wiederkehrendes Thema in den Entschließungen der Gewerkschaften war, dass „die verschiedenen Gruppen von Profiteuren, Großkapitalisten, Schiffseignern, Großunternehmern und Kaufleuten durch das Blut und den Schweiß der arbeitenden Bevölkerung reich geworden sind" und dass „der schändliche Profit der Kaufleute" für den starken Rückgang des Lebensstandards der Arbeitnehmer verantwortlich sei.[7]

Diese Proteste sind ein wesentlicher Teil dessen, was als „moralische Ökonomie" interpretiert wurde, die das kollektive Handeln der griechischen Arbeiter in den ersten Jahrzehnten des 20. Jahrhunderts bestimmte. Es wurde argumentiert, dass die frühe Arbeiterbewegung in Griechenland ihre Forderungen weniger im Hinblick auf Löhne und Arbeitszeiten entwickelte, sondern sich vielmehr mit Themen wie Lebensmittelpreisen und der Kontrolle des Arbeitsprozesses befasste und die freie Marktwirtschaft unter dem Gesichtspunkt der üblichen Markt- und Produktionsvorschriften kritisierte.[8]

Ich habe an anderer Stelle zu zeigen versucht, warum dieser Rahmen für die Interpretation des Anti-Profit-Diskurses ungeeignet ist.[9] Ich habe

[5] *Idrytiki praxi systasis EKA. Praktika synedriaseon 1910–1914* (Athen, 2004), 484, 490, 506, 517, 540, 548, 554–559, 571; *Patris* 5. Januar 1916; *Astir* 9. Februar 1916; und Dimitris Livieratos, *Megales ores tis ergatikis taxis* (Athen: Proskinio, 2006), 98, 101–102.

[6] Verschiedene Beschlüsse finden sich im Allgemeinen Staatsarchiv, Archiv des politischen Büros des Ministerpräsidenten 1917–1928, Akte 354; Griechisches Literatur- und Geschichtsarchiv (ELIA), Archiv von Dimitrios Gounaris, Akte 1; ELIA, Archiv des Panergatiko Kentro Athinas; und Dimitris Livieratos, *Koinonikoi Agones stin Ellada 1923–1927* (Athen: Enallaktikes Ekdoseis, 1985).

[7] *Patris* 11. Juli 1922; *Amyna* 9. Juni 1920.

[8] Kostas Fountanopoulos, *Ergasia kai ergatiko kinima sth Thessaloniki (1908–1936)* (Athen: Nefeli, 2005); Antonis Liakos, „Peri laikismou", *Ta Istorika* 10 (1989): 13–28.

[9] Nikos Potamianos, „Moralische Wirtschaft? Popular Demands and State Intervention in the Struggle over Anti-Profiteering Laws in Greece 1914–1925", *Journal of Social History* 48, no. 4 (2015): 803–815.

argumentiert, dass wir E. P. Thompson folgen und darauf bestehen sollten, eine enge Definition des Begriffs der moralischen Ökonomie zu verwenden; das heißt, sie nicht nur als eine Reihe von Ansichten zu definieren, die hinter der Volksmobilisierung gegen das amoralische Funktionieren einer von der Gesellschaft losgelösten Wirtschaft stehen, sondern auch als populäre „alternative Ökonomie", die speziell auf der paternalistischen vorindustriellen gewohnheitsmäßigen Regulierung des Marktes beruht.[10] Die Mobilisierungen der griechischen Arbeiter gegen die hohen Preise in den 1910er-Jahren waren weder das Produkt einer traditionellen Kultur, noch bezogen sie sich auf die Vorschriften des Ancien Regime. Ich habe argumentiert, dass das politische Idiom des beschämenden Profits nicht rückwärtsgewandt war, sondern vielmehr seiner Zeit entsprach, da seine Entstehung mit dem Aufkommen staatlicher Eingriffe in die Wirtschaft und den modernen ideologischen Trends, die diese legitimierten, zusammenhing, während das Idiom von sozialen Gruppen mit unbestreitbar modernen Werten wie den Angestellten ausgiebig verwendet wurde.

In diesem Beitrag werde ich einen weiteren Aspekt des Themas untersuchen, indem ich die Korrelation zwischen dem Diskurs gegen schändliches Profitstreben und der Einführung neuer Begriffe der Ausbeutung im Kontext des Aufstiegs der sozialistischen Bewegung und des Rückgangs des Lebensstandards der Bevölkerung im Griechenland der 1910er-Jahre in meine Analyse einbeziehe. Ich werde mich auch mit den Lebensmittelunruhen befassen, die während und nach dem Ersten Weltkrieg in ganz Europa ausbrachen: Hat die moralische Ökonomie unter den schwierigen Umständen des Krieges und der Lebensmittelknappheit ein Comeback erlebt?

Schändliche Geschäftemacherei und der Begriff der Ausbeutung: Eine alternative Interpretation

Eine wichtige Dimension des Anti-Profit-Diskurses bestand darin, dass er den Begriff der Ausbeutung, den die aufkommenden sozialistischen Ideen in die öffentliche Sphäre der Arbeiterklasse und in eine breitere öffentliche Diskussion einbrachten, in eine weit verbreitete, von allen verstandene Sprache übersetzte. Der Mechanismus seiner Rezeption war bereits vorhanden: Einige frühere Anprangerungen der Profitgier der Kaufleute, die ihren Weg an die Oberfläche des öffentlichen Diskurses fanden, deuten auf die Existenz einer „versteckten Niederschrift" (hidden transcript)

[10] Thompson, „Die moralische Ökonomie im Rückblick".

unter den Arbeitern und Bauern sowie unter den Mitgliedern der gebildeten unteren Mittelschicht hin.[11]

Zuvor war die vorherrschende Metapher im Diskurs der Gewerkschaften und ihrer Unterstützer die Versklavung.[12] „Wir werden von unseren Arbeitgebern wie Sklaven behandelt", protestierten die Schuhmacher im Jahr 1882, während es 1908 üblich war, die Arbeiter in schwitzenden Berufen als „weiße Sklaven" zu bezeichnen.[13] In einer Maskerade, die 1909 beim Athener Karnevalsumzug aufgeführt wurde, waren die „Arbeiter auf der Suche nach Brot" nicht nur schmutzig und hungrig, sondern auch gefesselt, sodass sie nicht entkommen konnten.[14] Das Gegenteil von Sklaverei war Freiheit: 1910 richtete sich der Aufruf der Zigarettenmacher zur Solidarität mit ihrem Streik an „liberale und freie Bürger", und das von einigen Druckereien herausgegebene *Journal of the Workers* erwähnte häufig die „liberalen Prinzipien" von Einzelpersonen, Organisationen und Politikern, die die Forderungen der Arbeiter oder die Einführung von Arbeitsgesetzen unterstützten.[15]

Die Beschreibung der Situation der Arbeiter als Sklaverei und der Ruf nach Freiheit waren Teil eines ideologischen Komplexes, der im Großen und Ganzen liberal war; dies war jedoch nicht die ganze Geschichte. Insbesondere in den Jahren 1908–1910 wurde das Idiom der Sklaverei mit einem „jakobinischen" Diskurs artikuliert: Wir übernehmen hier den von

[11] *Espera* 24. Januar und 2. März 1859; *Kairoi* 24. Februar 1873; *Alitheia* 26. und 31. Januar 1874; *Efimeris ton syntechnion* 26. Februar und 10. März 1891; *Akropolis* 2. September 1905; *Esperini* 16. Juli 1907; *Salpinx* 1. Februar 1909; *Efimeris ton ergaton* 17. Januar und 17. Dezember 1910. Natürlich war das Misstrauen gegenüber Ladenbesitzern nicht nur bei den Griechen verbreitet: Alain Faure, „The Grocery Trade in Nineteenth-Century Paris: A Fragmented Corporation", in *Shopkeepers and Master Artisans in Nineteenth-Century Europe*, ed. Geoffrey Crossick and Heinz-Gerhard Haupt (London and New York: Methuen, 1984), 155–174; Tom Ericsson, „Cults, Myths and the Swedish Petite Bourgeoisie 1870–1914", *European History Quarterly* 23, no. 2 (1993): 237–239. Zum Begriff der „verborgenen Niederschrift", siehe James C. Scott, *Domination and the Arts of Resistance: Hidden Transcripts* (New Haven, CT: Yale University Press, 1990).

[12] Zur Verwendung der Begriffe „Sklaverei" und „Tyrannei" im England des 19. Jahrhunderts siehe die Kommentare von Robert Gray, „The Deconstruction of the English Working Class", *Social History* 11, no. 3 (1986): 363–373, 371–373; und idem, *The Factory Question and Industrial England 1830–1860* (Cambridge: Cambridge University Press, 1996), 37–47.

[13] *Neai Ideai* 22. November 1882; *Akropolis* 28. September–22. Dezember 1908; siehe auch *Akropolis* 28. Dezember 1907 und 31. Januar 1909, *Pyrros* 25. Februar 1909.

[14] *Akropolis* 10. Februar 1909.

[15] *Efimeris ton ergaton* 27. Mai 1910 (Zigarettenhersteller); 17. Januar, 14. und 16. Mai 1910; siehe auch 21. Juli 1910 (Entschließung des Arbeiterzentrums Athen).

Ernesto Laclau eingeführten Begriff für eine spezifische Version des Populismus, bei der sich der populistische Diskurs fast ausschließlich auf den Staat und die politischen Beziehungen konzentriert und als Hauptgegner eine politische Oligarchie identifiziert, die um den Staat herum geschaffen und reproduziert wurde.[16] Der liberale oder „jakobinische" Diskurs der Arbeiterproteste war in hohem Maße durch politische Metaphern strukturiert, die die Unterdrückung der Arbeiter betonten, selbst wenn sich ihre Forderungen auf die Löhne konzentrierten.[17]

Die Verbreitung des Diskurses gegen die schändliche Geschäftemacherei nach 1914 kann daher auch als der letztendliche Aufstieg von Darstellungen der sozialen Hierarchie beschrieben werden, die sich in stärkerem Maße als zuvor auf die wirtschaftliche Sphäre bezogen. In diesem Sinne stellte sie einen wesentlichen Teil des Übergangs des Volksradikalismus vom liberaldemokratischen zum sozialistischen Paradigma dar. Dieser Übergang lässt sich an den immer häufigeren Versuchen ablesen, die politische und die wirtschaftliche Sprache miteinander zu verbinden, etwa als das Athener Arbeiterzentrum in der auf seiner Demonstration gegen die Mieterhöhungen im Jahr 1914 verabschiedeten Resolution die Regierung aufforderte, „das werktätige Volk vor weiterer wirtschaftlicher Sklaverei und Ausbeutung zu schützen".[18] Auch 1910 wurden in den Entschließungen der Gewerkschaften und in den in *Efimeris ton Ergato*[19] veröffentlichten Artikeln politische und wirtschaftliche Herrschaft mitei-

[16] Nikos Potamianos, „Ti einai o laikismos? Aristeroi kai dexioi rizospastes sta chronia tou kinimatos sto Goudi", in idem, *Evgeni pachiderma kai paschontes ergates. Epikaires istories apo tis arhes tou eikostou aiona* (Athen: Asini, 2016), 37–58.

[17] Vielleicht war dies ein gemeinsames Merkmal des demokratischen vor-sozialistischen Volksradikalismus; für eine klassische Analyse des Chartismus, die diese Aspekte seines Diskurses hervorhebt, siehe Gareth Stedman Jones, *Languages of Class: Studies in English Working Class History 1832–1982* (Cambridge: Cambridge University Press, 1983).

[18] Kostas Baroutas, *H kravgi ton Ellinon, 1821–1989* (Athen: Savvalas, 1992), 160. „Wirtschaftliche Versklavung" war auch ein Ausdruck, den Wirtschaftsminister Andreas Mihalakopoulos in der am stärksten linksgerichteten Rede seiner politischen Laufbahn verwendete, als er im Parlament das Gesetz über die Arbeitszeiten der Verkäuferinnen diskutierte: *Efimeris ton syzitiseon tis voulis* Periode 19′, Sitzung B′, Sitzung 68, 7. Mai 1914, 1518.

[19] Entschließung der Gewerkschaftsvorsitzenden von Athen vom 18. Juni 1910 und Ankündigung der streikenden Ingenieure der Handelsmarine im April 1910: Archiv Stefanos Dragoumis (im Gennadeion), Akten 71.2 und 71.1; *Efimeris ton ergaton* 3 und 17. Januar, 16. März, 2. Mai und 25. August 1910. Siehe auch *Astrapi* 31. Juli und 11. August 1910 für eine ähnliche Verbindung von Wirtschaft und Politik unter dem Begriff der Sklaverei im Diskurs eines konservativen Revolutionärs (A. Doufas).

nander in Verbindung gebracht, doch schließlich legte die Zeitung den Schwerpunkt auf die wirtschaftliche Ausbeutung.

Die Verweise auf die Versklavung verschwanden in den folgenden Jahren nicht; schließlich gehörte auch die Anprangerung der „Lohnsklaverei" zum rhetorischen Repertoire des sozialistischen Diskurses. Es scheint jedoch, dass sie seltener wurden, während die Verweise auf die Profitmacherei boomten.

Die Verweise auf die Ausbeutung der Arbeitnehmer durch ihre Arbeitgeber, d. h. auf die „ungerechtfertigte Bereicherung" der Arbeitgeber am „Schweiß anderer Leute", fehlten in der Zeit vor den 1910er-Jahren natürlich nicht völlig.[20] Sie koexistierten mit Vorstellungen von Ausbeutung, die als Ausnutzung verschiedener Möglichkeiten und als Täuschung der Menschen verstanden wurden.[21] Darüber hinaus, und das ist für eine Gesellschaft von Kleingewerbetreibenden nicht unerwartet, gab es selbst im orthodoxen sozialistischen Umfeld eine starke Vorstellung von Ausbeutung, der zufolge der Überschuss nicht nur während des Produktionsprozesses, sondern auch auf dem Markt von einem Händler angeeignet wurde, der zu einem beliebigen Preis kaufen und verkaufen konnte, und zwar auf Kosten der Verbraucher und der kleinen Produzenten.[22] Diese

[20] *Akropolis* 28. Oktober 1904 (über den Streik der Schuhmacher von Athen) und *Neon Asty* 28. Oktober 1904 (Vorsitzender ihrer Gewerkschaft). Siehe auch den Brief der Schuhmachergewerkschaft an die Arbeitgeber in *Neon Asty* 10. Januar 1905 und den Brief eines Druckers in der radikalen *Neai Ideai* 29. September 1882.

[21] Laut *Laos* vom 17. November 1908, der von Spyros Theodoropoulos, dem Rechtsanwalt, der 1910 das Athener Arbeiterzentrum gründete, herausgegebenen Zeitung, „fehlt es den Menschen an Schutz" und „werden sie von gerissenen Personen" wie egoistischen Politikern ausgebeutet. Siehe auch den Artikel des Sprechers der Militärischen Liga vom Januar 1910 über die Ausbeutung des Volkes durch Beamte und Angestellte des öffentlichen Dienstes: Aristeidis Kyriakos, *I Nea Ellas* (Athen, 1910), 424–428. Eine Version, die beide Vorstellungen von Ausbeutung kombiniert, wurde von der Gewerkschaft der Armeestiefelmacher angeboten, als sie die Zwischenhändler angriff, die sowohl ihre Arbeitskraft als auch den Staat ausbeuteten: *Nea Ellas*, 23. November 1913.

[22] Eine unter dem Einfluss einer sozialistischen Gruppe stehende Arbeiterzeitung, *Efimeris ton Syntechnion* 3. Februar 1891, ging davon aus, dass die Arbeit der Drucker und Journalisten von den kapitalistischen Verteilern der Zeitungen ausgebeutet wurde. Als 1892 die erste sozialistische Gruppe Athens darüber diskutierte, wer Mitglied werden könne, wurden Einwände gegen den Vorschlag erhoben, nur die Großgrundbesitzer, die Manager und diejenigen, die die Arbeitskraft der Arbeiter ausbeuten, auszuschließen: „Aber auch der kleine Kaufmann ist ein Ausbeuter". Schließlich beschloss man, dass auch Ladenbesitzer Mitglied werden können: Kostis Karpozilos, „Stavros Kallergis": „vios eleftheros viotikon frontidon", in *Arheio Stavrou Kallergi*, ed. idem (Athen: Library of Benaki Museum, 2013), 19–20.

Art von Ausbeutungskonzept hatte in den 1910er-Jahren offensichtlich Hochkonjunktur, als die „mächtigen Klassen, die die Menschen auf schrecklichste Weise ausbeuten“,[23] ebenso angegriffen wurden wie die bescheideneren „kleinen Lebensmittelhändler aus dem Viertel, die das Blut der Armen trinken“.[24]

Die Bezugnahmen auf Ausbeutung, die dem Begriff der Aneignung des Mehrwerts nahe standen, nahmen in den 1910er-Jahren ebenfalls rasch zu, zusammen mit der Verbreitung der Gewerkschaften und der Mobilisierung,[25] und mit der Reifung der sozialistischen Bewegung, die 1918 zur Gründung der Sozialistischen Arbeiterpartei Griechenlands führte; im selben Jahr wurde der erste nationale Gewerkschaftsbund gegründet.[26] Der Zeitpunkt dieser Entwicklungen trug sowohl zur Verbreitung des Begriffs der Ausbeutung als auch zu seiner Assoziation mit „schändlicher Geschäftemacherei“ bei. In Griechenland fiel das Aufkommen der Arbeiterbewegung und der sozialistischen Gruppen mit dem Ersten Weltkrieg zusammen, in dem sich die soziale Unzufriedenheit an den europäischen Heimatfronten unter anderem in Angriffen auf die Profiteure äußerte, die ihre Gewinne zu steigern suchten, anstatt sich an den nationalen Anstrengungen zu beteiligen.[27] Die plötzliche politische Legitimierung des Angriffs auf die Habgier der Unternehmer im Namen der Nation und der Interessen des Volkes schuf günstige Bedingungen dafür, dass das „Idiom der schändlichen Geschäftemacherei“ zur hegemonialen Interpretation der explodierenden Preise und der wachsenden Armut wurde.

Eine solche Interpretation war dringend erforderlich, da das „Jahrzehnt der Kriege“ von 1912 bis 1922 einen Wendepunkt darstellte, unter anderem im Hinblick auf den Rückgang des Lebensstandards. Diese Verschlechterung drückte sich nicht nur in Durchschnittswerten aus, die sich

[23] *Foni ton Syntechnion* 7. und 28. April 1916.

[24] Adamantiou Kazakopoulou, *Skepseis 1913–1948* (Athen: Mnemon, 1998), 62–63 (Tagebuch eines Richters, 1914).

[25] Siehe zum Beispiel *Efimeris ton ergaton* 16. Mai 1910 (Gewerkschaft der Zigarettenhersteller); *Patris* 28. März 1919 (Gewerkschaft der Friseure).

[26] Zur sozialistischen/kommunistischen Partei siehe Alexandros Dagas, „Kommounistiko Komma Ellados, Elliniko tmima tis kommounistikis diethnous“, in *Istoria tis Elladas tou 20ou aiona*, hrsg. Christos Hadjiiossif (Athen: Vivliorama, 2002), V.B2, 155–201.

[27] Jean-Louis Robert, „The Image of the Profiteer“, in *Capital Cities at War: Paris, London, Berlin 1914–1919*, ed. Jay Winter und Jean-Louis Robert (Cambridge: Cambridge University Press, 1997), 104–132; Belinda Davis, *Home Fires Burning: Goods, Politics and Everyday Life in World War I Berlin* (Chapel Hill: University of North Carolina Press, 2000), 71–75, 80–81, usw.

aus der Eingliederung von Gebieten in den griechischen Staat nach 1912 ergaben, die ärmer waren als das „alte Griechenland" und deren Arme zu den Ärmsten des neuen Griechenlands werden sollten. Hinzu kamen die Härten, denen die Arbeiter- und Landarbeiterhaushalte aufgrund der bis 1923 andauernden Kriege und der Mobilisierung der Armee ausgesetzt waren; die abrupte Zunahme der Abwanderung der Bauern in die großen Städte führte zum Wachstum des Proletariats und der „Unterschicht".[28] Nicht zuletzt begann der Rückgang des Lebensstandards der Arbeiterklasse in den 1910er-Jahren, als die enorme Inflation der 1910er- und 1920er-Jahre die Reallöhne drastisch senkte.[29] Dies stand in krassem Gegensatz zu dem relativen Wohlstand, den die Bauern, Arbeiter und Kleinbürger des alten Griechenlands im 19. Jahrhundert erlebt hatten, als sich ihre Lebensbedingungen langsam, aber stetig verbessert hatten.

Das Idiom der schändlichen Geschäftemacherei war nicht die einzige verfügbare Interpretation der hohen Preise. Vielmehr löste sie eine frühere Interpretation ab, die seit den 1870er-Jahren die Rolle politischer Entscheidungen betonte: Das „Idiom der Steuern" führte die begrenzte Kaufkraft der Volksschichten auf die hohen indirekten Steuern und Abgaben zurück, die den Preis der Waren belasteten. Dieser liberal-radikale Komplex von Interpretationen und politische Zielen konnte jedoch nicht mehr funktionieren: Er konnte die enorme Inflation in den 1910er-Jahren nicht erklären, zumal die indirekten Steuern nicht erhöht worden waren. Außerdem setzte sich die Redewendung vom schändlichen Wucher durch, weil sie mit den internationalen politischen und intellektuellen Entwicklungen (Angriffe gegen den Wucher während des Ersten Weltkriegs, Aufkommen des Etatismus) übereinstimmte. Und schließlich stärkte das Aufkommen des Diskurses gegen die Profitgier die entstehende sozialistische Politik und umgekehrt.

Unter diesen Umständen wurde die Tendenz der Kaufleute (und generell der Geschäftsleute) zum Profitstreben, wann immer sie die Gelegenheit dazu hatten, als gesunder Menschenverstand akzeptiert. Der Diskurs gegen die schändliche Geschäftemacherei wurde in den Bestand der allgemeinen Überzeugungen der griechischen Gesellschaft integriert, und er

[28] Dieses Wachstum wird gewöhnlich ausschließlich auf die Ankunft der Flüchtlinge aus Kleinasien nach der Niederlage gegen die Türken im Jahr 1922 zurückgeführt, aber Aleka Karadimou-Gerolympou, „Poleis kai ypaithros", in *Istoria tis Elladas*, ed. Hadjiiossif, v.B1, 64–65, hat gezeigt, dass dies nicht der Fall war.

[29] G. B. Dertilis, *Istoria tou ellinikou kratous 1830–1920* (Athen: Estia, 2005), v.2, 1048.

artikulierte die Forderungen des Volkes in einer Weise, die sie als selbstverständlich legitimierte. So verwendeten die Gewerkschaften bei Streiks den Diskurs der Profitgier gegen die Arbeitgeber und beschuldigten sie, niedrige Löhne zu zahlen, weil sie zu viel Profit aus der Arbeit der Arbeitnehmer ziehen wollten.[30] Die Kraft dieser Redewendung beruhte zum Teil auf der Tatsache, dass sie nicht eindimensional war und für eine Vielzahl von Zielen eingesetzt werden konnte. Sie konnte auch auf ganz unterschiedliche politische Projekte angewandt werden, sofern sie die Intervention des Staates beinhalteten. Der Diskurs gegen die schändliche Geschäftemacherei ließ sich mit paternalistischen Vorstellungen über die Gegenseitigkeiten verbinden, die die Beziehungen zwischen den unteren und oberen Klassen kennzeichnen sollten: Loyalität und Ehrerbietung der Armen im Tausch gegen den „Schutz" der Reichen (eine Beziehung, die zu Aufständen führen würde, wenn die Reichen ihre Verpflichtungen vernachlässigten).[31] Gleichzeitig konnte die Sprache ein organischer Bestandteil von revolutionären Projekten sein, die drohten, die vorherrschenden sozialen Systeme zu untergraben, oder von bescheideneren sozialdemokratischen Projekten, die darauf abzielten, den Einfluss des Marktes in verschiedenen Bereichen der Wirtschaft zu beschränken.

Zusammenfassend lässt sich sagen, dass die Entwicklung des Diskurses gegen schändliche Geschäftemacherei inmitten des Übergangs von der Politik zur Ökonomie als dem vorherrschenden intellektuellen Paradigma der Konzeptualisierung sozialer Hierarchien stattfand. Natürlich entdeckten die Volksschichten nicht plötzlich wirtschaftliche Ungleichheiten und deren Bedeutung für ihr Leben. Der Unterschied liegt vielmehr in der Politisierung der Identitäten des Arbeiters, des Bauern, des Armen usw. und in ihrer Stellung neben der Identität des „Volkes" als den dominierenden Formen, durch die die Volksschichten ihr Selbstverständnis und ihr kollek-

[30] „Schändlich schmarotzende Arbeitgeber" erscheint zum Beispiel im Memorandum des GSEE (Allgemeiner Bund der Arbeiter Griechenlands) vom 26. November 1919: Archiv des politischen Büros des Ministerpräsidenten, Akte 354, im GAK (Allgemeines Staatsarchiv, Athen).

[31] Auf diesen Austausch zwischen Eliten und Menschen legt Johanna Siméant, „Three Bodies of Moral Economy: The Diffusion of a Concept", *Journal of Global Ethics* 11, no. 2 (2015): 163–175, den Schwerpunkt auf das Konzept der moralischen Ökonomie legt. Sie hat damit Recht, aber ich denke, wir sollten darauf bestehen, die moralische Ökonomie mit den lokalen zwischenmenschlichen Beziehungen der Ehrerbietung zwischen Herrschern und Beherrschten in Verbindung zu bringen, im Gegensatz zu den eher unpersönlichen Mustern, die durch den Staat des 20. Jahrhunderts vermittelt wurden.

tives Handeln entwickelten. Dieser Übergang kann bis zu einem gewissen Punkt als ein Übergang vom Volk zur Klasse beschrieben werden: Deshalb stimme ich nicht mit Analysen überein, die davon ausgehen, dass der Diskurs gegen die Profitgier politische Identitäten geschaffen hat, die auf dem Konsum statt auf der Klasse basieren.[32] Im Griechenland der 1910er- und 1920er-Jahre war die Entwicklung des Begriffs des Wuchers eng mit dem Prozess der Herausbildung der Arbeiterklasse und der gebildeten unteren Mittelschicht verbunden, d. h. mit der Herausbildung von Identitäten, die in erster Linie mit den Produktionsverhältnissen verbunden waren.

Was mit dem Konzept der moralischen Ökonomie zu tun ist: Moral und Hegemonie

Der Begriff der moralischen Ökonomie wurde von Thompson ursprünglich mit den Ansichten und Überzeugungen in Verbindung gebracht, die den Lebensmittelunruhen im 18. Jahrhundert zugrunde lagen. Eine Hungersnot ist eine Zeit intensiver sozialer Krisen, in der Gleichgewichte aller Art umgestoßen werden;[33] bestehende Loyalitäten und soziale Bindungen bilden die Grundlage für kollektives Handeln, werden aber auch neu ausgehandelt oder in Frage gestellt; bereits bestehende soziale Spannungen spitzen sich zu, und der Machtblock und seine Werte können in Frage gestellt werden. In jedem Fall werden im Zusammenhang mit einer Existenzkrise, wenn das Überleben der Menschen auf dem Spiel steht, ernste moralische Fragen aufgeworfen, und in der Regel ist im Diskurs der sozialen Akteure eine verstärkte Berufung auf moralische Werte zu beobachten. Diese moralische Rhetorik kann der wichtigste oder einzige Weg sein, um Forderungen zu legitimieren, die über den Status quo hinausgehen, wenn Grundpfeiler der sozialen Ordnung wie das Eigentum oder die Handelsfreiheit als Hindernisse für das Überleben der Gemeinschaft erscheinen. Mein Argument ist jedoch, dass wir nicht in jedem Fall eines populären Diskurses und Handelns, das sich in Zeiten der Hungersnot auf intensive moralische Werte beruft, von „moralischer Ökonomie" sprechen sollten, sondern nur dann, wenn sich dieses Handeln und dieser Diskurs

[32] Paris Papamichos Chronakis, *Ellines, Evraioi, Mousoulmanoi kai Donme emporoi tis Thessalonikis 1882–1919: taxikoi kai ethnotikoi metaschimatismoi se trochia exellinismou* (Dissertation, Universität Kreta, 2011), 326, 332. Siehe auch den frühen Versuch einer ähnlichen Konzeptualisierung von Dimitrios Kallitsounakis, „I aftovoitheia ton katanaloton", in seiner *Politiki Epistimi* (Athen, 1925), 235–240.

[33] Cormac Ó Gráda, *Famine: A Short History* (Princeton: Princeton University Press, 2009).

auf die traditionelle Regulierung des Marktes beziehen, die im Kontext eines nicht so weit entfernten Ancien Regime auferlegt wurde.

Es wurde darauf hingewiesen, dass es während und nach dem Ersten Weltkrieg zu einer Art Wiederbelebung älterer Formen von Volksbewegungen kam.[34] Während Lebensmittelunruhen, nach Tilly, im 19. Jahrhundert eine der häufigsten Formen kollektiver Auseinandersetzungen waren, verloren sie im 19. Jahrhundert an Bedeutung und wurden durch Demonstrationen ersetzt; 1911 schien sich in Frankreich niemand mehr an „die altmodische Blockade, Beschlagnahme und den Zwangsverkauf" von Waren zu erinnern.[35] Angesichts der Lebensmittelknappheit und der gravierenden Versorgungsprobleme, die sich aus der Störung von Produktion und Handel durch den Ersten Weltkrieg ergaben, kam es jedoch in den meisten kriegführenden Ländern zu Lebensmittelunruhen. In Russland lösten die Lebensmittelunruhen die Februarrevolution von 1917 aus, während in Italien die *moti per il caroviveri* ein wesentlicher Bestandteil des Repertoires der Volksbewegungen des „roten Bienniums" in der Nachkriegszeit waren.[36] Es waren jedoch die Lebensmittelunruhen, die wieder auftauchten, und nicht eine moralische Ökonomie, wie wir sie definierten. Auch wenn die Form der Mobilisierung zu einem älteren Repertoire kollektiven Handelns gehörte, waren die Ideen und die „Volkswirtschaft", die dahinterstanden, nicht archaisch: Es gab keinen Verweis auf die traditionelle Regulierung des Marktes oder auf die Gegenseitigkeit zwischen Reich und Arm. Die Forderung nach staatlicher

[34] Antoon Vrints, „Beyond Victimization: Contentious Food Politics in Belgium During World War I", *European History Quarterly* 49, no. 1 (2015): 83–107.

[35] Charles Tilly, *The Contentious French* (Cambridge, MA: Harvard University Press, 1986), 270. Vgl. Charles Tilly, *Popular Contention in Great Britain 1758–1834* (Cambridge, MA: Harvard University Press, 1995).

[36] Vrints, „Beyond Victimization"; Roberto Bianchi, „Les mouvements contre la vie chère en Europe au lendemain de la Grande Guerre", in *Le XXe siècle des guerres*, ed. Pietro Causarano (Paris: Les Éditions de l'Atelier, 2004), 237–245; Roberto Bianchi, *Bocci Bocci. I tumulti annonari nella Toscana del 1919* (Florenz: Olschki, 2001); Barbara Alpen Engel, „Not by Bread Alone: Subsistence Riots in Russia during World War I", *The Journal of Modern History* 69 (1997): 696–721; Lynne Taylor, „Food Riots Revisited", *Journal of Social History* 30, no. 2 (1996): 483–496; Nicola Tranfaglia, *La prima guerra mondiale e il fascismo* (Milan: Utet, 1996), 90–95, 180–183; John Barzman, „Entre l'émeute, la manifestation et la concertation: la crise de la vie chère de l'été 1919 au Havre", *Le Mouvement Social* 170 (1995): 61–84; Tyler Stovall, „Du vieux et du neuf: économie morale et militantisme ouvrier dans les luttes contre la vie chère à Paris en 1919", *Le Mouvement Social* 170 (1995): 85–113; und Temma Kaplan, *Red City, Blue Period: Social Movements in Picasso's Barcelona* (Berkeley: University of California Press, 1992), 118–123.

Intervention und Regulierung stand in unmittelbarem Zusammenhang mit der neuen direktiven Rolle, die der Staat während des „totalen Krieges" von 1914–1918 in der Wirtschaft einnahm, und, auf einer allgemeineren Ebene, mit dem zunehmenden Etatismus und den sich wandelnden Doktrinen der „politischen Ökonomie" (die Thompson der moralischen Ökonomie der Menge gegenüberstellte).[37] Ebenso sollte die (manchmal führende) Rolle der Frauen in den Lebensmittelunruhen von 1917–1919 nicht nur mit dem bekannten Bild ihrer Mobilisierung in den frühneuzeitlichen Lebensmittelunruhen und ihrer Verantwortung für den Konsum im Rahmen der geschlechtsspezifischen Arbeitsteilung im Haushalt in Verbindung gebracht werden. Die Bedeutung des Handelns der Frauen in den Lebensmittelunruhen von 1917–1919 wurde auch durch die zeitgenössische Ausweitung der Frauenrechte, die Forderungen der feministischen und sozialistischen Bewegungen und die (abrupte, kriegsbedingte) Ausweitung des Bereichs der weiblichen Wirtschaftstätigkeit bestimmt. Kurz gesagt, ich argumentiere, dass unsere Interpretation auf der Historizität des untersuchten Phänomens bestehen sollte, d. h. darauf, es in einen Kontext zu stellen; und der Kontext umfasst in unserem Fall verschiedene moderne Entwicklungen, darunter die regulierende Rolle, die der Staat im 20. Jahrhundert angenommen hatte.[38]

Was die Frage der Moral betrifft, so ist klar, dass die Anprangerung von Versklavung, Ausbeutung und Profitmacherei im Griechenland der 1910er-Jahre eine starke moralische Dimension hatte. Unser Fall war keine Besonderheit: Moralische Werte sind unweigerlich in die Kritik eines jeden sozialen Regimes eingebunden. Die moralische Kritik an den kapitalistischen Märkten umfasst nicht nur linke Bewegungen, sondern auch eine Kritik im Namen christlicher Werte, die zu radikalen christlich-sozialen Bewegungen führen kann, die insbesondere die Bauern ansprechen.[39]

[37] Roberto Bianchi, „Voies de la protestation en Italie: les transformations de la révolte entre XIXe et XXe siècle", *European Review of History-Revue européenne d'histoire* 20, no. 6 (2013): 1047–1071, argumentiert, dass all dies die Entstehung einer „neuen moralischen Ökonomie" während des Ersten Weltkriegs markiert. Ich entscheide mich jedoch für eine strengere Definition des Begriffs.

[38] Vgl. Papamichos Chronakis, *Ellines, Evraioi*, 323.

[39] Thanassis Kalafatis, „Thriskeftikotita kai koinoniki diamartyria. Oi opoadoi tou Ap. Makraki sti BD Peloponniso 1890–1900", *Ta Istorika* 18–19 (1993): 113–142. Aufschlussreich sind auch die Ideen des frommen orthodoxen Schriftstellers Alexandros Papadiamantis, die er in seinem 1892 erschienenen Roman „Oi Chalasohorides", in *Apanta* (Athen: Domos, 1982), 401–462: 453, über die „Plutokratie" als „den hartnäckigen Antichristen der Welt", der Ungerechtigkeit schafft, darlegt.

Auch konservative Ladenbesitzer und Handwerksmeister beriefen sich auf moralische Werte, um das Bürgertum zu kritisieren – und zwar nicht nur das „unmoralische" Sozial- und Sexualverhalten der Mitglieder der Bourgeoisie.[40] Wie im Deutschland des 19. Jahrhunderts tauchen[41] Begriffe wie Gerechtigkeit und „unlauterer Wettbewerb" durch größere Kapitalisten häufig im Diskurs der griechischen kleinbürgerlichen Aktivisten auf.[42] Gleichzeitig sind moralische und politische Argumente für die „Ökonomie des freien Marktes" im Diskurs ihrer Befürworter weit verbreitet, neben Technokratie, Wissenschaft und Effizienz als Quellen der Legitimität.[43] Aber bleiben wir im Bereich des antikapitalistischen Diskurses.

Was sagen uns die obigen Ausführungen über das Konzept der moralischen Ökonomie? Ich habe bereits für eine enge Definition des Konzepts der moralischen Ökonomie plädiert, deren unverzichtbarer Bestandteil der Verweis auf ein Erbe vorkapitalistischer Regulierung ist. Es könnte eine lockerere Definition vorgeschlagen werden, die sich auf die starke Präsenz moralischer Werte in der Kapitalismuskritik und in den Vorschlägen über die richtige und gerechte Funktion der Wirtschaft stützt. Meiner Meinung nach ist eine solche Begriffsbestimmung zu weit gefasst und zu deskriptiv, um analytische Kraft zu haben: Moralische Werte werden praktisch in jedem antikapitalistischen Diskurs angeführt, um die Kritik und ihre Ziele zu legitimieren. Dennoch tauchen Begriffe der moralischen Ökonomie, die mehr oder weniger auf diese Weise verstanden werden, in der Literatur über soziale Bewegungen immer wieder auf, wenn es um einen „weichen", nicht sozialistischen Antikapitalismus geht. Der Grund dafür ist meiner Meinung nach, dass die moralische Dimension des antikapitalistischen Diskurses der Volksbewegungen weitgehend unerforscht bleibt. Gerade weil Historiker und Politikwissenschaftler den moralischen Aspekten der Politik (und insbesondere der Volksbewegungen)

[40] *Efimeris tou Chrimatistiriou* 2. Juni 1922 (Katsoulis); *Neai Archai* 7. Juli 1922 (Vrettos).

[41] David Blackbourn, „Between Resignation and Volatility: The German Petty Bourgeoisie in the Nineteenth Century", in: *Populists and Patricians: Essays in Modern German History* (London: Allen & Unwin, 1987), 84–113.

[42] *Efimeris ton Ypodimatopoion*, 24. Februar 1908; *Efimeris ton epaggelmation* 1. Dezember 1927, (K. Igglesis in der ersten nationalen Versammlung der Barbiere). 1933 wurde die Gründung einer Kutschenfabrik durch einen Großkaufmann von den Handwerkern, die Kutschen herstellten, als „unlauterer Wettbewerb" angeprangert: *Viotechnikon Vima*, 15. Januar 1933.

[43] Paul Turpin, *The Moral Rhetoric of Political Economy* (New York: Routledge, 2011), liefert ein interessantes Argument über die unterschiedlichen Vorstellungen von Moral und Gerechtigkeit in den Theorien liberaler Ökonomen.

nicht genügend Aufmerksamkeit geschenkt haben, sind wir immer noch nicht in der Lage, diese Aspekte zu konzeptualisieren, ohne den Begriff der moralischen Ökonomie zu verwenden. Dies hat jedoch dazu geführt, dass der Begriff gleichbedeutend ist mit der Beschwörung moralischer Werte in Bezug auf das Funktionieren der kapitalistischen Wirtschaft und folglich fast nutzlos ist. Daher ist es zwingend erforderlich, dass wir ein Projekt zur Untersuchung und Neukonzeptionierung der Rolle moralischer Werte im populären Diskurs über Kapitalismus und Markt in Angriff nehmen.

Natürlich kann man die weit gefasste Definition der moralischen Ökonomie auch konkreter fassen. So kann zum Beispiel der Schwerpunkt darauf gelegt werden, inwieweit die Kritik am kapitalistischen freien Markt mehr auf moralischen Werten beruht, indem die Unmoral des Marktes betont wird, und weniger auf der Berufung auf ein entgegengesetztes, methodisch artikuliertes Wirtschaftsmodell und utopische Projekte der sozialen Transformation. Ein anderes Kriterium ist vielleicht, ob der Gerechtigkeit mehr Aufmerksamkeit geschenkt wird als der wirtschaftlichen Entwicklung – oder, anders ausgedrückt, ob die Funktionsweise der Wirtschaft als eine hauptsächlich moralische Angelegenheit dargestellt wird und ihre technokratischen Aspekte auf ein Minimum reduziert werden. Ich habe jedoch den Eindruck, dass dies auf praktisch alle sozialen Bewegungen zutrifft, die wir untersuchen werden, und dass sie daher wenig interpretativ sind.

Eine andere Möglichkeit erscheint uns produktiver: die Untersuchung von Argumenten über Moral und Unmoral nicht nur als spontane Reaktionen sozialer Akteure auf den wirtschaftlichen Wandel, sondern auch als wichtiger Teil des Kampfes um Hegemonie. Um die Begriffe und Ausarbeitungen der frühen Arbeiten von Ernesto Laclau zu verwenden, kann[44] Moral (als eine Reihe von Prinzipien über richtiges soziales Verhalten) als ein besonderes Feld auf der breiteren politisch-ideologischen Ebene betrachtet werden, auf der der Kampf um Hegemonie stattfindet. Moralische Werte sind mit Ideologien und „klassenartikulierenden Prinzipien" verknüpft; und es ist ihre Verknüpfung mit den „Klassenprinzipien" der populären Klassen, die verschiedene Versionen dessen hervorbringt, was gewöhnlich als „moralische Ökonomie" bezeichnet wird. Aber das ist ein Thema für einen anderen Aufsatz.

[44] Ernesto Laclau, „Towards a Theory of Populism", in: *Politics and Ideology in Marxist Theory* (London: New Left Books, 1977), 143–199.

KAPITEL 10

Dilemmata moralischer Märkte: Ambivalente Narrative in der westdeutschen Fair-Trade-Bewegung

Benjamin Möckel

Einführung

Die Beziehung zwischen Markt und Moral ist ein wiederkehrendes Thema in intellektuellen Debatten über den modernen Kapitalismus.[1] Kritiker verweisen regelmäßig auf die zerstörerischen Auswirkungen von Kapitalismus, Globalisierung und Massenkonsum in Bezug auf soziale Ungleichheit, öffentliche Kultur und eine durch kapitalitische Gesellschaften geprägte individuelle Subjektivität.[2] Andere Autorinnen und Autoren wie Michael Sandel und Debra Satz haben die Dichotomie von Markt und

[1] Paul J. Zak, Hrsg., *Moral Markets: The Critical Role of Values in the Economy* (Princeton: Princeton University Press, 2008).

[2] Branko Milanović, *Global Inequality: A New Approach for the Age of Globalization* (Cambridge, MA: Harvard University Press, 2016); Luc Boltanski und Ève Chiapello, *The New Spirit of Capitalism* (London: Verso, 2007); Rahel Jaeggi, *Entfremdung: Zur Aktualität eines sozialphilosophischen Problems* (Frankfurt am Main: Campus, 2005).

B. Möckel (✉)
University of Cologne, Cologne, Deutschland
E-Mail: bmoeckel@uni-koeln.de

S. Berger, A. Przyrembel (Hrsg.), *Moralisierung des Kapitalismus*,
https://doi.org/10.1007/978-3-031-51270-4_10

Moral genutzt, um die „moral limits of markets" zu beschreiben, die ihrer Meinung nach in den letzten Jahrzehnten immer stärker verschwommen seien.[3] Parallel haben auch Wirtschaftswissenschaftlerinnen und Wirtschaftswissenschaftler begonnen, über die Frage nachzudenken, wie moralische Werte, Motive und Gefühle das Verhalten der Menschen in der ökonomischen Praxis beeinflussen.[4] Dieses akademische Interesse an der Beziehung zwischen Kapitalismus und gesellschaftlichen Normen reicht weit zurück.[5] Doch lässt sich für die jüngere Vergangenheit feststellen, dass moralische Werte mittlerweile auch selbst Teil der Konsumgesellschaft geworden sind und eigenständige Konsumsegmente herausbilden, die als Formen des „ethischen Konsums" bezeichnet werden können. Im Kontext dieser Entwicklung seit den späten 1960er-Jahren untersucht dieses Kapitel eine Fallstudie, in der Aktivistinnen und Aktivisten die Dichotomie von Markt und Moral nutzten, um ein „alternatives" Verbrauchersegment zu etablieren, das den Anspruch erhob, traditionelle Konzepte kapitalistischer Märkte und globaler Handelsbedingungen in Frage zu stellen.

Seit den späten 1960er-Jahren versuchten verschiedene NGOs, soziale Bewegungen und alternative Unternehmen, ihre politischen Kampagnen mit Konsumpraktiken zu verknüpfen. Konsumboykotte wurden zu einer wichtigen Proteststrategie für Menschenrechtsorganisationen wie die Anti-Apartheid-Bewegung. NGOs wie OXFAM und *Amnesty International* begannen, Konsumprodukte und Alltagsgegenstände zu verkaufen, um Finanzmittel zu generieren und damit zugleich das Bewusstsein für ihre politischen Kampagnen zu schärfen. Und auch die entstehende Umweltbewegung diskutierte seit den 1970er-Jahren neue Ideen eines „green

[3] Debra Satz, *Why Some Things Should Not Be for Sale: The Moral Limits of Markets* (New York: Oxford University Press, 2010); Michael J. Sandel, *What Money Can't Buy: The Moral Limits of Markets* (New York: Farrar, Straus and Giroux, 2012).

[4] Die wichtigsten Beiträge zu diesem Feld stammen u. a. aus dem Bereich der Spieltheorie und der Neuen Institutionenökonomie. Wichtige konzeptionelle Debatten betreffen u. a. die Kritik am Modell des „homo oeconomicus" und eine neue Betonung des Konzepts der „Reziprozität" als theoretischer Modellansatz. Vgl. z. B. Irene C. L. Ng; Lu-Ming Tseng, ‚Learning to Be Sociable: The Evolution of Homo Economicus', in: *American Journal of Economics & Sociology* 67 (2/2008), S. 265–286; Ernst Fehr und Simon Gächter, ‚Fairness und Vergeltung: The Economics of Reciprocity', in: *Journal of Economic Perspectives* 14 (3/2000), S. 159–181.

[5] Exemplarisch sei nur auf die klassischen Interpretationen bei Max Weber, Werner Sombart und Georg Simmel verwiesen, die sich alle drei mit der Frage auseinandersetzten, welche sozialen Mentalitäten und Normensysteme die Entstehung des Kapitalismus mit begleitet haben, aber auch, wie der Kapitalismus als Gesellschaftssystem diese Mentalitäten weiter kontinuierlich prägte und veränderte.

consumerism", aus dem sich bald ein breites Angebot an als „umweltfreundlich" vermarkteten Produkten entwickelte.[6] Einer der erfolgreichsten Versuche, Moral und Markt in Einklang zu bringen, war die Fair-Trade-Bewegung, die seit Ende der 1960er und Anfang der 1970er-Jahre in Westeuropa und den Vereinigten Staaten das Ziel verfolgte, alternative Formen des Handels mit dem Globalen Süden zu etablieren.[7]

Fair-Trade-Produkte sind heute in fast jedem Supermarkt zu finden, und die meisten Unternehmen verfolgen Strategien, um die eigene soziale und ökologische Verantwortung nach außen zu kommunizieren. „Moral", so scheint es, ist zu einem integralen Bestandteil der Art und Weise geworden, wie sich Unternehmen auf dem Markt und in der Öffentlichkeit präsentieren. Es lässt sich darüber streiten, ob dies immer eine echte Hinwendung zu moralischen Werten bedeutet oder eher eine Form des „moral marketing". Doch weist diese Unterscheidung auch zum Teil in eine falsche Richtung. Stattdessen ließe sich auch argumentieren, dass Unternehmen, die aus wirtschaftlichen Gründen beginnen, ethische Erwägungen zu berücksichtigen, ein Zeichen dafür sind, dass soziale und ökologische Fragestellungen in der Tat einen relevanten Platz in modernen Konsummärkten gefunden haben.

In diesem Kapitel werde ich anhand des Fallbeispiels der deutschen Fair-Trade-Bewegung erörtern, wie das Verhältnis von Markt und Moral analytisch gefasst werden kann. Insbesondere beziehe ich mich auf den Begriff *Moralizing Capitalism* als Titel und Schlüsselkonzept des vorliegenden Bandes und untersuche, ob und in welcher Weise sich der Begriff für eine historische Analyse der Fair-Trade-Bewegung nutzen lässt. Im ersten Teil erläutere ich drei Konzepte, die zur Analyse der Beziehung zwischen dem Fairen Handel und modernen Konsummärkten verwendet wurden. Im zweiten Teil gebe ich eine kurze Einführung in die Geschichte

[6] Hartmut Berghoff; Adam Rome, *Green Capitalism? Business and the Environment in the Twentieth Century* (Philadelphia: University of Pennsylvania Press, 2017); John Elkington; Tom Burke; Julia Hailes, *Green Pages: The Business of Saving the World* (London: Routledge, 1988); und John Elkington; Julia Hailes, *The Green Consumer Guide: From Shampoo to Champagne: High-Street Shopping for a Better Environment* (London: Gollancz, 1989).

[7] Einige Autoren haben für eine längere Geschichte des Fairen Handels plädiert und auf den Verkauf von Kunsthandwerk aus Puerto Rico oder Hongkong verwiesen, der von OXFAM (Großbritannien) oder *Ten Thousand Villages* (USA) in den unmittelbaren Nachkriegsjahren organisiert wurde. Auch wenn beide Institutionen später einen wichtige Einfluss auf die Entwicklung des Fairen Handels ausübten, waren diese Kampagnen aus den 1940er- und 1950er-Jahren in erster Linie als integraler Bestandteil der bestehenden Wohltätigkeitskampagnen der beiden Organisationen konzipiert. Als ein alternatives Handelsmodell konstituierte sich der Faire Handel erst in den 1960er- und 1970er-Jahren.

der deutschen Fair-Trade-Bewegung, bevor ich zwei konzeptionelle Stränge der Bewegung genauer darstelle, die sich in ihrer Interpretation der politischen und wirtschaftlichen Ziele deutlich unterschieden. Zunächst werde ich mich hierfür auf die frühen Entwicklungen der 1970er-Jahre konzentrieren, in denen die Idee eines marktbasierten sozialen Wandels für viele Aktivistinnen und Aktivisten besonders attraktiv erschien. Im letzten Abschnitt untersuche ich die Entwicklungen der 1980er-Jahre, als eine kritischere Wahrnehmung des Verhältnisses zwischen dem Fairen Handel und der Konsumgesellschaft an Bedeutung gewann und viele Aktivistinnen und Aktivisten eine größere Skepsis artikulierten in Bezug auf die Frage, ob sich kapitalistische Gesellschaften auf diese Weise von innen heraus verändern ließen. Im Fazit argumentiere ich, dass es womöglich weiterführender ist, den Fairen Handel als einen Versuch der Moralisierung der Verbraucherinnen und Verbraucher zu charakterisieren, und nicht so sehr als Versuch einer Moralisierung des Kapitalismus.

Mark und Moral: Konkurrierende theoretische Ansätze

Arbeiten zum Verhältnis von Markt und Moral verweisen regelmäßig auf E. P. Thompson und dessen Konzept der „moral economy".[8] Während Thompson den Begriff zur Analyse der moralischen Rahmenbedingungen und sozialen Dynamik der „food riots" im England des 18. Jahrhunderts geprägt hat, haben hieran anschließende Arbeiten auf unterschiedliche Weise versucht, das Konzept auf andere Phänomene sozialer und wirtschaftlicher Kontroversen anzuwenden, wobei es nicht zuletzt um die Anwendbarkeit des Konzepts auf den Kontext moderner kapitalistischer Gesellschaften ging.[9] Thompson selbst griff zum Teil auf Karl Polanyis Theorie der „(dis)embeddedness" zurück, mit der dieser argumentiert hatte, dass

[8] E. P. Thompson, ‚The Moral Economy of the English Crowd in the Eighteenth Century', in: *Past and Present* 50 (1971), S. 76–136; E. P. Thompson, ‚The Moral Economy Reviewed', in: *Customs in Common* (London: Merlin Press, 1991), S. 259–351.

[9] Vgl. z. B. James C. Scott, *The Moral Economy of the Peasant: Rebellion and Subsistence in Southeast Asia* (New Haven, CT: Yale University Press, 1976); William M. Reddy, *The Rise of Market Culture: The Textile Trade and French Society, 1750–1900* (Cambridge: Cambridge University Press, 1984). Für einen Überblick über die Begriffsgeschichte und die Frage einer Anwendung des Konzepts auf die Gesellschaften des 20. Jahrhunderts, vgl. Norbert Götz, ‚„Moral Economy": Its Conceptual History and Analytical Prospects', in: *Journal of Global Ethics* 11 (2/2015), S. 147–162.

Märkte bis zur Mitte des 19. Jahrhunderts eng in soziale Kontexte und kollektive Vorstellungen und Erwartungen eingebettet gewesen seien.[10] Unter anderem aufgrund dieser intellektuellen Tradition war Thompson skeptisch, das Konzept auf moderne Marktgesellschaften anzuwenden.[11] Gleichzeitig war es genau diese Vorstellung einer sozialen „Einbettung" von Märkten, die das Konzept für viele Fair-Trade-Aktivistinnen und -Aktivisten so attraktiv machte. Auch wenn sie sich kaum explizit auf Thompson oder Polanyi bezogen, verwendeten sie eine ähnliche Sprache, wenn sie darauf hinwiesen, dass der Faire Handel Märkte schaffen sollte, die nicht nur auf den besten Preis und den größten Gewinn ausgerichtet waren, sondern auf Ideen der langfristigen Entwicklung und einer gleichberechtigten Partnerschaft mit den Produzenten im Globalen Süden. Der Begriff der „moralischen Ökonomie" hat sich daher im Bereich des Fairen Handels als sehr anschlussfähig erwiesen,[12] insbesondere in dem Versuch, den Fairen Handel als Ausdruck einer Wiedereingliederung moderner Konsummärkte zu verstehen.[13]

Thompsons Konzept kommt daher dem Selbstverständnis vieler Fair-Trade-Aktivistinnen und -Aktivisten sehr nahe. Analytisch lässt es sich jedoch nur eingeschränkt auf die Fair-Trade-Bewegung anwenden, insbesondere wenn man deren ursprüngliche Debatten genauer betrachtet. Denn für Thompsons war die „moral economy" ein Antonym zur „market economy" und damit Teil eines Modernisierungsnarrativs, in dem „moralische Ökonomien" einer vormodernen Ära angehörten, die der universellen Herausbildung von Märkten im Kontext moderner kapitalistischer Gesellschaften vorausging. Während dies für die Fallstudien, mit denen sich Thompson befasst, überzeugt, läuft eine solche Dichotomie von „moralischer Ökonomie" und „Marktökonomie" Gefahr, den wichtigsten Aspekt der Fair-Trade-Bewegung zu übersehen, nämlich dass sie nicht als moralische Alternative zu einer bestehenden „Marktwirtschaft"

[10] Karl Polanyi, *The Great Transformation* (New York: Farrar & Rinehart, 1944).

[11] Thompson, ‚The Moral Economy Reviewed', S. 336–351.

[12] Um nur drei Beispiele zu nennen: Bradley R. Wilson, ‚Delivering the Goods: Fair Trade, Solidarity, and the Moral Economy of the Coffee Contract in Nicaragua', in: *Human Organization-Journal of the Society for Applied Anthropology* 72 (3/2013), S. 177–187; Michael K. Goodman, ‚Reading Fair Trade: Political Ecological Imaginary and the Moral Economy of Fair Trade Foods', in: *Politische Geographie* 23 (7/2004), S. 891–915; Marisa Wilson; Peter Jackson, ‚Fairtrade Bananas in the Caribbean: Towards a Moral Economy of Recognition', in: *Geoforum* 70 (2016), S. 11–21.

[13] Laura T. Raynolds, ‚Re-embedding Global Agriculture: The International Organic and Fair Trade Movements', in: *Agriculture and Human Values* 17 (3/2000), S. 297–309.

entstand, sondern als ein Konzept, das – in den Worten von Michael Barratt Brown – „in and against the market" agierte.[14] Fair-Trade-Aktivistinnen und Aktivisten kritisierten kapitalistische Märkte, globale Handelsbedingungen und westliche Konsummuster, doch bewegten sie sich dabei unweigerlich im Rahmen kapitalistischer Märkte und mussten ständig zwischen politischer und wirtschaftlicher Kritik einerseits und einem gewissen Maß an Integration in die real existierende Konsumgesellschaft andererseits navigieren. Die Aktivistinnen und Aktivisten etablierten ihre „fairen" Konsumsegmente also nicht in klarer Opposition zur modernen Konsumgesellschaft, sondern in einem ambivalenten Verhältnis zu ihr – und genau dieses Spannungsverhältnis macht den Fairen Handel zu einem so interessanten Untersuchungsgegenstand für die konkurrierenden Interpretationen moderner Konsumgesellschaften.

Gerade unter dieser Ausgangsperspektive erscheint das Konzept des *Moralizing Capitalism* anregend für eine Analyse der europäischen Fair-Trade-Bewegung und anderer Formen des „ethischen Konsums", die seit den frühen 1970er-Jahren entstanden. Im Gegensatz zu „moral economy" handelt es sich hierbei um einen Begriff, der eher eine soziale Dynamik beschreibt als ein festgefügtes Wirtschaftssystem. Darüber hinaus vermeidet er die Dichotomie von „moral economy" und „market economy" und verweist stattdessen auf konkrete Initiativen und Kampagnen, die auf eine Veränderung der sozialen Strukturen von Arbeit, Handel und Konsum im Rahmen einer kapitalistischen Gesellschaft abzielen.

Der Faire Handel war dabei nur ein Beispiel für eine Vielzahl von Verbraucherpraktiken, die sich mit dem Ziel einer „Moralisierung" des Kapitalismus identifizierten. Von Konsumboykotten bis zu umweltfreundlichen Produkten, von der Professionalisierung von Spendenorganisationen bis zu ethischen Investitionen, Pro-Bono-Aktivitäten und Initiativen der „Corporate Social Responsibility" – all diese Konzepte verwiesen auf die Idee einer möglichen Konvergenz von Markt und Moral.[15] Ebenso wie

[14] Vgl. Michael Barratt Brown, *Fair Trade: Reform and Realities in the International Trading System* (London: Zed Books, 1993). Ähnliche Argumente finden sich in: Eric Fichtl, ‚The Fair Trade Movement in Historical Perspective: Explaining the „in and Against the Market" Predicament' (Master's Thesis, New School, New York City, 2007); Gavin Fridell, ‚Fair Trade and the International Moral Economy: Within and Against the Market', Zentrum für Lateinamerika- und Karibikforschung, Arbeitspapier, 2003.

[15] Im Bereich der Umweltbewegung war diese Idee einer Konvergenz von Ökonomie und Ökologie besonders populär. Das bekannteste Beispiel ist John Elkington; Tom Burke, *The Green Capitalists: Industry's Search for Environmental Excellence* (London: V. Gollancz, 1987).

„moral economy" verweist *Moralizing Capitalism* somit auf das Selbstverständnis vieler Aktivistinnen und Aktivisten im Bereich des „ethischen Konsums", die ihre Kampagnen als kleine Schritte hin zu einer gerechteren Gestaltung des Welthandels verstanden, ohne dabei notwendigerweise auf strukturelle Veränderungen des wirtschaftlichen, sozialen oder politischen Systems abzuzielen. Diesen „moral minimalism",[16] der sich explizit sowohl von den Modernisierungsutopien der liberalen Entwicklungstheorien der 1960er-Jahre als auch vom Utopismus linker Protestbewegungen abgrenzte, verband die Verbraucherkampagnen zum Teil mit der Art und Weise, wie Samuel Moyn die Menschenrechtsbewegung der 1970er-Jahre als „letzte Utopie" interpretiert hat, die an Einfluss gewann, weil alle anderen politischen Utopien ihre mobilisierende Glaubwürdigkeit verloren hatten.[17]

Auf den ersten Blick scheint der Faire Handel als ein paradigmatisches Beispiel für diese Art des Denkens. Sein Kampagnenmodell war ausdrücklich als eine Politik der kleinen Schritte hin zu gerechteren globalen Handelsbedingungen konzipiert, ohne das gesamte Wirtschaftssystem in Frage zu stellen. Der Faire Handel agierte damit innerhalb einer kapitalistischen Marktgesellschaft, gab Verbraucherinnen und Verbrauchern aber zugleich die Möglichkeit, moralische Kritik über den alltäglichen Konsum zu artikulieren. Während dies die heutige Interpretation des Fairen Handels recht treffend beschreibt, gilt dies in historischer Perspektive jedoch nur zum Teil. Wie ich in den folgenden Abschnitten zeigen werde, war dieser pragmatische und alltagsnahe Ansatz innerhalb der Bewegung in Wirklichkeit heftig umstritten, ebenso wie die Idee einer Integration des Fairen Handels in moderne Verbrauchermärkte. Während einige Aktivistinnen und Aktivisten den Fairen Handel in der Tat als einen Weg verstanden, die kapitalistische Gesellschaft zu reformieren und gerechtere Handelsbedingungen mit den Produzenten im Globalen Süden zu schaffen, argumentierte eine große Gruppe innerhalb der Bewegung, dass der Kapitalismus nicht transformiert werden könne und der Faire Handel

[16] Der Begriff wurde zuerst von Mary Baumgartner verwendet, um die Lockerung der moralischen Bindungen in den Vorstädten von New York City in den 1980er-Jahren zu beschreiben; M. P. Baumgartner, *The Moral Order of a Suburb* (New York: Oxford University Press, 1988). Ich verwende den Begriff hier in einer etwas anderen Bedeutung und beziehe ihn auf eine Ethik, die sich auf unmittelbare und praktische Maßnahmen konzentriert, und sich zum Teil explizit von groß angelegten Plänen und Utopien abgrenzt.

[17] Samuel Moyn, *The Last Utopia: Human Rights in History* (Cambridge, MA: Harvard University Press, 2010); Jan Eckel und Samuel Moyn, Hrsg., *The Breakthrough: Human Rights in the 1970s* (Philadelphia: University of Pennsylvania Press, 2014).

daher in erster Linie als symbolische Praxis und als Mittel der politischen Bildung verstanden werden müsse.

Aus diesem Grund sind auch andere theoretische Konzepte, die auf weitreichenden Hypothesen über den ökonomischen Einfluss des Fairen Handels beruhen, oft nicht differenziert genug, um die Fair-Trade-Bewegung in ihrer historischen Dimension zu erfassen. Dies gilt zum Beispiel für Nico Stehrs Konzept einer „Moralisierung der Märkte", das er 2003 entworfen hat.[18] Für ihn erscheinen Verbrauchersegmente wie der Faire Handel oder der ökologischen Konsum als Teil eines umfassenden Wandels moderner Konsumgesellschaften, der in den 1960er-Jahren seinen Ausgang nahm. Seit dieser Zeit, so Stehr, verfügten westliche Verbraucherinnen und Verbraucher über eine größere Kaufkraft und seien gleichzeitig besser über die globalen und ökologischen Folgen ihrer Konsumentscheidungen informiert. Infolgedessen, so Stehr, hätten sie eine mächtigere Position in den zeitgenössischen Konsumgesellschaften erlangt, nicht zuletzt, weil Marketing und Verbraucherforschung sehr viel bewusster auf neue Verbraucherwünsche eingingen. Für Stehr aggregieren sich diese Phänomene zu einer verbrauchergesteuerten „Moralisierung der Märkte", in der „Moral" zu einer Verbrauchernachfrage wurde, die durch eine Vielzahl neuer Produkte, Unternehmen und alternativer Handelsorganisationen bedient wurde. In einem breiteren Kontext ist dieses Argument Teil einer laufenden Debatte über die Entstehung des „citizen consumer" als neue Form der politischen Staatsbürgerschaft im 20. und 21. Jahrhundert.[19]

Andere Wissenschaftlerinnen und Wissenschaftler haben ebenfalls auf den überraschenden Markterfolg des Fairen Handels hingewiesen, ihn aber in ein deutlich weniger optimistisches Narrativ eingeordnet. In dieser Lesart erscheint der Markterfolg des Fairen Handels in erster Linie als ein Prozess der Kommerzialisierung, bei dem das ursprünglich politisch motivierte Handelsmodell seine kritische und politische Agenda aufgegeben und sich stattdessen ausschließlich auf Marktintegration, Umsatzsteige-

[18] Nico Stehr, *Die Moralisierung der Märkte. Eine Gesellschaftstheorie* (Frankfurt am Main: Suhrkamp, 2007).

[19] Lizabeth Cohen, *A Consumers' Republic: The Politics of Mass Consumption in Postwar America* (New York: Knopf, 2003); Martin Daunton; Matthew Hilton, Hrsg., *The Politics of Consumption: Material Culture and Citizenship in Europe and America* (Oxford: Berg, 2001), vor allem Frank Trentmann, ‚Bread, Milk and Democracy: Consumption and Citizenship in Twentieth-Century Britain', S. 129–163; Sheryl Kroen, ‚A Political History of the Consumer', in: *The Historical Journal* 47 (3/2004), S. 709–736.

rung und die Zusammenarbeit mit multinationalen Konzernen konzentriert habe. Gavin Fridell hat diese Entwicklung beschrieben, indem er zwischen einem Modell des „eingebetteten Liberalismus", das in den 1970er und frühen 1980er-Jahren vorherrschte, und eines „neoliberalen" Modells des Fairen Handels, das Ende der 1980er-Jahre aufkam, unterschied.[20] Seiner Ansicht nach ist es dem Fairen Handel nicht gelungen, den Kapitalismus zu „moralisieren". Vielmehr sei er selbst von der kapitalistischen Konsumgesellschaft absorbiert und in einen bürgerlichen Lebensstil der „conspicious consumption" verwandelt worden.[21] Während Stehr auf eine Moralisierung der Märkte hinweist, betont Fridell die Vermarktlichung der Moral im Prozess der Integration des Fairen Handels in konventionelle Verbrauchermärkte.

Ein gemeinsames Merkmal dieser sehr unterschiedlichen Interpretationen besteht darin, dass der Faire Handel in beiden Fällen in erster Linie über seine ökonomische Bedeutung definiert wird. Hiermit wird, so meine ich, der wirtschaftliche Einfluss des Fairen Handels jedoch stark überschätzt – insbesondere für die Zeit von den 1970er-Jahren bis Mitte der 2000er-Jahre. Auch heute noch stellt der Faire Handel nur ein marginales Segment des deutschen Verbrauchermarktes dar und erreicht selbst bei Kaffee – seinem mit Abstand wichtigsten Produkt – nur einen Marktanteil von 2,3 %.[22] Angesichts der immensen Aufmerksamkeit, die der Faire Handel im öffentlichen Diskurs erfährt, stellt die Diskrepanz zwischen seinem wirtschaftlichen Einfluss und seiner Fähigkeit, öffentliche Aufmerksamkeit zu generieren, ein wichtiges Merkmale der Bewegung dar, und eine historische Analyse sollte darauf achten, beide Aspekten zu unterscheiden und jeweils differenziert zu untersuchen.

Ich schlage daher vor, den Begriff der „Moralisierung der Märkte" anders zu verwenden, als es Nico Stehr und andere bislang getan haben. Anstatt zu fragen, ob der Faire Handel in der Lage war, die Struktur des

[20] Gavin Fridell, *Fair Trade Coffee: The Prospects and Pitfalls of Market-Driven Social Justice* (Toronto: University of Toronto Press, 2007); Gavin Fridell, ‚Fair-Trade Coffee and Commodity Fetishism: The Limits of Market-Driven Social Justice', in: *Historical Materialism* 15 (4/2007), S. 79–104.

[21] Thorstein Veblen, *Theory of the Leisure Class*, Neuauflage (Oxford: Oxford World's Classics, 2009). Zum Fairen Handel als Praxis des „conspicious consumption" vgl. Matthias Zick Varul, ‚Ethical Consumption: The Case of Fair Trade', in: *Kölner Zeitschrift für Soziologie und Sozialpsychologie* [Sonderheft] 49 (2009), S. 366–385.

[22] Für die Datengrundlage vgl.: https://de.statista.com/statistik/daten/studie/226517/umfrage/fairtrade-umsatz-in-deutschland (Zugriff am 24.01.2023).

Welthandels in quantifizierbarer Weise zu verändern, etwa indem er relevante Marktanteile für Produkte wie Kaffee, Kakao, Baumwolle oder Blumen erober konnte, scheint es vielversprechender, das Konzept einer „Moralisierung der Märkte“ dazu zu verwenden, die Strategien zu analysieren, mit denen die Fair-Trade-Bewegung versuchte, wirtschaftlichen Transaktionen wie Handel und Konsum eine moralische Bedeutung zu verleihen. *Moralizing Capitalism* in Anlehnung an die im vorliegenden Band entworfene Verwendungsweise heißt in diesem Zusammenhang dann nicht unbedingt, ein gerechteres Wirtschaftssystem zu schaffen. Vielmehr geht es um den grundsätzlicheren Versuch, der Sphäre des Konsums eine moralische und politische Relevanz zuzusprechen. Eine historische Perspektive auf die Fair-Trade-Bewegung sollte daher nicht bei einer quantifizierenden Analyse von Umsatz- und Verkaufszahlen stehenbleiben. Stattdessen werde ich den Begriff des *Moralizing Capitalism* verwenden, um die Konzepte und Motive der zeitgenössischen Fair-Trade-Aktivistinnen und -Aktivisten zu untersuchen und die Strategien zu hinterfragen, die sie verwendeten, um Konsumentinnen und Konsumenten zu vermitteln, dass ihre alltäglichen Konsumentscheidungen eine politische oder moralische Relevanz besaßen. Hierfür konzentriere ich mich auf die konzeptionellen Debatten innerhalb der Fair-Trade-Bewegung und frage insbesondere nach den Spannungen und Kontroversen, die entstanden, wenn Aktivistinnen und Aktivisten versuchten, ein „alternatives“ Handelsmodell zu etablieren, das als Mittel einer „Moralisierung des Kapitalismus“ dienen sollte.

Die Entstehung der westdeutschen Fair-Trade-Bewegung

Konzepte eines „alternativen Dritte-Welt-Handels“ entstanden Ende der 1960er und Anfang der 1970er-Jahre im Kontext heterogener, aber sich überschneidender politischer und intellektueller Entwicklungen. Der wichtigste Faktor war das wachsende Bewusstsein von Individuen, NGOs, den Kirchen und dem Staat für Fragen globaler Ungleichheit. Dieses neue Bewusstsein ging einher mit einer skeptischeren Haltung gegenüber der Wirksamkeit von Spendenkampagnen und der privaten und staatlichen Entwicklungshilfe.[23] Während die 1960er-Jahre von den Vereinten Natio-

[23] Ein Schlüsseldokument für diese kritische Bewertung ist der „Pearson-Bericht“: Lester B. Pearson, *Partners in Development: Report of the Commission on International Development* (London: Pall Mall, 1969).

nen zum „Jahrzehnt der Entwicklung“ erklärt worden waren, wurden groß angelegte Entwicklungs- und Modernisierungsprojekte am Ende des Jahrzehnts zunehmend kritischer gesehen. In Anlehnung an einen Slogan, der auf den UNCTAD-Konferenzen in Genf (1964) und Neu-Delhi (1968) geprägt wurde, wurde „Handel statt Hilfe“ zum neuen Schlagwort für eine wirksamere Unterstützung der wirtschaftlichen Entwicklung von Ländern der sogenannten „Dritten Welt“.[24]

In diesem politischen und intellektuellen Rahmen wurden Produkte aus der „Dritten Welt“ zum ersten Mal mit dem Ziel genutzt, das Bewusstsein für globale wirtschaftliche Ungleichheiten zu schärfen. In Westdeutschland spielte noch ein dritter Faktor eine Rolle: In den 1960er-Jahren durchliefen die katholische und die evangelische Kirche einen Prozess der Modernisierung und Neuorientierung, der eine neue Aufmerksamkeit für Fragen der Entwicklungspolitik und der Armut in der „Dritten Welt“ erzeugte, insbesondere in dem Versuch, junge Mitglieder für die Teilnahme an kirchlichen Aktivitäten zu mobilisieren.[25] Diese kirchlichen Jugendgruppen organisierten 1970 einen so genannten „Friedensmarsch“, der ausdrücklich das Problem der Armut in der „Dritten Welt“ in den Blick nahm.[26] Während das Kampagnenmodell eines Wohltätigkeitslaufs eine längere philantropische Tradition aufgriff,[27] versuchten die Organisatoren auch, die Veranstaltung zur Artikulation politischer Forderungen und zur Sensibilisierung der Öffentlichkeit für Fragen der zeitgenössischen Entwicklungspolitik zu nutzen.

[24] Alfons Lemper, *UNCTAD 1968: Probleme und Perspektiven* (Hamburg: Hoffmann und Campe, 1968); UNCTAD-Sekretariat, Hrsg. ‚UNCTAD: A Brief Historical Overview‘, o. J.; Sönke Kunkel, ‚Zwischen Globalisierung, internationalen Organisationen und „global Governance“: Eine kurze Geschichte des Nord-Süd-Konflikts in den 1960er- und 1970er-Jahren‘, in: *Vierteljahrshefte für Zeitgeschichte* 60 (4/2012), S. 555–578; Peter van Dam, ‚Moralizing Postcolonial Consumer Society: Fair Trade in the Netherlands, 1964–1997‘, in: *International Review of Social History* 61 (2/2016), S. 226–227.

[25] Sebastian Tripp, *Fromm und politisch: Christliche Anti-Apartheid-Gruppen und die Transformation des westdeutschen Protestantismus 1970–1990* (Göttingen: Wallstein, 2015).

[26] Ruben Quaas, *Fair Trade: Eine global-lokale Geschichte am Beispiel des Kaffees* (Köln: Böhlau Köln, 2015), S. 82 ff.; Bundesarchiv: B/122/11484: ‚Friedensmarsch 1970‘.

[27] Ende der 1950er-Jahre hatten sowohl die evangelische als auch die katholische Kirche Hilfsorganisationen gegründet, die sich ausdrücklich mit der „Dritten Welt“ befassten. Das katholische *Misereor* wurde 1958 gegründet, das evangelische *Brot für die Welt* im Jahr 1959. Beide Organisationen wurden zu wichtigen Institutionen für die Entwicklung der Fair-Trade-Bewegung in Deutschland.

Aus diesen Initiativen entwickelten sich in der Bundesrepublik die ersten Konzepte für einen alternativen Handel mit der „Dritten Welt". In den Niederlanden hatte sich die Idee bereits zuvor etabliert, und sowohl die theoretischen Konzepte als auch die Produkte selbst wurden anfangs von dort importiert – was schon verdeutlicht, dass der Faire Handel von Beginn an eine transnationale Bewegung war.[28] 1970 wurde die *Aktion Dritte Welt Handel* (A3WH) gegründet, die ihre Produkte von der S. O. S. (*Stichting Ontwikkelings-Samenwerking*), ihrem niederländischen Pendant, importierte. Die ersten Verkäufe erfolgten hauptsächlich über Basare oder eintägige Aktionen lokaler kirchlicher Gruppen, doch schon bald wurden in vielen deutschen Städten sogenannte „Dritte-Welt-Läden" gegründet, wiederum nach dem Vorbild der Niederlande, wo 1969 in Breukelen der erste „Wereldwinkel" eröffnet worden war.[29]

1975 wurde die GEPA (*Gesellschaft zur Förderung der Partnerschaft mit der Dritten Welt mbh*) gegründet, die bald zur führenden Importorganisation für fair gehandelte Produkte in Deutschland aufstieg. Im selben Jahr gründeten Aktivistinnen und Aktivisten aus einer Gruppe von sieben Weltläden die *Arbeitsgemeinschaft Dritte Welt Läden* (AG3WL) als Dachverband der deutschen Weltläden. Die AG3WL war entscheidend für die Entwicklung der deutschen Fair-Trade-Bewegung, nicht zuletzt auch als Gesellschafterin der GEPA, in der sie die Interessen der Weltläden vertrat. In dieser Eigenschaft geriet sie regelmäßig in Konflikt mit den kirchlichen Organisationen *Brot für die Welt* und *Misereor* als den wichtigsten Gesellschaftern der GEPA. So hatte die Fair-Trade-Bewegung Mitte der 1970er-Jahre einen institutionellen Rahmen erhalten, in dem lokale Läden, kirchliche Organisationen und einige wenige Importorganisationen zusammenarbeiteten, die aber weiterhin jeweils relativ autonom agierten.

Im gleichen Zeitraum begann auch der Umsatz zu steigen. 1975 startete die GEPA mit einem Umsatz von zwei Millionen DM, der bis zum Ende des Jahrzehnts auf über fünf Millionen DM anstieg. Auch die Zahl der Weltläden nahm in dieser Zeit zu. Von 1975 bis 1981 stieg die Mitgliederzahl der AG3WL von sieben auf 43 Weltläden. Diese Zahl ent-

[28] Peter van Dam, ‚Die Grenzen einer Erfolgsgeschichte: Fairer Handel und die Geschichte der postkolonialen Globalisierung', in: *Comparativ: Zeitschrift für Globalgeschichte und Vergleichende Gesellschaftsforschung* 25 (1/2015), S. 62–77.

[29] Van Dam, ‚Moralizing Postcolonial Consumer Society', S. 234–237; Quaas, *Fair Trade*, S. 84.

spricht jedoch nicht der Gesamtzahl der Weltläden, da sich nur ein Teil der Läden für einen Beitritt zur AG3WL entschied. Insgesamt waren 1977/1978 etwa 100 Läden in Deutschland tätig, 1983/1984 dann schon mehr als 200. Mit diesem zahlenmäßigen Zuwachs stieg auch die Bedeutung der Weltläden als Verkaufsstellen für Produkte des Fairen Handels. In den Jahren 1983/1984 verkaufte die GEPA erstmals mehr Produkte über Weltläden als über Basare oder andere Gelegenheitsverkäufe (insgesamt neun Millionen DM). Ihren höchsten Umsatz erreichte die GEPA 1986/1987 (18,5 Mio. DM), bevor sie einen vorübergehenden Rückgang erlebte, bis Anfang der 1990er-Jahre Fair-Trade-Zertifikate neue Absatzmöglichkeiten in Supermärkten und anderen „konventionellen" Geschäften eröffneten. Dieses neue Zertifizierungsverfahren führte jedoch nicht sofort zu einem Durchbruch in den Absatzzahlen. Auch danach blieben die Weltläden noch für mehrere Jahre der wichtigste Absatzmarkt für Produkte der GEPA; erst Mitte der 2000er-Jahre erlebte der Faire Handel eine massive Steigerung des Umsatzes, der 2006 100 Mio. € (Gesamtumsatz, nicht nur GEPA-Umsatz) und 2012 500 Mio. € erreichten. Im Jahr 2015 erreichte der Umsatz fast 1 Mrd. €.[30]

Dieser grobe Überblick über die wirtschaftliche Entwicklung des Fairen Handels ist hilfreich, die Debatten über die aktuelle Bedeutung des Fairen Handels in einen historischen Kontext einzubetten. Wie gezeigt, hat der Faire Handel erst in den letzten zehn bis 15 Jahren einen relevanten Anstieg der Verkaufszahlen erfahren. Erst in diesem Zeitraum fand er auch größere Aufmerksamkeit in der akademischen Forschung, etwa in der Soziologie, der Anthropologie und den Wirtschaftswissenschaften.[31] Diese Forschung ist daher auch stark von diesen jüngsten Entwicklungen geprägt. Obwohl der Marktanteil fair gehandelter Produkte jahrzehntelang sehr begrenzt blieb und die Auswirkungen sowohl auf die Lebensbedingungen der Arbeiterinnen und Arbeiter im Globalen Süden als auch auf das politische Bewusstsein der Verbraucherinnen und Verbraucher im

[30] Zu den meisten der hier verwendeten Zahlen siehe die detaillierte Aufschlüsselung bei: Quaas, *Fairer Handel.* Siehe auch die von Statista zur Verfügung gestellten Daten (vgl. Fußnote 22).

[31] Vgl. z. B. Brigitte Granville; Janet Dine, Hrsg., *The Processes and Practices of Fair Trade: Trust, Ethics and Governance* (New York: Routledge, 2013); Keith R. Brown, *Buying into Fair Trade: Culture, Morality, and Consumption* (New York: New York University Press, 2013); Alex Nicholls; Charlotte Opal, *Fair Trade: Market-Driven Ethical Consumption* (London: Sage, 2005).

Globalen Norden nur schwer abzuschätzen sind,[32] haben diese Forschungen den Fairen Handel oft mit weitreichenden Interpretationen über eine „Moralisierung der Märkte", mit dem Aufkommen eines „ethischen Kapitalismus" oder der wirtschaftlichen Macht einer neuen Bewegung „bewusster Verbraucher" in Verbindung gesetzt.[33]

Diese Interpretationen gehen oft zu weit. Aus historischer Perspektive erscheint nicht so sehr der ökonomische Erfolg der Fair-Trade-Bewegung erklärungsbedürftig, sondern dessen Fähigkeit, über einen so langen Zeitraum öffentliche Aufmerksamkeit für die eigenen Anliegen generieren zu können. Diese Diskrepanz zwischen seinen direkten wirtschaftlichen Auswirkungen und der Aufmerksamkeit, die der Faire Handel in Medien und Öffentlichkeit erlangen konnte, ist daher eine zentrale Fragestellung, die detaillierter zu betrachten ist. Eine historische Analyse sollte beide Ebenen voneinander unterscheiden, um diese Diskrepanz selbst zum Ausgangspunkt für eine Geschichte der Fair-Trade-Bewegung zu nehmen, die sich vor allem auf die konzeptionellen Debatten der Fair-Trade-Aktivistinnen und -Aktivisten, die von der Bewegung eingesetzten Medienstrategien und die von ihr initiierten politischen Kampagnen konzentriert. Diesen Ansatz verfolgen die beiden folgenden Abschnitte.

Die Etablierung des Fairen Handels: Erste Konzepte für einen „alternativen Dritte-Welt-Handel"

Die westdeutsche Fair-Trade-Bewegung war von Beginn an durch sich zum Teil widersprechende Ideen und Motivationen geprägt. Drei Kontroversen waren besonders wichtig: *Erstens* definierte sich die Fair-Trade-Bewegung als Kritik an der modernen Konsumgesellschaft. Gleichzeitig basierte sie jedoch auf einer erstaunlich optimistischen Interpretation des sozialen und politischen Einflusses individueller Marktentscheidungen

[32] Siehe die ambivalente Einschätzung der neueren Forschung über die konkreten ökonomischen Auswirkungen des Fairen Handels. Für einen Überblick siehe Leonardo Becchetti; Stefano Castriota; Pierluigi Conzo, ‚Quantitative Analysis of the Impacts of Fair Trade', in: *Handbook of Research on Fair Trade*, hrsg. v. Laura Raynolds und Elizabeth Bennett (Cheltenham: Elgar, 2015), S. 532–548. Die Anthropologin Sarah Besky hat im Fall der Teeproduktion in Darjeeling auf mögliche negative Auswirkungen auf lokale Gemeinschaften und Arbeitsrechte hingewiesen: Sarah Besky, *The Darjeeling Distinction: Labor and Justice on Fair-Trade Tea Plantations in India* (Berkeley: University of California Press, 2014).

[33] Siehe z. B. Noreena Hertz, ‚Better to Shop Than to Vote?', in: *New Statesman*, 21. Juni 1999 (auch *Business Ethics: A European Review* 10 (3/2001), S. 190–193).

und der hiermit verbundenen Vorstellung, dass private Konsummuster in der Lage seien, soziale und wirtschaftliche Strukturen zu verändern. *Zweitens* wurde der Faire Handel als eine zweifache Alternative initiiert. Einerseits kritisierte er das kapitalistische Wirtschaftssystem für die Verschärfung globaler Ungleichheit. Gleichzeitig distanzierte sich der Faire Handel aber auch von zeitgenössischen Formen des Spendenwesen und der Entwicklungshilfe, da diese Praktiken neue Formen der Ungleichheit und der sozialen und wirtschaftlichen Abhängigkeit geschaffen hätten. Im Gegensatz dazu wurde der Faire Handel als Ausdruck gleichberechtigter Partnerschaftschaft inszeniert, die nicht zu jenen sozialen Asymmetrien führen würde, die Entwicklungshilfe und Spendenwesen regelmäßig hervorriefen. *Drittens* nannten die Aktivistinnen und Aktivisten des Fairen Handels unterschiedliche Ziele für ihre Initiativen. Während eine Gruppe den Fairen Handel in erster Linie als alternatives Handelsmodell betrachtete, das versuchen sollte, eine kleine, aber wachsende Nische der „konventionellen" Ökonomie zu erobern, bestanden andere Aktivistinnen und Aktivisten darauf, dass der Hauptzweck der Kampagne ihre politische und pädagogische Wirkung sei. Für sie stellte der Faire Handel vor allem eine symbolische Praxis dar, die das öffentliche Interesse für die Ungleichheiten des globalen Handels schärfen sollte. „Umsatz" und „Bewusstseinsbildung" wurden auf dieser Grundlage zu Schlagworten für divergierende Ansätze, obwohl beide Aspekte in der praktischen Arbeit von Weltläden und Aktionsgruppen meist eng miteinander verwoben waren.[34]

Die ersten Konzeptpapiere der Bewegung spiegelten diese widersprüchlichen Interpretationen wider.[35] Nach einer Zeit der Improvisation, in der Aktivistinnen und Aktivisten verschiedene Kampagnetechniken ausprobierten, wurde bald über die richtigen Methoden und Ziele eines „alternativen Handelsmodells" diskutiert. Eine der Schlüsselfragen war das Verhältnis des „alternativen" Handels zur kapitalistischen Konsumgesellschaft, in der er notwendigerweise agieren musste. Das erste theoretische Papier von Ernst-Erwin Pioch ist ein gutes Beispiel für die Dilemmata die-

[34] Ruben Quaas, ‚Kaffee verkaufen, um das Bewusstsein für Entwicklungspolitik zu schärfen: Der entstehende Fair-Trade-Markt in Westdeutschland in den 1970er-Jahren', in: *Historische Sozialforschung/Historische Sozialforschung* 36 (3/2011), S. 164–181.

[35] Für eine ausführlichere Analyse der konzeptionellen Debatten der westdeutschen Fair-Trade-Bewegung siehe Benjamin Möckel, ‚„Gegen die „Plastikwelt der Supermärkte". Konsum- und Kapitalismuskritik in der Entstehungsgeschichte des „fairen Handels"', in: *Archiv für Sozialgeschichte* 56 (2016), S. 335–352.

ser Beziehung. Piochs 1970 verfasster Text war der erste Versuch, die Möglichkeiten und Grenzen eines „alternativen" Handels mit der „Dritten Welt" als entwicklungspolitisches Kampagnenmodell theoretisch zu reflektieren. Einerseits argumentierte Pioch, dass es von vorrangiger Bedeutung sei, den Fairen Handel von der „regulären" Wirtschaft zu distanzieren und die Aktionen zu nutzen, um die „ungerechten globalen Handelsbedingungen" zu kritisieren. Dazu gehöre auch, westliche Konsummuster zu kritisieren und die Menschen in Deutschland und anderen Industrieländern über die zerstörerischen Folgen ihres Konsumverhaltens aufzuklären. Gleichzeitig bezog sich Pioch aber auf dieselbe Konsumgesellschaft, um für die Praktikabilität des eigenen Ansatzes zu argumentieren. „Kaufhäuser und Versandhandel", so Pioch, „haben gezeigt, dass es auf unseren Märkten ein echtes Interesse an Kunsthandwerk aus der Dritten Welt gibt". Es sei daher ein lohnendes Ziel, Genossenschaften aus der „Dritten Welt" dabei zu unterstützen, „entsprechend den Anforderungen des europäischen Marktes zu produzieren". Die Aufgabe der Fair-Trade-Kooperativen sei es, „diese Produkte marktgerecht zu verkaufen".[36]

Ein ähnlicher Gedankengang findet sich in einem anderen Schlüsseldokument der frühen Fair-Trade-Bewegung. In den ersten Jahren ihres Bestehens beauftragte die A3WH Gerd Nickoleit, einen Bericht über den theoretischen Hintergrund und die praktischen Auswirkungen des „Alternativen Dritte-Welt-Handels" zu schreiben. Er nannte sein Papier „Entwicklung der Unterentwicklung",[37] ein Titel, der explizit auf einen Schlüsseltext der zeitgenössischen Dependenztheorie verwies.[38] Ähnlich wie Pioch verwies auch Nickoleit auf den doppelten Charakter des Handelsmodells, das einerseits eine symbolische Kritik am Kapitalismus darstelle und andererseits ein Versuch sei, ein alternatives und gerechteres Handelssystem zu schaffen. Wie Nickoleit argumentierte, „erhebt die Dritte-Welt-Handelskampagne nicht den Anspruch, das kapitalistische Handelssystem durch ein gerechteres ersetzen zu können"; als Geschäftsmodell, das nicht nach finanziellem Profit strebt, würde das Handels-

[36] Ernst-Erwin Pioch, ‚Problemskizze zur Gründung einer „Aktionsgemeinschaft Dritte Welt-Handel" (8. Juni 1970)', in: *Misereor*-Archiv Aachen, „Fairer Handel", Bestand 6 (im Folgenden zitiert: MAA, FH 6).

[37] ‚Entwicklung der Unterentwicklung. Eine Analyse im Auftrag der Aktion Dritte Welt Handel von Gerd Nickoleit', in: MAA, FH 2.

[38] André Gunder Frank, ‚The Development of Underdevelopment', in: *Monthly Review* 18 (4/1966), S. 17–31.

modell aber „notwendigerweise den Kapitalismus in Frage stellen".[39] Für Nickoleit war das Ziel der Kampagne daher in erster Linie ein symbolisches. In dem Papier argumentierte er, dass die meisten Menschen bereits viel über die Lebensbedingungen und die Armut in den Ländern der „Dritten Welt" wüssten. Das Hauptproblem sei, dass nur wenige Menschen den Zusammenhang zwischen diesem Wissen und ihrer eigenen Lebensweise herstellen würden. Mit dieser Unterscheidung zwischen einem abstrakten Wissen über die globale Armut einerseits und einem Prozess der Selbstreflexion andererseits griff Nickoleit einen zentralen Gedanken des zeitgenössischen Diskurses zur „Bewusstseinsbildung" (*conscientização*) auf, wie er vor allem von Paulo Freire formuliert wurde und innerhalb der Fair-Trade-Bewegung äußerst einflussreich wurde.[40]

Auch wenn diese Interpretation des Fairen Handels als Modell einer politischen Bewusstseinsbildung nicht neu war, fand Nickoleit einen originellen Weg, dieses Konzept mit der Realität der modernen Konsumgesellschaft zu verknüpfen. Das Bewusstsein über die wirtschaftliche Situation der „Dritten Welt" müsse „genau dort ansetzen, wo unsere Konsummuster, unsere wirtschaftlichen Interessen, unsere politischen Zugehörigkeiten in Frage gestellt werden, weil sie die Entwicklung der Dritten Welt behindern".[41] Solche Informationen würden notwendigerweise Widerstand hervorrufen, und gerade in diesem Zusammenhang wurde für Nickoleit der Konsum zu einem wichtigen Kommunikationsmittel: „Um dem europäischen Konsumbürger diese unangenehme Wahrheit näher zu bringen, brauchen wir einen Katalysator (*Abholeffekt*). Dazu nutzen wir den Konsumtrieb".[42] Exotisches Kunsthandwerk und andere Produkte würden das Interesse wecken und die Konsumentinnen und Konsumenten selbst würden beginnen, Fragen zu den Produkten und den Menschen, die sie hergestellt haben, zu stellen. Für Nickoleit besaß die Konsumgesellschaft also eine doppelte Dimension. Einerseits war sie ein zentraler Aspekt der wirtschaftlichen Ungerechtigkeiten, die die Fair-Trade-Bewegung kritisieren wollte, andererseits wurde eine vermeintlich „natürliche" Konsumneigung zu einem Mittel, diese Kritik zu kommunizieren und

[39] ‚Entwicklung der Unterentwicklung', S. 16.

[40] Paulo Freire, *Pädagogik der Unterdrückten* (New York: Herder and Herder, 1970); Paulo Freire, *Erziehung zum kritischen Bewusstsein* (London: Continuum, 1974); und Paulo Freire, *Bewusstseinsbildung* (Genf: Ökumenischer Rat der Kirchen, 1975).

[41] ‚Entwicklung der Unterentwicklung', S. 16.

[42] Ebd.

einen individuellen Reflexionsprozess über globale Handelsungleichheiten in Gang zu setzen.[43]

Andere Konzeptpapiere und die zahlreichen internen Debatten wiesen in eine ähnliche Richtung.[44] Die meisten Aktivistinnen und Aktivisten vertraten die Auffassung, dass das Hauptziel der Initiativen darin bestehe, das Bewusstsein für globale Ungleichheiten zu schärfen und jene „Entwicklung der Unterentwicklung" zu kritisieren, die den Strukturen des Welthandels eingeschrieben sei. Autoren wie Nickoleit, Pioch oder auch Harry Neyer beriefen sich indes auch regelmäßig auf eine sehr viel optimistischere Sichtweise des transformativen Potenzials freier Märkte, die der bzw. dem einzelnen Verbraucherin und Verbraucher die Möglichkeit gaben, durch alltägliche Kaufentscheidungen soziale und wirtschaftliche Strukturen zu verändern.[45] Allerdings wiesen sie ebenso regelmäßig auf die Grenzen dieses Ansatzes hin. Die Fokussierung auf die bzw. den einzelnen Verbraucherin bzw. Verbraucher wurde als eine Möglichkeit gesehen, entwicklungspolitische Fragestellungen gegenüber eines Teils der Bevölkerung zu kommunizieren, der sonst kaum mit solchen Themen konfrontiert wurde; als Kampagnenmodell würde es jedoch nicht von sich aus die globalen Handelsbedingungen verändern. Die meisten Aktivistinnen und Aktivisten hätten somit vermutlich nicht behauptet, dass die Kampagnen des „Alternativen Dritte Welt Handels" in direkter Weise auf eine „Moralisierung des Kapitalismus" abzielten. Stattdessen betonten sie meist eher eine Form der „Moralisierung", die darauf gerichtet war, konkrete Marktstrukturen und Konsummuster zu kritisieren und das Bewusstsein für alternative Wege zur Gestaltung globaler Handelsbeziehungen zu schärfen.[46]

[43] Eine ähnliche Argumentation findet sich bei: Ernst Schmied, *Die „Aktion Dritte Welt Handel" als Versuch der Bewusstseinsbildung: Ein Beitrag zur Diskussion über Handlungsmodelle für das politische Lernen* (Aachen: Aktuell-Verlagsgesellschaft, 1977), S. 31.

[44] Vgl. z. B. Schmied, *Die „Aktion Dritte Welt Hande"*; Harry Neyer, ‚Vom Bastkorb zum Guatemala-Kaffee. Trends, Tendenzen und offene Fragen bei der Aktion Dritte Welt Handel', in: *E + Z Entwicklung und Zusammenarbeit* 4 (1973), S. 19–21.

[45] Pioch, ‚Problemskizze', S. 2f.; ‚Entwicklung der Unterentwicklung', S. 17 f.; und Neyer, ‚Bastkorb', S. 20 f.

[46] Wie wichtig diese Unterscheidung von Beginn an war, wurde bereits 1972 deutlich, als ein Aktivist aus einer niedersächsischen Kleinstadt für eine Professionalisierung des „alternativen Dritte-Welt-Handels" plädierte, da nur so eine „echte Alternative" zum herkömmlichen Handel mit der Dritten Welt geschaffen werden könne. Wolfram Walbach wies diese Idee zurück und schrieb im Namen der A3WH einen offenen Brief, in dem er alle Aktivisten daran erinnerte, dass ihre Kampagnen nicht auf ein rein wirtschaftliches Konzept des sozialen

Diese Interpretation des Fairen Handels als Instrument des öffentlichen Protests war in den frühen politischen Kampagnen der (europäischen) Fair-Trade-Bewegung besonders einflussreich. Dies zeigt sich z. B. in der sogenannten „Rohrzuckerkampagne", die in den Niederlanden kurz vor der Gründung der ersten Weltläden initiiert wurde. Ab 1970 wurde die Kampagne auch in mehreren westeuropäischen Staaten, darunter auch der Bundesrepublik, aufgegriffen. Insbesondere in den Niederlanden wurde sie zu einem der ersten und wichtigsten Versuche, das individuelle Konsumverhalten zu nutzen, um gegen Zölle, EWG-Subventionen und globale Handelsbedingungen zu protestieren.[47]

In den folgenden Jahren wurden in mehreren europäischen Ländern ähnliche Kampagnen initiiert. In Westdeutschland war die so genannte „Aluschok"-Kampagne am erfolgreichsten.[48] Der Name bezog sich auf Aluminium und Schokolade als die beiden Produkte, auf deren Handelsstrukturen die Kampagne hinweisen wollte. Im Rahmen der Kampagne wurde eine Schokoladentafel (in Aluminiumfolie eingewickelt) hergestellt, um die Aufmerksamkeit auf die globalen Handelsabkommen zu lenken, die mit beiden Rohstoffen – Kakao für die Schokolade und Bauxit für die Aluminiumherstellung – verbunden waren. Ein alltägliches Konsumprodukt wurde so zu einem Mittel des politischen Protests und übernahm zum Teil die Funktion des Flugblatts als traditionelles Medium des politischen Protests. Ähnlich wie bei der Rohrzuckerkampagne ging es um die Frage der weltweiten Zölle. Beim Lesen des Textes auf der Verpackung der Schokoladentafel erfuhren Konsumentinnen und Konsumenten, dass der europäische Zollsatz für Rohkakao nur 4 % betrüge, während der Zollsatz auf bis zu 27 % ansteige, wenn das Rohprodukt zu Kakaobutter oder anderen Erzeugnissen verarbeitet werde.[49] Ein ähnliches Argument

Wandels abzielen, sondern die Bewusstseinsbildung durch den symbolischen Verkauf von „Dritte-Welt-Produkten" ins Zentrum stellen sollten. Zu dieser Debatte siehe: Eduard Walterscheid, ‚Die Entwicklung der Entwicklungshilfe', in: MAA, FH 3; Wolfram Walbach, ‚Dritte Welt Handel-GmbH und „Hilfe durch Handel"', in: MAA, FH 3.

47 Van Dam, ‚Moralizing Postcolonial Consumer Society', S. 232–234.

48 Zur Kampagne vgl. Schmied, *Die „Aktion Dritte Welt Handel"*, S. 231–246; Markus Raschke, *Fairer Handel. Engagement für eine gerechte Weltwirtschaft* (Ostfildern: Matthias-Grünewald-Verlag, 2009), S. 64–66. Für einen zeitgenössischen Bericht über die Kampagne im Vereinigten Königreich, der ihre transnationale Verflechtung zeigt, siehe ‚Chocolate with a Bite', in: *New Internationalist* [Special Issue] 33 (1976), S. 16.

49 MAA, FH 12.

wurde im Fall von Bauxit vorgebracht. Im letzten Absatz argumentierte der Umschlagtext daher: „Unsere Zollpolitik beraubt die Entwicklungsländer der Möglichkeit, ihre Rohstoffe selbst zu verarbeiten und die drohende Arbeitslosigkeit einzudämmen".[50] Als Folgerung wurde hieraus abgeleitet: „Wir müssen den Entwicklungsländern durch Abbau der Zölle vor allem für Fertig- und Halbfertigprodukte neue und faire Handelsbedingungen einräumen".[51]

Die Rohrzuckerkampagne und die Aluschok-Kampagne stützten sich auf ähnliche Protesttechniken. Sie nutzten den Akt des Konsums, um Fragen der globalen Gerechtigkeit mit individuellen Alltagsentscheidungen in Verbindung zu setzen. Gleichzeitig versuchten beide Kampagnen, die Verbraucherinnen und Verbraucher zu einem eigenständigen politischen Engagement aufzufordern, das über den bloßen Konsumakt hinausging, beispielsweise indem sie aufgefordert wurden, das Gespräch mit Ladenbesitzern zu suchen oder eine Protestpostkarte an die Bundesregierung zu senden. Auch die Argumente der beiden Kampagnen waren ähnlich: Sie kritisierten hohe Zölle und EWG-Subventionen und forderten insbesondere einen besseren Marktzugang für Entwicklungsländer.

Sowohl die theoretischen Konzepte als auch die politischen Kampagnen um den Fairen Handel in den frühen 1970er-Jahren verdeutlichten somit ein Konzept der „Moralisierung", das sich auf eine Strategie des symbolischen Protests stützte, der durch individuelle Konsumhandlungen artikuliert wurde. Auf einer allgemeinen Ebene waren diese Kampagnen Teil einer kritischen Sichtweise des Kapitalismus, des globalen Handels und des westlichen Konsumverhaltens. Diese Kritik war jedoch keine pauschale Ablehnung der Markt- und Konsumgesellschaft als solcher, sondern vielmehr ein Versuch, Alternativen *im* Rahmen kapitalistischer Gesellschaften aufzuzeigen. In einigen Aspekten griff sie sogar Schlüsselargumente einer klassisch liberalen Sichtweise auf Fragen der globalen wirtschaftlichen Entwicklung auf – zum Beispiel, wenn sie auf die politischen Einflussmöglichkeiten der individuellen Konsumentinnen und Konsumenten verwiesen, oder die positiven Auswirkungen des Marktzugangs für Entwicklungsländer hervorhoben.

[50] Ebd.
[51] Ebd.

Divergierende Konzepte in der westdeutschen Fair-Trade-Bewegung in den 1980er-Jahren

Diese Interpretation des Fairen Handels als Konsummodell innerhalb einer kapitalistischen Gesellschaft war selbstverständlich nicht unumstritten. Aus den im Quellenmaterial rekonstruierbaren Äußerungen von Fair-Trade-Aktivistinnen und -Aktivisten und den internen Debatten einzelner Läden und Aktionsgruppen lässt sich vor allem für die Zeit der späten 1970er und 1980er-Jahre ein Stimmungswandel rekonstruieren. Die Interpretation des Fairen Handels als Versuch einer moralischen Transformation des Kapitalismus verlor teilweise an Boden gegenüber einer pessimistischeren Analyse, nach der der Faire Handel Gefahr lief, seinerseits durch „den" Kapitalismus transformiert und inkorporiert zu werden. Während im ersten Jahrzehnt der Handelskampagnen die meisten Aktivistinnen und Aktivisten große Hoffnung in die Idee einer Politik der kleinen Schritte zur Veränderung der Konsumgesellschaft gesetzt hatten, begannen viele von ihnen in den 1980er-Jahren, einen Prozess der kleinen Schritte der Kommodifizierung des Handelsmodells durch eine Konzentration auf Umsatzzahlen und die Integration in konventionelle Verbrauchermärkte zu befürchten. Sie begannen zu diskutieren, ob der Faire Handel noch eine echte „Alternative" zu den etablierten Handels- und Konsummodellen darstellte. Ein Schlüsselbegriff, der diese skeptische Sichtweise zum Ausdruck brachte, war die sogenannte *„ökonomischen Eigenlogik"*, die nach Meinung einiger Protagonistinnen und Protagonisten die Dynamik des Handelsmodells übernommen hätte.

Es wäre jedoch zu einseitig, diese gegensätzlichen Interpretationen in eine klare chronologische Abfolge zu bringen. So wie der Marktoptimismus der 1970er-Jahre nicht von allen Aktivistinnen und Aktivisten geteilt wurde, so war es auch nur eine Fraktion der Bewegung, die in den 1980er-Jahren begann, diese kritischere Sichtweise zu artikulieren. Dennoch wurde eine Skepsis gegenüber der realen Wirkmacht des von ihnen etablierten Handelsmodells von fast allen Aktivistinnen und Aktivisten bis zu einem gewissen Grad geteilt: Trägt der Faire Handel womöglich selbst zur Schaffung neuer Formen wirtschaftlicher Abhängigkeit bei, wenn Kooperativen aus dem Globalen Süden in die europäischen Verbrauchermärkte integriert werden? Hat der Faire Handel durch den Import von Kaffee aus Tansania oder Lateinamerika zur Ausweitung dortiger Monokulturen beigetragen? Und wie soll man mit dem Problem umgehen, dass der Faire Handel fast ausschließlich auf exotischem Kunsthandwerk sowie ehemaligen Kolonialprodukten wie Kaffee, Kakao oder Zucker basierte?

Diese Fragen waren nicht neu, aber sie wurden in den 1980er-Jahren mit neuer Dringlichkeit gestellt. Es ist daher interessant zu fragen, warum Aktivistinnen und Aktivisten gerade in dieser Zeit begannen, so kritisch über die eigenen Initiativen nachzudenken. Zumindest im deutschen Fall liegt eine Erklärung in den Veränderungen in der sozialen Struktur der Fair-Trade-Bewegung. In den späten 1970er- und 1980er-Jahren schlossen sich viele Personen aus dem „alternativen Milieu" der Bewegung an,[52] gründeten neue Weltläden und begannen bald, sich aktiv an den Debatten der Bewegung zu beteiligen. Viele dieser Akteure vertraten einen politisch radikaleren Ansatz, der sich stark von dem eher karitativ ausgerichteten Ansatz vieler etablierter, vor allem kirchlich geprägter Gruppen unterschied. Zweitens waren es vor allem die Aktivistinnen und Aktivisten aus den Weltläden, die diese Kritik an einer zu starken Betonung von Umsatz und Marktintegration artikulierten. Die GEPA und die anderen Importorganisationen, die oft in direkterem Kontakt mit den Produzenten vor Ort standen, betonten dagegen in der Regel die positiven Effekte einer Absatzsteigerung, die es ermöglichen würden, mehr Kooperativen im Globalen Süden zu unterstützen. Die im Folgenden skizzierten Debatten stellen also keinen Konsens innerhalb *der* Fair-Trade-Bewegung dar. Sie beleuchten aber einen wichtigen Aspekt der Debatte, der von einer Gruppe von Aktivistinnen und Aktivisten vorangetrieben wurde, die befürchteten, dass ein Ansatz, der auf eine „Moralisierung des Kapitalismus" abzielt, zu einer Entpolitisierung der Fair-Trade-Bewegung führen würde.

Diese Debatte über die politische Dimension des Fairen Handels wurde vor allem über den Newsletter der *Arbeitsgemeinschaft Dritte Welt Läden* (AG3WL), dem Dachverband der Weltläden, geführt.[53] Die AG3WL war, wie oben beschrieben, ursprünglich 1975 gegründet worden, um den Weltläden ein Mitspracherecht bei den Entscheidungen der neu gegründeten GEPA zu sichern. In den folgenden Jahren entwickelte sich die Arbeitsgemeinschaft darüber hinaus zu einer Institution, in der die (sehr eigenständig und dezentral organisierten) Weltläden theoretische und praktische Ansätze diskutierten und sich einzelne Ladengruppen enger

[52] Zu Sozialstruktur und Habitus des westdeutschen alternativen Milieus vgl. Sven Reichardt, *Authentizität und Gemeinschaft: Linksalternatives Leben in den siebziger und frühen achtziger Jahren* (Berlin: Suhrkamp, 2014); Sven Reichardt und Detlef Siegfried, *Das alternative Milieu. Antibürgerlicher Lebensstil und linke Politik in der Bundesrepublik Deutschland und Europa 1968–1983* (Göttingen: Wallstein Verlag, 2010), S. 9–24.

[53] Die AG3WL hat heute ihren Sitz in Mainz und existiert weiter unter dem Namen *Weltladen-Dachverband e.V.* Der AG3WL-Rundbrief wurde erstmals im Oktober 1981 veröffentlicht und ist vollständig im Archivmaterial des Dachverbandes erhalten.

miteinander vernetzen konnten. Die hierbei geführten Debatten kreisten immer wieder um eine zentrale Frage: Wie ist das Verhältnis zwischen dem Fairen Handel als einem „alternativen" Handelsmodell und der „konventionellen" Konsumgesellschaft zu gestalten, in die sich das Handelsmodell notwendigerweise einfügen muss? Innerhalb der AG3WL teilte die Mehrheit der Aktivistinnen und Aktivisten eine kritische Sicht auf eine zu enge Kooperation. Sie kritisierten beispielsweise die meisten Versuche, mit kommerziellen Unternehmen zusammenzuarbeiten, den Verkauf von Fair-Trade-Produkten in konventionellen Einzelhandelsgeschäften und die Bemühungen um eine „Professionalisierung" der Arbeit der Weltläden und Importorganisationen. Diese Kritik brachte die AG3WL regelmäßig in Konflikt mit der GEPA und ihren wichtigsten Anteilseignern, der katholischen und evangelischen Kirche. Während viele Weltläden weiterhin die Priorität der symbolischen und pädagogischen Dimension des Fairen Handels betonten, betonten die GEPA und ihre kirchlichen Anteilseigner zunehmend die Aufgabe, den Partnern im Globalen Süden direkt zu helfen, die auf eine Ausweitung des Absatzes ihrer Produkte angewiesen seien.

Diese Entwicklung hin zu einer stärkeren Integration der Produkte des Fairen Handels in die konventionellen Ökonomie löste bei vielen Akteuren innerhalb der AG3WL die Frage aus, ob der Faire Handel überhaupt noch ein „alternatives" Handels- und Konsummodell darstelle. Auf der Generalversammlung der AG3WL im Jahr 1982 wurde eine eigene Arbeitsgruppe mit dem Titel *Die Alternativbewegung und die Dritte-Welt-Läden* gebildet, um diese Frage zu diskutieren. Die Gruppe kam dabei zu einem sehr ernüchternden Ergebnis. Sie wies wiederholt auf die Dominanz wirtschaftlicher Argumente hin, die jede substanzielle politische Kampagne verhindern würde. In Bezug auf das Ziel, den Absatz von Fair-Trade-Produkten zu steigern, argumentierten sie: „Steigende Umsätze schaffen Abhängigkeiten und Sachzwänge [...] und behindern in großem Maße das Bildungsprojekt".[54] Das Handelsmodell in seiner jetzigen Form stelle daher keine Alternative zu den herkömmlichen Konsumgewohnheiten dar. Stattdessen wiesen sie ausdrücklich auf die strukturellen Analogien zur kapitalistischen Ökonomie hin: „Angesichts der heutigen Praxis in Dritte-Welt-Läden (Verkauf, Warenangebot, Umsatzstreben) erscheint der Begriff ‚alternativer Handel' fragwürdig".[55]

[54] Thesen der Arbeitsgruppe *Alternativbewegung und Dritte-Welt-Läden* (Archiv der AG3WL, AG3WL Newsletter Nr. 6, S. 12–14).

[55] Ebd., S. 12.

Auch diese Kritik war nicht völlig neu. Doch gingen die Autorinnen und Autoren in ihrer Kritik noch weiter. So kritisierten sie nicht nur konkrete Verkaufs- und Handelspraktiken, sondern stellten im Grundsatz in Frage, ob es überhaupt möglich sei, ein „alternatives" Modell für den Handel mit dem Globalen Süden zu etablieren. Der Handel mit der „Dritten Welt", so die Kernaussage des Textes, basiere „immer auf Ausbeutung: Wenn dem nicht so wäre, könnten die Waren gar nicht abgesetzt werden – sie wären schlicht zu teuer."[56] Ebenso apodiktisch kritisierten sie die Idee, durch den Verkauf von Fair-Trade-Produkten ein Bewusstsein für globale Entwicklungspolitik zu schaffen. Die Fair-Trade-Bewegung habe dieses Ziel weitgehend verfehlt. In einigen Fällen habe sie sogar gegenläufige Wirkungen hervorgerufen: „Der Massenverkauf [von Produkten aus der „Dritten Welt"] erweckt den Eindruck, dass ‚viel' für die Dritte Welt getan wird, und schafft damit ein falsches Bewusstsein".[57] In ihrer Schlussfolgerung räumten die Autorinnen und Autoren zwar ein, dass der „alternative Dritte-Welt-Handel" zumindest ein „symbolisches Modell für einen weniger ungerechten Welthandel" darstellen könnte. Doch sei es ein Manko der Bewegung, dass sowohl die Importorganisationen als auch die Weltläden weiterhin finanziell von den Einnahmen aus dem Handel mit ihren Partnern im Globalen Süden abhängig seien und damit auf genau das angewiesen blieben, was sie eigentlich abschaffen wollten.[58]

In den folgenden Jahren ergänzten weitere Konzeptpapiere diesen kritischen Diskurs. 1984 veröffentlichte eine Gruppe von Aktivistinnen und Aktivisten eines Tübinger Weltladens einen Artikel mit dem Titel *Alternativer Handel?* im AG3WL-Newsletter.[59] Das Konzept der „Hilfe durch Handel", so war dort zu lesen, sei an seine Grenzen gestoßen. Es werde immer deutlicher, „dass wir in unserer Handelspraxis einem System verhaftet bleiben, das von der Konkurrenz hier [im Westen] und der Ausbeutung dort [im Globalen Süden] lebt".[60] In diesem wirtschaftlichen Kontext würden politische Ziele regelmäßig durch wirtschaftliche und kommerzielle Überlegungen an den Rand gedrängt. Auch wenn die Autorinnen und Autoren für eine Fortführung des Handelsmodells plädierten, schlossen sie sich der Auffassung des Diskussionspapiers aus dem Jahr 1982 an, dass Weltläden jede Form der finanziellen Abhängigkeit von den von

[56] Ebd.
[57] Ebd.
[58] Ebd., S. 13.
[59] ‚Alternativer Handel?' (Archiv der AG3WL, AG3WL-Newsletter Nr. 12, S. 12–14).
[60] Ebd.

ihnen verkauften Produkten vermeiden müssten. Produkte aus der Dritten Welt, so betonten sie, sollten ausschließlich als Mittel der Bildung und des politischen Protests betrachtet werden. Einige Monate später wurde das Papier auch auf einer Mitgliederversammlung der AG3WL erörtert, wobei die Debatte offenbar die allgemeine Argumentationslinie übernahm. In dem Positionspapier, das aus der Debatte hervorging, wurden die Argumente des Papiers fast wortwörtlich übernommen. Auch hier stellten die Autorinnen und Autoren fest, dass selbst im „alternativen Dritte-Welt-Handel" die Weltläden, die Importorganisationen und die Partner in der „Dritten Welt" in einem „System der Ausbeutung" gefangen blieben.[61] Infolgedessen, so das Papier, „können wir keinen alternativen und gerechten Handel aufbauen, ohne gleichzeitig das gegenwärtige System der Weltwirtschaft anzugreifen". Im bestehenden wirtschaftlichen Kontext kann „alternativer Handel nur eine symbolische Bedeutung haben. Er ist keine wirkliche Alternative".[62]

Schlussfolgerung: Moralisierung des Kapitalismus oder Moralisierung der Verbraucher?

Wie die letzten Abschnitte gezeigt haben, verschoben sich die Debatten der Fair-Trade-Bewegung in den 1980er-Jahren zu zum Teil relativ apodiktischen Gegenüberstellungen. Ob dies immer den konkreten Diskussionen in den einzelnen Laden- und Aktionsgruppen entsprach, ist eine andere Frage. Daher ist es genauso wichtig zu fragen, wie diese Argumente in der Alltagspraxis der Weltläden aufgegriffen wurden. Dies geschah zum Beispiel, wenn Ladengruppen heftig darüber stritten, ob sie bezahltes Verkaufspersonal einstellen durften,[63] ob es legitim war, einen professionellen Designer für die Dekoration von Schaufenstern zu beauftragen,[64] welche Art von Werbung für einen Weltladen angemessen war,[65] und ob Produkte des Fairen Handels über einen Versandkatalog verkauft werden durften.[66] In diesen konkreten Debatten wurden die Spannungen und Ambivalenzen

[61] ‚Alter-na(t)iver Handel' (Archiv der AG3WL, AG3WL-Newsletter Nr. 13, S. 25–29).

[62] Ebd., S. 27.

[63] ‚Arbeitsgruppe: Alternative Ökonomie im 3. Welt-Laden und bei den Produzenten' (Archiv der AG3WL, AG3WL Rundbrief Nr. 16, Februar 1986, S. 24–28).

[64] ‚Schöne Schaufenster' (Archiv der AG3WL, AG3WL Newsletter Nr. 34, Januar 1989, S. 6–7).

[65] ‚Arbeitsgruppe: Alternative Ökonomie', S. 25.

[66] ‚GEPA: Wohin?–Mit wem?' (Archiv der AG3WL, AG3WL Rundbrief Nr. 18, 1986, S. 6–7).

des Fair-Trade-Konzepts oft am plastischsten. Einerseits ging es in diesen Debatten um die realen Handlungsspielräume für ein Handelsmodell, das nicht den ökonomischen Rationalitäten des kapitalistischen Systems folgen sollte – etwa indem es auf Profit verzichtete, sich einer Logik des Wettbewerbs verweigerte oder bewusst keine weitere Marktexpansion anstrebte. Andererseits hatte der proklamierte „alternative" Charakter des Fairen Handels inzwischen eine gewisse Eigenlogik entwickelt. In den 1980er-Jahren hatte sich der „ethische Konsum" zu einem eigenständigen Verbrauchermarkt entwickelt. In diesem Zusammenhang sahen sich die Weltläden zunehmend mit den Erwartungen einer neuen Gruppe von „kritischen" Konsumentinnen und Konsumenten konfrontiert, an die sie ihre Produkte richteten. Weltläden wurden auf diese Weise zu Orten des „konsumkritischen Konsums", in denen die Produkte des Fairen Handels nicht nur für eine spezifische Form der Partnerschaft mit Kooperativen im Globalen Süden standen, sondern auch die antikapitalistische Gesinnung ihrer Konsumentinnen und Konsumenten im Globalen Norden verkörpern sollten. Einige Kritiker haben dies als einen Prozess der „Kommodifizierung" beklagt, bei dem der Konsum von Fair-Trade-Produkten zu einer sozialen Praxis der „Distinktion" wurde, ganz in dem Sinne, in dem Pierre Bourdieu dies etwa zeitgleich in seinen soziologischen Arbeiten beschrieb.[67] Aus historischer Sicht ist es jedoch interessanter zu fragen, wie die Weltläden versuchten, dieses Spannungsverhältnis zwischen einer politischen Kritik der Konsumgesellschaft und der Schaffung eines eigenen Konsumsegments miteinander in Einklang zu bringen.

Dieses Spannungsverhältnis lässt sich mit der oben diskutierten Frage in Verbindung bringen, in welcher Weise sich der Faire Handel wirklich als eine Form des *Moralizing Capitalism* im Sinne des vorliegenden Sammelbandes verstehen lässt. Wie gezeigt, waren drei Argumentationslinien in der Fair-Trade-Bewegung besonders einflussreich (ohne sich gegenseitig auszuschließen). Erstens interpretierten viele Aktivistinnen und Aktivisten den Fairen Handel als Alternative zu traditionellen Ansätzen des humanitären Spendenwesens und der Entwicklungshilfe. Durch die Schaffung gerechterer Beziehungen zwischen der Erzeuger- und der Verbraucherseite sollte den Produzenten im Globalen Süden geholfen werden, ohne dabei

[67] Pierre Bourdieu, *La Distinction: Critique Sociale du Jugement* (Paris: Éditions de Minuit, 1979). Zum Fairen Handel als Form der „Distinktion" vgl. z. B. Zick Varul, ‚Ethical Consumption: The case of Fair Trade'. In einem allgemeineren Rahmen siehe Amihai Glazer; Kai A. Konrad, ‚A Signaling Explanation for Charity', in: *The American Economic Review* 86 (4/1996), S. 1019–1028.

eine Hierarchie zwischen „Gebern" und „Empfängern" aufzubauen. Dieser Gedanke war in den frühen Konzeptpapieren der Fair-Trade-Bewegung besonders einflussreich. Hiermit bezog man sich zwar auch auf eine moralische Dimension individueller Konsumhandlungen, zielte aber nicht unbedingt auf eine allgemeine Kritik an den wirtschaftlichen Strukturen ab. Im Gegensatz hierzu vertraten andere Aktivistinnen und Aktivisten zur gleichen Zeit eine deutlich politischere Interpretation des Handelsmodells. Für sie hatte der Verkauf von Produkten aus der „Dritten Welt" in erster Linie das Ziel, politische Entscheidungen im Globalen Norden zu kritisieren und auf globale soziale und ökonomische Ungleichheiten aufmerksam zu machen. Dieser Ansatz führte in den 1970er-Jahren beispielsweise zu den Rohrzucker- und Aluschok-Kampagnen und wurde in den 1980er-Jahren von Aktivistinnen und Aktivisten des alternativen Milieus erneut als Rollenmodell hervorgehoben. Dieser Ansatz zielte auf eine grundlegende Veränderung globaler ökonomischer Strukturen ab, wobei jedoch eher zu bezweifeln ist, ob die Aktivistinnen und Aktivisten dies als Versuch einer *„Moralisierung"* des Kapitalismus verstanden hätten. Sie beriefen sich eher auf eine politische und wirtschaftliche Kritik, die ihrer Ansicht nach über bloße Verweise auf moralische Werte hinausging.

Das dritte Modell – die pädagogische oder „bewusstseinsbildende" Dimension des Handelsmodells – lässt sich am ehesten als Versuch einer „Moralisierung" des Kapitalismus beschreiben. Von Beginn an hatten die Aktivistinnen und Aktivisten des Fairen Handels proklamiert, dass es ihnen in erster Linie um eine gesellschaftliche Sensibilisierung für Fragen der Entwicklungspolitik ging. Auch wenn dieselben Akteure oft eine steigende Frustration über die mangelnde Resonanz auf diese Kampagnen artikulierten, so war es doch diese edukative Dimension, die am direktesten auf ein Konzept der „Moralisierung" hinwies. Bei näherer Betrachtung war jedoch nicht der Kapitalismus selbst Gegenstand der „Moralisierung", sondern vielmehr die einzelnen Konsumentinnen und Konsumenten, die innerhalb dieser Strukturen agierten. Um die globalen Wirtschaftsstrukturen zu verändern, so die Vorstellung, müssten westliche Verbraucherinnen und Verbraucher über ihren individuellen Beitrag zur Aufrechterhaltung dieser Strukturen aufgeklärt werden. Einerseits schrieb dies Verbraucherinnen und Verbrauchern eine große Handlungsmacht zu. Andererseits wurden hiermit jedoch auch strukturelle Fragen der globalen Ökonomie der Handlungsmacht des Individuums überlassen, ohne in jedem Fall angemessen zu reflektieren, dass die meisten Probleme, auf die sich der Faire Handel bezog, weitgehend jenseits der Einflussmöglichkeiten einzelner Verbraucherentscheidungen lagen.

Es ist daher nicht verwunderlich, dass diese konkurrierenden Konzepte eines „alternativen“ Handelsmodells im Laufe der Geschichte der Fair-Trade-Bewegung immer wieder Kontroversen auslösten. Langfristig verlor dabei ein dezidiert politischer Ansatz an Boden, vor allem ab den frühen 1990er-Jahren mit dem Aufkommen der ersten Fair-Trade-Zertifizierungen, mit denen der Faire Handel der Einstieg in den konventionellen Konsummarkt gelang. Vor allem in diesem Zeitraum wurde der Faire Handel im öffentlichen Diskurs zu einem Symbol für neue Konzepte einer „Moralisierung“ des Kapitalismus.[68] Diese jüngeren Entwicklungen ließen sich leicht mit dem Argument kritisieren, dass die Fair-Trade-Bewegung hier begann, aus dem eigenen konsumkritischen Ausgangsimplus nun auch ökonomisches Kapital zu schlagen. Doch zeigt dieses Narrativ der „Kommodifizierung“ nur eine Seite der Geschichte und blendet einen großen Teil der Diskussionen der vergangenen Jahrzehnte aus. Stattdessen erscheint es interessanter, explizit nach den Spannungen und Ambivalenzen zu fragen, die aus dem Versuch hervorgingen, einen konsumkritischen Konsum im Kontext einer modernen Massenkonsumgesellschaft zu etablieren.

[68] Siehe z. B. Phil Wells und Mandy Jetter, *The Global Consumer: Best Buys to Help the Third World* (London: Gollancz, 1991).

KAPITEL 11

Wirtschaftsboom, kritische Arbeiterliteratur und Moral in der Bundesrepublik der 1960er und frühen 1970er-Jahre

Sibylle Marti

Die Jahre des Wirtschaftsbooms nach dem Zweiten Weltkrieg sind in der Bundesrepublik unter der Formel des „deutschen Wirtschaftswunders" in die historische Erinnerung eingegangen. Diese zeitgenössische Bezeichnung, die erst nach einiger Zeit als positiv konnotierte Selbstbeschreibung diente, verweist dabei in erster Linie auf den rasanten Wirtschaftsaufschwung während der Adenauer-Erhard-Ära.[1] Das gängige Narrativ zum bundesdeutschen „Wirtschaftswunder" lässt sich anhand der klassischen Darstellung von Werner Abelshauser wie folgt resümieren: Das Wirtschaftswachstum, das sich zwischen dem Beginn der 1950er und dem Be-

[1] Zur ambivalenten Semantik des Begriffs des „Wirtschaftswunders" siehe: Martin Wengeler, ‚Vom Jedermann-Programm bis zur Vollbeschäftigung. Wirtschaftspolitische Leitvokabeln', in: *Politische Leitvokabeln in der Adenauer-Ära. Mit einem Beitrag von Dorothee Dengel*, hrsg. v. Karin Böke, Frank Liedtke und Martin Wengeler (Berlin, New York: Walter de Gruyter, 2011), S. 431–433.

S. Marti (✉)
Universität Bern, Bern, Switzerland
E-Mail: sibylle.marti@unibe.ch

S. Berger, A. Przyrembel (Hrsg.), *Moralisierung des Kapitalismus*,
https://doi.org/10.1007/978-3-031-51270-4_11

ginn der 1980er-Jahre in einer knappen Vervierfachung des realen Pro-Kopf-Sozialproduktes niederschlug, habe den individuellen Wohlstand gemehrt, zu Vollbeschäftigung geführt, soziale Kämpfe abgefedert, politisch stabilisierend gewirkt und ein beinahe unumstrittenes gesellschaftliches Leitkonzept dargestellt.[2] Mit dem „Wirtschaftswunder" verbunden gewesen sei dabei spätestens seit den 1960er-Jahren eine „‚Entproletarisierung' der Arbeiterschaft", die sich insbesondere in einer Veränderung des proletarischen Milieus und der damit einhergehenden Mentalität widergespiegelt habe.[3] Auch Mark Spoerer und Jochen Streb betonen die sozioökonomische „Dynamik des Wiederaufschwungs" und weisen darauf hin, dass Zeitgenossen das „Wirtschaftswunder" und den steigenden Lebensstandard vor allem auf Fleiß und Lohndisziplin sowie das ordnungspolitische Konzept der Sozialen Marktwirtschaft zurückgeführt hätten, wobei die Sicherheit durch letztere als Anreizsystem für ersteres gewirkt habe.[4] Anselm Doering-Manteuffel und Lutz Raphael datieren den Höhepunkt des Booms in der Bundesrepublik auf die 1960er-Jahre, als dieser in materieller Hinsicht eine soziale Breitenwirkung entfaltet und im Topos des „schwitzenden Idylls" seinen Ausdruck gefunden habe.[5]

Hartmut Kaelble hat diese und ähnliche Deutungen dahingehend präzisiert, als dass während des Wirtschaftswachstums zwar durchaus eine Verringerung der Einkommens- und Vermögensunterschiede und insofern eine Abmilderung der sozialen Ungleichheit stattgefunden, sich in Bezug auf die Dimensionen des Wohnens, der Gesundheit, der Bildungschancen und der sozialen Mobilität für die unterste Gesellschaftsschicht aber nicht viel verändert habe.[6] Doch trotz solcher Differenzierungen gelten die „Trente Glorieuses" zwischen 1945 und 1975 in der Bundesrepublik wie in anderen westeuropäischen Staaten sowohl in der kollektiven Erinnerung als auch in der historiografischen Darstellung als *die* Zeit einer sich ausbildenden Wohlstands- und Konsumgesellschaft, wie etwa die fol-

[2] Werner Abelshauser, *Deutsche Wirtschaftsgeschichte. Von 1945 bis zur Gegenwart. Zweite, überarbeitete und erweiterte Auflage* (München: C. H. Beck, 2011), S. 283–284.

[3] Abelshauser, *Deutsche Wirtschaftsgeschichte*, S. 328–331, Zitat auf S. 328.

[4] Mark Spoerer; Jochen Streb, *Neue deutsche Wirtschaftsgeschichte des 20. Jahrhunderts* (München: Oldenbourg, 2013), S. 211, S. 226, Zitat auf S. 211.

[5] Anselm Doering-Manteuffel; Lutz Raphael, *Nach dem Boom. Perspektiven auf die Zeitgeschichte seit 1970, 3., ergänzte Auflage* (Göttingen: Vandenhoeck & Ruprecht, 2012), S. 39, S. 60–61, Zitat auf S. 39, S. 61.

[6] Hartmut Kaelble, *Mehr Reichtum, mehr Armut. Soziale Ungleichheit in Europa vom 20. Jahrhundert bis zur Gegenwart* (Frankfurt am Main, New York: Campus, 2017), S. 63–101, S. 171–177.

gende Feststellung von Doering-Manteuffel und Raphael exemplarisch belegt: „Um 1960 war der Boom in allen westeuropäischen Ländern beim kleinen Mann angekommen."[7]

Weit weniger bekannt und in der historischen Erinnerung auch weniger präsent sind indessen zeitgenössische Erzählungen, welche die Erfolgsgeschichte des „deutschen Wirtschaftswunders" nicht reproduzierten, sondern in Frage stellten. Diese Wahrnehmungen und Deutungen fungierten seit dem Beginn der 1960er-Jahre, gleichsam auf dem Zenit des Booms, als frühe Gegennarrative zu weit verbreiteten Vorstellungen von sozialem Aufstieg und sich auflösenden Klassengegensätzen. Einen Kristallisationspunkt dieser Kritik auf dem Höhepunkt des Wirtschaftsaufschwungs stellten die *Dortmunder Gruppe 61* und der aus ihr hervorgehende *Werkkreis für Literatur der Arbeitswelt* dar, die sich mit schriftstellerischen und künstlerischen Mitteln mit der Arbeitswelt und ihren sozialen Problemen auseinandersetzten. Gleichzeitig waren einflussreiche Akteure aus Politik, Wirtschaft und Presse bestrebt, diese kritischen Stimmen diskursiv zu marginalisieren. In zahlreichen Abhandlungen, Berichten und Rezensionen wurde versucht, diese neue Form der Arbeiterliteratur als stark überzeichnet, literarisch unzulänglich und ideologisch verdächtig zu diskreditieren.

Sowohl den Darstellungen der *Gruppe 61* bzw. des *Werkkreises* als auch den Argumentationen ihrer Kritiker lagen dezidiert moralische Kategorien und Vorstellungen zugrunde. So bildeten bestimmte, als unwürdig und unmenschlich erachtete Arbeitsformen und Arbeitsbedingungen den Hauptgegenstand der bundesdeutschen Arbeiterliteratur. Diese Erzählungen mündeten in die zentrale Forderung einer Humanisierung der industrialisierten Arbeitswelt. Die Kritiker der Arbeiterliteratur wiederum rekurrierten auf moralisch aufgeladene Auffassungen über das „Wirtschaftswunder", dessen Infragestellung einem Tabubruch gleichkam. Die Texte und Schriften der *Gruppe 61* und des *Werkkreises* sowie deren öffentlich-mediale Rezeption verdeutlichen, wie stark Diskurse und Interpretationen des Booms gesellschaftlich umstritten und semantisch normiert waren.

In Anlehnung an Edward P. Thompsons Konzept der moralischen Ökonomie haben Stefan Berger und Alexandra Przyrembel vor einiger Zeit dafür plädiert, den mit dem Kapitalismus verbundenen moralischen Vorstellungen in der historischen Analyse mehr Bedeutung beizumessen. Der Kapitalismus sei stets auch einer moralischen Kritik ausgesetzt gewesen, wobei sich ein Hauptaugenmerk dieser moralisch argumentieren-

[7] Doering-Manteuffel; Raphael, *Nach dem Boom*, S. 38.

den Kapitalismuskritik auf „das Verständnis von Arbeit" gerichtet habe.[8] An diese Überlegungen anschließend werden meine folgenden Ausführungen zeigen, dass „Arbeit" und „Arbeitsregimes" auch bzw. gerade in Zeiten des rasanten bundesdeutschen Wirtschaftswachstums in moralischen Begrifflichkeiten und Kategorien verhandelt wurden. Deren umkämpfter Kern stellte das gesellschaftliche Integrationspotential der Wohlstandsgesellschaft zum einen sowie die Neupositionierung der Bundesrepublik unter den Vorzeichen des Kalten Krieges zum anderen dar.

Arbeiterliteratur zwischen literarischem Anspruch und politischer Praxis

Die *Dortmunder Gruppe 61* wurde 1961 vom Dortmunder Bibliotheksdirektor Fritz Hüser, dem Bergarbeiter und Schriftsteller Max von der Grün[9] sowie dem Gewerkschafter Walter Köpping initiiert.[10] Sie versammelte in erster Linie Schriftstellerinnen, Journalisten, Lektorinnen, Kritiker, Wissenschaftlerinnen und weitere Personen, die sich aufgrund von Interesse oder Beruf literarisch mit der industriellen Arbeitswelt befassten. Zu den prominentesten und am breitesten rezipierten Vertretern der Gruppe avancierten Gründungsmitglied Max von der Grün sowie der Journalist Günter Wallraff, der ab 1966 zur *Gruppe 61* gehörte.[11] Die bei-

[8] Stefan Berger; Alexandra Przyrembel, ‚Moral, Kapitalismus und soziale Bewegungen. Kulturhistorische Annaherungen an einen ‚alten' Gegenstand', in: *Historische Anthropologie* 24 (1/2016): S. 88–107, Zitat auf S. 89.

[9] Zum Leben und Werk von Max von der Grün siehe Rüdiger Scholz, *Max von der Grün. Politischer Schriftsteller und Humanist. Mit einer Würdigung von Werner Bräunigs „Rummelplatz". Anhang: Dokumente und Interviews* (Würzburg: Konigshausen & Neumann, 2015); *Literatur in Westfalen. Beiträge zur Forschung* 9 (2008); Gisela Koch, *Zum 70. Festschrift für Max von der Grün* (Dortmund: Stadt- und Landesbibliothek, 1996).

[10] Zur Geschichte und Arbeit der *Dortmunder Gruppe 61* siehe Ute Gerhard; Hanneliese Palm, Hrsg., *Schreibarbeiten an den Rändern der Literatur. Die Dortmunder Gruppe 61* (Essen: Klartext, 2012); Gertrude Cepl-Kaufmann; Jasmin Grande, Hrsg., *Schreibwelten – Erschriebene Welten. Zum 50. Geburtstag der Dortmunder Gruppe 61. Herausgegeben im Auftrag des Fritz-Hüser-Instituts* (Essen: Klartext, 2011); Rainer Noltenius, ‚Das Ruhrgebiet. Zentrum der Literatur der industriellen Arbeitswelt seit 1960', in: *Die Entdeckung des Ruhrgebiets. Das Ruhrgebiet in Nordrhein-Westfalen 1946–1996*, hrsg. v. Jan-Pieter Barbian und Ludger Heid (Essen: Klartext, 1997), S. 444–457.

[11] Zum Leben und Wirken von Günter Wallraff siehe Ina Braun, *Günter Wallraff – Leben, Werk, Wirken, Methode* (Würzburg: Königshausen & Neumann, 2007); Jürgen Gottschlich, *Der Mann, der Günter Wallraff ist* (Köln: Kiepenheuer & Witsch, 2007); Wilfried Kriese, *In meinen Augen Günter Wallraff* (Rottenburg am Neckar: Mauer Verlag, 2004).

den repräsentierten zugleich die zwei prägenden Richtungen der bundesdeutschen Arbeiterliteratur der 1960er und frühen 1970er-Jahre: Während von der Grün mit Industrieromanen, die auf seinen eigenen Erfahrungen als Bergarbeiter basierten, größere Bekanntheit erlangte, stieß Wallraff mit seinen undercover recherchierten Industriereportagen auf öffentliche Resonanz.

Es ist kein Zufall, dass sich die *Gruppe 61* im Ruhrgebiet ausbildete. Die einseitige strukturelle Abhängigkeit von der Kohle- und Stahlindustrie führte dort schon früher als in anderen Regionen und Wirtschaftssektoren der Bundesrepublik, nämlich bereits Ende der 1950er-Jahre, zu Erscheinungen von Krise und Strukturwandel. Abelshauser spricht hier von einer „Gegenläufigkeit von ‚Wirtschaftswunder' und ‚Bergbaukrise'",[12] Christoph Nonn von einem einsetzenden „Prozess der Entindustrialisierung".[13] Als Folge wurde die Montanindustrie ab dem Ende der 1960er-Jahre schließlich mit staatlicher Intervention und Subventionierung gestützt. Werner Plumpe hat die sozialen und mentalen Veränderungen betont, die sich für das Ruhrgebiet in dieser Umbruchzeit als prägend erwiesen. Während in sozialer Hinsicht eine Verbesserung der materiellen Lebensbedingungen mit einer Transformation traditioneller Milieus einhergegangen sei, sei das abnehmende Milieubewusstsein in mentaler Hinsicht gerade bei jungen Menschen mit einer Zunahme von persönlicher Autonomie sowie von Zeit- und Konsumsouveränität verbunden gewesen. Insgesamt habe die „Enge der proletarischen Existenz" aufgebrochen werden können.[14]

Diese historische Analyse ist grundsätzlich überzeugend und in vielerlei Hinsicht zutreffend. Dennoch ist es bemerkenswert, dass genau diese Erzählung, die aus einer retrospektiven Perspektive die Möglichkeiten des sozialen Aufstiegs und des Zugewinns von individueller Autonomie betont, in den Texten und Schriften der *Gruppe 61* in Zweifel gezogen wurde. So wurden die soziökonomischen Verhältnisse im Ruhrgebiet an-

[12] Werner Abelshauser, *Der Ruhrkohlenbergbau seit 1945. Wiederaufbau, Krise, Anpassung* (München: C.H. Beck, 1984), S. 117.

[13] Christoph Nonn, *Die Ruhrbergbaukrise. Entindustrialisierung und Politik 1958–1969* (Göttingen: Vandenhoeck & Ruprecht, 2001), S. 9.

[14] Werner Plumpe, ‚Das Ende der Koloniezeit. Gedanken zur Sozial- und Wirtschaftsgeschichte des Ruhrgebietes in den 50er und frühen 60er Jahren', in: *Die Entdeckung des Ruhrgebiets. Das Ruhrgebiet in Nordrhein-Westfalen 1946–1996*, hrsg. v. Jan-Pieter Barbian und Ludger Heid (Essen: Klartext, 1997), S. 165.

lässlich der Gründungszeit der Gruppe in einem Band aus dem Jahr 1970 wie folgt umrissen:

> „Die Gruppe 61 entstand in einer Zeit, die heute, ein Jahrzehnt später, deutlicher als Zeit des Umbruchs in der Entwicklung der Bundesrepublik zu erkennen ist: der wirtschaftliche Aufbau war im wesentlichen abgeschlossen; das ‚Wirtschaftswunder' war zuerst im Ruhrgebiet für viele fadenscheinig geworden – das totgeglaubte Gespenst Wirtschaftskrise trat als Kohlekrise in die Wohnküchen der kleinen Leute an der Ruhr; der militante Antikommunismus der Fünfziger Jahre, der der Öffentlichkeit und den Arbeitern lange Zeit erfolgreich einreden konnte, Proletariat, Arbeiterklasse, Klassenkampf gebe es nicht mehr, [...] jene selbstgefällige, herrschaftsfromme Ideologie, die [...] in der BRD nichts als Wohlstand und Fortschritt sehen mochte, verlor unter dem Druck der Realitäten ihre Überzeugungskraft."[15]

Drei Elemente dieser Gegenerzählung sind hervorzuheben: Erstens werden die 1960er-Jahre nicht als Boom-, sondern als entscheidende Krisen- und Umbruchzeit gedeutet, zweitens wird das Leitkonzept des „Wirtschaftswunders" und die damit zusammenhängende Vorstellung von sozialem Aufstieg radikal in Frage gestellt, und drittens das Bild einer angeblich klassenlosen Gesellschaft verworfen.

Trotz eines weitgehenden Konsenses hinsichtlich der Einschätzung der sozialen Situation der Arbeiterschaft ergaben sich innerhalb der Gruppe mit der Zeit zunehmend Konflikte, die sich gegen Ende der 1960er-Jahre zuspitzten und dazu führten, dass sich 1970 der *Werkkreis für Literatur der Arbeitswelt* konstituierte, der zwar aus einer Initiative eines Teils der Mitglieder der *Gruppe 61* hervorging, schließlich aber zu einer von dieser unabhängigen Gruppierung wurde.[16] Die Bücher, Broschüren und Zeitschriften des *Werkkreises* erreichten in der Folge beachtliche Auflagenzahlen. In den ersten zehn Jahren seines Bestehens wurden allein in einer

[15] Karl D. Bredthauer; Heinrich Pachl; Erasmus Schöfer, ‚Einleitung', in: *Ein Baukran stürzt um. Berichte aus der Arbeitswelt*, hrsg. v. Bredthauser; Pachl; Schöfer (München: Piper, 1970), S. 8–9.

[16] Zur Geschichte und Arbeit des *Werkkreises für Literatur der Arbeitswelt* siehe Noltenius, Das Ruhrgebiet; Horst Hensel, *Werkkreis oder Die Organisierung politischer Literaturarbeit. Die Entstehung des Werkkreises Literatur der Arbeitswelt als Modell kultureller Emanzipation von Arbeitern* (Köln: Pahl-Rugenstein, 1980); Peter Fischbach; Horst Hensel; Uwe Naumann, Hrsg., *Zehn Jahre Werkkreis Literatur der Arbeitswelt. Dokumente, Analysen, Hintergründe*, (Frankfurt am Main: Fischer, 1979).

Reihe im *Fischer Taschenbuch Verlag* 28 Bände veröffentlicht,[17] und es waren über 350 Personen in rund 25 örtlichen Schreibwerkstätten literarisch tätig.[18] Die wesentlichen Konfliktlinien zwischen den traditionellen Vertreterinnen und Vertretern der *Gruppe 61* und den Befürworterinnen und Befürwortern des *Werkkreises*, zu denen zunächst unter anderem sowohl von der Grün als auch Wallraff, schließlich nur noch letzterer gehörten, lassen sich auf drei grundsätzliche Fragen zurückführen: Wer verfasst Arbeiterliteratur, für welches Publikum, und zu welchem Ziel?

Die Autoren der *Gruppe 61* – so hielt Fritz Hüser Mitte der 1960er-Jahre in einem Almanach der Gruppe fest – würden „nicht als Arbeiter für Arbeiter [schreiben]". Vielmehr gehe es darum, „einen Beitrag [zu] leisten zur literarischen Gestaltung aller drängenden Fragen und Erscheinungen unserer von Technik und ‚Wohlstand' beherrschten Gegenwart." Entscheidend seien dabei – wie Hüser weiter ausführte – „das Thema und die Kraft, es künstlerisch darzustellen".[19] Unter Arbeiterliteratur oder Literatur der Arbeitswelt verstanden die Vertreterinnen und Vertreter der *Gruppe 61* somit nicht in erster Linie von Arbeiterinnen und Arbeitern verfasste Literatur, sondern literarische Darstellungen aktueller Themen- und Problemkreise der industrialisierten Moderne. Als Adressatinnen und Adressaten hatte die Gruppe dementsprechend auch nicht primär die Arbeiterschaft im Auge, sondern vielmehr das breite (bildungsbürgerliche) Publikum, das die Werke nicht zuletzt aufgrund ihres künstlerisch-ästhetischen Wertes lesen sollte.[20]

Demgegenüber hielten die Mitglieder des *Werkkreises* genau diese Beschränkung auf die künstlerische und literarische Auseinandersetzung der Arbeitswelt für problematisch, weil den Texten damit ihre politische

[17] Peter Fischbach; Horst Hensel; Uwe Naumann, Hrsg., ‚Wozu dieses Buch?', in: *Zehn Jahre Werkkreis Literatur der Arbeitswelt. Dokumente, Analysen, Hintergründe* (Frankfurt am Main: Fischer, 1979), S. 8.

[18] Peter Fischbach, ‚Der „Werkkreis Literatur der Arbeitswelt"', in: *Zehn Jahre Werkkreis Literatur der Arbeitswelt. Dokumente, Analysen, Hintergründe*, hrsg. v. Peter Fischbach; Horst Hensel und Uwe Naumann (Frankfurt am Main: Fischer, 1979), S. 13.

[19] Fritz Hüser, ‚Vorwort', in: *Almanach der Gruppe 61 und ihrer Gäste*, hrsg. v. Fritz Hüser und Max von der Grün in Zusammenarbeit mit Wolfgang Promies (Neuwied, Berlin: Luchterhand, 1966), S. 26.

[20] Heinz Ludwig Arnold, ‚Arbeiterliteratur in der Bundesrepublik', in: *Arbeiterliteratur in der Bundesrepublik Deutschland. Gruppe 61 und Werkkreis Literatur der Arbeitswelt*, hrsg. v. Ilsabe Dagmar Arnold-Dielewicz und Heinz Ludwig Arnold (Stuttgart: Ernst Klett, 1975), S. 11–12.

Sprengkraft verloren ginge.[21] Für die Befürworterinnen und Befürworter des *Werkkreises* stellte gerade die politische Wirkung und – damit verbunden – die Bewusstseinsbildung der Arbeiterschaft das Hauptanliegen dar. Was damit gemeint war, erläuterte Erasmus Schöfer, der erste Sprecher des *Werkkreises*, im Jahr 1973 folgendermaßen: „In unsere Praxis übersetzt heißt das nichts anderes, als dass wir die Verteidigungs- und Emanzipationskämpfe unserer Klassengenossen [...] mit ihren Methoden, ihren Schwierigkeiten und vor allem ihren Erfolgen sichtbar machen und verbreiten."[22] Mit diesen Zielsetzungen ging auch eine ausdrückliche Nähe des *Werkkreises* zur Arbeiterbewegung und ihrer Organisation einher.[23]

An diese veränderte Programmatik anknüpfend entwickelte sich Ende der 1960er-Jahre auch eine neue Perspektive auf die Arbeiterin bzw. den Arbeiter. Diese galten nun nicht nur als eigentliche Adressatinnen und Adressaten der Arbeiterliteratur, sondern sollten vermehrt auch selber schreibend tätig werden.[24] Diese neue Haltung gelangte exemplarisch im 1969 lancierten ersten Reportage-Wettbewerb zum Ausdruck, mit dem Arbeiterinnen und Arbeiter dazu animiert wurden, eigene Texte zu verfassen.[25] Die entstehenden Schreibarbeiten sollten dabei nicht so sehr eine bestimmte Ästhetik, sondern – so Günter Wallraff – vielmehr eine „soziale Wahrheit, so etwas wie Aufklärung" verkörpern.[26]

Es waren indessen nicht allein Unterschiede in Bezug auf Ausrichtung und Ziele, die in einer Abspaltung des *Werkkreises* von der *Gruppe 61* resultierten. Vielmehr hatte sich gegen Ende der 1960er-Jahre auch der soziale Kontext grundlegend verändert. Insbesondere die Rezession der Jahre 1966/1967, die Studentenunruhen, die Proteste gegen die Notstandsgesetze sowie die Streiks der Jahre 1968/1969 trugen dazu bei, dass sozialpolitische Themen – und dazu gehörten auch Debatten um „Arbeit" – mehr politisiert und polarisiert verliefen.[27] Vor dem Hinter-

[21] Heinz Ludwig Arnold, ‚Vorbemerkung', in *Gruppe 61. Arbeiterliteratur – Literatur der Arbeitswelt?*, hrsg. v. Heinz Ludwig Arnold (Stuttgart, Munchen, Hannover: Richard Boorberg, 1971), S. 8.

[22] Erasmus Schöfer, zit. n. Fischbach, ‚Werkkreis Literatur der Arbeitswelt', S. 12–13.

[23] Arnold, ‚Arbeiterliteratur in der Bundesrepublik', S. 19.

[24] Bredthauer; Pachl; Schöfer, ‚Einleitung', S. 10.

[25] Bredthauer; Pachl; Schöfer, *Ein Baukran stürzt um*.

[26] Interview mit Max von der Grün und Günter Wallraff, aufgenommen in Berlin am 12. Dezember 1970, Gesprächsführung: Hanno Beth, in: *Gruppe 61. Arbeiterliteratur – Literatur der Arbeitswelt?*, hrsg. v. Heinz Ludwig Arnold (Stuttgart, München, Hannover: Richard Boorberg, 1970), S. 159.

[27] Fischbach, ‚Der „Werkkreis Literatur der Arbeitswelt"', S. 11.

grund dieser virulenten gesellschaftlichen Auseinandersetzungen war es für die Initiantinnen und Initianten des *Werkkreises* nur folgerichtig, dass sie nicht mehr länger den literarischen Anspruch der Arbeiterliteratur, sondern die damit verbundene politische Praxis ins Zentrum ihrer Anstrengungen rückten. Drei Protagonisten des *Werkkreises* formulierten dies 1970 wie folgt: „Schreiben als Tätigkeit […] ist kein Ersatz für sogenannte direkte politische Aktion, es ist auch nicht nur ein Mittel, um Voraussetzungen zur politischen Aktion zu schaffen: es ist selbst politische Aktion […].“[28] Die Tätigkeit des Schreibens galt somit als explizit politische Handlung und sollte sowohl der Selbstvergewisserung und Bewusstseinsbildung als auch der Selbstermächtigung und Emanzipation der Arbeiterschaft dienen.

Bei allen programmatischen Differenzen trugen die *Dortmunder Gruppe 61* und der *Werkkreis für Literatur der Arbeitswelt* gemeinsam entscheidend dazu bei, das Thema „Arbeit“ zu einem frühen Zeitpunkt in die Öffentlichkeit der Bundesrepublik einzubringen und sozialkritisch zu formen. Der nächste Abschnitt beleuchtet, auf was sich diese Gesellschaftskritik, die von Anfang an politisch wahrgenommen und politisch umkämpft war, bezog.

Kritik fordistischer Arbeitsbedingungen und Grenzen des Sagbaren

Die *Dortmunder Gruppe 61* erlangte nach ihrer Gründung in relativ kurzer Zeit eine beachtliche öffentliche Resonanz. Dies schlug sich in zahlreichen Besprechungen und Berichten in Zeitungen und (Literatur-)Zeitschriften, aber auch in vielen Radiobeiträgen und Fernsehsendungen nieder.[29] Eine besondere Aufmerksamkeit in der öffentlichen Wahrnehmung der Gruppe erlangten der Industrieroman *Irrlicht und Feuer* von Max von der Grün sowie die ersten Industriereportagen von Günter Wallraff, auf welche sich die nachfolgenden Ausführungen hauptsächlich beziehen.

[28] Bredthauer; Pachl; Schöfer, ‚Einleitung‘, S. 18.

[29] Die öffentlich-mediale Rezeption der *Dortmunder Gruppe 61* ist ausführlich dokumentiert im gleichnamigen Bestand mit der Nummer 502 im Archiv des Fritz-Hüser-Instituts für Literatur und Kultur der Arbeitswelt in Dortmund. Das Archiv des Fritz-Hüser-Instituts, das auch Bestände des *Werkkreises Literatur der Arbeitswelt* bereithält, wird im Folgenden als AFHI bezeichnet.

Der 1963 erschienene Roman *Irrlicht und Feuer*, der in 14 Sprachen übersetzt und auch verfilmt wurde, machte den Bergarbeiter Max von der Grün einem breiteren Publikum als Schriftsteller bekannt. Er handelt vom Grubenarbeiter Jürgen Frohmann, der während der Kohlekrise Ende der 1950er-Jahre seine Stelle verliert und schließlich eine neue Anstellung in einem automatisierten Betrieb in der Elektroindustrie findet. Der beschwerlichen Arbeit der Kohleindustrie entkommen, nimmt Frohmann diesen Stellenwechsel zunächst als sozialen Aufstieg wahr. Dieser entpuppt sich jedoch schon bald als Illusion, denn auch im Elektrounternehmen sind Arbeitgeber und Betriebsräte nicht an den Bedürfnissen und Anliegen der Arbeiterschaft, sondern hauptsächlich an der Steigerung der Leistung und des Gewinns interessiert.[30]

Die ersten Reportagen von Günter Wallraff, für die dieser drei Jahre lang verdeckt als Arbeiter in verschiedenen Industriebetrieben gearbeitet hatte, wurden 1966 unter dem Titel *Wir brauchen dich* publiziert, nachdem sie in Teilen zuerst in der Gewerkschaftszeitung *Metall* erschienen waren. Wallraff dokumentiert darin die Arbeit am Fließband einer Autofabrik, auf den Gerüsten einer Werft, im Akkord einer Rohrschneidemaschine und in der Sinteranlage eines Stahlwerks und entwirft ein Bild der modernen Fabrikarbeit, die auf rücksichtlose Ausnutzung der menschlichen Arbeitskraft und bedingungsloses Profitstreben ausgerichtet ist.[31] 1970 wurden Wallraffs Berichte unter dem Titel *Industriereportagen* neu aufgelegt.[32]

Das Kernthema in den Arbeiten von der Grüns und Wallraffs stellten die harten und/oder monotonen Arbeitsbedingungen im Bergbau, am Fließband und in der Akkordarbeit dar, die sie als physisch strapaziös und gesundheitsgefährdend sowie als minutiös durchgetaktet und extrem gleichförmig schilderten. Wie andere Mitglieder der *Gruppe 61* bzw. des *Werkkreises* eröffneten von der Grün und Wallraff damit eine Verlustrechnung der auf technischen Fortschritt und Produktionszuwachs basierenden Boomgesellschaft. Sie skandalisierten nach wie vor bestehende, als ausbeuterisch erachtete Arbeitsregimes – allerdings ohne die immer avanciertere Technik und die zunehmende Automatisierung der Industriebetriebe per se zu verurteilen.

[30] Max von der Grün, *Irrlicht und Feuer* (Recklinghausen: Paulus, 1963).

[31] Günter Wallraff, *Wir brauchen Dich. Als Arbeiter in deutschen Industriebetrieben. Mit einem Nachwort von Christian Geissler* (München: Rütten & Loening, 1966).

[32] Günter Wallraff, *Industriereportagen. Als Arbeiter in deutschen Großbetrieben* (Reinbek bei Hamburg: Rowohlt, 1970).

Vordringlich ging es um eine Sozialkritik am Mythos des „deutschen Wirtschaftswunders“ sowie insbesondere am fordistischen Produktionssystem.[33] Letzteres hatte sich in Westeuropa Mitte der 1960er-Jahre als Modell für eine stabile wirtschaftliche und gesellschaftliche Ordnung etabliert und basierte in erster Linie auf einer stark standardisierten, häufig in kleinteiligen Arbeitsschritten am Fließband gefertigten Produktion von Konsumgütern sowie der Sicherstellung einer Massennachfrage durch Lohngewinne bei der Arbeiterschaft, die mittels einer sozialpartnerschaftlichen Einbindung der Gewerkschaften erreicht wurden.[34]

Um 1965 erreichte der Grad der Industrialisierung in Westdeutschland seinen Höhepunkt.[35] Im Hinblick auf die fordistischen Arbeitsbedingungen in den Industriebetrieben des Ruhrgebiets diagnostizierte der bekannte deutsche Soziologe Helmut Schelsky Mitte der 1960er-Jahre ein „Gefühl der Unterprivilegiertheit und der Verbitterung über eine ‚quälende Diskrepanz‘“, die in der Arbeiterliteratur ihren Ausdruck finde: „Während die Mehrheit durch den technischen Fortschritt von Schwerarbeit befreit worden ist, muss ein kleinerer Teil der Arbeiterschaft auch heute noch körperlich fronen.“[36] Diese physische Belastung war wohl auch einer der Gründe dafür, weshalb Arbeiter trotz vielfach höheren Löhnen ein tieferes soziales Ansehen genossen als Angestellte.[37] Tatsächlich dauerte der „Abschied vom Malocher“ im Ruhrgebiet länger als anderswo, da körperliche und teilweise gefährliche Schwerarbeit gerade im Bergbau in der Nachkriegszeit noch lange zum Arbeitsalltag gehörte.[38] Dies stand in einem Spannungsverhältnis zu den Versprechen des Wirtschaftsbooms, die nicht nur Hoffnungen auf materielle Wohlstandsgewinne nährten, sondern auch solche auf verbesserte Arbeitsbedingungen.

Die sozialen Forderungen, die sich aus den Texten und Schriften der *Gruppe 61* und später des *Werkkreises* ergaben, stellten konsequenterweise

[33] Zum Fordismus als Produktionsregime und Epochenbegriff siehe Rüdiger Hachtmann, ‚Fordismus‘, Version 1.0, in: *Docupedia-Zeitgeschichte*, 27.10.2011, http://docupedia.de/zg/hachtmann_fordismus_v1_de_2011, (Zugriff am 15.02.2024).

[34] Doering-Manteuffel; Raphael, *Nach dem Boom*, S. 39.

[35] Ulrich Herbert, *Geschichte Deutschlands im 20. Jahrhundert* (München: C. H. Beck, 2014), S. 627 und S. 783–784.

[36] Helmut Schelsky, zit. n. ‚Arbeiterschriftsteller: Umgefallen wie abgesägt‘, in: *Der Spiegel*, Nr. 47, 7.10.1964. AFHI, 502-12.

[37] Abelshauser, *Deutsche Wirtschaftsgeschichte*, S. 332.

[38] Wolfgang Hindrichs et al., *Der lange Abschied vom Malocher. Sozialer Umbruch in der Stahlindustrie und die Rolle der Betriebsräte von 1960 bis in die neunziger Jahre* (Essen: Klartext, 2009), besonders S. 13, S. 28–29 und S. 31–33.

eine „Humanisierung des Arbeitsprozesses“[39] bzw. eine „Demokratisierung und Humanisierung der Verhältnisse“ ins Zentrum.[40] In einer Rezension im Feuilleton der *Stuttgarter Zeitung* wurden die in der Arbeiterliteratur artikulierten Bedürfnisse 1972 wie folgt umrissen:

> „Es geht um demokratische Veränderung gesellschaftlicher Verhältnisse, besonders um Veränderung des Arbeitsplatzes, wobei sich immer mehr die Forderung nach Mitbestimmung aufdrängt. Es geht um Gewinnbeteiligung des Arbeitnehmers. Es geht schließlich immer wieder darum, menschlichere Bedingungen am Arbeitsplatz zu schaffen. [...] Die Sinnlosigkeit des Tuns ist eines der Hauptmotive in den Texten. [...] Die Monotonie des stets gleichen Handgriffs, möglichst im Akkord, tötet geistige und körperliche Aktivität.“[41]

Die in der Arbeiterliteratur formulierte Kritik an den vorherrschenden industriellen Arbeitsregimes rekurrierte somit wesentlich auf bestimmte moralische Vorstellungen davon, was als menschliche und würdige Arbeit aufgefasst wurde. Damit ging die Gesellschaftskritik der *Dortmunder Gruppe 61* und des *Werkkreises für Literatur der Arbeitswelt* über die Infragestellung der These der nivellierten Wohlstandsgesellschaft oder des Bildes der sich ausdifferenzierenden Klassenmilieus, wie sie in zeitgenössischen Debatten um die sich ausbildende Wohlstands- und Konsumgesellschaft diskutiert wurden, hinaus.[42] Die moralische Empörung zielte primär darauf ab, dass die Arbeiterin bzw. der Arbeiter in der fordistisch geprägten Nachkriegsindustriegesellschaft als Mensch zu wenig Raum und Beachtung fand.

[39] Wallraff, *Industriereportagen*, Seite ‚Zu diesem Buch‘.

[40] Bredthauer; Pachl; Schöfer, ‚Einleitung‘, S. 11.

[41] ‚Sähen wir die Welt mal kritisch ...‘, in: *Stuttgarter Zeitung*, Nr. 202, 2. September 1972, AFHI 502-176.

[42] Zu diesen Debatten siehe beispielsweise Friedrich Kiessling, ‚„Diktatur des Lebensstandards.“ Wirtschaftliche Prosperität, Massenkonsum und Demokratiebegründungen in liberalen und konservativen Gesellschaftsdeutungen der alten Bundesrepublik‘, in: *Religion, Moral und liberaler Markt. Politische Ökonomie und Ethikdebatten vom 18. Jahrhundert bis zur Gegenwart*, hrsg. v. Michael Hochgeschwender und Bernhard Löffler (Bielefeld: Transcript, 2011), S. 237–260; Sabine Haustein, ‚Zweifel an der Überflussgesellschaft: Die Konsumdebatte der europäischen Intellektuellen nach 1945‘, in: *Selbstverständnis und Gesellschaft der Europäer. Aspekte der sozialen und kulturellen Europäisierung im späten 19. und 20. Jahrhundert*, hrsg. v. Hartmut Kaelble und Martin Kirsch (Frankfurt am Main: Peter Lang, 2008), S. 319–350. Erst in den 1970er-Jahren kam es zu einer breiteren Kritik an der Konsumgesellschaft, siehe dazu Claudius Torp, *Wachstum, Sicherheit, Moral. Politische Legitimationen des Konsums im 20. Jahrhundert* (Göttingen: Wallstein, 2012), S. 92–128.

Von der Grüns und Wallraffs Texte – wie auch diejenigen von anderen Mitgliedern der *Gruppe 61* und des *Werkkreises* – erregten in der bundesdeutschen Öffentlichkeit viel Aufsehen. So zählten etwa auch prominente und mächtige Persönlichkeiten wie Bundeskanzler Konrad Adenauer zum Rezipientenkreis.[43] Insgesamt gestaltete sich die Auseinandersetzung mit der Arbeiterliteratur allerdings äußerst ambivalent und reichte von Anerkennung und offizieller Würdigung auf der einen bis hin zu resoluter Ablehnung und Zensurbestrebungen auf der anderen Seite.

Zwar erhielten ab Mitte der 1960er-Jahre mehrere Mitglieder der *Gruppe 61* renommierte Preise für ihr literarisches Schaffen. So wurden Günter Wallraff und ein weiteres Gruppenmitglied mit dem Förderpreis des Landes Nordrhein-Westfalen ausgezeichnet.[44] Die Preisverleihung an Wallraff im Jahr 1968 veranlasste indessen sowohl die CDU-Landtagsfraktion als auch den SPD-Ministerpräsidenten zu kritischen Reaktionen, woraufhin Wallraff sein Preisgeld von 6000 D-Mark an zwei zivilgesellschaftliche Organisationen spendete.[45]

Die Ambivalenz in der Rezeption der Arbeiterliteratur widerspiegelte sich auch in den Werkbesprechungen von Journalisten und Feuilletonisten. Wohlwollende Rezensenten versuchten, die Texte und Schriften der *Gruppe 61* und des *Werkkreises* aus der Fixierung auf Kategorien und Formen des traditionellen Literaturdenkens zu lösen und als eigenständige, gesellschaftsrelevante literarische Beiträge anzuerkennen. So meinte etwa der bekannte Literaturkritiker und Schriftsteller Horst Krüger:

> „Offenbar machen unsere Literaturauguren immer wieder den Fehler, Literatur nur im Glaskasten der Literatur zu betrachten. So, als hätte sie nichts mit Gesellschaft, mit Moralität und der ursprünglichen Kraft des Schreibenden zu tun, als sei sie nur Sprache an sich. Es ist die alte bürgerliche Vorstellung, dass man Literatur ungestraft von der Gesellschaft abtrennen könne. Man kann es nicht.“[46]

Und auch in der renommierten Kulturzeitschrift *Merkur* wurde dafür plädiert, die Arbeiterliteratur nicht einfach nach rein formalen literarischen

[43] ‚Arbeiterschriftsteller: Umgefallen wie abgesägt‘, in: *Der Spiegel*, Nr. 47 vom 7. Oktober 1964, AFHI, 502-12.

[44] ‚Literaten stellen sich dem Alltag‘, in: *NBZ an Rhein und Ruhr*, Nr. 258 vom 5. November 1966, AFHI, 502-44.

[45] Wallraff, *Industriereportagen*, Seite ‚Zu diesem Buch‘.

[46] ‚Die ohnmächtigen Kommissare der Sprache‘, in: *Die Welt* vom 19. August 1965, AFHI, 502-42.

Kriterien zu beurteilen, denn diese sei „etwas anderes als eine Literatur der vorgefundenen Texte; sie appellieren nicht an ein ästhetisches, sondern an ein moralisches Empfinden. Im Grunde muss sich der kritische Leser fragen: Wo stehe ich zu der hier dargestellten Welt? Die Einwände werden von der Antwort auf diese Frage abhängen."[47] Neben solch differenzierten Beurteilungen äußerten Rezensenten auch harsche Kritik. In mitunter belehrendem Ton wurden etwa das Pathos, die Überzeichnung und die Klischees in den Texten und Schriften moniert. Exemplarisch dafür steht eine Besprechung des 1966 erschienenen Almanachs der *Gruppe 61* im einflussreichen und auflagenstarken Nachrichtenmagazin *Der Spiegel.* Dort heißt es unter anderem: „Liest man diesen Almanach, so verstärkt sich mehr und mehr der Eindruck, es mit einer literarischen Schablonenwelt zu tun zu haben, die Realität verstellt statt sichtbar macht." Der *Spiegel*-Rezensent warf den einzelnen Beiträgen im Folgenden „Überpointierung" und „Karikatur", aber auch „Vorurteile", „Legendendichtung"und „Klischeehaftigkeit" vor, und gelangte abschließend zum vernichtenden Urteil, im Almanach würden „die Schablonen naiv ausgeschrieben oder stilistisch überschminkt, so dass sich die alten Positionen unserer Literatur unverändert gegenüberstehen: platte Konvention und manieristische Stilgrimasse."[48] Derartige Literaturbesprechungen zielten darauf ab, der Arbeiterliteratur durch eine formale Abklassifizierung jegliche Authentizität und Realitätsnähe sowie den dadurch beabsichtigten gesellschaftskritischen Impuls abzusprechen.

Wenig überraschend stammten wohlwollende Beurteilungen der Arbeiterliteratur oftmals – wenn auch nicht ausschließlich – aus linksliberalen und religiös-sozialen Kreisen. Zu letzteren zählten etwa Publikationen des katholischen *Paulus Verlages*, der die Werke der *Gruppe 61* zu Beginn verlegte. Demgegenüber fanden sich die Mitglieder der *Gruppe 61* und des *Werkkreises* einer ziemlich dezidierten Kritik von Vertretern konservativer bis „rechter", aber auch ganz „linker" Positionen ausgesetzt. So wurde zeitgenössisch bemerkt, die Arbeiterliteratur sei „den Kommunisten ebenso verdächtig wie Redakteuren des Springerkonzerns und selbstredend den Arbeitgeberorganen."[49] Was die konservative Springer-Presse

[47] ‚Die unbewältigte Arbeit – Zehn Jahre danach', in: *Merkur*, Nr. 11, November 1971, AFHI, 502-83.

[48] ‚Mal was hinkriegen … Dieter Wellershoff über den „Gruppe 61"-Almanach „Aus der Welt der Arbeit"', in: *Der Spiegel*, Nr. 53 vom 26. Dezember 1966.

[49] ‚Ich habe Angst. Doch dreh ich mich', in: *Echo der Zeit*, Nr. 44 vom 31. Oktober 1965, AFHI, 502-42.

anbelangte, fungierte vor allem der Feuilleton-Redakteur und spätere stellvertretende Chefredakteur der *Welt* Günter Zehm als ein äußerst scharfer Kritiker der *Gruppe 61* und des *Werkkreises.* Er bezeichnete die bundesdeutsche Arbeiterliteratur der 1960er und frühen 1970er-Jahre als eine „Erscheinung am Rande der Literatur", die durch eine „formale und geistige Anspruchslosigkeit" gekennzeichnet sei und insgesamt schlicht ein „qualitative[s] Desaster" darstelle. Zu Max von der Grüns *Irrlicht und Feuer* meinte Zehm, dieses Buch sei erst durch den Skandal, welcher die Klage gegen den Roman ausgelöst habe, „in jenem fatalen Sinn literaturwürdig [geworden], in dem heute wie nie zuvor die Erregung eines öffentlichen Ärgernisses das Eintrittsbillett zum Parnass der professionellen Schriftstellerei zu sein scheint."[50]

Weit über bloße literarische Kritik hinaus gingen die Anstrengungen von verschiedenen Unternehmen, die sich mit juristischen Mitteln gegen die Veröffentlichung von Werken aus der Gruppe zur Wehr setzten. So klagte eine Firma gegen bestimmte Passagen aus Max von der Grüns *Irrlicht und Feuer*, die beschreiben, wie ein Bergarbeiter durch den Einsatz eines neuen Kohlenhobels zu Tode kommt. Zwar gewann von der Grün den Prozess, der in der bundesdeutschen Presse auf ziemliches Echo stieß, wurde daraufhin jedoch von der Zechenverwaltung entlassen und auch die Gewerkschaft distanzierte sich von ihm.[51] In ähnlicher Manier versuchten einige Firmen rechtlich gegen gewisse Reportagen aus Günter Wallraffs *Wir brauchen dich* vorzugehen, indem sie einstweilige Verfügungen, Schadenersatzforderungen und Prozesse anstrengten. In den betreffenden Unternehmen selbst wurde jegliche Solidarität mit Wallraff mit dem Argument, dieser störe mit seinen Texten den „Betriebsfrieden", unterbunden. Ebenso gelang es erfolgreich, die Gewerkschaftszeitung *Metall* dazu zu bringen, Wallraffs Reportagen nicht mehr abzudrucken.[52]

Schriften und Texte, wie sie Max von der Grün und Günter Wallraff verfassten, überschritten offenbar Grenzen des Sagbaren. Wichtige Ex-

[50] ‚Kann es „Arbeiterdichtung" geben? Notizen zu einer Erscheinung am Rande der Literatur', in: *Die Welt* vom 9. Januar 1965, AFHI, 502-42. Siehe auch ‚Nach acht Stunden wird abgeschaltet. Ist die Arbeit in den Fabriken „entfremdet"? – Neue Industriedichtung heute', in: *Die Welt* vom 11. Februar 1967, AFHI, 502-56.

[51] ‚Der Kumpel-Autor und die Rache des Ruhrgebiets. Erfahrungen eines Romanschreibers mit ungeschriebenen Gesetzen', in: *Rheinischer Merkur* vom 17. Januar 1964, AFHI, 502-12; ‚Literaten stellen sich dem Alltag', in: *NBZ an Rhein und Ruhr*, Nr. 258 vom 5. November 1966, AFHI, 502-44.

[52] Wallraff, *Industriereportagen*, S. 112–115, Zitat auf S. 113.

ponenten aus Politik, Wirtschaft und Medien waren deshalb bestrebt, die in der Arbeiterliteratur geäußerten Inhalte und Ansichten diskursiv zu marginalisieren. Aus heutiger Sicht ist es erstaunlich, wie starke Reaktionen und Emotionen die Schreibarbeiten der *Gruppe 61* und des *Werkreises* in der Bundesrepublik der 1960er und frühen 1970er-Jahre auszulösen vermochten, und zwar sowohl im „bürgerlichen“ als teilweise auch im „linken“ gesellschaftlichen Spektrum. Weshalb erfuhren die Arbeiterliteratur und die von dieser eingeforderte Humanisierung und Demokratisierung der Arbeitswelt bisweilen eine so scharfe Kritik?

„Wirtschaftswunder“, NS-Vergangenheit und Kalter Krieg

Die Texte und Schriften der *Dortmunder Gruppe 61* und des *Werkkreises für Literatur der Arbeitswelt* formulierten bereits auf dem Höhepunkt des Booms und damit einige Zeit vor der auch zeitgenössisch häufig als Zäsur wahrgenommenen Weltwirtschaftskrise der 1970er-Jahre eine Gegenerzählung zum Narrativ des „deutschen Wirtschaftswunders“. Wie die ambivalente Rezeption und die mitunter heftigen Angriffe gezeigt haben, provozierten diese eine gegenläufige Interpretation in breiten Kreisen der bundesdeutschen Öffentlichkeit. Zentral waren dafür insbesondere drei miteinander zusammenhängende Argumentationen, mit denen die Vertreterinnen und Vertreter der Arbeiterliteratur die dominante „Wirtschaftswunder“-Erzählung anfochten: Bestritten wurde erstens die verbreitete These von der Auflösung der Klassengegensätze, zweitens Vorstellungen einer Wohlstandsgesellschaft, von der alle sozialen Schichten zu profitieren vermochten, und drittens Bilder einer harmonischen Sozialpartnerschaft, die eine demokratische Einbindung der Arbeiterschaft auf Betriebsebene suggerierten.

Kritische Stimmen, die in der medialen Öffentlichkeit gegen die harsche Zurückweisung der Arbeiterliteratur anschrieben, verwiesen denn auch auf das Provokationspotential dieser Anfechtungen. So resümierte ein Autor des *Spiegels*, in den Texten der Gruppe würden „freilich kaum Preislieder auf die vollbeschäftigte Wohlstandsgesellschaft ab[fallen]“,[53] während der bereits erwähnte Horst Kröger in der *Welt* ausführte: „Wieviel Kritikerschweiß, wieviel Nachtprogramm-Weisheit wurde schon in

[53] ‚Arbeiterschriftsteller: Umgefallen wie abgesägt‘, in: *Der Spiegel*, Nr. 47 vom 7. Oktober 1964, AFHI, 502-12.

den fünfziger Jahren aufgeboten, um zu beweisen, warum es heute keine engagierte Arbeiterdichtung mehr geben könne: die egalitäre Industrie-Kultur, der Proletarier als Kleinbürger des Konsumvereins – man kennt das."[54] Ebenso betonte auch die *Allgemeine unabhängige jüdische Wochenzeitung*, man lasse sich „in diesem Lande nicht so gern aus der – vermeintlichen – Wohlstandsruhe bringen und schon gar nicht von sogenannten Arbeiterdichtern oder Schriftstellern, deren Reportagen, Erzählungen oder Gedichte das Schlagwort von der ‚pluralistischen Gesellschaft' als Heuchelei oder Verschleierungstaktik oder ganz einfach als Wunschdenken bloßstellen und Hinweis über Hinweis dafür geben, dass wir noch immer in einer Klassengesellschaft leben."[55] Ein Feuilletonist der *Stuttgarter Zeitung* wiederum thematisierte das mangelnde Vertrauen in die Sozialpartnerschaft:

> „Die Kluft zwischen oben und unten, zwischen Unternehmer und Lohnempfänger besteht weiterhin und wird von den Arbeitern, trotz dem höheren Anteil am Sozialprodukt, deutlich empfunden. [...] Das Misstrauen des Arbeiters richtet sich sowohl an die Adresse der Unternehmer als auch an die der Gewerkschaften. [...] Es besteht kein Anlass, den Begriff des Proletariers für überholt zu halten [...]."[56]

Dergleichen erkannte die Polit- und Kulturzeitschrift *Der Monat* eine „Tabuempfindlichkeit" von Arbeitgebern und Gewerkschaften, die „hinreichend genug die soziale Notwendigkeit dieser Literatur, als Beitrag zum Demokratisierungsprozess" verdeutliche.[57]

Auch den Mitgliedern der *Gruppe 61* und des *Werkkreises* war der provokative Impetus ihrer Schreibtätigkeiten bewusst. So formulierte die Schriftstellerin Hildegard Wohlgemuth, Mitglied der *Gruppe 61*, deren Motto wie folgt: „Wir stören? – Das ist unsere Absicht."[58] Das Ziel bestand darin, Widersprüche in der bestehenden gesellschaftlichen Ord-

[54] ‚Die ohnmächtigen Kommissare der Sprache', in: *Die Welt* vom 19. August 1965, AFHI, 502-42.

[55] ‚Hinweise auf eine Klassengesellschaft', in: *Allgemeine unabhängige jüdische Wochenzeitung* vom 21. März 1969, AFHI, 502-103.

[56] ‚Bergmannsleben ist nun mal so', in: *Stuttgarter Zeitung*, Nr. 114 vom 20. Mai 1967, AFHI, 502-60.

[57] ‚Der Dortmunder Weg', in: *Der Monat*, Nr. 206, November 1965, AFHI, 502-42.

[58] Hildegard Wohlgemuth zit. n. Fritz Hüser und Max von der Grün in Zusammenarbeit mit Wolfgang Promies, Hrsg., *Almanach der Gruppe 61 und ihrer Gäste* (Neuwied, Berlin: Luchterhand, 1966), Vorbemerkung.

nung, das heißt zwischen dem hegemonialen Diskurs und der sozialen Realität, zu entlarven. Die in der Arbeiterliteratur der 1960er und frühen 1970er-Jahre vollzogene Infragestellung der mit dem „Wirtschaftswunder" assoziierten Vorstellung von Wohlstandsverbesserung und sozialer Nivellierung kollidierte mit dem Topos der sozialpartnerschaftlich austarierten Leistungsgesellschaft, laut welchem sich die Bundesrepublik mit viel Disziplin und Fleiß den Wiederaufbau und wirtschaftliche Prosperität erarbeitet habe. Attraktiv war diese Betonung der eigenen Leistung auch deshalb, weil sie eine semantische und moralische Distanz zur NS-Vergangenheit ermöglichte. Exemplarisch für eine solche Sichtweise steht das bekannte Zitat des konservativen Politikers Franz Josef Strauss, der als Bundesfinanzminister Ende der 1960er-Jahre meinte: „Ein Volk, das diese wirtschaftlichen Leistungen erbracht hat, hat ein Recht darauf, von Auschwitz nichts mehr hören zu wollen!"[59] Strauss sprach hier nicht nur in aller Deutlichkeit aus, was in der Bundesrepublik zu diesem Zeitpunkt wohl viele – zumindest insgeheim – dachten. Vielmehr verdeutlicht seine Aussage auch, wie stark das Narrativ vom „Wirtschaftswunder" vergangenheitspolitisch und moralisch aufgeladen war. Tony Judt betont in seinem Buch *Postwar* den Zusammenhang zwischen NS-Zeit und Nachkriegsboom, der zeitgenössisch ausgeblendet wurde. So habe der außergewöhnliche wirtschaftliche Aufschwung Westdeutschlands zum einen wesentlich auf während der NS-Zeit getätigten Investitionen aufgebaut und zum anderen sei entscheidende Infrastruktur durch den Krieg kaum zerstört worden.[60] Das Leitkonzept des „Wirtschaftswunders" diente auch dazu, diese Kontinuitäten zur NS-Diktatur zu kaschieren. Die Infragestellung dieses Narrativs war somit auch vergangenheitspolitisch kaum erwünscht.

Wesentlich beeinflusst wurde die Rezeption der Arbeiterliteratur zudem durch gegenwärtige politische Auseinandersetzungen. Hier spielte vor dem Hintergrund des anhaltenden Kalten Krieges vor allem die wechselseitige innerdeutsche Beobachtung und damit die Wahrnehmung der westdeutschen Arbeiterliteratur in der DDR und anderen Staaten des „Ostens" eine entscheidende Rolle. Tatsächlich fanden die Werke der *Gruppe 61* in der DDR schon früh eine positive Aufnahme und Verbreitung. DDR-Staatschef Walter Ulbricht galt als anerkennender Leser von

[59] Franz Josef Strauss zit. n. Karl Gerold, ‚Strauß – unser aller Risiko', in: *Frankfurter Rundschau*, Nr. 212 vom 13. September 1969.

[60] Tony Judt, *Postwar: A History of Europe since 1945* (New York: The Penguin Press, 2005), S. 392–393.

Max von der Grüns Industrieromanen, die ostdeutsche *Berliner Zeitung* druckte von der Grüns *Irrlicht und Feuer* kurz nach dem Erscheinen in Fortsetzungen ab, und der Ostberliner *Aufbau Verlag* veröffentlichte schon 1964 eine Lizenzausgabe des Romans mit einer Erstauflage von 10.000 Exemplaren, die in der DDR rasch vergriffen war.[61] 1966 wurde *Irrlicht und Feuer* vom DDR-Filmunternehmen DEFA verfilmt, der entstandene Fernsehfilm allerdings erst zwei Jahre später auch in Westdeutschland gesendet.[62] Auch Günter Wallraffs Industriereportagen *Wir brauchen dich* wurden bereits 1967, nur ein Jahr nach deren Publikation in der Bundesrepublik, im Ostberliner *Aufbau Verlag* gedruckt.[63] In der Folge sorgten sie nicht nur in der DDR, sondern auch in der Tschechoslowakei, der Sowjetunion und in Jugoslawien für viel Aufsehen. Diese Resonanz im „Ostblock" reichte im antikommunistisch geprägten politischen Klima der Bundesrepublik Mitte der 1960er-Jahre aus, um auf den Radar der politischen Überwachung zu gelangen. So wurde Wallraff kurz nach der Veröffentlichung seiner Industriereportagen vor die politische Polizei in Köln geladen, unter „Verdacht landesverräterischer Beziehungen".[64]

In der DDR wurden die Texte und Schriften der *Gruppe 61* zunächst vor allem durch Artikel bekannt, die seit 1964 in der Wochenzeitschrift *Sonntag* erschienen. Ihre Werke wurden dabei grundsätzlich als ein „qualitativer Sprung in der Entwicklung der westdeutschen Literatur" betrachtet.[65] So erhielt die Gruppe für ihr Schaffen aus der DDR diejenige Anerkennung, die ihr – so zumindest ihre Selbstwahrnehmung – in der Bundesrepublik in reziproker Weise verwehrt blieb.[66] Die Mitglieder der *Gruppe 61* unterhielten auch persönliche Kontakte mit Schriftstellerinnen und Schriftststellern und Literaturfachleuten aus Ländern des „Ost-

[61] ‚Arbeiterschriftsteller: Umgefallen wie abgesägt', in: *Der Spiegel*, Nr. 47 vom 7. Oktober 1964, AFHI, 502-12.

[62] Für Informationen zu diesem Film siehe http://www.imdb.com/title/tt0233953/?ref_=nv_sr_1, (Zugriff am 16.02.2024).

[63] Günter Wallraff, *„Wir brauchen Dich." Als Arbeiter in deutschen Industriebetrieben* (Berlin, Weimar: Aufbau-Verlag, 1967).

[64] Wallraff, *Industriereportagen*, S. 111, Zitat ebd.

[65] Wolfgang Friedrich, ‚Bemerkungen zum literarischen Schaffen der Dortmunder Gruppe 61', in: *Almanach der Gruppe 61 und ihrer Gäste*, hrsg. v. Fritz Hüser und Max von der Grün in Zusammenarbeit mit Wolfgang Promies (Neuwied, Berlin: Luchterhand, 1966), S. 315, Zitat ebd.

[66] Heinz Ludwig Arnold, ‚Die Gruppe 61 – Versuch einer Präsentation', in: *Gruppe 61. Arbeiterliteratur – Literatur der Arbeitswelt?*, hrsg. v. Heinz Ludwig Arnold (Stuttgart, München, Hannover: Richard Boorberg, 1971), S. 18.

blocks". Max von der Grün wurde etwa 1964 Mitglied des bekannten internationalen Autorenverbandes *Deutsches PEN-Zentrum Ost und West* mit Sitz in Ost-Berlin.[67] Und Anfang der 1970er-Jahre empfing die Gruppe beispielsweise gleich zwei Mal Besuch aus der Sowjetunion; das eine Mal war eine Autorin der Zeitschrift *Sowjetliteratur* in Dortmund zu Gast, das andere Mal ein Professor, der sich mit zeitgenössischer bundesdeutscher Literatur befasste. In den Augen der Autorin der sowjetischen Literaturzeitschrift zeichnete sich die westdeutsche Arbeiterliteratur „vor allem durch ihre schonungslose soziale Kritik" aus: „[I]n diesen Büchern ersteht der Arbeiter, sein Lebensgefühl in der modernen kapitalistischen Welt. Eine Welt, die angeblich von sozialen Konflikten und Widersprüchen bereits frei ist."[68] Der sowjetische Literaturprofessor wiederum zeigte sich von der *Gruppe 61* hauptsächlich deshalb angetan, weil diese die „nach wie vor ausschlaggebende Kraft, die Arbeiterklasse", ins Zentrum ihrer Arbeiten stelle.[69]

Diese Aussagen verdeutlichen, dass die *Gruppe 61* in der DDR und anderen Staaten des „Ostens" insbesondere deshalb auf ein breites und zustimmendes Echo stieß, weil die bundesdeutsche Arbeiterliteratur aus deren Sicht die Bilder und Vorstellungen eines die Arbeiterschaft ausbeutenden westdeutschen Kapitalismus zu bestätigen schienen. Die Mitglieder der Gruppe waren sich dabei sehr wohl bewusst, dass ihre schriftstellerische Tätigkeit bisweilen von Parteien auf beiden Seiten des Systemkonflikts für eigene ideologische Zwecke instrumentalisiert und moralisiert wurde. Sie betrachteten deshalb sowohl „das Pauschalverdammungsurteil von Springers *Welt* gegen eine selbständige Arbeiterliteratur an der Ruhr in Kausalverbindung mit dem vorausgegangenen Pauschallob, das zwecks Sympathiewerbung vom Ostberliner *Sonntag* gespendet wurde, als Kalter-Kriegs-Hick-Hack [...]."[70] Die politischen Prozesse und Abrechnungen, wie sie etwa Max von der Grün und Günter Wallraff erfahren mussten,

[67] ‚Arbeiterschriftsteller: Umgefallen wie abgesägt', in: *Der Spiegel*, Nr. 47 vom 7. Oktober 1964, AFHI, 502-12.

[68] Irina Mletschina zit. n. ‚„Gruppe 61" wird in der Sowjetunion stark beachtet. Literaturzeitschrift stellt die Autoren vor und analysiert Werk', in: *Bochumer Rundschau* vom 7. Januar 1971, AFHI, 502-83.

[69] Professor Zatonskij zit. n. ‚Literaturreise: Von Lenz bis Wallraff. Sowjetischer Professor studiert zeitgenössische BRD-Literatur', in: *Unsere Zeit* vom 24. April 1971, AFHI, 502-170.

[70] ‚Neue Grenzen angestrebt. Literatur aus der Arbeitswelt gewinnt an Profil', in: *Vorwärts* vom 7. April 1965, AFHI, 502-42.

zeigen jedoch klar, dass der Ideologieverdacht, unter dem Mitglieder der *Gruppe 61* und später des *Werkkreises* in der Bundesrepublik bisweilen standen, weit über eine literarische Kritik an als überkommen wahrgenommenen (marxistischen) Analysekategorien wie „Entfremdung",[71] „Ausbeutung"[72] oder „Klassenkampf"[73] hinausging.

Moralische Vorstellungen und Narrative über das „deutsche Wirtschaftswunder", die sowohl mit vergangenheitspolitischen Dispositionen als auch mit der innerdeutschen Systemkonkurrenz während des Kalten Krieges verbunden waren, bildeten die wesentlichen zeitgenössischen Folien, vor deren Hintergrund die mitunter harsche Kritik an der *Dortmunder Gruppe 61* und am *Werkkreis für Literatur der Arbeitswelt* in der Bundesrepublik der 1960er und frühen 1970er-Jahre zu sehen ist. Paradoxerweise verhalfen diese moralisch aufgeladenen politischen Kontexte der Arbeiterliteratur jedoch auch zu einer größeren öffentlich-medialen Aufmerksamkeit.

Fazit

Die Werke der *Dortmunder Gruppe 61* und des *Werkkreises für Literatur der Arbeitswelt* stellen bemerkenswerte und in der historischen Erinnerung weitgehend vergessene zeitgenössische Gegenerzählungen zum „deutschen Wirtschaftswunder" dar. Im Zentrum der in der bundesdeutschen Arbeiterliteratur formulierten Sozialkritik der 1960er und frühen 1970er-Jahre stand dabei die Wohlstands- und Konsumgesellschaft, die ihre Versprechen nicht zu erfüllen schien, und zwar vor allem im Hinblick auf eine Verbesserung der Arbeitsbedingungen und eine Humanisierung der Arbeitsregimes für die unterste arbeitende Schicht. In der Arbeiterliteratur wurde deutlich, dass der auf dem fordistischen Produktionssystem basierende Wirtschaftsaufschwung strapazierte Körper und monotone Arbeiten nicht zum Verschwinden brachte. Aus ihrer Perspektive fand die oft beschworene Nivellierung der Klassengegensätze kaum statt, zumindest nicht im Hinblick auf Arbeitsverhältnisse und Sozialprestige. In den

[71] Siehe beispielsweise ‚Nach acht Stunden wird abgeschaltet. Ist die Arbeit in den Fabriken „entfremdet"? – Neue Industriedichtung heute', in: *Die Welt* vom 11. Februar 1967, AFHI, 502-56.

[72] Siehe beispielsweise ‚Schwarzbrot für Bürger', in: *Der Spiegel* vom 4. Oktober 1971.

[73] Siehe beispielsweise ‚Worte – Waffen für den Klassenkampf? Bundestreffen des Werkkreises „Literatur der Arbeitswelt" in Frankfurt', in: *Süddeutsche Zeitung* vom 23. Mai 1972, AFHI, 502-54.

Schriften und Texten der *Gruppe 61* und des *Werkkreises* ging es somit wesentlich auch um mit „Arbeit" verbundene immaterielle Werte, das heißt um Anerkennung, persönliche Befriedigung und Selbstverwirklichung, aber auch um Selbstbestimmung und demokratische Teilhabe. Mit dieser Sozialkritik nahm die bundesdeutsche Arbeiterliteratur auf dem Höhepunkt des Booms zwei Debatten vorweg, die in den nachfolgenden Jahrzehnten eine beträchtliche gesellschaftliche Virulenz entfalten sollten: Die Debatten über den Wertewandel[74] zum einen und die Debatten über prekäre Arbeit[75] zum anderen.

Die Mitglieder der *Gruppe 61* und des *Werkkreises* sahen sich teilweise scharfer öffentlich-medialer Kritik sowie auch politisch-juristischen Angriffen ausgesetzt. Diese Auseinandersetzungen drehten sich hauptsächlich um Bilder und Interpretationen der gegenwärtigen Boomgesellschaft. Die Werke der *Gruppe 61* und des *Werkkreises* bewegten sich dabei für maßgebliche Kreise aus Politik, Wirtschaft und Medien jenseits des Sagbaren, weil sie gegen das hegemoniale Leitkonzept des „Wirtschaftswunders" anschrieben. Letzteres war stark normativ geformt und moralisch aufgeladen, weil es eine doppelte Abgrenzung sowohl zur NS-Vergangenheit als auch zur DDR und damit zur Systemkonkurrenz des Kalten Krieges ermöglichte. In der Historiographie über die bundesdeutschen „Trente Glorieuses" wird oft hervorgehoben, wie sehr Vorstellungen und Konzepte von „Wirtschaftswunder", Leistungsbereitschaft und Sozialer Marktwirtschaft auf einem breiten gesellschaftlichen Konsens gegründet hätten. Demgegenüber zeigen die Auseinandersetzungen um die Arbeiterliteratur, wie diese Narrative und Deutungen bereits auf dem Höhepunkt des Booms auch umkämpft waren.

Sowohl Kritik als auch emphatische Affirmation der „Wirtschaftswunder"-Erzählung stellen spezifisch bundesdeutsche Formen von *Moralizing Capitalism* dar. Einerseits bezogen sich die dominanten Auffassungen einer dank Fleiß, Disziplin und Leistung verwirklichen Wohlstands- und

[74] Siehe beispielsweise Bernhard Dietz; Jörg Neuheiser, Hrsg., *Wertewandel in der Wirtschaft und Arbeitswelt. Arbeit, Leistung und Führung in den 1970er und 1980er Jahren in der Bundesrepublik Deutschland* (Berlin, Boston: De Gruyter Oldenbourg, 2017); Bernhard Dietz; Christopher Neumaier; Andreas Rödder, Hrsg., *Gab es den Wertewandel? Neue Forschungen zum gesellschaftlich-kulturellen Wandel seit den 1960er Jahren* (München: Oldenbourg, 2014).

[75] Siehe beispielsweise Nicole Mayer-Ahuja, ‚Die Globalität unsicherer Arbeit als konzeptionelle Provokation. Zum Zusammenhang zwischen Informalität im „Globalen Süden" und Prekarität im „Globalen Norden"', in: *Geschichte und Gesellschaft* 43 (2/2017): S. 264–296.

Konsumgesellschaft auf moralisierende Imperative, die kritische Stimmen auszuschließen versuchten. Andererseits rekurrierten auch die Forderungen nach menschlicherer und würdigerer Arbeit in der modernen Industrie- und Leistungsgesellschaft auf Vorstellungen von Moralität. Die Arbeiterliteratur verlangte von der gegenwärtig boomenden Ökonomie die Sicherstellung moralischer Prinzipien und formulierte damit eine Sozialkritik, die in der westdeutschen Nachkriegsgesellschaft als gesellschaftlicher Störfaktor wahrgenommen wurde. Es lässt sich somit von einer symmetrischen Moralisierung sprechen, die von Exponentinnen und Exponenten der Arbeiterliteratur wie auch ihren Kritikern gleichermaßen befeuert wurde. Für die Historiographie bedeutet dies, dass Narrative zum Wirtschaftsboom immer schon moralisch aufgeladen waren und sind.

Autorenverzeichnis

S. Berger, A. Przyrembel (Hrsg.), *Moralisierung des Kapitalismus*,
https://doi.org/10.1007/978-3-031-51270-4

U

V

W

Z

Stichwortverzeichnis

S. Berger, A. Przyrembel (Hrsg.), *Moralisierung des Kapitalismus*, https://doi.org/10.1007/978-3-031-51270-4

FSC
www.fsc.org
MIX
Papier | Fördert
gute Waldnutzung
FSC® C083411

Kolibri 360 GmbH
Ferdinand-Jühlke-Straße 7
99095 Erfurt, Deutschland
produktsicherheit@kolibri360.de